UNE
FAMILLE NOBLE
SOUS LA TERREUR

Ce volume a été déposé au ministère de l'intérieur (section de la librairie) en mai 1879.

PARIS. — TYPOGRAPHIE DE E. PLON ET Cie, 8, RUE GARANCIÈRE.

ALEXANDRINE DES ÉCHEROLLES

UNE FAMILLE NOBLE

SOUS LA TERREUR

PARIS

E. PLON et Cie, IMPRIMEURS-ÉDITEURS

RUE GARANCIÈRE, 10

—

1879

Tous droits réservés

PRÉFACE

DE LA NOUVELLE ÉDITION

Les mémoires sur la Révolution française offriront pendant longtemps encore un intérêt toujours nouveau. Ceux-ci, publiés une première fois, presque contre le gré de l'auteur, ont été pour ainsi dire le privilége de la famille et d'un petit nombre de lecteurs. Ils parurent sous le titre de : *Quelques Années de ma vie* (1).

Des éloges mérités accueillirent cet ouvrage dès son apparition; peu de personnes se montraient alors décidées à livrer au public les secrets d'une vie de souffrances et de malheurs; mais, à cause de leur objet même, ces publications devaient plaire aux esprits fins et distingués. M. de Lamartine, en préparant son *Histoire des Girondins,* voulut connaître les *Quelques Années de ma vie;*

---

(1) *Quelques Années de ma vie,* par Alexandrine DES ÉCHEROLLES, chez Martial Place, libraire, Moulins-sur-Allier, 1843.

il fut tellement séduit par la lecture de ce livre, qu'il déclara n'en avoir point trouvé de plus intéressant. Depuis cette époque, il est vrai, bien d'autres mémoires ont surpassé leurs devanciers à divers titres, mais le jugement de notre grand poëte n'en est pas moins un hommage des plus flatteurs.

Cette édition sera donc, je l'espère, un nouvel attrait pour le lecteur, qui lui réservera le même accueil qu'à la première; ce sera aussi de ma part un tribut de reconnaissance rendu à la mémoire d'une parente qui a consacré des pages touchantes aux instants qu'elle a passés en Nivernais auprès des miens. Madame des Écherolles possède au plus haut degré le culte du souvenir pour les bontés dont elle a été l'objet pendant ses malheurs. N'est-ce pas un précieux devoir que de contribuer, au bout de près d'un siècle, à faire apprécier davantage les qualités d'une âme aussi admirable que la sienne?

Chaque ligne de ses Mémoires reflète les sentiments de son cœur si douloureusement éprouvé. Dans les affreuses scènes de la Terreur, ce qui l'affecte le plus, c'est la ruine de sa famille, la séparation et la perte de ses parents et amis, l'éloignement de son pays natal et, plus tard, de sa patrie. Sans aspirer au rôle d'historien, sans rechercher les faits curieux de son temps, elle s'attache à raconter d'une manière aussi simple que véridique les terribles circonstances où sa famille a été engagée, les rigueurs qu'ils eurent tous à subir de la part du gouvernement de la Révolution. Mais, dans le fond d'une vie modeste, dans les malheurs particuliers d'une honorable famille, on verra ressortir mieux encore le véritable caractère de cette époque tourmentée, où les chefs ne semblent s'être servis du nom du peuple que pour assouvir leurs désirs de haine et de vengeance.

Surprise à l'âge de treize ans par la Révolution, Alexandrine quitta Moulins, accompagnant dans leur fuite son père et sa tante. M. des Écherolles, traîné en prison, menacé de mort par ces mêmes habitants qui l'avaient élu, par acclamation, commandant de la garde nationale, se voyait réduit à fuir sans se rendre compte de la marche des événements. Faut-il s'en étonner ? Aujourd'hui, après l'expérience du passé, pouvons-nous mesurer d'avance les limites des folies démagogiques ?

On était en 1791 ; tout espoir de retour avait déjà disparu. Ils arrivent à Lyon, espérant se perdre dans la foule d'une grande ville. Au milieu des massacres et du pillage, la population lyonnaise organisait ses moyens de défense contre les armées de la République. M. des Écherolles, en sa qualité d'ancien officier, avait dû accepter un commandement; sa fille se trouvait ainsi mêlée à l'action,

a.

et à même de connaître des épisodes touchants de cette étrange résistance. On y verra quel courage animait ces nobles champions de l'ordre, mais aussi combien leur tâche était difficile, leurs ressources exiguës, les trahisons nombreuses. L'amour des armes n'avait réveillé un instant l'ardeur du vieux militaire que pour lui rendre la vie plus pénible encore, après le triomphe des assiégeants. Ne se résignant qu'avec peine à émigrer, il errait d'une maison à l'autre, tantôt chez un ami, tantôt chez un étranger dont il implorait la pitié, usant de tous les déguisements et de toutes les précautions imaginables pour déjouer les recherches du gouvernement, qui le traquait comme une bête fauve. Ces mémoires montreront ce malheureux vieillard contraint de paraître et de disparaître tour à tour, dans les circonstances les plus dramatiques et, l'on pourrait même dire, les plus palpitantes d'intérêt, s'il était possible d'oublier que ces scènes sont vraies dans toute leur horreur.

Alexandrine resta quelque temps retirée à Lyon avec sa tante, qu'elle adorait comme une seconde mère. L'absence de son père et de ses frères leur causait une inquiétude affreuse, mais elles pouvaient se communiquer leurs impressions; n'est-ce pas la plus grande consolation des âmes affligées? La vie, d'ailleurs, était loin d'être monotone. Les visites domiciliaires, les interrogatoires, les réquisitions de tout genre, obligeaient à être jour et nuit sur le qui-vive. Bientôt l'appartement fut mis sous les scellés, et la tante d'Alexandrine incarcérée pour refus de dénoncer son frère. On lira les scènes les plus touchantes sur cette horrible existence de la prison, où un nombre considérable de femmes de toute condition vivaient ensemble et dans le plus complet dénûment. Alexandrine, grâce à sa jeunesse et à force d'argent, obtenait l'autorisation d'y pénétrer; elle y vint presque jusqu'au jour de l'exécution de sa tante.

Cette mort fut un coup affreux pour la jeune fille; sa tante, douée de toutes les grâces du cœur et de l'esprit, animée d'une force de caractère et d'une affection sans bornes, laissa un vide immense après elle. A quatorze ans, Alexandrine restait seule, dans une grande ville, sans ressource et loin de son pays!

Peut-on douter de l'intérêt d'un pareil récit, quand au dramatique des circonstances s'ajoutent l'abondance des détails et la vivacité naturelle du style? Les tableaux sont saisissants et parlent aux yeux. Les premières réunions des brigands à Moulins, l'élection de son père, sa chute, sa fuite; les massacres des prisonniers de Pierre-Cise à Lyon, les péripéties du siége, les horreurs de la détention de sa tante, la vie patriarcale à Fontaine, dans le moulin de la mère Chozières, sont autant de descriptions ravissantes dans leur douloureuse vérité. Il y a mille détails curieux, mille remarques judicieuses, exposées avec une nuance de délicatesse dont les femmes seules possèdent le secret.

Certains portraits peuvent passer pour de véritables chefs-d'œuvre; celui du conventionnel Marino, par exemple, auquel elle demandait la vie de sa tante; celui du citoyen Forêt, gardien des scellés, et de tant d'autres qui passèrent devant ses yeux. Avec une rare finesse d'observation, elle saisissait, même dans les occasions les plus tristes, les petits travers, le côté comique d'un personnage. La description du château de l'Ombre a un cachet tout à fait original. Elle s'y était retirée, après son départ de Lyon, chez mademoiselle Melon, sa cousine. Elle critique avec gaieté et sans aucune pointe d'aigreur la tenue de maison, les domestiques, la personne et le caractère bizarre de sa vieille parente, offrant à cette occasion une foule de traits piquants qui reposent de la vie tourmentée des années précédentes.

Désormais Alexandrine vivra seule, faisant le bonheur des parents chez lesquels elle se rendait tour à tour, mais abîmée par la pensée de se voir pour toujours séparée des siens. Elle consacre des pages admirables à son séjour au Battouée, chez ses cousins, où elle aidait à donner l'hospitalité aux prêtres et aux fugitifs, heureuse de leur témoigner ainsi combien elle comprenait la tristesse de leur sort.

Les dernières années de la République se passent dans les chagrins d'une existence anéantie; les malheurs publics ont cessé, mais la ruine est présente. Madame des Écherolles n'hésite pas; sa famille peut se passer de ses soins; elle quitte son pays et va porter dans une cour étrangère l'honneur d'un nom sans tache et le prestige d'une âme fortifiée par l'adversité.

René DE LESPINASSE,
de l'École des Chartes.

Château de Luanges, près Nevers, mai 1879.

PRÉFACE DE L'AUTEUR

(PREMIÈRE ÉDITION)

Des motifs impérieux, qui n'ont d'intérêt que pour moi, m'ont portée à publier ces feuilles, dont la plus grande partie est écrite depuis longues années. Malgré que j'en aie élagué beaucoup de détails inutiles, insipides peut-être pour les indifférents, je crains qu'ils n'en trouvent trop encore, et je viens réclamer leur indulgence. Je n'avais point écrit ces Mémoires pour eux : un œil ami devait seul en parcourir les pages, et quoique cette intention primitive ait changé, je n'ai pu donner à ce récit partant du cœur un autre langage que le sien.

Ces malheurs, ces sentiments, ce sont les mêmes. Je sentais ce que j'écrivais; je ne composais point avec art. De cet abandon où fut jetée ma jeunesse, naquit l'habitude d'écrire les pensées dont l'abondance et le poids fatiguaient mon esprit. Souvent même, m'adressant à l'unique ami que les plaintes ne lassent jamais, je lui confiai mes douleurs; il les savait sans doute, mais ma faiblesse avait besoin de les lui dire.

J'ai entendu parler bien diversement sur ces temps déjà si éloignés de nous. Beaucoup pensent qu'ils auraient mieux agi que ceux d'alors. Je leur répondrai par une phrase trop souvent reproduite peut-être dans le cours de ce récit : ceux qui n'ont pas vécu alors ne peuvent décider de ces temps de tourmentes, où le vertige de la domination à tout prix, et d'une terreur sans bornes, avait partagé la France en deux classes uniques : bourreaux et victimes. Expliquer cela est impossible ; y résister l'était plus encore. La hâte avec laquelle les événements s'enchaînaient et s'amoncelaient sur vos têtes ne laissait parfois aucune place à la moindre réflexion.

Je le répète, ceux qui n'ont point été froissés, broyés par ces tourmentes révolutionnaires, doivent hésiter à en juger. C'est vouloir, par un jour pur, et du sein d'un vallon paisible, comprendre la tempête qui soulève au loin l'Océan.

A TOI

Ce n'est point la vanité qui m'a portée à m'occuper si longtemps de moi-même; ce n'est point le désir de faire connaître les tristes événements de ma vie qui m'engage à les écrire (1) : je ne les trace que pour toi, enfant de mes soins et de mon cœur. Je n'ai à te laisser pour fortune que le souvenir des malheurs de ta famille. Tu y trouveras des forces pour supporter les tiens, si la Providence te destine à en éprouver; tu n'oseras te plaindre des épreuves qu'elle exigera de toi, et ta confiance en elle s'accroîtra en admirant les secours qu'elle prodigue à ceux qu'elle éprouve.

---

(1) Ce récit s'adresse à Maria des Écherolles, ma nièce, dont les parents me confièrent l'enfance. Élevée loin de son pays, je crus bien de lui faire connaître les infortunes que sa famille y avait éprouvées, lorsque la Terreur, parcourant la France, en courbait les habitants sous son joug de fer. J'ai laissé cet écrit tel que je le traçai alors.

Tu seras pauvre, Maria; tout annonce que les richesses du monde ne seront pas ton partage. S'il t'arrivait de les regretter, relis ces pages, tu ne te plaindras plus. Aime Dieu, et des richesses véritables te seront données. Aime Dieu, et tu posséderas tout. O Maria! tout passe bien vite! Toutes ces infortunes qui nous paraissent si longues s'échappent et fuient rapidement. Quand tu liras ceci, moi-même peut-être ne serai-je plus qu'un souvenir qui bientôt s'effacera. Tout est passager ici-bas, ne l'oublie jamais dans tes jours de bonheur ainsi que dans ceux où tu verseras des larmes. Si la félicité du monde devenait ton partage, rappelle-toi encore qu'elle dure peu, et fixe ton cœur à ces biens qui ne finissent jamais.

UNE
FAMILLE NOBLE
SOUS LA TERREUR

CHAPITRE PREMIER

Détails de famille. — Enfance de mon père. — Son mariage. — Ma tante, sœur de mon père, vient demeurer avec nous.

Mon grand-père (1), capitaine au régiment de Poitou, avait deux passions dominantes : la guerre et la chasse. A peine revenu de l'armée, il courait dans les bois, y passait les jours et les nuits à faire la guerre aux loups et aux sangliers. Il appelait cela se reposer. Cette manière de vivre diminua beaucoup sa fortune.

Heureusement, ma grand'mère, douée d'une tête forte et de beaucoup d'esprit, remédia au désordre que le genre de vie de son mari apportait dans ses affaires. Un sage discernement, joint à une grande activité,

---

(1) Gilbert-François Giraud des Écherolles avait épousé Martiale-Aimée Melon, dont le père possédait de grands biens dans le Nivernais. Il eut de ce mariage deux enfants : un fils qui fut mon père, et une fille qui ne se maria point.

sauva la famille d'une ruine inévitable; et mon grand-père qui n'aimait à s'occuper que de ses plaisirs, satisfait de l'aisance que la prudente économie de sa femme répandait autour de lui, jouissait commodément du bien-être qu'il devait à ses soins.

Son fils unique avait à peine neuf ans, lorsqu'il s'en fit suivre à l'armée. Il voulait le former de bonne heure aux fatigues et à la vie dure des camps, et non-seulement il y façonna ce petit guerrier en herbe, mais il lui adjoignit encore une douzaine de cousins du même âge, qu'il se plaisait à aguerrir : petite troupe pleine de courage, qui se jetait gaiement à travers le péril. Tous devinrent d'honnêtes gens et de braves soldats.

J'ai connu un M. de Saint-Léger (il demeurait près de Château-Chinon, en Nivernais) qui ne parlait de mon grand-père qu'avec transport; il avait fait partie de cette compagnie d'enfants intrépides. « Nous nous battions bien, me disait-il; notre témérité ne connaissait aucun danger. Votre grand-père nous aimait comme ses fils, mais il nous tenait ferme. Je lui dois beaucoup; tenez, je lui dois aussi cette jambe. Elle fut cassée par une balle. Le chirurgien allait l'amputer, car là on va vite. — Non, dit votre grand-père, je réponds de cette jambe. — Et la voilà. »

Je regrette tout ce que j'ai perdu des détails que j'aurais pu recueillir sur ma famille. Les événements révolutionnaires m'ont arrachée de son sein avant l'âge où l'on s'intéresse vraiment à la source de son existence. Depuis, les papiers ont été brûlés, les biens confisqués et vendus; dans ce dépouillement total et dans l'agitation continuelle où j'ai passé bien des années de ma jeunesse, il m'est resté peu de souvenirs. La tristesse que me cause cette ignorance me porte à écrire ce que j'ai pu en conserver, ainsi que les circonstances particulières au temps où j'ai vécu, afin que mes neveux trouvent dans le passé quelques traces qui les rattachent à leurs ancêtres, et que les longues infortunes de leur père et de leur aïeul mettant de la modération dans leurs désirs, ils sachent se contenter de leur sort. Ma vie même pourra leur offrir d'utiles leçons : ils y verront avec quelle bonté Dieu daigna me conduire et me sauver. Qu'ils conservent dans leur mémoire le nom des êtres bienfaisants qui vinrent au secours de leurs parents ; et si jamais ils rencontrent leurs enfants ou leurs amis, qu'ils les accueillent avec amour et répandent sur eux les bénédictions qui leur sont dues.

Il est facile de comprendre que l'éducation de mon père souffrit beaucoup par ses campagnes précoces, et qu'il était bien impossible à un enfant de cet âge, à sa rentrée dans les quartiers d'hiver, de se remettre à l'étude avec fruit. Il faut donc bien plus s'étonner de ce qu'il savait que de ce qu'il ne savait pas. Et cependant, il avait trouvé le moyen d'acquérir beaucoup de connaissances. A douze ans, il reçut un coup de sabre sur la joue gauche et fut fait prisonnier. Ce petit officier, bientôt échangé, revint tout fier de rapporter une glorieuse cicatrice, bien visible, car elle s'étendait en demi-cercle de l'oreille à la lèvre supérieure. Sa carrière militaire fut digne de ce début ; il reçut sept blessures, et, fort jeune encore, il obtint la croix de Saint-Louis.

Vers l'âge de trente-six ans, il épousa mademoiselle de Tarrade, orpheline qui vivait retirée dans un couvent de Paris. Elle avait vingt-six ans, ses goûts étaient tranquilles; la retraite où elle avait passé sa vie à cultiver son esprit et ses talents lui avait fait contracter l'habitude des occupations sérieuses. Pour ses amis, elle était charmante, et mon père trouva près d'elle un bonheur doux et sûr.

La sœur de mon père refusa tous les partis qui lui furent proposés, et ne se maria point. Après la mort de ma grand'mère, qui vit encore naître mon frère aîné, elle prit une maison séparée, et ma mère resta seule avec son mari, partageant son temps entre la ville et la campagne. Elle préférait ce dernier séjour.

Ayant passé vingt et un ans dans la retraite, elle y avait contracté des goûts paisibles. Le monde et la société n'avaient aucun attrait pour elle. Distraite, parlant peu, jouant mal, elle y était méconnue. Mais les qualités de son cœur et de son esprit la rendaient chère à ses amis. Sa grande bienfaisance la faisait aimer du pauvre, et sa piété sincère inspirait à tous une juste vénération. Je n'ai vu aucune des personnes qui l'avaient connue me parler d'elle sans lui donner les plus vifs regrets. Bientôt mûre pour l'éternité, elle fut enlevée à sa jeune famille. Je n'avais alors que sept ans. Elle laissa quatre enfants : deux fils et deux filles.

Martial, l'aîné de mes frères, bien qu'il n'eût que treize ans, était déjà officier de cavalerie. On conçoit

CHAPITRE PREMIER. 5

que mon père, qui lui-même avait servi plus jeune que son fils, ait pu désirer lui voir porter l'épaulette à cet âge. Cependant, sans parler ici du service public qui devait en souffrir, je ne puis m'empêcher de faire une réflexion générale sur l'abus de ces émancipations prématurées. Il n'y a pas de doute qu'un enfant lancé dans le monde, sans être fortifié par une éducation sage et par la maturité qu'amènent la réflexion et les années; il n'y a pas de doute, dis-je, que cet enfant, sitôt jeune homme, ne soit exposé à des dangers trop grands pour qu'il n'y succombe pas. Les nombreuses exceptions qui existent ne sauraient diminuer la force de cette vérité. L'enfant qui sera assez malheureux pour jouer à treize ans le rôle d'un homme ne sera le plus souvent, pendant toute sa vie, qu'une plante amaigrie qui s'allonge sur la terre sans y produire de bons fruits, et dont les racines faibles, à moitié rompues, ne sauraient porter à sa tige les sucs vigoureux qu'elles auraient puisés dans une éducation sagement surveillée.

Ma mère avait à peine quarante-huit ans lorsqu'elle mourut. Je me rappelle avec une douce émotion les pleurs que je vis répandre alors. Chérie de tous les paysans des Écherolles, chacun d'eux crut perdre une mère; ils ne se trompaient pas. Ses adieux furent touchants, et, malgré mon jeune âge, me firent une impression que le temps n'effaça jamais. Elle nous fit venir près de son lit, nous bénit et nous donna de saintes instructions; elle me recommanda beaucoup à mes frères, et les pria de protéger et de soigner avec amour Odille, ma sœur aînée, dont la raison était égarée et les souffrances continuelles. Elle défendit tous frais de luxe pour sa sépulture, disposa de la somme qu'on y aurait employée pour doubler les aumônes qu'elle ordonna de distribuer aux nécessiteux, et fit habiller beaucoup de pauvres. Plus j'ai réfléchi depuis sur cette perte, et plus j'ai compris son étendue. Dans quel abandon se trouvent les jeunes enfants privés de leur mère, sevrés des soins et de la prévoyance de ce cœur qui jamais ne sommeille !

Je ne sais pas la raison qui porta mon père à négliger de remplir une des dernières volontés de ma mère. Je ne fus pas mise au couvent comme elle l'avait désiré. Peut-être son cœur attristé chercha-t-il des consolations dans la présence des enfants qu'elle lui avait donnés.

Mademoiselle des Écherolles, sa sœur, se chargeant de mon éducation, revint demeurer avec nous, et nous quittâmes les Écherolles pour habiter la ville, ma tante n'aimant pas la campagne. Chambolle, mon frère cadet, fut envoyé à l'école militaire de Metz; et le régiment où servait mon frère aîné se trouvant peu après en garnison à Moulins même, il redevint commensal de la maison paternelle, où j'étais restée, ainsi que ma sœur dont l'état de souffrance inspirait beaucoup de crainte et laissait peu de chances de guérison.

Ma tante s'attacha bientôt à moi avec une vive affection; sa tendresse toute maternelle s'accroissait chaque jour. Et maintenant je ne puis penser sans tristesse à la douleur que je lui causais en exprimant le désir que j'éprouvais d'entrer au couvent : la dernière volonté de ma mère m'était connue, et mon cœur, blessé de la négligence mise à la remplir, en réclamait hautement l'exécution. Les présents qui m'étaient prodigués, les plaisirs de mon âge, les plus doux soins ne me la faisaient point oublier. Souvent, trop souvent sans doute, je lui demandai d'accomplir ce vœu de ma mère. « Ne suis-je pas aussi ta mère? me disait-elle. Je ne puis me séparer de toi. » La vue des amies que je visitais au parloir, réveillant en moi le désir d'aller au couvent, accroissait mes regrets ; j'enviais leurs talents et leur instruction. Les belles rosettes attachées à leurs épaules, en attestant leurs progrès, renouvelaient ma tristesse. Dédaignant les biens dont j'étais entourée, je répétais sans cesse : « Que ne suis-je au couvent! là seulement je puis être heureuse. »

Ma tante, qui aimait la société, m'y conduisait souvent, malgré mon jeune âge. Je pense encore avec effroi à ces longues visites pendant lesquelles, assise, ou bien droite et silencieuse, je comptais les vitres et les fleurs de la tapisserie pour me distraire. Possédant déjà les bijoux de ma mère, très-parée pour mon âge, voyant souvent mes compagnes, prévenue dans tous mes désirs, je n'étais cependant pas heureuse. Ma tante, inquiète de ma tristesse, me demandait avec une tendre sollicitude : « Qu'as-tu? qu'est-ce qui te manque? » Et je répondais : « Je voudrais aller au couvent. » Cette réponse lui déchirait le cœur. Je ne doute plus maintenant que ce ne soit là l'unique raison qui l'ait portée à former le projet d'aller à Paris, prendre un logement dans un couvent où j'aurais pu, sans être séparée d'elle, partager tous les exercices des pensionnaires. Il faut avoir connu son goût pour le monde, pour apprécier la juste valeur du sacrifice qu'elle voulait me faire. Elle rompait toutes ses habitudes, et, quittant une société agréable et une douce indépendance, elle se serait soumise, par amour pour moi, à toute la monotonie de la règle monastique : c'est ainsi qu'elle m'aimait! Combien, depuis, je me suis reproché d'avoir attristé son cœur par mes plaintes réitérées! Chambolle revint de Metz à cette époque. Nous serions tous partis pour Paris, sans la Révolution dont les progrès rapides forcèrent tous les Français à ne s'occuper que d'elle.

CHAPITRE DEUXIÈME

Journée des brigands. — Mon père nommé commandant de la garde nationale de Moulins. — Émigration de mes frères. — Arrestation de Noailly. — Mon père le sauve. — Haine du peuple. — Les troubles publics vont en croissant. — Mon père donne sa démission.

Ce fut par la fameuse journée des Brigands que cette révolution s'annonça ouvertement pour moi. Mon âge ne me permettait pas d'en comprendre l'importance, mais seulement de jouir du bruit et du mouvement, si j'ose m'exprimer ainsi. Le désordre a une variété qui plaît à l'enfance. Il fut rapide. Partout arrivent au même instant des courriers qui publient que des troupes de brigands s'avancent. Ils sont là, on les a vus, ils viennent : il faut s'armer pour se défendre (1). On s'assemble, on nomme des officiers pour conduire les citoyens : voilà la garde nationale établie. On veut un chef, et mon père est choisi. Il se promenait sur le cours : il est entouré, proclamé colonel. Il refuse ; on s'obstine, on le presse, et, après avoir hésité quelque temps, il se rend et accepte. Ma tante n'en fut point satisfaite. Je me rappelle qu'elle l'engageait à refuser ce dangereux honneur. Il n'était plus temps ; des larmes

---

(1) Cette terreur fut si générale que l'on vit arriver de tous côtés des troupes nombreuses de paysans armés de faux et de fourches, demander à marcher contre les brigands et s'informer où ils étaient.

s'échappèrent de ses yeux lorsqu'elle le vit reconduit chez lui par une foule nombreuse, et qu'une garde d'honneur fut placée à sa porte. Il y rentra, ne s'appartenant plus; devenu homme public, l'intérêt de ses enfants était secondaire, tout fut suspendu : plus de voyage, plus de projets; nous restâmes.

La ville de Moulins fut agitée comme toutes celles du royaume, qui, livrées à une terreur panique, se levèrent en masse contre ces brigands invisibles qui n'étaient qu'une chimère inventée pour armer la France. Ceux qui firent ainsi mouvoir les premiers rouages de cette machine formidable ne furent plus les maîtres d'en modérer la marche, et périrent sous son poids. La révolution se développait d'une manière effrayante. La terreur fut toujours mêlée à toutes ses joies. Fille du trouble et de la discorde, pouvait-elle produire autre chose?

Mon frère aîné resta dans son régiment, encore en garnison à Moulins. Le cadet revint près de nous (1). On me donna des maîtres; ma tante vit plus de monde que jamais, et mon père se livra tout entier à ses nouveaux devoirs. La confédération le fit partir pour Paris, à la tête de la députation du département de l'Allier; il en revint au désespoir. Il s'était flatté qu'à cette fameuse journée du Champ de Mars, le roi, se mettant à leur tête, marcherait contre l'Assemblée nationale pour la dissoudre. « Ce parti, disait-il, eût sauvé la

---

(1) Il avait le brevet d'officier dans le régiment provincial de Clermont, et devait, à la fin de ses études, entrer dans l'artillerie.

France et le roi qui ne sut pas profiter de l'enthousiasme qu'il inspirait encore. » Peu après, les plus grands troubles se manifestèrent ; on voulait, en inquiétant le peuple, le porter à la révolte ; les accusations contre les accapareurs de blé se multiplièrent ; on répandit des bruits alarmants de disette causée, disait-on, par la malveillance des ennemis du peuple ; et ce peuple qui croit tout vit partout des ennemis.

M. Noailly, riche marchand de blé, qui demeurait à Droiturier, fut arrêté par les habitants de Lapalisse, lié, garrotté, comme aristocrate et *affameur* du peuple. Il fut conduit à Moulins pour y servir de pâture à la populace, déjà instruite de ce qu'elle avait à faire, et que des instigations secrètes poussaient aux plus terribles excès. Mon père fit mettre des troupes sur pied, alla au-devant de Noailly, et, sous prétexte de le surveiller lui-même, voulut le faire monter dans sa voiture. Il n'y resta que quelques instants ; bientôt les chevaux furent dételés, les roues brisées. Mon père saute à terre, parle à cette foule irritée, assure qu'il ne veut point que Noailly leur échappe, que c'est pour le réserver à la justice et à toute la rigueur des lois qu'il veut le conduire lui-même en prison. Le prenant lui-même au collet, il marche au milieu de ces forcenés, dont les soldats qui l'entouraient le défendaient à peine, prêt à périr à chaque minute avec son malheureux prisonnier, qu'il eut enfin le bonheur de mettre en sûreté, après avoir souffert, pendant un chemin fort long, toutes les angoisses de la mort. Il doubla la garde de la prison ; le peuple, espérant avoir un autre jour sa victime, se retira. L'affaire traîna ensuite en longueur; on laissa aux esprits le temps de se calmer, puis d'oublier un peu ce malheureux Noailly, qui fut secrètement mis en liberté et partit pendant la nuit. On publia plus tard qu'il n'y avait pas eu lieu à accusation, tout ce qui avait été avancé contre lui étant controuvé. Le peuple ne pardonna point à mon père de l'avoir trompé, et, depuis ce moment, la grande faveur dont il avait joui se changea en une haine implacable; ne pouvant ni lui résister ni faire le bien, il donna sa démission.

L'âge où j'étais ne me permet pas de me rappeler les détails politiques de l'époque, détails qui du reste se trouvaient au-dessus de ma portée; mais je me souviens fort bien que la fermeté de mon père lui fit de puissants ennemis. Ses efforts pour maintenir la paix et pour lutter contre le désordre qui naissait des principes corrupteurs que l'on semait dans le peuple, ses efforts, dis-je, attiraient la foudre sur sa tête. Une fois dépouillé de sa place, rien ne put le préserver de la violence : livré à tout ce que la calomnie peut inventer de plus absurde, victime du bien qu'il avait osé faire, une noire ingratitude en fut le prix.

On a beaucoup parlé de l'émigration en bien ou en mal; aussi je me bornerai à une observation très-courte.

Maintenant que les années ont passé sur ces temps d'effervescence, que les passions qui poussaient alors les hommes sont mortes avec eux, que le succès n'a point couronné leurs efforts, ni récompensé leurs sacrifices, n'y a-t-il pas injustice à juger avec tant de sévérité l'enthousiasme qui précipita les Français sur les pas de nos princes? Tout ce qui était noble et fidèle à son roi pensait accomplir un devoir. Cette impulsion fut rapide. On vit de vieux militaires, des gens paisibles, des pères de famille, répondre à ce généreux appel, et quitter sans hésiter les douceurs du foyer domestique pour la vie pénible et aventureuse de simple soldat. D'autres passions occupant la génération actuelle, elle ne veut pas comprendre celle d'une autre époque, et les générations futures l'imiteront à leur tour.

Il était bien difficile de résister à l'opinion dominante. Cette opinion, appuyée sur l'honneur et, le dirai-je? devenue une mode impérieuse, en exerça bientôt toute l'intolérance : il fallut partir ou démériter.

Je me rappelle parfaitement l'agitation de nos familles, leurs réunions secrètes, l'empressement avec lequel on se communiquait les nouvelles d'outre-Rhin. « Quand partez-vous? se demandait-on. Vous arriverez trop tard, hâtez-vous. Ils reviendront sans vous. C'est pour si peu de temps! » Comme une fièvre d'honneur faisait bouillonner le sang dans les veines. Ceux qui résistaient, dégradés aux yeux de la noblesse, étaient en quelque sorte repoussés de son sein. Ceux qui hésitaient encore, poursuivis par le sarcasme et la crainte du ridicule, n'espérant de repos qu'à Coblentz, couraient l'y chercher. Les femmes, trop souvent extrêmes dans le parti qu'elles embrassent, harcelaient sans pitié ces caractères indécis. Des bonnets de nuit, des poupées, des quenouilles leur parvenaient de toutes parts. Des billets anonymes, dictés par une mordante ironie, accompagnaient ces mystérieux envois. Enfin, tout ce qui peut exciter l'ardeur des hommes de tout âge et réveiller leur goût pour la gloire était mis savamment en usage, afin de les pousser hors de France, et tout, jusqu'au mystère dont il fallait s'envelopper, rehaussait le charme de cette entreprise chevaleresque. Les officiers du régiment de Royal-Guyenne émigrèrent, mon frère aîné les suivit; le cadet partit peu après avec un de nos cousins (1).

Bientôt l'éloignement de mes frères fut connu; on en fit un crime à mon père. Ma tante, qui voyait à quel point on était irrité contre lui, l'engagea vivement à quitter Moulins, prévoyant que tôt ou tard la haine qu'on lui portait amènerait des mesures violentes dont il serait victime. Elle ne le persuada point. Peut-être n'eut-il pas le temps de fuir, ou, méprisant d'absurdes calomnies, ne les crut-il point dangereuses à sa sûreté.

Déjà, vers la fin de son commandement, on avait répandu parmi le peuple des accusations si ridicules qu'il serait impossible de croire à leur effet sur son esprit, si l'on ne savait que la foule est plus ignorante et plus crédule que l'enfance.

Il fut dit que, par ordre de mon père, on avait miné la cathédrale pour la faire sauter pendant la messe de minuit. Nous y fûmes tous pour démentir cette

---

(1) M. de Tarrade, parent de ma mère, fixé à Moulins par son mariage avec mademoiselle de Lavenier.

calomnie. Une seconde mine devait éclater au cours de Bercy pendant une fête populaire, célébrée à l'occasion de je ne sais quel grand événement : des canons, cachés près de là dans les épaisses charmilles d'un jardin appartenant à M. de Gaulmyn, devaient tirer en même temps sur la foule éperdue et achever sa perte ; enfin, la maison de mon père était remplie de caisses d'armes et de crocs de fer pour accrocher et pendre les patriotes aux arbres de la promenade.

Il est impossible, en effet, d'imaginer des choses plus insensées. Je ne sais qui se donnait la peine de les inventer. Je sais seulement que ce cruel enfant qu'on appelle peuple prenait goût à ces contes bizarres, s'en faisait peur à lui-même, et voulait s'en venger à tout prix. Peu à peu ces sottes inventions, en passant de bouche en bouche, acquirent plus de force et de créance. La confiance si longtemps conservée à mon père fut ébranlée, et le peuple qui ne réfléchit jamais, qui sent violemment ou sa joie ou sa fureur, se jeta avec avidité sur ces contes extraordinaires, sans se demander s'ils étaient vraisemblables. Mon père devint donc insensiblement l'objet de son aversion et la cause de son épouvante.

C'est au milieu de cette fermentation générale que je fis ma première communion, le jeudi de la Passion de l'année 1792, dans l'église des Sœurs de la Croix. J'étais bien jeune encore, mais l'abbé Ripoud, mon confesseur, et qui avait été celui de ma mère, engagea ma tante à ne point attendre que je fusse plus âgée. « Elle n'a que onze ans, lui dit-il, et ne vous paraît pas assez mûre pour être admise à la sainte table ; espérons que l'instruction qu'elle a reçue suffira pour le moment, le malheur fera le reste. Les jours mauvais approchent ; il faut qu'elle reçoive le sacrement qui fait les forts ; bientôt, peut-être, je ne pourrai plus l'appeler à l'autel pour y recevoir son Dieu ; bientôt le pasteur et les brebis seront dispersés, les temples souillés ou déserts ; la désolation va se répandre sur nous. »

Déjà, en effet, plusieurs églises, desservies par des prêtres qui n'avaient pas prêté le serment, venaient d'être fermées. Dans quelques-unes encore, ils disaient secrètement la messe au point du jour. M. de Latour, notre évêque, s'étant refusé à prêter le serment, était parti pour Rome. Un intrus occupait sa place (1). Un grand nombre d'ecclésiastiques avaient fui ; toutes ces circonstances ne confirmaient que trop fortement l'avis de l'abbé Ripoud ; mon père et ma tante consentirent à ce qu'il désirait (2).

Peu de jours après, toutes les églises furent fermées, à l'exception de celles où les prêtres assermentés exerçaient leur ministère.

Vers ce temps, plusieurs circonstances réunies concoururent à faire paraître mon père coupable, ou,

---

(1) Cet évêque-là portait à l'autel un bonnet rouge en guise de mitre.

(2) Je fis ma première communion au point du jour et seule. Plusieurs de mes compagnes, qui devaient la faire avec moi, furent obligées aux mêmes précautions, dans la crainte d'attirer les regards de la malveillance sur nos familles.

pour m'exprimer avec plus d'exactitude, furent employées par ses ennemis à lui donner l'air de l'être. Un M. G..., qui avait mangé une très-grande fortune en fausses spéculations, imagina, par un nouveau et malheureux calcul, de faire venir des chevaux de Normandie, pour les revendre avec profit. A la même époque, mon père, encore en place, avait proposé de former un escadron des hommes les mieux nés de la ville, comme un moyen de tranquillité générale, et dans le but de contenir les perturbateurs du repos public. Plusieurs personnes des meilleures familles s'enrôlèrent dans cette noble compagnie, qui n'eut jamais d'existence qu'en projet. Mais ce projet fut connu, et depuis on s'en servit contre mon père, lorsque plus tard on arrêta un homme qui portait de l'argent à ses fils.

Cet homme se nommait Robin. Il avait été longtemps à notre service. Il fut saisi et ramené à Moulins; j'ignore encore s'il y eut connivence de sa part, et s'il agit d'après une instigation malveillante, ou s'il ne fut que malheureux. On réunit tous ces faits séparés contre mon père. Les chevaux de M. G... devaient monter la nouvelle compagnie d'aristocrates, dont le but secret, disaient-ils, était la destruction de la liberté. Robin, envoyé à l'armée de Condé, allait y porter les plans de la contre-révolution, etc.

Mon père ne pouvait résister à tant d'accusations; un mandat d'arrêt fut lancé contre lui au commencement du mois de juin 1792; mais par un reste d'égards, qui bientôt après ne fut plus conservé, on lui épargna d'être conduit en prison : il fut simplement sommé de s'y rendre. Il reçut cet ordre avec une fureur concentrée. « *Moi, en prison!* répétait-il en se promenant à grands pas; *moi, couvert de blessures glorieuses! moi, qui n'ai jamais été aux arrêts! en prison!* » Elle n'était point encore ennoblie. Elle le fut ensuite; mais alors on ne faisait que commencer les rudes épreuves qui devaient épurer la France; le déshonneur qui semble attaché à cette sombre demeure imprimait encore la même répugnance.

CHAPITRE TROISIÈME

Mon père en prison. — Il y est mis au secret. — Son interrogatoire. — Sa vie menacée. — Persécution. — Paysan arrêté. — L'innocence d'un condamné reconnue. — Belle conduite de M. Conny de la Faie, président du tribunal. — Mon père lui doit la liberté et la vie.

Mon père nous embrassa et se rendit en prison, seul, vers le soir. Son domestique, ne pouvant le servir et rester libre, se constitua prisonnier. Cet honnête homme, ce fidèle serviteur, se nommait Brugnon. L'affliction de ma tante fut d'autant plus grande qu'elle comprit tous les dangers qui menaçaient mon père. Il fut cinq jours au secret, pendant lesquels il eut une fluxion de poitrine; on refusa l'entrée d'un médecin et de toute espèce de secours nécessaires à son état. Les nommés Robin et Faure, impliqués dans cette affaire, étaient dans la même prison. Faure avait servi dans le régiment de Royal-Guyenne. D'abord soldat, il avait atteint le plus haut des grades subalternes; puis, s'étant retiré du service, il avait tiré parti d'une éducation assez soignée pour se faire maître de pension, son instruction lui permettant d'en remplir les devoirs. J'ignore comment il se trouva compromis dans l'accusation intentée contre mon père.

A peine la nouvelle de son emprisonnement fut-elle connue, que toute la société vint chez ma tante pour lui témoigner la part qu'elle prenait à ce triste événement. Les femmes surtout, dont la compassion est plus démonstrative, et qui sont moins susceptibles que les hommes de fléchir sous une crainte servile, les femmes laissèrent éclater toutes les marques de leur intérêt. Ma tante, touchée comme elle devait l'être de tant de marques d'affection, en tirait parti pour rallier des défenseurs autour de son frère et prendre des mesures actives afin de balancer le pouvoir de ses ennemis. Ceux-ci étaient fort nombreux. Le caractère vif et impétueux de mon père lui en avait fait beaucoup. Ils voulaient le perdre, et le voulaient puissamment. Il fallut une bien grande prudence pour prévenir ou détourner leurs coups.

Au bout de quelques jours de secret, on déclara que mon père devait être conduit dans l'église des Minimes pour y être interrogé, et qu'il y marcherait enchaîné entre Faure et Robin. Cette église étant très-éloignée de la prison, il fallait traverser une grande partie de la ville pour s'y rendre.

Ma tante, au désespoir, représenta que son frère, depuis cinq jours attaqué d'une maladie très-grave, n'avait pas quitté son lit ; qu'il lui serait peut-être impossible de se tenir debout, et encore moins de faire à pied un aussi long trajet. Après beaucoup de sollicitations, elle obtint qu'il fût porté à la suite de ses malheureux compagnons d'infortune. Mon père se leva alors pour la première fois depuis son entrée en prison ; il n'avait jusque-là pris aucune nourriture ; il ne put ni faire un pas ni se soutenir, il s'assit. Le geôlier, lui ayant donné du vin chaud, le traîna jusqu'à la chaise à porteurs qui devait le transporter aux Minimes; trop faible pour s'habiller, il était en robe de chambre. La vue d'un homme aussi malade ne toucha aucun de ces forcenés, qui vomirent les plus terribles imprécations en l'apercevant; et la colère lui tenant lieu de force, lorsqu'il entendit ce peuple acharné à sa perte s'écrier : *Qu'il sorte, qu'il marche!* il prévint la violence, il sortit et marcha. Le trajet fut très-orageux. Lorsqu'il fut parvenu aux Minimes, l'église, qui servait de salle à la justice de ce temps, fut envahie par une populace furieuse qui demandait sa proie. Des femmes, nouvelle espèce de tigres, voulaient s'abreuver de son sang, et, plusieurs fois pendant l'interrogatoire, la garde fut obligée de les coucher en joue pour les contenir. Cet interrogatoire était public, et, par un bonheur très-grand, la maladie de mon père lui avait ôté la voix; les réponses véhémentes et pleines d'amertume que lui dictait la colère l'eussent infailliblement perdu, si l'auditoire les eût comprises. Mais il parlait bas, et le bruit était grand. Le greffier (1), comme nous l'apprîmes plus tard, en écrivant ses réponses, leur donna un tour plus favorable. Quelques juges étaient pour mon père, quelques autres étaient contre lui ou laissaient douter s'ils oseraient protéger l'innocent.

Pendant cet interrogatoire terrible, beaucoup de personnes étaient près de ma tante, et des messages fréquents venaient nous rassurer ou nous alarmer. Les

---

(1) Ignorant son nom, je regrette de ne pouvoir le faire connaître; mais Dieu le sait.

porteurs, en nous racontant leur effroi, nous l'avaient communiqué, et, nous peignant à nous-mêmes la fureur de ce peuple insensé, nous osions à peine espérer revoir le cher objet de notre sollicitude. Un de nos parents (1), mêlé à la foule, et qui avait assisté à cette cruelle scène, revint enfin nous apprendre qu'après avoir couru le plus imminent danger, mon père venait de rentrer en prison. Tous nos vœux alors étaient de l'y savoir de retour.

Ma tante ayant obtenu de le voir après son interrogatoire, nous nous rendîmes aussitôt près de lui. Nous le trouvâmes assis près du feu, avec un frisson très-fort, ayant plus de courroux que de fièvre, en proie à la violence des sentiments qui l'agitaient. Une première entrevue ne saurait se dépeindre; la joie de nous revoir jeta quelque douceur dans son âme. Il nous était rendu! Mais au milieu de ce bonheur ineffable, nous sentions la pointe du glaive; à chaque instant il pouvait frapper encore, et peut-être sa perte n'était-elle que retardée!

Nous trouvâmes près de lui l'abbé Papon, qui, cherchant à calmer l'irritation de son esprit, lui prodiguait les consolations de la religion. Ce pieux ecclésiastique était prisonnier lui-même, et condamné à un an de détention pour avoir reçu et répandu dans le public un bref du Pape. Plus tard il lui en a coûté

---

(1) C'était M. de Montagnac de Chavanne, venu chez mon père pour y passer agréablement quelques semaines, et qui, au contraire, assista au violent début de nos infortunes.

la vie. Les prêtres réfractaires ayant été incarcérés avant la fin de son année de réclusion, il se retrouva faire partie de cette classe proscrite, et mourut en prison avant le retour d'un gouvernement plus modéré.

Je ne dois pas oublier ici de rendre hommage aux vertus du geôlier, qui se nommait Bruxelle. Sa bonté, son humanité ne se démentirent en aucun temps; il adoucit, autant qu'il le put, le sort de ceux qui lui étaient confiés : tous trouvèrent en lui un cœur compatissant, un ami sûr et fidèle. Le nom d'un geôlier semblable ne devrait jamais périr. Ses yeux se mouillèrent de pleurs en nous conduisant chez mon père, dont la chambre était grande et saine. La fenêtre, garnie d'une grille, donnait sur la campagne. Mais, pour parvenir à cette chambre, il fallait traverser des corridors étroits et sombres, où l'on respirait un air fétide et l'odeur infecte produite par l'infirmerie encombrée de malades.

Dans ces premiers jours, on nous laissa la liberté de voir notre cher prisonnier à toute heure, et même de dîner avec lui. Il offrit sa table à l'abbé Papon, qui logeait dans un petit cabinet faisant partie de sa chambre. Faure vint aussi partager son dîner. Toutes les personnes de notre connaissance vinrent le voir; la peur n'avait point encore paralysé les sentiments, et chacun s'empressa de lui témoigner le plus vif intérêt. Si les regards, en se portant sur les murs de sa chambre, n'eussent pas lu partout : C'est une prison ! on aurait pu s'y croire dans un salon brillant : les dames de

Moulins attachaient une espèce de gloire à rendre un hommage public à l'innocence malheureuse.

Cependant, mon père ne pouvait supporter son sort; il s'appesantissait avec amertume sur l'ingratitude du peuple, sur les atrocités dont on l'accusait; il exhalait avec violence son ressentiment, et nous faisait trembler chaque fois que les officiers municipaux venaient lui demander s'il était bien, s'il n'avait à se plaindre de rien : « Je ne me plains que d'être ici », répondait-il d'une voix courroucée. Tous les jours la même question amenait la même réponse, et nous causait la même terreur. Mon père, se promenant à grands pas dans sa chambre, ne daignait pas regarder les municipaux, qui chaque fois s'en allaient plus mécontents.

Les témoignages d'affection donnés avec tant de publicité à mon père ne tardèrent pas à offenser, et bientôt non-seulement les visites furent défendues, mais on ne permit plus l'entrée de la prison qu'à une seule personne par jour. Je m'y rendais à sept heures du matin. Les sentinelles, étant souvent relevées, finissaient ordinairement par oublier que j'étais entrée. Soit défaut de mémoire ou effet de leur bonne volonté, ma tante, qui arrivait à midi, entrait sans difficulté. Nous dînions ensemble, et nous quittions la prison fort tard. Je ne puis exprimer la tristesse que je ressentais en rentrant dans notre maison solitaire et déserte, où l'on n'entendait plus d'autre bruit que les cris et les plaintes de ma sœur. Odile ne pouvait prendre part à notre sort, quel qu'il fût; le sien ne pouvait changer; ses souffrances seules lui révélaient la vie, et l'absence de sa raison lui ôtait la connaissance de son malheur et du nôtre.

Un vieux serviteur, nommé Saapa, nous avait quittés dès l'arrestation de mon père. Imbu des principes nouveaux, il nous regardait comme des monstres ; et, pour fuir la contagion de l'aristocratie, il abandonna la maison, et ne nous saluait plus lorsqu'il nous rencontrait. Cette liberté fameuse n'était que celle d'être ingrat ou cruel. L'histoire de Saapa, que nous appelions Saint-Pierre, avait ses singularités. Il était fils d'un noble vénitien, qu'un mariage disproportionné contracté contre le gré de sa famille avait forcé à se réfugier en France, où il se fixa dans le Nivernais. Au bout de quelques années, ayant eu l'espoir de se réconcilier avec ses parents, il partit, laissant ses deux fils à des gens qu'il crut dignes de sa confiance, et déposa dans leurs mains une somme assez considérable pour faire donner à ses enfants une éducation convenable à leur rang. Ceux qui reçurent ce double dépôt en abusèrent : ils s'approprièrent la somme, et les petits garçons gardèrent les pourceaux. Soit que leurs parents fussent morts, ou que leur mariage eût été annulé, ils n'entendirent plus parler d'eux, et restèrent dans la domesticité. Ils furent soldats l'un et l'autre. Pierre fit ses premières campagnes sous mon grand-père. Ma grand'mère, qui apprit son histoire, examina et fit examiner ses papiers, et lui proposa de le faire réhabiliter dans ses droits. Comme elle se connaissait parfaitement en affaires, il est à présumer qu'il en avait de justes. Mais la servitude avait avili l'âme de ces deux frères ;

ils préférèrent l'un et l'autre vivre et mourir domestiques, plutôt que suivre un procès qui eût troublé leur repos, et dont l'issue leur semblait peut-être douteuse. L'ingrat Saapa est mort à l'hôpital (1).

J'eus alors un chagrin très-vif : ce fut l'éloignement de la meilleure de mes amies, non pas que je l'accusasse d'avoir cessé de m'aimer, mais je fus seulement offensée de la conduite de ses parents qui, craignant de se compromettre, lui défendirent de me voir : sa porte ne s'ouvrit plus pour moi. Combien je me sentis blessée! Ce fut le premier déchirement que mon cœur éprouva dans ses affections. Ainsi, dès mes plus jeunes années, je dus faire la triste expérience de la fausseté du plus grand nombre des amis du monde. Le père de mon amie, qui venait souvent chez ma tante dans les beaux jours de sa vie, mit tous ses soins à la fuir dès qu'elle fut malheureuse. Julie, sa fille, fut obligée de l'imiter ; exemple de plus d'une vérité connue de tous les hommes, mais qui leur paraît toujours neuve, parce qu'ils ne savent pas la prévoir : *l'infortuné a peu d'amis.*

Il fut question de transporter mon père à Orléans, où déjà beaucoup de prisonniers de marque étaient réunis, et qui depuis furent transférés à Versailles,

---

(1) Cet homme, dans la maison depuis près de cinquante ans, y était traité avec les égards dus à un ancien serviteur devenu presque membre de la famille. La noblesse de son origine avait toujours empêché de le regarder comme un domestique ordinaire. Son ingrate pusillanimité nous affligea beaucoup ; je la signale ici comme une défection qui navra le cœur de mon père.

où ils furent égorgés dans l'Orangerie. Ma tante, qui pressentait leur sort, mit tout en œuvre pour obtenir qu'il fût jugé à Moulins, afin de rendre utile l'intérêt que lui conservait encore une partie de ses juges et des habitants. Autant que je puis me le rappeler, les vues de ma tante étaient le plus souvent justes, et sa prévoyance grande; elle se trompa rarement dans le jugement qu'elle porta des événements. C'est alors que dans la femme spirituelle, connue par ses bons mots, ses plaisanteries fines et piquantes, se développa le caractère de la femme forte, et que ce petit mérite de femme aimable jeté là comme une fausse enveloppe laissa paraître à tous les yeux la vraie grandeur de son âme. Déjà nous lui avions beaucoup et de grandes obligations. Son dévouement pour les siens fut sans bornes, ainsi que sa générosité. Dans la suite, c'est absolument de ses bienfaits que nous vécûmes; non-seulement de ses revenus, mais encore du produit d'un domaine qu'elle vendit sans hésiter pour nous soutenir.

Afin de me rendre le séjour de la prison moins long et moins ennuyeux, et pour utiliser le temps que j'y passais, Faure me donnait des leçons de géographie, de sphère et de physique. Il voulut varier les occupations monotones qui remplissaient mes heures dans ce triste séjour, et fit apporter une petite machine électrique pour me montrer différentes expériences. Ces délassements innocents excitèrent les soupçons, ou plutôt ils offrirent un singulier moyen de persécution que l'on se hâta de saisir, et bientôt ils furent défendus.

La chaleur était fort grande ; pendant huit jours consécutifs il y eut de fréquents orages, le tonnerre tomba plusieurs fois dans la ville ; un nommé G..., dénonciateur de mon père, fut tué par la foudre en galopant sur la grande route : c'était un patriote zélé. On lui rendit des honneurs funèbres d'autant plus grands qu'il était ennemi de mon père. Mais d'où venaient tant d'accidents ? qui attirait tant de malheurs sur la ville et sur les citoyens ? C'était mon père, dont les expériences physiques n'avaient d'autre but que de diriger la foudre sur Moulins, et de porter le deuil parmi ses habitants. Ce conte était dans le goût du peuple ; il y avait du merveilleux, et pour lui de l'incompréhensible ; dès lors il fut persuadé de son danger, sans réfléchir que mon père, habitant une tour dans la partie la plus élevée de la ville, se trouvait menacé plus que personne ; mais cette idée, offrant un nouveau mode de vexation, fut accueillie avec ardeur. On enleva la machine électrique ; toute espèce d'expériences et d'études fut strictement défendue. Des mendiants, assis sous la fenêtre, accusèrent mon père de leur avoir jeté de l'argent à travers ses barreaux pour les engager à se charger de messages secrets. Il fallut donc aussi se refuser de secourir le pauvre, et craindre de s'approcher de la fenêtre pour y respirer un air pur.

Qui ne sait maintenant ce que c'est que le séjour de la prison, et combien y pèse une minute ? Plus resserré que jamais, mon père y comptait douloureusement les heures, lorsqu'un événement imprévu vint y répandre une joie inusitée, une joie pure et belle, et je ne puis me refuser à en laisser échapper un doux reflet sur ces tristes pages.

Je ne sais plus dans quel village du département, un paysan fut trouvé, au milieu de la nuit, près de son curé que l'on venait d'assassiner. Le curé n'eut que le temps de porter vers lui sa main débile, et expira en le nommant. Il y avait un arrêt de mort dans cette parole unique. Cet homme tenait encore un couteau ensanglanté ; ses habits étaient souillés de sang ; c'était la nuit ; le curé l'avait nommé : que de présomptions contre lui ! On l'arrête, on l'interroge : il est venu au secours de son maître, il a lutté avec son meurtrier. Il affirme qu'il est innocent.

Tous ceux qui le connaissent le plaignent et croient à son innocence. Il avait jusque-là vécu en honnête homme. Mais les circonstances l'accusent, il persévère inutilement à protester qu'il n'est pas coupable. Fortement prévenue en sa faveur par tout ce que l'on rapporte de sa moralité, la justice n'ose le condamner à mort, mais elle ne peut l'acquitter : ne sait-on pas qu'elle porte un bandeau ? Il est condamné aux fers et à vingt ans de cachot. Vingt ans ! cet infortuné eût préféré mourir ; père d'une nombreuse famille, non-seulement l'infamie était son partage, elle était aussi l'héritage qu'il laissait à ses enfants. Il languissait dans la douleur et le désespoir, attaqué d'une violente maladie qui l'avait préservé jusqu'alors du cachot où il devait mourir pendant vingt ans, et il eût succombé à ses souffrances sans les soins et l'humanité du geôlier, sans les consolations de l'abbé Papon, et si une bonne nourriture qu'il recevait de la table de mon père n'eût ranimé ses forces.

Un jour (quel jour! je ne l'oublierai de ma vie) il est rendu à l'honneur, à ses enfants; il vivra, il peut vivre: son innocence est reconnue! Un bonheur aussi grand, aussi inespéré, est presque au-dessus de ses forces. Le tribunal de Riom venait de condamner à mort un homme coupable de plusieurs crimes. Celui-ci, se voyant sur le point d'être exécuté, déclara qu'avant de périr il voulait du moins faire un heureux; qu'il se trouvait dans les prisons de Moulins un innocent condamné à sa place, et qui était en effet accouru pour défendre son maître au moment où il venait de l'assassiner. Comment peindre la félicité qui s'empara de nous? Le cœur seul peut le comprendre. Cet honnête homme, qui avait failli succomber à l'émotion d'un bonheur inattendu, fut bientôt guéri, et partit chargé de dons et de bénédictions.

La prison renfermait encore beaucoup de paysans condamnés à quelques mois d'incarcération pour avoir insulté leur maire et jeté son banc hors de l'église. « Dam! disait un jeune et joli paysan, ils avont brûlé le banc de not' bon seigneur, puis ils voulont en avoir un eux-mêmes! Je n'avons pas voulu que la mairesse se quarre dans l'église comme une dame, elle peut faire comme nous. »

Je ne sais plus dans quelle ville voisine de la nôtre, un honnête paysan fut condamné, pour un délit du même genre, à plusieurs heures de pilori. Le pauvre homme était au désespoir de rester exposé aux regards de la populace comme un vil criminel. Des jeunes gens bienveillants apprennent et partagent sa douleur. A peine l'ont-ils vu paraître au pilori, que l'horloge obéissante sonne midi, heure qui terminait le temps de son exposition. La justice d'alors ferma les yeux sur cette innocente supercherie, et l'homme fut emmené.

Le jour du jugement de mon père approchait, et en même temps les craintes les plus poignantes : nous doutions que la justice y présidât. Les nouvelles étaient fort alarmantes ; l'agitation des esprits générale ; la France, chargée d'orages, portait dans son sein des hommes pleins de crimes, impatients de les répandre. On marchait sur un volcan : l'air même semblait rempli de mille bruits inconnus, précurseurs des tempêtes ; nos journées étaient inquiètes, nos nuits sans sommeil. Le tribunal comptait parmi ses membres plusieurs ennemis de mon père, et des gens officieux comme il s'en trouve partout lui avaient fait dire qu'il y aurait plusieurs voix pour la mort. C'est ainsi que s'écoula le second mois de sa détention.

C'était dans les premiers jours d'août ; fatigués de nos réflexions, nous regardions coucher le soleil ou plutôt décroître la lumière. La soirée était avancée et déjà un peu sombre, lorsque nous vîmes entrer le geôlier, un papier à la main. Il chancelait, il pleurait, et ne pouvant ni parler, ni se soutenir, il s'assit. Apportait-il la mort ? « Qu'y a-t-il, monsieur Bruxelle ? Quel est ce papier ? demanda mon père. — Vous êtes libre, monsieur, dit enfin ce brave homme en élevant la voix et pouvant à peine s'exprimer au milieu de ses joyeuses larmes ; vous êtes libre ! » Mon père le serra dans ses bras. Ses premières paroles, après avoir remercié Dieu, furent l'expression de la reconnaissance qu'il devait à ses soins généreux. Puis, ayant pris congé de ses compagnons d'infortune, il quitta la prison et retourna chez lui. Quel doux et triste souvenir que ce retour presque clandestin dans la maison paternelle ! Le lendemain, à peine sa délivrance fut-elle connue, que tout le monde vint le voir et le féliciter.

Nous dûmes le bonheur de ce triomphe à M. Conny de la Faie (1), président du tribunal, homme d'un mérite rare, d'une probité reconnue, digne en tout de la place qu'il occupait, et jouissant de l'estime générale. Cet intègre magistrat éleva sans crainte sa voix éloquente en faveur de l'innocente victime déjà désignée pour le sacrifice. Il sut toucher les cœurs et convaincre les esprits. Un orage violent vint à éclater dans cet instant solennel ; il prend aussitôt le ciel en témoignage de son amour pour la justice et de son zèle à défendre ses droits, fait retentir la foudre vengeresse dans des cœurs prêts à la trahir, arrache à ces cœurs faibles ou pervers la vie et la liberté de celui dont ils tramaient la perte... Mon père fut absous... M. de la Faie sauva l'innocence ; nos cœurs lui vouèrent une reconnaissance éternelle que Dieu seul peut acquitter (2).

---

(1) C'est le père du vicomte de Conny, si connu par son opinion politique, dévoué sans partage à Charles X et à sa malheureuse famille. Il a hérité des vertus de son père ; c'est une belle illustration que celle-là.

(2) Je ne dois pas omettre le nom de M. de la Ganguyère, qui,

Combien ces deux mois m'avaient changée ! Le rêve de mon enfance était fini ; plus de jeux, plus d'illusions gracieuses, plus d'insouciants plaisirs, plus de rires joyeux : mon âge les réclamait encore, mais je ne pouvais plus les goûter ; ma raison poussée en avant m'entraînait au delà de mes forces. Il me manquait un certain équilibre, et ma confiance dans l'avenir était ébranlée : le malheur m'avait atteinte.

---

s'unissant à M. de la Faie dans cette belle action, mérita la même reconnaissance, et qui sans doute en a aussi reçu le prix.

CHAPITRE QUATRIÈME

Mon père va à Lyon; nous l'y accompagnons. — Arrestation des officiers de Royal-Pologne. — Nous nous établissons dans le faubourg de Vaise. — Mon père obligé de fuir. — Massacres du 9 septembre 1792 pour le passage des Marseillais. — Madame Seriziot nous met à la porte.

Dès le lendemain de sa sortie de prison, mon père fut obligé de prendre un passe-port. On lui donna trois jours pour mettre ses affaires en ordre et quitter Moulins. Sa présence, disait-on, pouvait en troubler la tranquillité. Le peuple n'ayant pas, dans son esprit, ratifié cette délivrance, la garde fut doublée pour le protéger. Nous n'attendîmes pas même les trois jours accordés pour nous rendre à sa terre des Écherolles, située à deux myriamètres de Moulins, où il espérait pouvoir attendre ses effets et former son plan de voyage; mais à peine y fûmes-nous arrivés, que des amis nous y suivirent pour nous prévenir de la fermentation qui régnait parmi le peuple. Il se formait des attroupements nombreux; on parlait de venir aux Écherolles brûler le château, et ressaisir le prisonnier arraché à leur rage. Ne pouvant prévoir la suite de ce mouvement, il était prudent de ne pas l'attendre. Où aller? Il n'était plus question d'aller à Paris, il eût fallu passer par Moulins. Mon père se décida pour Lyon, et partit à l'instant même dans une patache, avec son fermier Alix, qui se mit à côté de lui. Ils traversèrent la petite ville de Varennes à l'entrée de la nuit; comme l'esprit en était fort mauvais, mon père s'étendit dans la charrette, M. Alix le couvrit de son manteau, et, se plaçant un peu en avant, il pouvait, grâce à son embonpoint et à son épaisse redingote, le dérober facilement aux regards curieux. Il se montra seul, répondit avec aisance aux questions qui lui furent adressées, et, comme on était habitué à le voir passer à toute heure pour les affaires de son commerce, on ne l'arrêta point.

Mon père arriva sans accident chez ce même Noailly auquel il avait sauvé la vie; il en fut reçu avec la reconnaissance qui lui était due et qu'on ne trouve pas toujours. Nous l'y rejoignîmes le lendemain, et, craignant de compromettre la sûreté de Noailly en restant plus longtemps chez lui, nous gagnâmes aussitôt la ville de Roanne, où mon père fut obligé de séjourner quelque temps pour y attendre des papiers importants, que la rapidité de sa fuite l'avait empêché d'emporter. Ce séjour n'était pas sans danger à cause de sa proximité de Moulins, mais nous ne savions encore où aller; les troubles qui éclataient de toutes parts faisaient hésiter mon père sur la route qu'il devait prendre, car de cette décision dépendait notre sûreté. La fermentation générale croissait de minute en minute; on parlait d'événements tragiques. Le sang avait coulé dans Paris; des bruits sourds, des rumeurs lointaines nous parvenaient sans nous instruire. On sentait le danger partout; l'orage grondait sur nos têtes; le terrain brûlait sous nos pas; où fuir? A peine mon père fut-il arrivé, que plusieurs officiers (1) du régiment de Penthièvre, en garnison à Roanne, vinrent le voir. Les malheurs présents, ceux que réservait l'avenir occupaient tous les esprits ; on se consultait sur des temps si funestes. Beaucoup de régiments avaient déjà massacré leurs officiers ; ceux-ci prévoyaient le même sort. « Les nouveaux principes minent la discipline, disait M. de Nétancourt, l'obéissance nous échappe ; nous n'avons d'autre refuge que Coblentz. » C'est ainsi que tout poussait à l'émigration.

Enfin, la journée du 10 août retentit dans toute la France. Le trop fameux Challier (2), revenant de Paris où il avait été porter le tribut de ses fureurs, profita de son rapide passage à Roanne pour y prêcher les doctrines nouvelles ; monté sur l'impériale de la diligence, pérorant de la voix et du geste, il appelait le peuple à la connaissance des bienfaits du 10 août. Sa bouche vomissait l'imprécation et le blasphème ; une lave sanglante coulait de ses lèvres impies, et portait son ardeur dans la foule agitée. J'entends encore les mots terribles qui finissaient la harangue de cet énergumène : « Frères et amis, vous avez détruit l'infâme Bastille, mais vous n'avez abattu que des murailles ; un travail plus beau vous attend. Abattez des têtes, et vous serez libres. A bas les rois ! mort au tyran ! Vive le peuple ! vive la liberté ! » La voiture partit, et il criait encore : « Mort

---

(1) Parmi ceux-là, je me rappelle MM. de Nétancourt et de Bosque.
(2) Challier était un jacobin forcené de Lyon. Il a marqué dans les malheurs de cette ville.

au tyran ! » Une scène pareille fit comprendre à mon père le danger d'habiter plus longtemps une petite ville si près de Moulins, où nous étions trop en vue. Mieux valait chercher son salut dans la foule, afin de s'y perdre. Un grand nombre de fugitifs cherchaient de toutes parts un refuge à Lyon; mon père préféra s'y rendre aussi. Nous avions vu passer beaucoup de parents, beaucoup de connaissances (1), fuyant les persécutions qui les menaçaient chez eux. Madame de la Rochefoucault était de ce nombre. Voyageant sous le nom de la nourrice de ses enfants, elle portait sur des coussins les deux jumelles qu'elle allaitait : touchant spectacle qui inspirait un intérêt protecteur pour la mère et les enfants.

Nous descendîmes à l'hôtel de Milan, sur la place des Terreaux, et le lendemain matin mon père se rendit à l'hôtel de ville pour faire viser nos passe-ports et demander la permission de se fixer à Lyon. « Que venez-vous faire ici ? lui demanda-t-on. — Consulter les médecins habiles qui s'y trouvent. — Eh bien ! vous pouvez consulter demain, et partir après-demain. » Il eût peut-être été heureux pour nous d'obéir à cet ordre. Mon père sortit sans répondre, se demandant à lui-même : Que ferai-je ? où irai-je ? La journée se passa dans cette incertitude, et voulant, avant de partir, me faire voir la salle de spectacle dont on vantait la coupe, il me

---

(1) Madame de Champs, M. et madame de Bussi, madame de Moncorps, leur fille, dont le mari était émigré, tous de Nevers. C'est avec cette dernière famille que nous arrivâmes à Lyon.

conduisit à la comédie. On donnait *Paul et Virginie*. Madame Chevalier, qui depuis fit parler d'elle en Russie, jouait le rôle de Virginie avec grâce et talent. Je n'avais jamais vu un spectacle aussi beau ; et, pour l'admirer, j'oubliais tout le reste, lorsque tout à coup des voix de stentor firent retentir la salle de l'hymne des Marseillais. Le parterre était plein de ces hommes trop fameux. Arrivés la veille, ils se rendaient à Paris, sans savoir peut-être à quelle œuvre de sang ils devaient coopérer. Qui ne connaît la beauté de cet hymne marseillais, sa mâle vigueur, sa puissance sur les courages? Nous rentrâmes frissonnant de terreur.

J'ai déjà dit que nous logions à l'hôtel de Milan, sur la place des Terreaux. Le lendemain de cette scène, nous aperçûmes un attroupement près de l'hôtel de ville, et bientôt nous vîmes passer sous nos fenêtres les officiers du régiment de Royal-Pologne (1), qui venaient d'être arrêtés par leurs propres soldats réunis à ceux du régiment de Vexin, déjà connus par leurs excès. On les conduisait au château de Pierre-Cize, prison d'État. Une foule innombrable, à la fois joyeuse et cruelle, accompagnait ces infortunés. Ce torrent furieux s'écoula nous restâmes muets et glacés de terreur. Chaque jour, chaque minute révélait un danger nouveau ; on se sentait en quelque sorte gêné de vivre, parce qu'on n'avait pas un moment l'assurance de vivre l'instant d'après.

---

(1) Ils étaient accusés d'avoir voulu porter leurs soldats à émigrer.

MM. de Nétancourt et de Bosque, dont le régiment quittait la garnison de Roanne, où nous les avions connus, se trouvaient chez mon père lorsque leurs malheureux camarades passèrent ainsi escortés par une soldatesque effrénée ; ils gémirent sur les amis qu'ils comptaient parmi les officiers de Royal-Pologne. Par un retour sur eux-mêmes, prévoyant le sort qui leur était préparé, ils résolurent de ne pas l'attendre, et nous quittèrent pour émigrer.

Cependant, il fallait décider ce que nous deviendrions, et il le fallait promptement. Mon père, ne sachant que faire, prit le parti d'aller chez le fils de M. Noailly, pour lui demander ses conseils et s'en remettre à sa prudence, espérant trouver en lui quelque souvenir de ce qu'il avait fait pour son père. Il ne se trompa point ; M. Noailly l'accueillit avec amour et mit tous ses soins à lui prouver qu'il en était reconnaissant. Il demeurait dans le faubourg de Vaise, et proposa sur-le-champ à mon père de s'y établir. Chaque faubourg avait alors une municipalité particulière ; celle de Vaise était composée de très-braves gens. Sur la demande de M. Noailly, qui répondit de nous, elle permit à mon père d'y prendre son domicile, et nous éludâmes ainsi l'ordre de quitter Lyon. Notre voyage se borna au faubourg de Vaise où nous trouvâmes un assez joli appartement, chez un M. Seriziot, riche marchand de blé. On le meubla à la hâte, et nous nous empressâmes de nous y rendre pour échapper à l'attention malveillante qui épiait les moindres démarches d'un étranger. M. Noailly et sa femme, jolie et aimable personne, devinrent une société fort agréable pour mon père et pour ma tante, qui se rendaient souvent le soir chez eux. Ce fut là que nous fîmes la connaissance de M. et de madame Guichard, dont l'amitié fut dans la suite un des biens que nous dûmes à nos malheurs. La proximité, notre isolement, et plus encore leur bon accueil, nous conduisirent souvent chez eux. C'est ainsi que se forma une liaison qui devint plus tard si heureuse pour nous.

Il y avait peu de jours que nous étions établis dans notre nouvelle demeure, lorsque mon père reçut une lettre du marquis de Piolenc, habitant Chambéry, qui, le croyant encore à Moulins, le priait de retirer chez lui ses filles qui s'y trouvaient sans asile et sans protecteurs. Elles étaient au couvent de la Visitation, dans ce couvent où j'avais été les voir si souvent, où j'avais tant admiré les distinctions qui témoignaient de leur sagesse et de leur instruction, où enfin j'aurais voulu être avec elles. Mais alors ces paisibles retraites, troublées par les désordres du monde, n'offraient plus de refuge aux pieuses filles qui les habitaient. Chassées avec violence de leur sainte demeure, elles ne pouvaient plus protéger l'enfance confiée à leur amour.

Une amie s'étant chargée de remplacer mon père, nos deux petites pensionnaires nous arrivèrent par la diligence. En revoyant Agathe et Désirée, je crus retrouver ma jeunesse; car, malgré mes douze ans, je n'étais plus ni enfant ni jeune, mais les souvenirs en étaient si près qu'ils se réveillèrent vite. Nous passâmes trois journées très-heureuses, faisant des vœux pour que l'homme qui devait venir les chercher fût retenu en route.

La maison de M. Guichard étant vis-à-vis de la nôtre, nous nous y rendions tous les soirs, et pendant que nos parents parlaient des malheurs du temps, nous parcourions joyeusement un vaste jardin, avec Annette, fille de madame Guichard, qui était à peu près de mon âge. Le 9 septembre, voulant jouir d'un temps assez doux, nous nous étions réunies plus tôt que de coutume dans le jardin, et nous sautions gaiement sous les beaux arbres qui en faisaient l'ornement, lorsque nos jeux furent tout à coup interrompus. La consternation se peignit sur toutes les figures, des cris sauvages se firent entendre, des bruits de peuple vinrent mugir jusqu'à nous comme une tempête furieuse, et portèrent l'effroi dans nos âmes. M. Guichard et mon père montèrent sur un des rochers qui bornaient le haut de ce grand jardin, afin de découvrir ce qui se passait près de nous. Ils en redescendirent remplis de terreur : on massacrait les prisonniers renfermés à Pierre-Cise.

Pierre-Cise, forteresse et prison d'État, était bâtie sur un rocher isolé, assez élevé, qu'on a fait sauter depuis. C'est là que les officiers de Royal-Pologne étaient détenus. Déjà désignés à la fureur du peuple, c'étaient ces malheureux qu'il venait réclamer à grands cris. On a prétendu que le maire de Lyon avait reçu depuis deux jours l'ordre de leur mise en liberté, mais qu'il crut leur mort nécessaire aux progrès du mouvement révolutionnaire. Je n'entrerai dans aucune discussion à cet égard. Je me bornerai à répéter ce que j'ai entendu dire depuis à M. de Bellecise lui-même (1), alors gouverneur de Pierre-Cise.

M. Vitet, maire de Lyon à cette époque funeste, se rendit le matin chez M. de Bellecise, pour le prévenir de la mauvaise disposition des esprits, et des craintes qu'il avait qu'on ne fît une tentative pour arracher les prisonniers de leur asile. M. de Bellecise, que la goutte rendait impotent, se fit porter à sa suite dans toutes les parties du château susceptibles de défense, l'assurant qu'avec quelques pièces de canon de plus et un renfort de garnison, il répondait du château et de ses prisonniers. Le maire promit tout et n'envoya rien.

Dans l'après-dînée, le peuple (2) se rend sous les murs de Pierre-Cise; la foule y devient innombrable; elle menace, elle crie, elle veut pénétrer dans ses murs; on parle d'escalade. Les marches qui s'élèvent dans le roc sont gravies par cette populace furieuse, qui demande les clefs, qui veut briser les portes. M. de Bellecise, n'ayant reçu aucun moyen de défense, ne sentait que l'affreux malheur de sa position. Ne pouvant marcher, ne prévoyant que trop les suites d'une violence à laquelle il ne pouvait résister, ce faible et malheureux vieillard, accablé par tant de souffrances, ne put se présenter au peuple. Sa fille répondit à ce dangereux appel.

Mademoiselle de Bellecise, jeune personne douée d'un

---

(1) Le marquis de Bellecise avait été prévôt des marchands de Lyon. C'était un homme de bien généralement estimé.

(2) Les Marseillais, qui se rendaient à Paris, avaient suspendu leur départ de Lyon pour prendre part à ces excès.

grand courage, parut seule, et déclara d'une voix haute et ferme qu'elle ne remettrait les clefs qu'à celui qui avait le droit de les demander. Le silence qu'on avait fait pour l'écouter se prolongea par l'étonnement que produisit sur cette foule irritée la tranquille énergie d'une faible femme. Bientôt la demande des clefs se renouvelant, elle s'avança pour les remettre elle-même au maire, qui se trouvait présent. Ces clefs, glissant de sa main, tombent à terre; elle les ramasse avec le plus grand sang-froid, et, les plaçant dans celles de M. Vitet, elle lui représente les devoirs dont il se charge, la sainteté du dépôt qu'elle lui confie, l'appui qu'il doit aux malheureux... Se rappela-t-il tout cela?

Les infortunés dont on voulait la perte avaient été quelques heures auparavant comptés et renfermés par lui dans une chambre, sous prétexte de veiller plus facilement à leur sûreté. Lui-même en avait fermé la porte sur les neuf victimes promises aux prosélytes de Challier. « Abattez des têtes », leur avait-il dit, et cette horde sanguinaire les demandait.

A peine les clefs du château furent-elles dans les mains de M. Vitet, que les portes furent ouvertes; et la foule, se pressant sur les pas de ce maire complaisant, se répandit comme une lave brûlante, marquant son passage par le désastre et la mort. Elle trouva sans peine les victimes qu'on lui avait préparées; une seule leur échappa, c'était M. des Plantes. Un pressentiment du sort qui l'attendait le poussa hors de cette chambre funeste; il sauta par la fenêtre, et tomba dans une petite cour qui depuis nombre d'années était reservée à un fou, prisonnier à Pierre-Cise. Ce fou, raisonnable à propos, le fit cacher dans un égout, puis, en ayant replacé la pierre, il continua ses folies ordinaires. La foule le regarda et passa. Tous ces malheureux officiers furent arrachés de la prison, traînés, déchirés, massacrés ; il en périt sur les marches mêmes du rocher de Pierre-Cise ; les moins heureux ne reçurent le coup de grâce que sur la place des Terreaux.

L'un de ces infortunés avait échappé aux premières recherches du peuple ; la foule s'étant retirée avec sa proie, un domestique fidèle vint aussitôt l'engager à chercher une retraite plus sûre, « car ils peuvent revenir, lui dit-il. — Ils ne m'ont pas trouvé ici, j'y veux rester. » Une nouvelle vague revint, l'atteignit, l'entraîna !

Mademoiselle de Bellecise fut le héros du jour. Elle ne put sauver les victimes marquées par une main puissante, mais elle résista, comme elle pouvait le faire, par ses prières et ses supplications. Sa voix s'éleva sans crainte pour plaider la cause des malheureux. Ayant reçu un coup de pique dans le pied, elle se contenta de nouer son mouchoir autour de sa blessure, et, continuant à faire ses efforts pour sauver les prisonniers, elle se trouvait partout. Il est inconcevable qu'elle n'ait pas été elle-même immolée avec eux, et que cette journée n'ait pas été aussi la dernière de sa vie (1) ; mais

---

(1) Un moment renfermée dans un étroit passage, elle entendit délibérer s'il n'était pas mieux de se délivrer promptement de ses importunes prières.

elle en garda de tristes souvenirs : repoussée rudement par un soldat, elle eut deux côtes brisées d'un coup de crosse. On dit même qu'un coup de poing du maire lui prouva qu'il trouvait son zèle au moins intempestif. De longues souffrances payèrent à Félicité de Bellecise cette journée où l'amour de l'humanité l'avait élevée au-dessus d'elle-même. Pourquoi M. Vitet n'eut-il pas les sentiments d'honneur et le courage d'une jeune fille? Le sang de l'innocent n'eût pas coulé sous ses yeux, et ne s'élèverait pas contre lui.

La famille de Bellecise passa le reste de la journée dans un état difficile à décrire. Le château avait été pillé, ouvert à tout venant; il n'offrait plus d'asile à personne; le torrent qui l'avait traversé pouvait y revenir encore pour y chercher la neuvième victime; la prudence ordonnait de quitter au plus tôt ce lieu funeste.

L'obscurité ayant fait disparaître la foule, M. de Bellecise ne voulut point attendre que le jour l'y ramenât, et vers minuit il abandonna ce poste dangereux. Appuyé sur le bras de madame de Bellecise, soutenu par un fidèle serviteur, il descendit silencieusement ces marches humides encore du sang qu'on venait d'y répandre. Porté plutôt que soutenu par sa femme et son vieux domestique, éclairé par sa fille, il fut fort longtemps à descendre. Je laisse à penser quelles angoisses traversaient leurs cœurs pendant ce temps, où les minutes valaient des heures, où la moindre circonstance pouvait ramener cette populace effrénée, dont les mugissements lointains parvenaient jusqu'à eux.

Une voiture les attendait au bas du rocher; ils y

montent tous. M. des Plantes, qui les suivait en habit civil, s'y couche à leurs pieds. On part; à peine la voiture eut-elle fait quelques pas, qu'une patrouille l'arrête. Madame de Bellecise s'avance à la portière, se nomme; elle n'a plus d'asile; elle va en chercher un. A ce nom vénéré, celui qui les avait arrêtés s'incline respectueusement. « Mes amis, c'est madame de Bellecise (1). — Qu'elle passe. » Ils arrivèrent sans autre rencontre dans la retraite qu'ils s'étaient ménagée, prévoyant depuis longtemps ce qui venait de se passer. M. des Plantes fut envoyé dans un asile plus sûr, et bientôt s'échappa de Lyon.

Le lendemain, mademoiselle de Bellecise se rendit à l'hôtel de ville, et se plaçant formellement sous la protection de la ville, elle réclama appui et secours pour retrouver les objets appartenant à son père, qui avaient été pillés à Pierre-Cise, et demanda la permission de faire enlever ceux qui y étaient encore. Ses demandes furent trouvées justes; on lui accorda une sauvegarde pour s'y rendre. Qu'il dut lui en coûter de traverser cette foule audacieuse qui couvrait encore la place des Terreaux, et qui ne s'était point dispersée pour mieux

---

(1) Madame de Bellecise était généralement respectée. Elle avait été fort belle dans sa jeunesse; elle l'était plus encore dans sa vieillesse, parce que la pureté de son cœur se réfléchissant sur sa figure, on y lisait toute une vie consacrée à ses devoirs. Une indicible douceur, quelque chose d'angélique répandu sur elle, forçait à l'admiration et au respect. Pendant la scène de carnage dont cette journée fut souillée, elle était restée près de son mari, lui donnant l'exemple du courage et se préparant à mourir avec lui.

jouir des forfaits de la veille ! Elle s'ouvrit sur le passage de mademoiselle de Bellecise ; on ne l'insulta point, mais on la força de passer près des corps de ces infortunés, dépouillés, mutilés, épars sur les marches de l'hôtel de ville (1). Elle eut la force de commander à l'horreur qu'elle éprouvait, et rien ne trahit son émotion. Le succès des démarches pénibles qu'elle venait de tenter l'arrachant promptement à ce triste spectacle, elle se rendit sur-le-champ à Pierre-Cise, et put sans opposition en faire enlever les effets dédaignés par la populace. Plus tard, la police parvint à lui faire retrouver plusieurs objets précieux.

Que faisions-nous pendant cette soirée désastreuse du 9 septembre 1792 ? Nos craintes particulières se mêlaient aux inquiétudes générales. La proximité de Moulins nous exposait à être facilement retrouvés par ceux qui regrettaient que mon père leur eût échappé. On était venu plusieurs fois s'informer s'il était chez madame Guichard. Les noms d'aristocrate, d'étranger suspect, s'étaient échappés de la bouche de gens à mauvaise mine ; enfin nous fûmes prévenus que mon père était menacé personnellement. Nous sortîmes donc fort tard de chez nos bons voisins, sans bruit et sans lumière, après nous être assurés que personne ne pouvait nous voir ou nous entendre. Il ne fut pas question

---

(1) Outre les huit officiers de Royal-Pologne qui périrent alors, trois prêtres réfractaires furent découverts et massacrés comme eux ; leurs têtes, portées sur des piques, furent promenées dans toutes les rues.

de repos. M. de la Barre, colonel du régiment de Royal-Pologne, avait occupé le logement où nous étions, et le peuple pouvait se le rappeler. En proie à mille réflexions pénibles, mon père se promenait à pas précipités dans la chambre, lorsque nous en vîmes la porte s'ouvrir. C'est une femme. Elle entre, une lanterne sourde à la main; ses cheveux tombent épars sur ses épaules, ses vêtements sont en désordre; elle répand des larmes; elle était belle dans son désespoir, cette femme! Nous la reconnaissons. C'était madame Tournouer, femme du traiteur qui nous servait. Demeurant au pied de Pierre-Cise, elle en nourrissait les prisonniers. Elle avait tout vu, et ses traits portaient encore l'empreinte de l'horreur de cette journée. Elle pleurait sur les malheureux officiers égorgés en partie sous ses yeux. Le désir d'en sauver un l'amenait à minuit près de nous : c'était M. de la Barre. « Et vous-même, dit-elle à mon père, vous courez des dangers; on vous a nommé, on vous cherche; mais avant de fuir aidez-moi à sauver M. de la Barre. — Ah! que puis-je, inconnu, étranger, menacé moi-même? — Vous pouvez tout sur Barré, lui répondit-elle. En sauvant M. Noailly, vous vous êtes assuré son dévouement à jamais. C'est un homme fort robuste; s'il le veut, M. de la Barre est sauvé. » Barré était plus encore, il était honnête homme. Lorsque mon père avait pris la charge de ramener à ses risques et périls Noailly à ses enfants, c'est à lui qu'il l'avait confié à sa sortie secrète de la prison de Moulins.

Barré fut appelé : on ne lui proposa pas moins que

de risquer sa vie pour un inconnu. Il part aussitôt, prend une batelière sûre, descend la Saône jusqu'au port de la Pêcherie, gagne les Terreaux à la course, et pénètre dans l'hôtel de Milan par une porte de derrière, au moment où la place, couverte de ce peuple sanguinaire, retentissait des cris : « La tête de la Barre ! où est la Barre ? » Cet infortuné, croyant déjà toutes les issues gardées, ne savait comment se soustraire à la mort, quand Barré vint l'y arracher. Il l'entraîne, le porte presque jusque dans sa barque, l'y dépose, lui jette son uniforme de garde national, et, poussant la nacelle protectrice, confie aux flots silencieux cette vie qu'il vient de sauver. La batelière, favorisée par l'obscurité, gagna sans bruit le milieu de la Saône, et parvint heureusement à une lieue de la ville, chez un ami de Barré, à qui elle devait remettre le dépôt sacré commis à ses soins.

A peine Barré nous eut-il quittés que madame Tournouer, continuant : « A vos propres dangers, monsieur, il s'en joint d'autres ; la populace trompée dans son attente peut venir chercher ici M. de la Barre, et vous sacrifier dans son erreur ; il faut partir, suivez=moi. » Et cette femme, exerçant un empire que tout semblait justifier, emmena mon père. Nous apprîmes peu après qu'il avait quitté Vaise à l'instant même.

Nous restâmes dans une situation d'esprit plus facile à comprendre qu'à décrire, craignant pour mon père, et croyant, au moindre bruit, entendre l'approche de ce peuple redoutable. Une grande joie put pourtant se mêler à tant d'alarmes : Barré vint nous dire qu'il avait réussi. Heureux d'avoir sauvé un homme, il trouvait du reste la chose si simple qu'il ne comprit point qu'on l'en admirât.

Ma tante passa une nuit terrible ; elle avait, comme nous, de vives inquiétudes, elle avait de plus que nous à prendre un parti, chose bien difficile dans un pareil moment. Elle résolut du moins de ne point faire partager à mesdemoiselles de Piolenc les dangers que nous pouvions courir, et dès le jour, elle les fit conduire par sa femme de chambre et par le domestique de mon père chez un M. Coste, connaissance de M. de Piolenc, dont l'existence obscure semblait assurer leur tranquillité. Je quittai mes amies sans espérer les revoir jamais ; une séparation de quelques minutes pouvait alors amener celle de toute ma vie.

Mes yeux étaient encore humides de ces nouveaux adieux, lorsque notre hôtesse entra chez ma tante pour lui signifier, en termes clairs et laconiques, qu'elle dût à l'instant même quitter sa maison. « Madame, répondit ma tante un peu surprise, vous ne pouvez me chasser d'ici, j'ai loué cet appartement pour un temps fixé ; il n'est point écoulé, et j'y suis chez moi. — Tout ce que vous direz m'est fort égal, reprit-elle, on ne vous connaît point ici ; vous passez pour des aristocrates, cela suffira pour faire piller ma maison. Non-seulement il faut partir sur-le-champ, mais il faut encore qu'il ne reste aucun vestige de votre séjour ici. — Mais, madame, disait ma pauvre tante, où voulez-vous que je me réfugie, ne connaissant personne ? — Où vous pourrez, cela m'est égal. » Que faire contre une volonté aussi énergique? En moins d'une demi-heure, tout fut serré, les lits défaits et placés sur des chaises comme dans un logement inhabité; il n'y resta pas une épingle, « car, disait l'obligeante madame Seriziot, les Marseillais partent ce soir, ils passent devant ma maison, et je ne veux pas qu'ils y soupçonnent des aristocrates ». Cette résolution, fortement exprimée, nous fit prendre la porte. Une fois dans la rue, nous nous rendîmes chez la bienveillante madame Noailly pour lui demander un asile, croyant pouvoir peut-être aller partager celui de mon père; mais il était parti pour un endroit très-éloigné; elle ne savait rien de son sort. Ignorant aussi où était son mari, elle avait ses craintes personnelles, et se trouva aussi embarrassée de nous que nous l'étions nous-mêmes. « Enfin, dit-elle, je vous offre la moitié d'une chambre que mon père s'est réservée dans une petite maison de campagne qu'il possède à une demi-lieue d'ici; nous y allons si souvent qu'on ne vous remarquera pas. Je compte même y passer cette nuit, qu'on annonce devoir être orageuse. Vous y serez mal, mais du moins, je l'espère, en sûreté. »

Ma tante accepta cette offre avec empressement; l'important était de pourvoir à la nécessité du moment, et après avoir été prendre dans notre logement quelques effets indispensables à ce petit voyage, nous sortîmes pour toujours de chez madame Seriziot.

Ma tante marchait appuyée sur le bras de Saint-Jean, son domestique, portant le petit paquet dont elle l'avait chargé. Chacune de nous avait fait ses arrangements en partant. J'étais très-fière des précautions que j'avais prises, et pendant que je me plongeais dans ma propre satisfaction, ma pauvre tante succombait sous le poids de la chaleur et de la fatigue : elle était mauvaise marcheuse. Beaucoup d'embonpoint, un très-petit pied, d'énormes talons étaient autant d'obstacles à vaincre. N'ayant pas l'habitude de faire de l'exercice, elle souffrit beaucoup dans ce court trajet, qui fut fort long pour elle, et que l'ardeur du soleil rendit plus pénible encore. A peine arrivée, voulant changer de linge, elle ouvre son paquet. « Tiens, vois, me dit-elle en riant, comme j'ai bien pris mes mesures. » Il ne contenait que des bonnets de dentelle. Que je fus glorieuse alors de tirer des poches de mon tablier tout ce qui pouvait lui être nécessaire dans ce premier moment ! Je me crus un personnage en fait de prévoyance, et je puis assurer que je me sentis fort heureuse d'avoir procuré ce soulagement à ma vertueuse tante.

Nous fîmes un triste dîner, notre souper fut plus triste encore. Madame Noailly, qui était venue nous rejoindre, ne savait rien de nouveau. Une incertitude affreuse épouvantait les habitants de Lyon. Les Marseillais devaient partir le soir même... Partiront-ils? Lasses du combat de nos craintes et du vague où nos esprits se perdaient, nous nous jetâmes tout habillées sur deux lits qui se trouvaient dans la chambre, et nous attendîmes notre sort. La maison, quoique un peu écartée de la route, avait été illuminée par ordre de la police. Cet ordre, en la faisant remarquer, pouvait nous devenir funeste; mais il fallait obéir. Bientôt d'affreuses clameurs nous apprirent qu'enfin ces bandes sanguinaires quittaient la ville : c'était comme une écume furieuse qu'elle rejetait de son sein. Ivre et sanglante, brûlant de goûter encore ces joies de cannibales, cette horde avait vu le sang, elle s'était faite tigre.

Cette foule passa au pied de la petite colline sur laquelle nous étions, en hurlant ses chants féroces, et s'éloigna. Tant d'émotions diverses avaient épuisé nos forces; nous nous assoupîmes au milieu de ces images terribles, pour être réveillées par des cris perçants. Croire l'instant arrivé, faire à Dieu le sacrifice de sa vie, chercher les assassins, fut l'ouvrage d'une minute. Ce n'était que la chute d'une des petites Noailly, tombée du grand lit où elle reposait près de sa mère. Longtemps encore les chants des soldats se firent entendre. Lorsqu'ils eurent cessé, madame Noailly envoya quelqu'un dans le faubourg de Vaise pour savoir ce qui s'y était passé et découvrir où étaient nos domestiques. Son messager revint bientôt avec Brugnon, qui, ne nous trouvant plus à son retour, s'était retiré chez un brave tailleur. Une vendeuse de fruits avait donné l'hospitalité à Cantat (1); tous les deux, inquiets et surpris de ne plus nous retrouver, rejetés comme nous par madame Seriziot, furent heureux de trouver des cœurs plus compatissants que le sien. La nuit fut très-orageuse; on craignait de nouveaux massacres. Personne ne se coucha. Les soldats se contentèrent de faire du bruit, et

---

(1) Je crois avoir dit que c'était la femme de chambre de ma tante.

leur éloignement permit à la tranquillité de reparaître; déjà l'ordre semblait se rétablir, malgré l'espèce de terreur silencieuse qui pesait sur chacun de nous et commandait particulièrement la prudence, car nous étions toujours les pauvres étrangers menacés et sans asile. On tint conseil; le plan arrêté et les gens prévenus, nous partîmes à la brune, dans le fond de la carriole de madame Noailly, qui, se plaçant sur le devant avec ses enfants et leur bonne, nous cachait à tous les regards. Nous traversâmes le faubourg sans être aperçus, et nous allâmes descendre à l'auberge tenue par le père de madame Noailly. Les portes se refermèrent sur notre voiture, et l'on nous conduisit dans un appartement très-reculé, où bientôt Cantat vint nous rejoindre, ravie d'avoir retrouvé sa maîtresse et tremblante encore de la nuit qu'elle venait de passer. Nous nous couchâmes en disant : Que ferons-nous demain? L'asile qu'on nous offrait n'allait pas au delà.

CHAPITRE CINQUIÈME

Nous retrouvons mon père et les jeunes de Piolenc. — Nous nous fixons dans la ville. — Mon frère cadet rentre en France et vient nous trouver à Lyon. — 29 mai 1793.

Le lendemain eut sa joie. Mon père arriva tout à coup. Que de choses nous avions à nous raconter ! Il avait été conduit assez loin chez des paysans, où les mêmes craintes avaient réuni un grand nombre de fugitifs. On assure que plus de dix mille personnes quittèrent la ville et se réfugièrent où elles purent. La famille Guichard passa la nuit dans un bois avec beaucoup de monde. Mon père, ramené à Lyon par une de ses nouvelles connaissances, avait logé la seconde nuit chez une dame qu'il n'avait jamais vue avant cette fameuse journée. « Que deviendrons-nous aujourd'hui ? demanda ma tante. — Je ne le sais que jusqu'au dîner, répondit mon père ; nous sommes invités chez M. Coste. Les petites Piolenc partent ce soir pour Chambéry. L'homme d'affaires de leur père est arrivé ; nous leur ferons nos adieux. » Nous montons en voiture avec une destinée de quelques heures devant nous. Mes amies avaient été assez tranquilles. Comme moi, elles étaient destinées à de grandes épreuves ; encore enfants et confiantes, elles envisageaient l'avenir sans effroi. Nous nous quittâmes pour ne nous retrouver qu'après de longs malheurs, comme si nous allions bientôt nous revoir, nous promettant de nous écrire souvent. A peine arrivées à Chambéry, cette ville fut prise par les Français. Elles se sauvèrent à pied avec leur père, et dès lors elles partagèrent toutes les privations de l'existence des pauvres émigrés. Ma vie devait s'écouler dans le sein de ma patrie, au milieu des troubles qui l'ont déchirée. Adieu, Désirée, et vous, Agathe; avec vous ont fui les doux souvenirs de mon enfance.

Après le départ de mes amies, il nous fut permis d'occuper l'espèce de galetas où elles avaient couché; mon père alla chez la dame qui l'avait logé la veille, et nous rendîmes grâces à Dieu d'avoir encore un abri pour cette nuit. M. Coste, quoique peu riche lui-même, eut pitié de notre misère, et ne nous mit pas à la porte; c'est qu'il avait le cœur autrement placé que madame Seriziot. Le lendemain, mon père continua ses recherches pour trouver un logement où l'on voulût bien nous recevoir sans nous annoncer sur-le-champ à la police. M. Mazuyer fut l'honnête homme qui nous reçut ainsi. L'essentiel était de gagner quelques jours seulement, pour donner aux esprits le temps de se calmer et à nous celui de réfléchir. Nous allâmes passer la quatrième nuit de notre vie errante dans le petit appartement (1) qu'il nous céda, heureux de l'espoir de

---

(1) Il ne s'y trouvait qu'une seule chambre à coucher, avec un lit énorme que j'occupai avec ma tante; on mit dans un coin un lit de sangle à rideaux pour mon père. La suite rend ce détail nécessaire.

nous y réveiller sans avoir besoin de chercher un nouvel abri pour la nuit prochaine.

Peu après, mon père se rendit à la section pour faire sa déclaration, et n'y donna que son nom de famille, Giraud, le seul sous lequel il fut depuis connu à Lyon. Il y avait tant de Giraud dans cette ville que cette communauté de nom nous fut avantageuse ; elle y rendit notre séjour plus tranquille, ou du moins plus ignoré pendant quelque temps.

La maison où nous étions était l'ancien hôtel des Douanes ; la plupart des employés y logeaient encore, le nouvel hôtel bâti sur le quai du Rhône n'étant point achevé. M. Mazuyer était inspecteur des douanes. M. de Souligné, le directeur, y demeurait aussi, de même que M. Vignon, sous-inspecteur. C'est chez ce dernier que la famille de Bellecise s'était retirée. Nous trouvâmes dans cette maison une société aimable et sûre, chose précieuse en tout temps, mais alors d'un prix inestimable. Unie par la même opinion, cette petite société se réunissait tous les soirs. Elle trouvait une grande douceur à penser tout haut, à mettre en commun ses craintes ou ses espérances ; la conversation n'avait à peu près d'autre aliment que les événements du temps et les alarmes journalières. J'en oubliais parfois la tristesse près de Sophie Souligné, jeune personne de mon âge ; mais trop souvent nous y étions rappelées par les graves paroles de nos parents, dont la prévoyance ne dormait pas comme la nôtre.

L'hiver se passa dans de vives anxiétés ; la mort du roi vint y mettre le comble. Où s'arrêteront les crimes après un tel attentat? La ville fut comme ensevelie sous un crêpe funèbre; un silence profond régnait dans les rues; le deuil était dans les familles, chacune d'elles perdait son chef. Notre petite société passa la journée dans les larmes, car la désolation était dans les cœurs, et l'on se demandait quel serait notre sort.

La terreur se faisait sentir jusque dans les retraites solitaires; nul asile n'en mettait à l'abri; elle atteignait les lieux les plus reculés; elle frappait à toutes les portes. Comment pourrais-je peindre la terreur? quel pinceau pourra jamais la rendre? Ce mot du moins suffit pour faire comprendre tous les genres de craintes, de sollicitudes et d'angoisses dont il remplissait alors le cœur de l'honnête homme. Les visites domiciliaires, de plus en plus fréquentes, pénétraient à toute heure chez les citoyens. Ce nouveau genre de torture permettait à peine aux malheureux de confier leur affliction et leurs larmes aux murs solitaires de leur humble demeure. La nuit, la nuit surtout, comme plus favorable à la terreur dont elle doublait la puissance, la nuit était choisie pour ces terribles visites. L'obscurité en accroissait l'horreur et semblait grandir le danger. Des sentinelles, placées de distance en distance, réveillaient tout à coup les habitants par des cris sourds qui se prolongeaient, en se répétant de bouche en bouche, dans des rues mal éclairées; on frappait aux portes à coups redoublés. Le moindre retard apporté à les ouvrir provoquait l'impatience et la colère; la voix des commissaires se mêlait aux cris des soldats. Nuits d'horreur où l'incertitude du sort dont on était menacé ajoutait tous ses maux à tant de maux! On ne savait si l'on devait rester couché ou se lever pour les recevoir; de ces deux partis, l'un paraissait trop confiant et l'autre trop inquiet.

A ces sujets d'alarmes, bien visibles, s'en joignaient beaucoup que l'on connaissait imparfaitement. Il circulait sourdement que les jacobins formaient les plus sinistres projets; qu'ils avaient des assemblées secrètes, où se tramaient la ruine de Lyon et la perte de ses habitants les plus respectables. Brugnon, dans l'intention de nous procurer quelques lumières sur leurs plans, allait tous les jours au club; les jacobins finirent par le croire un des leurs, et lui donnèrent souvent des pamphlets à distribuer; mais il ne fut jamais admis à leurs réunions mystérieuses. Tout le fruit que l'on retira des visites de Brugnon fut de connaître leur sanguinaire éloquence. Ce brave homme, doué d'une mémoire parfaite et d'un grand talent d'imitation, nous répétait fidèlement ces discours de feu. La société se réunissait ordinairement pour l'entendre, et, malgré la gravité du temps et les dangers qui nous menaçaient, le comique ne nous échappait point. Beaucoup de ces orateurs improvisés par la passion du mal venaient de se lever du métier à l'ombre duquel ils avaient passé leur vie. Ignorants des choses et du langage, ils faisaient retentir la tribune de choses étranges et de figures de rhétorique parfois si ridicules et si gigantesques qu'il était impossible de n'en pas rire.

La mort du roi ouvrait une ère sanglante, hâtée par les vœux des jacobins. Ils multiplièrent leurs réunions secrètes; une activité extraordinaire régnait parmi eux, et, malgré le mystère dont ils s'entouraient, des bruits sinistres circulaient de toutes parts ; on se sentait pressé par un invisible ennemi, et des menaces atteignaient les plus braves. Enfin on eut connaissance qu'ils tramaient la perte d'une grande partie des habitants de la ville ; aussitôt les Lyonnais se levèrent en masse pour se défendre. La journée du 29 mai 1793 ouvrit une noble carrière à leur courage. Croisade sainte où ils marchèrent à la conquête de leur vie et de leur liberté.

Je n'entreprendrai pas de rendre un compte exact de cette journée si fameuse dans les fastes lyonnais. Voyant les effets sans connaître les causes, jeune et simple témoin, je me borne à raconter ce que j'ai vu ou entendu.

On disait que Challier, qui travaillait depuis plusieurs mois à fanatiser les esprits, les croyant assez forts pour l'exécution de son plan, venait de le communiquer aux frères et amis. Il ne s'agissait de rien moins que de s'emparer de la ville ; de mettre la guillotine sur le pont Morant ; d'en garnir les deux bouts de pièces de canon, et d'y exécuter les ennemis du peuple dont le Rhône recevrait les restes ; exécutions et sépultures promptes. La liste de ces ennemis du peuple désignait les noms vagues d'aristocrates, de modérés ; les riches, les neutres, les égoïstes, les dévots, les parents d'émigrés, etc., tous étaient condamnés à mort. « La hache révolutionnaire doit frapper, disaient-ils, jusqu'à ce que la ville soit réduite à un petit nombre d'hommes d'élite, dévoués aux intérêts de la république, et dignes de compléter le grand œuvre de la régénération de Lyon. » Les frères et amis ayant répondu à cet appel comme Challier le désirait, le jour de l'exécution du complot fut fixé; les serments les plus affreux furent exigés de tous les membres de cette assemblée, qui bientôt se sépara pour se préparer à cette œuvre d'iniquité, nommée par eux d'un si beau nom. Atroce dérision du crime qui fit tomber toutes ses victimes au nom de la vertu.

Cependant, un de ces frères et amis, saisi d'horreur à la vue des malheurs qui se préparaient, courut faire la révélation de leur tentative. Aussitôt les sections s'assemblent, s'établissent en permanence, se nomment des chefs provisoires, et marchent contre l'hôtel de ville (29 mai 1793).

La municipalité, toute composée de jacobins, s'y était retirée avec les principaux chefs de ce parti; des batteries de canons avaient été placées aux rues qui débouchaient sur la place des Terreaux, pour en défendre l'approche. Les sections s'avancèrent en colonnes serrées par ces rues étroites et tortueuses qui mènent à l'hôtel de ville. Elles perdirent beaucoup de monde par le canon qui les prenait en tête, et par les coups de feu qui, partant des caves et des greniers, ne manquaient pas leurs hommes. Les femmes de ces monstres suivaient les colonnes, comme des loups dévorants, avides de cadavres, qui se montrent après une bataille; ces femmes, monstres elles-mêmes dignes de leurs époux, achevaient les blessés avec une cruauté inouïe (1). La colonne qui s'avançait sur le quai du

---

(1) Un jeune homme, voyant tomber son ami à côté de lui, le

Rhône souffrit beaucoup du canon qui le balayait dans toute sa longueur. On se battit toute la journée avec acharnement; la résistance était égale, chacun défendait sa vie et sa liberté. Enfin, vers six heures du soir, la section du Temple, composée d'hommes robustes et braves, enleva une batterie à la course avant qu'on ait pu la recharger; ce mouvement décida l'affaire en faveur des honnêtes gens. L'hôtel de ville fut pris. M. Madinier (1), commandant des Lyonnais, monta les marches de l'hôtel de ville à cheval, les rênes entre ses dents, un pistolet à chaque main. On y trouva les corps des prisonniers faits par les jacobins. Ils avaient été massacrés et outrageusement mutilés. Bertrand, maire de Lyon, Challier, Carteron, Rouleau et beaucoup d'autres furent arrêtés, conduits à l'Arsenal, et confiés à la garde de M. de Gueriot, qui en était le commandant; le lendemain, ce dangereux dépôt lui fut redemandé pour être conduit à Roanne, prison de la ville.

Les Lyonnais se nommèrent d'autres autorités. La tranquillité se rétablit. Une liberté inconnue au reste de la France fut le fruit de cette victoire. De toutes parts on accourut à Lyon pour y chercher un asile

---

prit sur ses épaules, pour ne pas le laisser exposé aux outrages de cette populace cruelle. Il fut aperçu par une de ces femmes. Furieuse qu'un blessé lui échappe, d'un coup de poignard elle fend le ventre de celui qui le porte, et les achève tous deux.

(1) M. Madinier, négociant, fut nommé commandant provisoire; il se montra digne de la confiance des Lyonnais par sa bravoure et sa présence d'esprit. Il eut, dit-on, le malheur de perdre ce jour-là son père et son fils.

CHAPITRE CINQUIÈME.

contre les persécutions qui régnaient partout ailleurs. Plusieurs de nos compatriotes vinrent s'y réfugier. Mon père, qui jouissait alors de la liberté commune, eut le bonheur d'être utile à quelques-uns d'entre eux.

Peu après, Challier, mis en jugement, fut trouvé coupable et condamné à mort. Il ne se trouva pas une nullité dans son procès, tous ses crimes furent prouvés; les lois dictèrent son arrêt. Il refusa un défenseur, plaida lui-même sa cause, et montra beaucoup de sang-froid. Il voulut marcher au supplice. Je le vis passer, ayant l'air de dire toujours non au prêtre qui s'avançait à son côté. Sa tête chauve et jaune se détachait fortement au milieu des troupes nombreuses déployées autour de lui. Il mourut comme il avait vécu (1). Riard de Beauvernois, noble dégénéré, qu'il avait enrolé sous sa bannière sanglante, fut jugé comme lui, périt trois jours après, et montra beaucoup moins de courage que Challier.

Les jacobins révérèrent comme martyrs ces deux criminels justement punis. Ils jurèrent de venger leur mort, et tinrent parole.

Bien avant le 29 mai (1793), vers la fin de décembre, mon père apprit l'arrivée de Chambolle, son fils cadet, à Paris. Il faut avoir vécu alors pour comprendre

---

(1) Challier souffrit beaucoup par la maladresse du bourreau, encore inhabile à se servir de la guillotine. Le couteau tomba trois fois avant de l'achever. Voici son testament :

 « *Je donne mon âme à Dieu,*
 Mon cœur aux patriotes,
 Et mon corps aux méchants. »

l'effroi qu'une semblable nouvelle jetait dans le cœur. Un émigré qui rentrait en France à cette époque terrible marchait à une mort certaine. Après une affaire qui eut lieu, je crois, près de Liége, l'armée de Condé fut licenciée; les émigrés cherchèrent séparément leur salut; beaucoup d'entre eux, employant les talents ou l'instruction qu'ils possédaient, gagnaient noblement leur existence. Ils se répandirent en Allemagne, en Hollande, dans toute l'Europe enfin, et trouvèrent partout des cœurs généreux et une hospitalité à la hauteur de leur infortune. Chambolle se trouvant séparé de toutes ses connaissances, ne sachant où était son frère, et brûlant du désir de nous revoir, prit un parti bien différent de celui de ses camarades : au lieu de fuir les troupes républicaines, il les attendit, se défit de son uniforme et se donna pour le domestique d'un émigré dont les vœux les plus ardents étaient de revoir sa patrie. Des volontaires, bien patriotes, mais bons enfants, s'intéressèrent à ce jeune homme presque enfant lui-même, et le laissèrent passer; il avait à peine seize ans. A l'aide du conte qu'il avait forgé, il traversa l'armée républicaine. Comme on peut bien le penser, ce ne fut pas sans beaucoup de dangers; cependant des cœurs bienveillants, soupçonnant son secret, lui frayaient la route. La Providence lui fit rencontrer un brave roulier qui lui donna un sarrau de toile, un fouet, et lui fit conduire ses chevaux. C'est ainsi qu'il passa la frontière, voyant fouiller et percer les ballots à coups de baïonnette, pour y découvrir les émigrés que l'on y supposait cachés. Ce fut à travers mille périls de ce genre qu'il parvint à Paris, ayant sa grande jeunesse pour sauvegarde, et trente sous pour toute fortune.

Il alla se loger dans un méchant cabaret dont le maître travaillait aux carrières; le mauvais état de ses finances le contraignit à y travailler aussi pour pouvoir payer sa dépense, en attendant la réponse à la lettre qu'il avait écrite à mon père. Cette réponse n'arrivait pas; étonné d'un silence aussi inquiétant que pénible dans sa position, il écrivit à une ancienne amie de la famille, pour savoir de nos nouvelles et nous faire connaître son triste sort. Cette lettre, ainsi que la première, étant restée sans réponse, il crut que nous avions tous péri. Une grande affliction s'empara de son âme; sa situation devenait de jour en jour plus épineuse; on lui trouvait la peau trop fine pour avoir toujours travaillé à de gros ouvrages. La petite fille de la maison lui trouvait aussi l'air d'un aristocrate; le moindre mot, le plus léger doute, attirant l'attention sur lui, pouvaient le perdre : ne sachant que devenir, il prit la résolution de regagner la frontière, et vendit tout ce qu'il était possible de prélever sur le très-mince paquet qu'il avait apporté, afin d'achever de payer son hôte. En revenant de la friperie où il avait vendu ses effets, il passa devant une petite chapelle dédiée à la Vierge. Elle était abandonnée, en partie détruite; il pénétra dans ses ruines désertes. Le sentiment profond de son isolement lui fit éprouver le besoin de l'appui céleste. Il pria; son cœur s'éleva jusqu'au père des malheureux, et ses peines s'échappant de son sein dans celui de Dieu, son âme allégée recouvra l'espérance; il se releva fort et consolé.

De retour chez son hôte, il régla ses comptes avec lui, et parlait tristement de son départ, lorsque la petite fille s'écria : « Mais, maman, tu oublies de lui donner la lettre qui est arrivée pour lui ! » A ces mots, mon frère, qui n'avait devant les yeux qu'un avenir vide d'amis et de parents, crut recevoir une vie nouvelle. Cette lettre était de madame Lavenier, l'amie à laquelle il avait écrit. Cette dame lui mandait, à mots couverts, nos malheurs et notre absence, et lui donnait l'adresse d'un notaire chargé de sa part de lui remettre de l'argent en attendant qu'il reçût des nouvelles de mon père, auquel elle avait donné la même adresse. Elle-même s'était vue forcée de quitter Moulins; c'est ce qui avait causé la lenteur de sa réponse.

En apprenant que nous vivions encore, mon frère sentit renaître son courage. Bientôt après, il reçut de mon père l'ordre de faire tous ses efforts pour nous rejoindre à Lyon par la Bourgogne, afin d'éviter de passer par le Bourbonnais. Le désir de revoir son pays lui fit choisir cette dernière route, malgré tous les dangers qu'il y avait pour lui à traverser cette province. Il dit adieu à son tailleur de pierre, et quitta Paris le jour même de la mort du roi. Poursuivi par cette cruelle image et par la terreur qu'inspirait un tel attentat, il entreprit son dangereux voyage, cheminant en partie à pied, pour entrer en voisin dans les différentes villes qu'il devait traverser. Il arriva fort tard à Moulins, alla voir secrètement quelques amis et baiser pieusement le seuil de la maison paternelle; il continua sa route jusqu'à Toulon, village près de la ville, où il passa le reste de la nuit. Il y fut reconnu par son hôtesse, ancienne cuisinière de la maison. Gilberte, c'était son nom, lui garda le secret, et lui fournit une patache pour qu'il traversât plus vite un pays où il eût été dangereux pour lui de s'arrêter longtemps.

Très-heureusement pour mon frère, le conducteur de cette patache ne le connaissait pas, car cet homme était possédé du démon révolutionnaire. « A qui appartient ce château? demanda Chambolle en passant à la hauteur des Écherolles, que l'on apercevait au loin à travers les arbres. — Ce château, répond le possédé, c'est à des Écherolles, ce scélérat d'aristocrate, cet ennemi du peuple! Ses coquins de fils ont émigré; si nous les tenions tous trois, comme nous les ferions danser! » Cet énergique discours n'était pas fort doux aux oreilles de mon frère, qui traversa pourtant le pays sans mauvaise rencontre, et n'apprit que plus tard qu'il avait été reconnu par deux personnes trop honnêtes pour le dénoncer.

Un jour que ma tante et moi nous étions tranquillement au coin du feu, on apporte un billet de Chambolle, qui nous apprenait son arrivée à Lyon. N'osant venir lui-même, il mandait qu'il se trouverait le soir sur la place de la Douane, espérant qu'on viendrait au-devant de lui. Il y avait bien de l'imprudence à se confier ainsi à la petite poste. Dieu la conduisit à bien. A peine ma tante eut-elle lu cette lettre, qu'elle m'envoya chercher mon père, absent pour toute la soirée.

Je lui expliquai la nécessité de son retour; il se rendit aussitôt à l'auberge, demanda le jeune domestique arrivé la veille et cherchant un service. Il était sorti. Mon père laissa un billet pour l'instruire de ce qu'il avait à faire. Je me promenai assez longtemps sur la place, observant tous les passants; mais Chambolle ne parut point. Assez inquiets de ce retard, nous nous disions : Que lui est-il survenu ? La soirée avançait; il n'arrivait pas. Enfin, vers dix heures, on monte, la porte entr'ouverte est doucement poussée; c'est lui ! Que je le trouvai changé ! « Où étais-tu donc ? demanda mon père. — A la comédie, répond-il. — A la comédie ! Et pourquoi à la comédie ? reprend mon père d'un ton fâché. — N'osant me présenter chez vous, j'espérais vous y apercevoir plus tôt; mon cœur et mes regards vous ont cherchés partout. » Cette réponse diminua l'étonnement de mon père et l'adoucit. La comédie n'allait guère à notre attente ainsi qu'à nos inquiétudes; mais la jeunesse de mon frère, l'habitude des dangers auxquels il avait su échapper, lui inspiraient une sécurité que nous n'éprouvions pas pour lui-même.

Il passa trois jours et trois nuits à peu près au secret, prisonnier de notre amour, objet des plus tendres soins et des plus vives craintes. Un émigré était un personnage bien embarrassant à cette époque. Un émigré portait la mort avec lui; il la recevait, il la donnait à tous ceux qui l'approchaient. M. Mazuyer vint au secours de mon père en lui offrant d'occuper Chambolle dans la verrerie qu'il possédait à Rive-de-Gier. On l'y envoya sur-le-champ sous un nom supposé, pour y être commis. Peu après, M. de Gueriot, cet ami précieux de notre famille, qui commandait encore l'artillerie de la ville, lui donna un brevet de conducteur du train d'artillerie, avec la commission de faire des achats de fer et de charbon pour l'arsenal de Lyon, ce qui motivait son séjour à Rive-de-Gier. Il ne vint plus nous voir, pour éviter le double danger de rencontrer des connaissances et d'être trahi par notre grande ressemblance.

CHAPITRE SIXIÈME

Siége de Lyon. — Mon père refuse le commandement de la ville, qui fut donné à M. de Précy. — Bombardement. — Courage de mademoiselle de Bellecise — Mon père est chargé de la défense de la porte Saint-Irénée. — Quêtes. — Famine. — Journée du 29 septembre. — Le neveu de M. de Précy. — Le comte de Clermont-Tonnerre. — Prise de la ville.

Depuis le 29 mai, la ville de Lyon jouissait d'une liberté ignorée du reste de la France. Seule, elle osait lutter contre la puissance des jacobins et tenter d'en briser le joug. Seule contre tant d'ennemis, elle devait succomber. Le pouvoir sanguinaire qui nivelait ce beau pays exigea, dit-on, la tête des habitants les plus respectables de la ville pour prix de celle de Challier. Les Lyonnais préférèrent à la honte de les livrer l'honneur de les défendre, et s'y préparèrent. Une volonté généreuse s'empara de tous les cœurs honnêtes : résister à l'oppression et tout sacrifier pour y parvenir.

Je crois devoir rappeler encore que je raconte simplement ce que j'ai vu ou entendu, sans pénétrer dans les dédales d'une politique au-dessus de mon âge. Le seul mérite de ce récit est d'être vrai. Je dis les effets dont j'ignore les causes. Sans prévoyance pour l'avenir, sans prudence, fruit du passé, l'enfance ne vit qu'au présent. Ne pourrait-on pas dire que beaucoup d'hommes sont enfants sur ce point? Se laissant aller au courant, l'expérience est un livre fermé pour eux.

Rarement ils en tournent une page, et s'ils y portent leurs regards, c'est sans fruit pour leur bonheur : se croyant plus sages que leurs pères, que feraient-ils de leurs avis?

Les Lyonnais, décidés à se défendre, firent choix de M. de Chenelette pour les commander. Ce vieux militaire ayant refusé, on jeta les yeux sur mon père (1). Trois membres du département provisoire vinrent lui annoncer qu'il était appelé à remplir cette place, sur laquelle désormais reposaient les destinées de la ville. Mon père, quoique flatté d'un si grand honneur, ne l'accepta point.

Il fallait un homme prompt comme les circonstances, capable d'accomplir dans un petit nombre de jours l'immense tâche remise entre ses mains. Il ne s'agissait de rien moins que de mettre la ville en état de soutenir le siége dont elle était menacée. Mon père, âgé de soixante-six ans, inconnu aux Lyonnais, craignait de ne pas leur inspirer de confiance. Ne pouvant supporter le cheval, il se trouvait dans l'impossibilité d'explorer avec la rapidité nécessaire la ville et ses environs; mais en refusant le commandement général, il promit de servir de sa personne partout où l'on voudrait l'employer. M. de Précy fut nommé ensuite, et, comme on le sait, il accepta.

---

(1) Cette circonstance particulière, n'étant pas un fait accompli, fut peu connue. Je vis alors M. Fillot, notaire, faisant partie de la députation chargée d'annoncer à mon père le vœu du département. M. Fillot, devenu depuis notre ami, fut, bien des années après, juge de paix de la section du Change.

Comment mon père, vivant dans une profonde retraite, avait-il attiré sur lui l'attention qui provoqua le choix du département? Le voici :

Les autorités de Moulins, regrettant que mon père leur eût échappé, appelèrent à Paris, au tribunal de cassation, du jugement qui l'avait mis en liberté. La cour de cassation, ayant confirmé ce jugement, en adressa l'arrêt directement à mon père, qui n'apprit qu'alors la nouvelle tentative de ses ennemis. Ce paquet de Paris, portant cinq cachets et son grade, excita la curiosité; il fut ouvert et fit connaître qu'un vieux maréchal de camp était venu chercher à Lyon un asile contre ses persécuteurs. L'émigration avait entraîné au loin un grand nombre d'anciens militaires, et sans doute la ville en comptait peu dans son sein, car il me semble que M. de Précy ne l'habitait pas ordinairement.

La plus grande activité régna bientôt dans la ville et dans ses vastes faubourgs. Les Brotteaux devinrent la place d'exercice. Ici l'on creusa des fossés, là on éleva des bastions : des têtes de pont furent construites par les mains qui ne portaient point les armes; tout ce qui était bien pensant, de tout âge et de tout sexe, prit sa portion de travail. Un M. Schmidt, très-habile dans son métier, fondit des canons et des mortiers (1). Les négociants fournirent des ballots de laine et de coton pour construire des espèces de redoutes sur le

---

(1) Après la journée du 29 mai, le parc d'artillerie avait été transporté à Grenoble.

quai du Rhône. Un seul cœur battait dans toutes les poitrines, un sentiment unique inspirait les hommes et les femmes : résister à la tyrannie. Les dames les plus délicates assistaient aux exercices à feu, à l'essai des canons. Rien ne paraissait les effrayer ou les surprendre. Ne connaissant qu'un seul danger, elles n'avaient qu'une seule pensée : le salut de tous. Elles y travaillaient de tout leur pouvoir. Identifiées avec le parti qu'elles prennent, les femmes ne font qu'un avec lui; elles en acceptent généreusement toutes les conséquences, et jamais elles n'ont failli à l'épreuve. Quant à moi, il y avait beaucoup de curiosité dans mon courage; je partageais aussi l'enthousiasme général. Mon père me conduisit partout, et je n'ai, de ma vie, pris des leçons avec autant de zèle que j'en mis aux instructions militaires que je reçus alors. Je me faisais tout expliquer, je retenais tout; j'aurais pu, je crois, soutenir un examen, tant le vif intérêt qui m'animait gravait profondément dans ma mémoire le moindre mot technique.

Pendant que l'on se hâtait de fortifier la ville, l'armée de la Convention approchait. Elle comptait un fort parti dans nos murs. Il se composait de la populace et d'une grande multitude d'ouvriers en soie qui manquaient d'ouvrage. Ces *canuts,* ainsi appelés par dérision de canette, espèce de navette dont ils se servent pour tisser les étoffes; ces canuts, dis-je, surpassaient en nombre les bien pensants, comme ils les surpassaient en ruses et en artifices, travaillant dans l'ombre à faire échouer les plans conçus pour le salut de Lyon. Leur espionnage envahissait jusqu'au lieu des délibérations. La municipalité, le département étaient remplis de faux frères. M. de Précy (1), étranger au pays, entouré de gens qui lui étaient inconnus, ne pouvait pas toujours démêler l'astuce de la bonne foi; souvent trompé dans les rapports qu'on lui faisait, ses nobles intentions ne tournèrent point à l'avantage de la bonne cause. Les canuts, espèce pauvre et corrompue, n'avaient rien à perdre et tout à gagner. Chacun d'eux, voyant sa fortune dans le trouble général, devenait l'ennemi de tous ceux qui voulaient rétablir l'ordre. Ils firent naître la disette prématurée qu'on ressentit bientôt dans la ville; pénétrant le secret des résolutions du conseil, ils les faisaient connaître aux assiégeants. Ces révélations, portées dans le camp ennemi, ont souvent rendu infructueuses les mesures les plus propres au succès. L'armée qui nous assiégeait était moins dangereuse pour nous que cette foule de gens hostiles qui faisaient éclater nuit et jour de nouvelles trahisons.

Le nombre des francs combattants ne s'élevait, disait-on, qu'à six mille hommes; le reste, ou craintif ou douteux, ou soldé pour servir, inspirait peu de confiance. Il y eut un corps de cavalerie, formé par les jeunes gens assez riches pour s'équiper eux-mêmes; la plupart, n'ayant pas d'uniforme, se contentèrent de

(1) M. de Précy, qui appela mon père au conseil, vint le voir plusieurs fois. Je me rappelle qu'il avait l'air robuste; son teint était fort basané, et ses dents très-blanches, ce qui le rendait très-remarquable.

leurs costumes d'été, ce qui excita l'humeur moqueuse des assiégeants, qui les appelèrent, par mépris, soldats de cotonne et de nankin.

J'allais avoir quatorze ans; sans comprendre toute l'importance des événements et l'avenir qu'ils nous préparaient, j'étais destinée à partager, avec tous les habitants, de grandes privations et de cruelles inquiétudes. Initiée à des secrets au-dessus de mon âge, de graves pensées occupaient mon esprit, et je pressentais de longues souffrances.

La ville fut bientôt à peu près cernée, et les assiégeants commencèrent à l'attaquer sérieusement. Je crois que ce fut le 8 ou le 9 du mois d'août (1793) qu'on y lança des bombes. Je ne dormis pas la première nuit du bombardement : la crainte et la curiosité me tinrent même éveillée pendant plusieurs nuits de suite, ainsi que toutes les personnes de la maison. Quelques-unes d'entre elles se réunirent dans notre appartement pour y passer la nuit, le croyant le plus sûr de la maison. C'était une singulière assemblée que celle-là, où chacun apportait à la masse générale sa portion de pusillanimité ou de courage. On se communiquait ses doutes, ses alarmes; on s'approchait curieusement de la fenêtre pour s'en éloigner avec effroi, lorsqu'une bombe, en éclatant, faisait retentir la foudre. Si la mort ne tombait avec elles, les bombes offriraient un spectacle agréable.

Je passais la nuit à la fenêtre pour voir ces étoiles tremblotantes décrire une courbe immense dans les airs, et s'abaisser en sifflant pour se briser avec fracas.

C'était beau et terrible. Je ne puis oublier un certain M. Berthelier, qui venait aussi chercher sa sûreté dans le salon de ma tante : curieux autant que moi, mais plus craintif, il s'avançait doucement vers la fenêtre, en marchant sur la pointe des pieds, de peur d'éveiller la bombe, soulevait timidement le rideau de mousseline pour la regarder à travers les vitres, et lorsqu'elle s'abaissait, le rideau s'échappant de sa main, il se cachait derrière cette légère mousseline, comme sous un bouclier d'airain; riant de sa peur, la mienne avait fui.

Le bombardement se poursuivit avec acharnement. Le feu prit à l'Arsenal. On assure qu'il y fut mis par les jacobins; les assiégeants y dirigèrent aussitôt les bombes. Il devint impossible d'y porter des secours. L'explosion fut terrible. Le ciel parut en feu, et la clarté était si vive que nous crûmes l'incendie à notre porte ou dans notre maison même. Mon inquiétude était sans bornes, surtout pour mon père, qui s'était couché. La sécurité dont il jouissait accroissait mes angoisses. Il n'avait presque pas paru à nos assemblées nocturnes. Nous laissant à nos soins, il dormait par provision, en attendant le poste qu'on lui destinait. Je le réveillai plusieurs fois. « Mon père, levez-vous ! — Qu'y a-t-il, mon enfant ? — Les bombes, mon père ! Ne peut-il pas en tomber ici ? vous serez tué dans votre lit ! — Il n'y en tombera pas, ma fille. » Et il se rendormait de plus belle. Je ne concevais pas que ce tonnerre perpétuel et ces dangers imminents ne troublassent ni son repos ni son âme. Je l'appris ensuite; mais alors sa tranquillité était si peu d'accord avec notre agitation qu'elle me semblait accroître son danger personnel, en l'isolant des sensations qui nous maîtrisaient.

Enfin, l'idée du feu me saisit, et, presque heureuse d'avoir un motif pressant pour le réveiller, je vais lui crier de toutes mes forces : « Il brûle, mon père, il brûle; levez-vous. — Ah! ah! dit-il un peu pesamment; et où brûle-t-il? — Tout près, tout près d'ici; voyez comme le ciel est en feu. » Il se lève aussitôt, et telles sont les impressions de la jeunesse que je fus enchantée qu'une cause, quelle qu'elle fût, le forçât de laisser ce lit où il me semblait que la mort le frapperait plus facilement qu'ailleurs. Son repos excitait toute mon impatience. Il y avait loin du calme d'un vieux militaire à l'inquiétude d'une ignorante petite fille; aussitôt que je le vis en mouvement, je devins plus tranquille, bien qu'il s'exposât davantage, car il sortit aussitôt.

Peu après, nous le vîmes revenir. Il nous apprit que l'Arsenal brûlait. Le feu était si violent que, malgré la grande distance qui nous en séparait, il semblait être dans le voisinage. Plusieurs incendies brillaient de l'autre côté de la Saône. Descendue au bord de cette rivière, je m'avançai, avec mon père, sur la pointe des rochers laissés à découvert par les eaux très-basses alors, et bientôt le plus magnifique spectacle frappa mes regards. L'Arsenal et plus de trois cents maisons alimentaient ce feu superbe. Les flammes, comme des bras immenses, saisissaient tout ce qu'elles pouvaient atteindre, enserraient et plongeaient dans leur gouffre la vie de beaucoup d'êtres, les richesses, l'espérance, la demeure d'un grand nombre de familles, devenues en un instant également misérables. Affreux niveau ! Les riches comme les pauvres vinrent chercher un même abri contre les bombes derrière la levée de Perrache. Les batteries ennemies dirigées vers les quartiers incendiés, il devenait impossible d'arrêter les progrès du feu. Outre celui de l'Arsenal, on en voyait cinq dans la ville. La partie que nous habitions étant séparée par la Saône et par le Rhône du point de départ des bombes, elles y arrivaient plus affaiblies qu'ailleurs. Cependant quelques-unes y causèrent de grands ravages.

Mademoiselle de Bellecise avait traversé la place avec nous pour se rendre au bord de la Saône. Elle remarqua bientôt qu'un des incendies, dont cette rivière nous séparait, devait être dans la rue Grenette, où demeurait sa sœur. M. Milanès, son beau-frère, possédait une imprimerie considérable. « Si le feu est chez ma sœur, nous dit-elle, je lui dois mes soins. Elle est seule avec ses enfants; son mari est à son poste. Qui sait dans quelle position elle se trouve ? » Penser et agir ne fut qu'un. Arrivée au pont de pierre, la sentinelle l'arrête : les femmes ne passent pas; elle a beau plaider sa cause avec toute la force de son cœur alarmé, la consigne ne connaît pas de parents. Sur cela, elle revient chez elle, s'habille en homme, met deux pistolets à sa ceinture et repart. Cette fois-ci, elle passe par le pont Saint-Vincent. « Où vas-tu? crie la sentinelle. — A mon poste, répond-elle hardiment. — Quel poste? — La Croix-Rousse. — Passe. » Malgré ses pistolets, son air presque enfant l'aurait rendue suspecte, si les adolescents mêmes n'avaient déjà porté les armes.

Le feu était en effet chez madame Milanès. Elle la trouva occupée à panser un de ses ouvriers blessé par un éclat de la bombe qui venait d'incendier sa maison, et ne pouvant suffire aux exigences du moment. Les enfants en larmes se jetèrent dans les bras de leur tante, qui sut leur inspirer du calme et du courage. Après avoir passé le reste de la nuit à contribuer de ses mains et de ses conseils à se rendre maître du feu, lorsque tout eut repris un aspect plus tranquille, mademoiselle de Bellecise revint, à six heures du matin, raconter à ses vieux parents alarmés ses excursions nocturnes.

Aussitôt que cette nuit funeste eut fait place au jour, on s'empressa de remplir les cuves apportées dans les rues et devant les maisons. Il ne se trouvait à peu près que des femmes pour répondre à cet ordre adressé aux habitants. Nous nous mîmes toutes à la chaîne, ma tante même ne s'en dispensa point; et, comme le cœur donnait des forces, elle s'en acquitta comme si toute sa vie elle n'avait fait que porter des seaux d'eau.

A son retour du conseil, mon père nous apprit que M. de Précy le chargeait de la défense de la porte de Saint-Irénée, située du côté de Sainte-Foy. Ma tante ne put se décider à s'en séparer. Nous le suivîmes dans le logement qu'il eut beaucoup de peine à trouver dans ce quartier, une grande partie des habitants de la ville s'étant réfugiée dans ce faubourg bâti sur la montagne, et qui par sa hauteur et son éloignement semblait offrir plus de sécurité. Les maisons, encombrées d'habitants, furent occupées depuis la cave jusqu'au grenier, et, faute d'abri, l'église souterraine de Saint-Irénée, qui fut jadis l'asile des chrétiens persécutés, devint le refuge de ceux qui n'en avaient plus.

Nous quittâmes avec tristesse les bons amis que la Providence nous avait fait trouver dans notre exil. Nous avions déjà souffert ensemble, ce qui forme rapidement des intimités durables. Quant à moi, je regrettais dans Sophie de Souligné une amie charmante et sincère. On se disait : Nous reverrons-nous encore ? puis on marchait au-devant de sa destinée, curieux malgré soi de la nouvelle vie qui se déroulait à vos yeux.

La ville n'était point cernée de ce côté-là : on s'y trouvait plus à l'aise; quelques maisons de campagne des environs étaient encore habitées ; les paysans du voisinage y apportaient leurs denrées et leurs fruits, et quoique ces provisions ne fussent point suffisantes pour tant de besoins, les faubourgs de Saint-Just et de Saint-Irénée jouissaient d'une espèce d'abondance inconnue dans le centre de Lyon. Cependant, le nombre de ceux qui venaient y chercher un abri contre les bombes s'accrut tellement que la classe indigente en souffrit beaucoup. Les vivres devinrent rares et chers. M. Moulin, curé de Saint-Irénée, ne pouvant plus suffire à de tels besoins, vint prier mon père de me permettre de quêter parmi les nombreux étrangers qui venaient dans sa paroisse chercher leur sûreté, espérant que, par une juste compensation, ils lui donneraient en retour de quoi venir au secours des pauvres dont leur présence accroissait la misère. Mon père y ayant consenti, je me vis avec joie appelée à jouer un rôle actif dans notre histoire, ce qui me donna une grande importance à mes propres yeux. On m'adjoignit mademoiselle Seriziot (1), dont la mère logeait dans la même maison que nous, et nous commençâmes aussitôt notre quête, accompagnées de notre bon curé.

Ce n'était pas une petite entreprise que de quêter dans un temps où les ressources menaçaient de s'épuiser pour tout le monde ; chacun craignait d'affaiblir celles qui lui restaient encore, et souvent nous fûmes fort mal reçus, quoiqu'il fût fort difficile de résister à l'éloquence persuasive du bon curé Moulin. Ses paroles, inspirées par une ardente charité, agissant comme l'aimant sur l'acier, attiraient les cœurs les plus rebelles, pénétraient les plus secs, et nous voyions nos portefeuilles se remplir rapidement ; mais il est des cœurs de roc contre lesquels tout effort se brise.

Rien n'échappait à nos visites : nous parcourions tout ce qui était habité. L'antique église de Saint-Irénée nous vit dans ses souterrains. Les greniers, les caves mêmes ne furent point à l'abri de nos recherches. Je me rappelle qu'un jour nous entrâmes dans une espèce de hangar mal fermé, dont nous ressortîmes aussitôt, n'y voyant qu'une extrême misère. Une femme qui nous avait reconnus se lève à l'instant, nous rejoint dans la rue, en nous offrant un assignat de cinquante sous, s'affligeant de ne pouvoir donner davantage, mais vou-

---

(1) Ce n'était pas *la* madame Seriziot du faubourg de Vaise. Celle-ci ne nous eût pas mises à la porte.

lant, dit-elle, contribuer à notre bonne œuvre. C'était bien le denier de la veuve.

Une scène toute différente nous attendait dans une maison de campagne vers laquelle nous dirigeâmes nos pas. Quelques-unes de ces habitations agréables n'étaient point encore devenues la proie de l'ennemi. Nous entrâmes dans une des plus jolies. Son élégance annonçait le goût autant que la richesse du possesseur. On nous conduisit dans un salon bleu, d'une grande fraîcheur; des arabesques, de belles gravures, des meubles d'un grand prix en faisaient un salon à la fois somptueux et charmant. Nous exposons notre humble demande à la dame qui nous reçut, et dont la mise recherchée était en harmonie avec le délicieux séjour qu'elle habitait alors. Le curé joignit à nos simples prières toute l'onction de sa vive piété. « Monsieur, répondit-elle, j'en suis fâchée; je ne suis pas de cette paroisse. — Madame, reprit-il d'une voix douce, la charité, au milieu des malheureux événements qui nous accablent, ne permet pas de croire ses bienfaits arrêtés par des bornes aussi étroites. — Mais, monsieur, je vous le répète, je ne suis pas de ce faubourg, et je n'y habite que momentanément. — Madame, reprit encore M. Moulin d'une voix ferme, vous venez y chercher un asile contre les dangers qui vous menacent ailleurs; dès lors ma paroisse devient la vôtre. Et ne pourriez-vous pas y répandre quelques bienfaits en échange du salut que vous y trouvez? — Monsieur, dit la dame avec aigreur, j'aime les pauvres; je donne beaucoup à ceux de ma paroisse; ce que je donnerais ici serait leur bien. » Une courte révérence suivit ces mots, et, rentrant dans la chambre voisine, elle en ferma la porte avec bruit. Nous sortîmes froissés de cette élégante demeure, et nos regards ainsi que nos pensées se tournèrent avec douceur vers le hangar du pauvre. Cette course, qui nous rapprochait des postes ennemis, nous exposa beaucoup, et quoique protégés par nos batteries, nous nous trouvâmes souvent à la portée des coups de fusil. Nous vîmes beaucoup de soldats de la Convention aux fenêtres de plusieurs maisons tombées dans leurs mains. Nous n'en parcourûmes pas moins quelques autres habitations dans la proximité de la ville; car c'était de la récolte du pauvre que nous étions chargés : nous voulions en glaner jusqu'au dernier épi. Le lendemain, il eût été impossible de l'entreprendre : les assiégeants gagnant chaque jour du terrain, la mort moissonnait à son tour sur ces routes que nous avions traversées la veille à la suite de l'homme de Dieu. Que devint la dame à l'air dur, au ton sec? que devint sa belle demeure? Peut-être les ennemis de Lyon n'étaient-ils pas les siens; ou, faisant comme nous, elle rentra dans la ville pour y attendre aussi sa part de misère.

La quête ne produisit pas beaucoup en comparaison des besoins; cependant, elle fournit à l'achat de quelques aliments pour les plus pauvres et pour les malades. Le prix des vivres devenait exorbitant. La ville, resserrée chaque jour davantage, voyait aussi chaque jour diminuer ses ressources, et chacun ménageait ce qu'il lui en restait. Nous mangions un pain détestable, fait d'une farine échauffée qui le rendait sans doute malsain;

encore faisait-on cuire en cachette ce mauvais pain de belle apparence, car on craignait de laisser apercevoir ce que l'on avait mis en réserve, moitié par prévoyance pour se conserver des moyens de subsistance, moitié pour ne pas paraître plus heureux que les autres.

Mon père recevait une ration de pain et une de viande, ce qui faisait la partie la plus solide de la nourriture du ménage. Une petite pièce, tour à tour transformée en salle à manger ou en salon, devenait la chambre à coucher de ceux qui ne savaient où passer la nuit. On y étendait par terre autant de matelas qu'il y avait de gens. On était aisément satisfait. L'homme a peu de besoins. Occupé des grands événements de l'époque, pouvait-on penser aux aisances de la vie? Lutter contre le péril, se défendre jusqu'à la mort, voilà les seules idées qui absorbaient toutes les autres. Que de jeunes gens forts et courageux j'ai vus sortir de cette petite chambre, rafraîchis par un doux sommeil, pour courir gaiement à leurs fatigues journalières et rencontrer la mort!

Les troupes envoyées de Lyon pour occuper Saint-Étienne et Montbrison furent obligées de se replier sur elles-mêmes et rentrèrent dans la ville. Ce retour présageait de nouveaux malheurs; un silence profond les accueillit. On admirait les belles actions de beaucoup; mais tous ne rentraient pas dans leurs foyers! Quelques dames avaient suivi leurs époux, voulant partager leur sort et mourir avec eux. On se montrait avec respect madame Camille Jordan, à cheval à côté de son mari qu'elle n'avait pas quitté pendant plusieurs affaires sérieuses. Toutes pressentaient l'avenir, et beaucoup regrettèrent plus tard de n'avoir pas péri alors. Quelques prisonniers les suivaient : il me semble que parmi eux se trouvait le représentant du peuple Javogue; je crois du moins l'y avoir vu, car chacun se le montrait au milieu de ses compagnons d'infortune, marchant tous au centre d'un corps d'infanterie qui les escortait. Je crus reconnaître mon frère parmi les soldats qui rentraient. J'en avertis mon père, qui courut aux informations et ne découvrit rien; mais bientôt après on apprit que Chambolle était en effet dans la ville, où il avait pris du service dans une section fort éloignée de la nôtre, afin de n'être point reconnu de nous. Mon père, qui voyait qu'aucun secours n'arrivait à Lyon, et que cette noble cité, lâchement abandonnée à elle-même, périrait victime de ses généreux efforts contre le pouvoir révolutionnaire; mon père, dis-je, convaincu de l'inutilité de la résistance, ordonna à son fils de quitter la ville et de regagner aussitôt sa retraite, afin de profiter du peu de temps où le passage serait libre encore; mon frère répandit des larmes d'amer regret, mais il obéit.

La rentrée de nos troupes accrut la consommation et la disette. Un pauvre marquis de Pure, ne vivant que de lait, parce que depuis nombre d'années il ne pouvait supporter d'autre nourriture, ne parvint pas à dérober plus longtemps sa nourrice aux recherches des affamés. Sa vache lui fut enlevée; je le vis en gémir fort amèrement, et vainement solliciter sa grâce. Comment fit-il? a-t-il pu vivre? Je ne sais, et je ne le revis plus.

On a dit que cette famine n'était pas aussi réellement causée par le manque de vivres que par les manœuvres de gens malintentionnés qui, favorisant les assiégeants, mettaient tout en œuvre pour accroître le désordre et la misère. J'ai vu moi-même des signaux qui portaient à la connaissance des ennemis l'existence des magasins de fourrages ou de comestibles, et le lieu où ils étaient placés. Aussitôt que les lumières, passant et repassant un certain nombre de fois sur un lieu élevé, avaient cessé de paraître, les bombes, dirigées du côté indiqué, incendiaient le quartier, dont les ressources se perdaient avec les édifices embrasés. Jamais la police ne put saisir la trahison sur le fait : le traître lui échappa toujours.

C'est dans un dénûment aussi grand et aussi général que l'on sent le prix du nécessaire et le peu qui le compose. Beaucoup de dames de Montbrison, craignant de tomber dans les mains des jacobins, suivirent les Lyonnais : les unes à pied, les autres assises sur les canons, préférant supporter les fatigues et la misère aux traitements affreux qui les y attendaient. Elles vinrent partager nos courtes espérances et nos vives alarmes. Plusieurs d'entre elles restèrent dans le quartier que nous habitions ; on les logea le mieux qu'il fut possible, et chacun, prélevant sur son nécessaire, leur envoya des présents que le dénûment où elles se trouvaient leur rendait précieux. Les uns envoyèrent un peu de pain ou de farine ; les autres, un petit morceau de viande ; quelques personnes leur donnèrent des vêtements. Notre offrande fut une écuelle de haricots blancs.

La ville, resserrée de tous côtés, n'eut bientôt entre

elle et ses ennemis que le Rhône et ses murailles. Le 29 septembre, ils l'attaquèrent sur tous les points. On se battit à toutes ses portes. Je n'essayerai pas de peindre le bruit, le tumulte et l'horreur de cette journée.

Notre maison, située près de la porte de Saint-Irénée et du combat qui s'y livrait, se trouvait placée entre trois batteries dont les décharges précipitées, passant à côté de nous et sur nos têtes, retentissaient incessamment; les balles des assaillants venaient frapper à nos fenêtres. Rien, non, rien n'est comparable au supplice d'être immobile au milieu du danger, ou plutôt d'être forcé à l'inaction, quand autour de vous tout s'agite et se bat, tout donne ou reçoit la mort.

Nous vîmes peu mon père; il était occupé à donner du courage à des troupes lâches qui se couchaient par terre pour éviter les balles qui pleuvaient sur elles. La vue de ce vieux guerrier, debout au milieu d'elles, cherchant à réveiller l'honneur dans ces âmes effrayées, fit peu d'impression sur le plus grand nombre. La plupart, payés pour servir, ne trouvaient pas que leur solde valût une vie. Beaucoup d'entre eux, vendus à l'autre parti, en favorisaient les armes, et tous peut-être, comprenant l'inutilité de la résistance, cessaient de la continuer.

Pendant ce temps, livrées à de cruelles inquiétudes, ignorant si mon père vivait, nous attendions la mort. Elle se montrait à nos yeux sous les formes les plus affreuses, et notre imagination épouvantée ajoutait encore à la réalité déjà si terrible. Nos regards pouvaient atteindre une hauteur proche des portes de la ville ; nous assistions au combat ; nous voyions les Lyonnais reculer sans cesse et rentrer dans leurs murs. Malgré le sifflement des balles, je cherchai, à travers les jalousies, à mesurer le danger, avide en quelque sorte de connaître et de sentir son approche. On transportait les blessés ; des femmes échevelées emportaient leurs enfants et couraient en criant : « Les voilà ! tout est perdu, les voilà ! » Elles gagnaient la ville à la hâte, croyant par là échapper à leur perte ; elles la retardaient du moins. C'est ainsi que nous passâmes toute cette journée.

Le curé, en surplis, allait de maison en maison porter des paroles de consolation et d'espérances éternelles. Il préparait à la mort, aux souffrances, exhortait à la résignation. Il pardonnait au nom du Dieu de miséricorde, il parlait de ces biens impérissables, offerts pour prix à nos brèves douleurs. « Je périrai le premier, nous disait-il, avant qu'on porte la main sur les brebis que Dieu m'a confiées. » Oh ! comme en ce jour, que je crus le dernier de mes jours, je repassai ceux de ma jeune vie ! Comme elles sont graves ces heures de santé, de force, qui s'écoulent dans l'attente d'une fin prochaine, dont vous voyez l'approche, dont vous comptez les pas, qui vous paraît d'autant plus funeste que tout vous flattait d'une existence heureuse et longue ! Chacun, demandant pardon de ses fautes nombreuses, regrettait d'avoir si peu de vertus, et cherchait en Dieu seul appui et consolation. Le dernier vœu que nous formions était de mourir sans outrages. Croira-t-on qu'au milieu de tant d'alarmes il fût possible de sourire? La peur agissait si différemment sur chacun de nous, qu'il en résultait des effets vraiment comiques. « Voyez-vous, me dit la jeune fille de notre hôte, il faut tout faire pour se sauver. J'ai mis mon mouchoir à l'envers pour qu'ils ne me tuent pas. — Et comment votre mouchoir à l'envers vous sauvera-t-il la vie? — Ils me croiront la femme d'un canut. » Pauvre fille, prendront-ils le temps d'y regarder?

Les nombreux partisans de l'armée ennemie se réjouissaient ouvertement des succès qui présageaient leur prochaine victoire. Ils menaçaient hautement du pillage. Environné d'ennemis intérieurs aussi redoutables que ceux du dehors, on restait silencieusement renfermé chez soi, n'ouvrant qu'à bonnes enseignes. On frappe, nous regardons : c'est mon père! Il entre suivi du neveu de M. de Précy et du comte de Clermont-Tonnerre. Ils avaient combattu toute la journée; ils n'en pouvaient plus de fatigue et de besoin. M. de Précy tenait encore à la main un pistolet d'arçon qu'il avait arraché à un soldat ennemi, à l'affaire de la chaussée de Perrache, où il s'était battu en lion. Cette affaire fut très-chaude : deux chevaux furent tués sous lui, et il eut la gloire de repousser une colonne ennemie déjà très-avancée sur la chaussée. Plusieurs coups de feu avaient effleuré et percé ses vêtements. Que ne le frappèrent-ils alors! Mais non. Pourquoi lui ravir une mort si belle? Ne faut-il pas plus de courage pour la supporter, tombant du haut d'un tribunal impie, que pour l'affronter dans les combats, environnée de tout le prestige de la gloire?

Un mauvais morceau de pain, un peu de jambon lui furent offerts. Pour le comte de Clermont-Tonnerre, il ne pouvait manger, il avait reçu un coup de biscaïen à la gorge et souffrait beaucoup. Il se trouva heureusement un peu de bouillon, réchauffé à la hâte ; il l'avala comme il put. Tous deux repartirent aussitôt ; je ne les revis plus.

On disait que M. de Précy avait quitté l'armée de Condé, pour venir partager les dangers de son oncle. Quant au comte de Clermont-Tonnerre, il y avait peu de temps qu'il était dans la ville, et c'est même au prix de sa tête qu'il avait pu venir prendre part aux luttes des Lyonnais. Dans le court séjour qu'il fit parmi nous, je le vis souvent chez mon père, et je ne puis oublier une scène où ses éclats de rire et sa franche gaieté semblaient s'accroître du courroux que mon pauvre père éprouvait de la maladresse d'un domestique.

Ces deux messieurs, profitant d'un moment de répit, faisaient une partie de piquet pour se distraire du sérieux de leurs pensées, dans la pièce que nous appelions notre salon, lorsqu'un bruit singulier se fait entendre ; une exclamation douloureuse lui succède. Mon père, ne pouvant s'expliquer ce que ce peut être, se lève aussitôt pour s'en instruire. Le comte, voulant aussi connaître la cause de ce bruit inconnu, le suit par curiosité, et bientôt s'écrie en éclatant de rire : « Quelle belle omelette ! Ma foi, je n'en ai jamais vu de plus grande ! » En effet, la cuisine était couverte d'œufs ; pas un coin vide, pas un œuf entier. « Sept douzaines et demie d'œufs! disait tristement mon père. Notre ressource! notre espérance! Nous n'en mangions pas : était-ce donc pour les réserver à votre gaucherie ? — J'en suis bien fâché, répondait Saint-Jean, en balayant les blancs et les jaunes; la corbeille était là-haut, j'ai voulu prendre quelque chose, et... — Et vous êtes un insigne maladroit, — reprit mon père furieux. — Pas un seul de sauvé ! » — ajoutait-il douloureusement. Le comte enfin l'arracha de ce lieu funeste; ils allèrent se remettre à leur partie de piquet, Saint-Jean balayant encore, et le comte répétant gaiement : « Quelle superbe omelette ! » Il faut avoir été assiégé pour apprécier la valeur de sept douzaines et demie d'œufs, et comprendre avec quelle douleur mon père répétait : « Pas un seul de sauvé ! »

J'ai déjà dit que l'attaque du 29 septembre fut générale et dura toute la journée. Vers le soir, la voix de mon père se fit entendre dans la rue. Nous y courûmes. « Partez, regagnez la ville ; je n'ai voulu confier à personne le soin de vous le dire, pour ne pas augmenter le découragement qui règne ici. Nous ne pouvons tenir longtemps; l'ennemi sans doute se rendra maître de ce poste cette nuit même : vous y seriez victimes de la première fureur du soldat. Adieu; je vous reverrai si Dieu le veut. »

Nous n'avions pas prévu cette nouvelle douleur. Obéissant à sa volonté, nous quittâmes Saint-Irénée, trop affligées pour songer aux boulets ou aux balles qui sifflaient sur nos têtes, et, descendant tristement la montagne, nous revînmes dans notre ancien logement. Ceux de nos amis qui s'y trouvaient encore s'affligèrent d'un retour qui faisait présager la chute prochaine de Lyon et la ruine de nos espérances.

Le poste de Saint-Irénée fut, en effet, un des premiers emportés par l'ennemi; mais une redoute élevée à Saint-Just l'arrêta quelque temps encore.

M. de Précy, ayant reconnu toute l'impossibilité de défendre plus longtemps la ville, résolut de la quitter, espérant probablement assurer le salut des citoyens paisibles, en éloignant de son sein les individus qui avaient pris une part active à la révolte. Il engagea donc tous ceux qui avaient porté les armes à le suivre, pour échapper ensemble à la vengeance d'un ennemi dont tout faisait présumer la cruauté.

Deux colonnes nombreuses sortirent de la ville; la première dut son salut à l'épais brouillard qui couvrait la Saône, dont elle côtoyait silencieusement la rive gauche. Elle passa de même au-dessous de la Duchère (1). Toutes les précautions possibles avaient été prises pour éviter le moindre bruit; elle eut le bonheur de traverser les postes ennemis, en échappant à leur vigilance. Parvenue à un certain éloignement, la colonne se dispersant

---

(1) Château situé sur une hauteur qui domine la Saône; je ne me rappelle pas le nom de son possesseur. On y faisait voir une chambre habitée par Henri IV, lorsqu'il alla au-devant de Marie de Médicis. Les assiégeants y avaient mis une garnison nombreuse.

à l'instant, chacun chercha de son côté à pourvoir sa sûreté personnelle, et beaucoup y parvinrent. L[a] seconde colonne partit trop tard : le brouillard éta[it] un peu tombé; l'éveil était donné. Enveloppée pa[r] l'ennemi, elle fut mise en pièces. Il y eut un gran[d] nombre de morts; le reste fut fait prisonnier; fort pe[u] s'échappèrent. Beaucoup de femmes, qui peut-êt[re] contribuèrent à la perte de la colonne en la rendan[t] lourde et embarrassée, partagèrent le sort des épou[x] qu'elles n'avaient pas voulu quitter : plusieurs pérter[ent] au milieu du carnage; d'autres furent jetées dans l[es] prisons de la ville. Je vis plus tard un enfant d'un a[n] qui, porté par sa bonne à la suite de madame d[e] Combelle, sa mère, avait reçu à cette journée meur[r]ière un coup de sabre qui lui partageait la figure.

Mon père, appelé au conseil où cette démarche fu[t] agitée, avait refusé de partir. Il prévoyait que le[s] femmes, entravant la marche des troupes, les me[t]traient en péril; ne pouvant nous emmener avec lui il resta. Comme je l'ai dit plus haut, Saint-Irénée ava[it] été pris, mais Saint-Just résistait encore. Mon père qui n'y commandait pas, vint nous rejoindre, n'ayan[t] plus d'autre devoir que celui de nous protéger. Il lu[i] parut prudent de quitter son ancien logement de l[a] vieille Douane, et d'en chercher un où nous serion[s] moins connus; car on pressentait que tous ceux qu[i] avaient porté les armes seraient traités avec rigueu[r.] Mon père prit un appartement à l'ancien hôtel d[e] Provence, près de la place de Bellecourt. Ce n'est pa[s] sans intention qu'il fit choix de cette maison qui tou[t] chait à l'hôtel de la Charité. Il pensait que l'asile des pauvres et des orphelins serait respecté par les vainqueurs. Nous allâmes visiter les dames de cet hôpital, qui nous promirent des habits de pauvres et une place parmi eux en cas de massacre. La bonté avec laquelle ces pieuses filles nous reçurent avait une grande valeur dans notre malheureuse situation. En nous consolant, elles nous donnaient l'espérance d'échapper à une mort qui nous semblait certaine.

Nous parcourûmes avec elles les salles des malades. Je vis celle des blessés. Quel silence! quel repos! Ils souffraient sans se plaindre; cependant ils manquaient d'un grand nombre de choses nécessaires à leur état. Les religieuses tâchaient d'y suppléer par un redoublement de soins... Infortunés! ils ne devaient jamais guérir. Visités pour reconnaître et juger de leurs maux, tous ceux qui portaient des traces de coups de feu ou d'autres blessures produites par des armes furent arrachés de leurs lits, déclarés rebelles et jugés comme tels.

La salle des enfants trouvés en contenait beaucoup qui manquaient de nourrices, le siége ayant empêché les femmes de la campagne de venir les chercher. La seule nourrice qui fût dans l'hôpital s'était dévouée à l'un de ces petits malheureux dont l'extrême faiblesse exigeait des soins sans partage. Une seule vache, échappée à la proscription générale, soutenait les autres. Il y avait plusieurs salles où la vieillesse et l'enfance trouvaient un égal secours, ceux-ci pour s'acheminer doucement dans la vie, ceux-là pour la terminer en repos. Le calme de cette maison reposait l'âme de la fatigue et de l'agitation de notre existence. En rentrant à notre hôtel, je faillis périr d'un éclat de bombe : je l'entends siffler, je me baisse; il frappe la muraille à l'endroit où j'étais appuyée; tout cela fut rapide comme la pensée. Ce genre de péril se renouvelait à chaque minute, et finissait par inspirer une insouciance du danger qui ne peut s'expliquer que par la faculté donnée à l'homme de s'habituer à tout. Nous sortions malgré ces dangers continuels, et je me rappelle qu'étant un jour chez madame Posuel de Verno, qui demeurait dans une des façades de Bellecour, on vint lui dire qu'une bombe venait de mettre le feu à une maison voisine qui lui appartenait. « Y a-t-il du monde pour l'éteindre? — Oui, madame. — C'est bon... » Et, se retournant vers nous, elle continua la conversation. On apprenait à toute minute la mort de ses connaissances, emportées à droite ou à gauche par les bombes et leurs éclats. On était dans un tourbillon, dans un cercle d'accidents si pressés, si hâtés, qu'on vivait à la minute, sans avoir le temps de réfléchir. La mort ravageait à côté de vous, sous vos yeux; elle planait sur vos têtes, on sentait sa pression, on la voyait venir, et l'on ne cherchait point à l'éviter, se laissant aller au temps tel qu'il était.

La ville avait envoyé une députation aux représentants du peuple, pour traiter avec eux d'une capitulation qui allait être signée, dit-on, lorsque la nouvelle de la sortie de M. de Précy leur fut apportée. Les représentants la déchirèrent; d'autres disent qu'elle fut signée, mais ne fut pas tenue. L'alternative est peu importante ; les conditions ne sont essentielles que lorsqu'on veut les tenir. Dubois-Crancé, Châteauneuf-Randon, Laporte, Couthon et tous les autres étaient bien capables de tout promettre, sans se croire obligés à rien.

Je n'ai point encore nommé le commandant de l'artillerie ennemie : c'était notre ami, notre bon ami Gueriot, qui nous expédiait de si belles bombes avec toute la conscience de son métier. Après la journée du 29 septembre, il avait reçu l'ordre de se rendre à Grenoble. Je crois même que le départ du parc d'artillerie priva la ville de munitions précieuses. La femme du garde de l'Arsenal y était restée, quoique son mari eût suivi son chef. Mon père eut l'idée d'aller la voir pour s'informer si elle en avait des nouvelles. La maison qu'elle occupait à l'Arsenal était un des trois petits pavillons échappés à l'incendie. Elle conseilla à mon père de venir tout bonnement loger chez elle. « Dès qu'on pourra entrer dans la ville, dit-elle, mon mari sera un des premiers à y accourir. Ce lieu-ci sera nécessairement respecté ; vous y aurez plus de moyens qu'ailleurs de vous sauver ou de faire avertir votre ami du danger où vous êtes. » Mon père, trouvant ce raisonnement juste, abandonna le projet de se mêler aux pauvres de la Charité. Dès le soir même nous étions chez elle, établis dans le petit logement de M. Gueriot.

Le lendemain matin (9 octobre 1793), je regarde par la fenêtre ; un objet nouveau frappe ma vue : c'était un homme poussant une brouette chargée de beurre et de volailles. « La ville est donc prise? » m'écriai-je. En effet, les ennemis en étaient maîtres. L'ordre n'avait été troublé que dans les quartiers voisins des portes de Lyon. Le centre ne s'en était point encore aperçu. Peu à peu nous vîmes s'accroître le nombre des figures nouvelles, et bientôt il ne resta plus de doute sur la fin de cette noble lutte. La force l'emportait sur la justice.

CHAPITRE SEPTIÈME

Mon père se cache dans la ville. — Générosité de M. de Gueriot. — Le jeune de Précy pris et fusillé ainsi que le comte de Clermont-Tonnerre. — Visites domiciliaires. — Mon père s'enfuit à Vaise.

La ville étant prise, chaque individu se trouva seul, détaché de cette masse d'hommes qu'un même esprit animait encore peu de jours avant, et dans laquelle, depuis quelques mois, on se sentait citoyen du même pays ; où l'on n'avait qu'un cœur pour l'aimer et pour le servir ; où, tous les intérêts étant confondus dans un seul intérêt, chacun sacrifiait sans hésiter sa vie et sa fortune, pour rendre à cette malheureuse patrie les plus précieux biens : la paix et une sage liberté.

Mon père, ainsi que tous les autres, n'était plus chargé que de lui seul ; mais il avait, comme eux, compté sur un plus long répit ; et à peine ces mots : *La ville est prise!* eurent-ils retenti à nos oreilles, qu'ils causèrent l'effroi d'une nouvelle inattendue, et que chacun, retombant sur soi-même, se trouva aussi épouvanté des dangers qui l'environnaient, que dénué des moyens d'y échapper, tous les plans que l'on avait formés paraissant tout à coup imparfaits ou impossibles à exécuter. Mon père avait laissé à l'hôtel que nous avions quitté la veille différents effets qu'il avait confiés à l'hôte ; mais s'étant aperçu tout à coup qu'il s'y trouvait aussi des papiers importants, il voulut les ravoir le plus tôt possible, et ne pouvant se montrer lui-même, ma tante marchant très-difficilement, il fut décidé que je sortirais avec la femme de chambre pour aller les chercher. Il paraît étonnant que dans un pareil moment on m'ait laissé sortir, et je ne le conçois moi-même que par l'importance que mon père attachait aux objets qu'il désirait conserver. Il est vrai que la distance était petite, et l'on présumait que mon retour précéderait l'arrivée des troupes étrangères.

Je me hâtai de remplir ma mission, et je revins. Mais déjà je trouvai beaucoup de monde sur ma route, et, au détour d'une rue, je fus arrêtée par un gros homme, bien rouge, bien gai, bien ivre; il me prit par le bras en s'écriant : « Grand Dieu! quel petit bras! comme tu es maigre! Pauvre petite, tu auras bien jeûné pendant le siége, tu n'auras pas même eu ton picotin d'avoine (1). Quel petit bras! je n'ai jamais vu un si petit bras! » Je me trouvais dans une position fort désagréable. J'avais beau tirer ce petit bras, je n'en venais point à bout, il le tenait ferme. A ses cris, on s'attroupait autour de nous, on riait; en butte aux regards malins de la curiosité, j'étais fort en souffrance. Enfin, mon gros homme levant ses bras au ciel pour me plaindre mieux d'en avoir de si petits, j'en profitai pour m'échapper, et je suppose qu'il ne fit aucun effort

---

(1) Nom dérisoire de la très-petite mesure d'avoine que l'on donnait dans les sections à chaque personne. On recevait en même temps un peu d'huile pour l'accommoder, ou des fruits secs, raisins, amandes, et ce que l'on avait enfin.

pour me retenir, imaginant sans doute que j'allais déjeuner. Quant à moi, je courais de toutes mes forces, l'entendant s'écrier encore : « Mon Dieu! quel petit bras! »

Je trouvai l'Arsenal déjà occupé. Quelques pièces d'artillerie venaient d'y arriver. M. Léger embrassait sa femme. Belchamp, secrétaire de M. Gueriot, descendait de cheval. Aussitôt appelés tous deux, on s'entretint sur la manière de tirer mon père de l'embarras où il se trouvait. Belchamp l'emporta. « Il faut, dit-il, profiter de la confusion générale ; tout le monde entre et sort en foule ; profitons-en au plus vite ; attachez ce bouton à votre chapeau, montez sur mon cheval ; je marche à côté de vous, je parle pour vous, nous passons, je vous mène hardiment au quartier général ; personne ne vous y connaît, et du reste qui pourra supposer qu'un ennemi vient s'y cacher? Partons ; si vous attendez que l'ordre s'établisse, il ne sera plus possible de vous faire sortir de la ville. »

Le temps commandait. Mon père partit. Avec quel serrement de cœur le vîmes-nous s'éloigner! Il allait se réfugier dans le sein de nos ennemis. Nous commencions à éprouver ce genre d'alarmes terribles dont nos journées furent remplies depuis ce moment : craindre pour un être cher. Passera-t-il? sera-t-il reconnu? sera-t-il reçu? Que de questions sans réponses ! Il passa, nous eûmes des nouvelles de son arrivée ; et, quittant aussitôt l'Arsenal, nous nous rendîmes dans notre premier logement, sur la place de l'Ancienne-Douane.

La démarche téméraire de mon père l'exposait sans doute, ainsi que celui chez lequel il se rendait; mais jamais on n'eut moins le temps de réfléchir. Au bout de quelques jours, dont je ne sais plus le nombre, nous le vîmes revenir. Le quartier général se fixait dans la ville; ne sachant où aller, n'ayant aucune connaissance, il n'eut d'autre parti à prendre que d'y entrer avec les officiers, qui, le voyant tous les jours à la table de leur chef, ne soupçonnaient point qu'un ennemi eût l'audace de venir s'y asseoir et de chercher un refuge au milieu d'eux.

Ici, je dois un hommage de la plus vive reconnaissance à la générosité de M. de Gueriot, de cet homme bon et bienfaisant, accusé de faiblesse par beaucoup de personnes d'alors, qui n'auraient pu rivaliser avec lui en courage et en vertus (1). « Il n'a point émigré », s'écriaient de toutes parts les partisans de l'émigration. Il rendit par là sa position bien plus difficile. Qui pourrait comparer les peines des émigrés à celles nées de la terreur qui régnait en France? Il resta donc pour protéger sa femme et sa fille, et tâcha de concilier ses devoirs militaires avec ceux d'époux et de père. Une fois sur cette route périlleuse, il fallait y marcher ou

---

(1) Ceux qui n'ont pas connu ce temps ne peuvent se figurer l'acharnement avec lequel l'opinion des *ultras* (car il y en a toujours eu) poursuivait ceux qui résistaient à la mode de l'émigration; c'est au point qu'on vous ravissait presque le droit d'être encore honnête homme, ne voyant pas que l'éloignement de tous les braves gens laissait le terrain libre à tous ceux qui ne l'étaient pas.

périr; la moindre imprudence pouvait le conduire à l'échafaud et y traîner avec lui deux êtres si chers. Forcé par sa position à vivre avec des gens dont il ne pouvait partager l'opinion, et dont les principes répugnaient à sa belle âme, on sent tout ce qu'il dut souffrir alors. Il a retiré le fruit de tant de sacrifices en sauvant la vie à plusieurs personnes. Il m'est doux, bien doux, de rendre justice à la vérité, et de parler de tout ce qu'il a fait pour nous. Notre reconnaissance sera éternelle; elle doit l'être pour tous ceux qui exposaient leur sécurité, leur repos, et, le dirai-je? leur réputation même, en vivant si près de nos persécuteurs, puisque c'est à ce prix exorbitant qu'ils sauvaient leurs compatriotes. Certes, quand M. de Gueriot faisait asseoir publiquement à sa table un officier ennemi, un dénonciateur pouvait le perdre, et cependant cette hardiesse étonnante, il l'a eue. Il donna des commissions, prêta des uniformes, et il n'y a rien qu'il n'ait essayé pour arracher un honnête homme à la mort. Bien des gens à réputation d'intrépidité eussent reculé devant une pareille témérité.

Dans les premiers jours de la prise de la ville, ma tante me conduisit chez Dubois-Crancé. Il était parent éloigné de ma mère. Ce titre m'introduisit chez lui, ou plutôt le hasard. C'est Dubois qui avait dit : « Je n'ai pas de parents. » Je lui présentai un mémoire dont je ne me rappelle plus le contenu, mais qui, sans doute, nous recommandait à sa protection. Ce qui me frappa le plus dans cette visite fut lui-même. Il me parut grand; ses cheveux noirs étaient à la *Titus*. Il faisait sa barbe, et l'on tenait près de lui un superbe bassin d'argent. « Ainsi donc, pensais-je, les citoyens représentants possèdent l'argenterie qu'ils arrachent à nos parents. » On assurait que sa véritable femme habitait la Champagne, où elle vivait d'une très-modique pension. Une femme charmante, soi-disant la sienne, nous reçut avec grâce (1). Nous nous assîmes en attendant la fin de la toilette de Dubois-Crancé. Lorsqu'elle fut terminée, il vint à moi, et voici ses paroles : « Qui es-tu? » Ma tante lui expliqua et ma parenté et l'objet de mes vœux. « Tu es bien jeune, me dit-il, mais tu m'as l'air d'une aristocrate; sais-tu que je les fais tous trembler? » Il n'y avait pas de réponse à cette bravade ou mauvaise plaisanterie qui ne me fit point trembler. Il lut le placet, répondit qu'il était sans pouvoir, étant rappelé par la Convention. Nous repartîmes, mais non comme nous étions venus, du moins moi; je me sentais humiliée d'avoir été prier cet homme. J'accusais intérieurement ma tante de faiblesse, en allant solliciter un être que j'avais appris à mépriser. L'inutilité de cette visite semblait appuyer mon raisonnement. Cependant, que ne fait-on pas pour sauver ceux qui nous sont chers? La suite m'a cruellement appris à mendier la protection et l'appui de personnes bien au-dessous de Dubois-Crancé.

---

(1) Elle plaisanta beaucoup en parlant de la lourde cavalerie en sabots qui parcourait les rues. C'étaient des paysans auvergnats, montés à poil, portant d'énormes sacs vides en bandoulière. Ils étaient accourus sur la promesse du pillage, et repartirent avec leurs sacs vides comme ils étaient venus.

Mon père vécut près de nous dans la plus grande retraite, se cachant à tous les regards. Le comte de Clermont-Tonnerre (1) avait été fusillé, sur la place Bellecour, peu de jours après l'entrée des assiégeants. On raconta alors que, déguisé en paysan, il avait ainsi échappé à la poursuite de ses ennemis; mais qu'une nuit, ayant trouvé un abri dans une grange, où des volontaires s'étaient aussi réfugiés, la fatigue le faisant succomber au sommeil, il rêva tout haut, raconta son histoire et se nomma; arrêté, ramené à Lyon, tout fut bientôt fini. Sa mort, suivie de quelques autres aussi promptes que la sienne, nous apprit tout ce que l'on avait à craindre de nos nouveaux maîtres, et répandit la terreur parmi tous ceux qui se trouvaient cachés dans la ville. Ils moururent tous avec courage, et comme autrefois on se disait les actes des martyrs, ainsi maintenant des bouches fidèles venaient, dans l'obscurité, raconter la mort glorieuse des héros.

Le neveu de M. de Précy vint y prendre une des premières places. Faisant partie de la seconde colonne lyonnaise qui fut enveloppée et taillée en pièces, il se trouva du grand nombre des prisonniers ramenés dans la ville et jetés dans les prisons. Ne portant aucune distinction extérieure, confondu dans la foule, inconnu à ses persécuteurs, il allait être mis en liberté sous le nom obscur qu'il avait pris, lorsqu'il fut trahi par un

---

(1) Il marcha au supplice avec une grande sérénité, saluant gracieusement différentes personnes de ses connaissances qu'il reconnut sur son passage.

secrétaire de son oncle, qui espérait obtenir sa vie pour prix de celle qu'il venait de livrer. Aussitôt condamné que découvert, le jeune de Précy fut aussi conduit à la place de Bellecour pour y être fusillé. Il ne permit point qu'on lui bandât les yeux, et tomba en criant: « Vive le roi ! » Quant au traître, il reçut la récompense d'un traître ; mais sa mort fut moins glorieuse que celle de sa victime.

En peu de jours, les arrestations se multiplièrent rapidement ; à leur suite marchèrent les exécutions. Ceux qui étaient restés dans la ville, ou ceux que leurs malheurs y avaient ramenés, perdaient journellement l'espoir d'échapper au même sort. Comment fuir ? à qui se confier ? où aller ? Pendant que mon père se faisait toutes ces questions auxquelles il ne trouvait pas de réponse, attendant son salut du lendemain, une visite domiciliaire de notre section vint nous surprendre au milieu de la nuit. Il n'y avait nul moyen de lui échapper. Paraître calme était le plus prudent. Mon père resta tranquillement dans son lit, affectant une sécurité bien loin de son âme. Ses papiers furent examinés avec une attention scrupuleuse, mais on ne l'arrêta point. Je dois même ajouter ici qu'aucune persécution ne nous vint de notre section ; ce fut toujours de plus haut que partirent les coups qui nous frappèrent.

Bientôt après, on logea chez nous deux soldats d'artillerie, qui, trouvant le logement commode, établirent dans la grande cuisine où ils couchaient la marmite pour quinze de leurs camarades qui venaient y dîner avec eux. Nos deux soldats se montrèrent d'abord très-revêches et fort inquiets de se trouver chez des rebelles; la moindre chose leur inspirait des soupçons, comme si l'on eût voulu attenter à leur vie. Cependant, voyant que les aristocrates paraissaient d'assez bonnes gens, ils s'apprivoisèrent et devinrent plus sociables; pour en donner une preuve irrécusable, ils invitèrent Cantat et Saint-Jean à dîner; ceux-ci répondirent à cette politesse par un second dîner. Saint-Jean, qui tenait à en faire dignement les honneurs, apporta une bouteille d'excellent vin qu'il vantait beaucoup; il en remplit les verres. Un des invités, qui s'attendait à du bon, avale vite et s'écrie : « Je suis empoisonné ! » C'était le plus vif des deux soldats. Son camarade, plus tranquille, cherche vainement à le calmer. « On m'en a prévenu, répétait-il, les aristocrates veulent nous empoisonner. » Pendant ce temps, Saint-Jean dégustait la malencontreuse boisson : c'était du vinaigre assez fort. En homme d'esprit, il avale à son tour un grand verre du prétendu poison, se confond en excuses, et va chercher la bonne bouteille qui rétablit la bonne harmonie entre eux.

Depuis l'arrivée de ces deux militaires, mon père s'était soustrait à leurs regards, ne sortant de sa chambre que lorsqu'ils étaient absents. Il arriva pourtant que, malgré notre surveillance, il fut rencontré par le plus âgé des deux, auquel il parla avec calme, comme s'il n'avait rien à en redouter. Quelques jours se passèrent assez paisiblement, lorsqu'un soir, au moment où Cantat sortait de la chambre de ma tante pour aller se coucher, elle entendit frapper doucement à la porte ; elle écoute : on l'appelle à voix basse, mais précipitée. Elle ouvre ; c'était la femme de chambre de notre voisine. « Réveillez promptement votre maître ; on vient l'arrêter ; il n'y a pas une minute à perdre. On a frappé en bas ; j'ai regardé par la fenêtre : ils sont beaucoup ; ils ont demandé si ce n'était pas là où il demeurait ; je les ai envoyés à l'autre porte (1) ; mais ils reviennent déjà. » On appelle mon père ; il saute à bas de son lit, s'élance hors de la chambre, traverse le palier ; la porte de madame de Souligné se referme ; des voix s'écrient : « Il se sauve, on ferme une porte. » En effet, il n'y en avait qu'une entre eux et lui.

Ils se précipitent vers Cantat qui s'avançait un flambeau à la main. « Où est-il ? on a ouvert une porte ! on a marché ! — Mais, citoyens, il fallait bien marcher pour vous ouvrir la porte ; n'avez-vous pas frappé deux coups pour le second étage ? — On a été furieusement long à nous ouvrir ; en tout cas, nous le trouverons, car nous savons qu'il y est. »

En effet, ils venaient à coup sûr. Saint-Jean, homme imprudent et bavard, avait rencontré des gens de Moulins, venus avec l'armée révolutionnaire parisienne, pour ravager de compagnie la ville de Lyon, que l'on appelait alors *commune affranchie*. En punition de sa rébellion, Saint-Jean donc, à qui on avait demandé des nouvelles de mon père, impatient de dire

---

(1) L'hôtel où nous logions avait deux portes portant le même numéro.

ce qu'il savait et ce qu'on désirait apprendre, cédant à sa démangeaison habituelle de causer, avait le même jour donné son adresse.

Cette nuit terrible ne sortira plus de ma mémoire. Le peu de temps qui s'écoula entre ces mots : « Sauvez-vous », et l'entrée des commissaires, ne laissa pas le moindre espace à la réflexion. J'étais couchée dans un lit énorme que ma tante partageait avec moi. Celui de mon père était placé à l'autre bout de la chambre ; il eût été sage de m'y jeter aussitôt ; nous aurions évité par là mille choses contradictoires et bien dangereuses. Aucune de nous n'y songea. Nous cachâmes au plus vite les effets de mon père entre nous deux ; à peine même en eûmes-nous le temps. Ils étaient devant nous. « Où est-il ? où est-il ? s'écrient à la fois plusieurs voix impatientes. — Qui ? — Giraud des Écherolles. — Il est parti. — Où est sa chambre ? — Ici. — Où couche-t-il ? — Dans ce lit. — Pourquoi est-il défait ? — En son absence, ma femme de chambre y couche, dit ma tante ; je crains d'être seule. — C'est bien dit, mais nous n'en croyons rien. » Et, plaçant des sentinelles à notre porte, ils poursuivent leurs recherches dans les autres pièces.

Ils arrivent dans le cabinet où logeait Cantat ; le lit n'en était pas défait, mais il était découvert comme au moment de s'y mettre. « Qui loge ici ? — Moi, dit-elle. — Pourquoi ce lit est-il découvert ce soir ? » Elle en donna une raison qu'ils n'agréèrent pas, et revinrent furieux en répétant : « Nous le trouverons. » Ils nous laissèrent sous la garde des sentinelles, placées non-seulement à notre chambre, mais dans chaque pièce de l'appartement, et sortirent pour continuer leurs recherches dans toute la maison. Dieu seul sait l'état de mon âme, quand nous les entendîmes frapper chez madame de Souligné; nous n'y connaissions pas un seul endroit où l'on pût se cacher. Nous les voyions déjà revenir, traînant mon père à leur suite. Une angoisse que rien ne saurait décrire arrêtait le sang dans nos veines et suspendait notre vie. Oh! que cette attente fut longue et cruelle! Ils revinrent sans lui; ô mon Dieu! vous vîtes notre reconnaissance!

Outrés de cette déception, leur courroux tomba sur Cantat et sur le triste Saint-Jean, très-repentant d'avoir trop causé. Ils décidèrent que tous les deux iraient coucher en prison. Ces deux pauvres gens prirent tristement leurs bonnets de nuit et se mirent en marche, lorsque tout à coup les commissaires, se rappelant les deux soldats qu'ils avaient vus paisiblement couchés, suspendirent leur départ pour prendre la déposition de ces braves défenseurs de la patrie. Celui qui n'avait pas vu mon père jura, foi de bon républicain, que, depuis qu'il était dans la maison, il n'avait pas vu d'autre homme que le citoyen Marigni (Saint-Jean, nom que l'on n'osait plus prononcer). Son camarade garda le silence et signa la déposition. Un mot de lui nous eût perdus. « Rendez grâces à ces braves républicains, dirent les commissaires; vous pouvez rester jusqu'à nouvel ordre. » Ils s'en allèrent, laissant nos deux domestiques charmés de cette nouvelle décision.

Nous restâmes sans mouvement jusqu'au jour, craignant de nous parler, ignorant jusqu'à quel point nous étions observés. Dès qu'on entrevit les objets, la femme de chambre de madame de Souligné vint demander des vêtements pour mon père, et lorsque nos bons soldats furent sortis, il rentra chez lui. Il avait passé la nuit dans un petit cabinet isolé, devant lequel on avait tiré une armoire, et, par un bonheur inouï, l'obscurité profonde leur déroba ce cabinet, qui faisait saillie dans la cour. Il les entendit de près frapper et parler, et se crut découvert. La nuit fut longue et froide pour lui : il la passa sans vêtements (fin d'octobre 1793).

Nous nous revîmes avec la joie de gens qui échappent à la mort, mais qui la redoutent encore. En effet, l'épée de Damoclès, suspendue sur nos têtes, pouvait les frapper à toute heure. Il fallait prendre un parti, chose très-difficile; nous avions peu de connaissances qui ne fussent pas dans la même position que nous. Chacun craignait de s'exposer, et de plus chacun avait ses propres affaires. Nos moindres démarches, pensions-nous, seront surveillées; on suivra les pas de ceux qui sortiront d'ici; l'indiscrétion du domestique, qui avait failli nous perdre tous, ne permettait plus de lui confier un secret. Il fut résolu que je serais seule chargée de ces négociations difficiles, mon âge et ma petite taille écartant le soupçon que l'on pût me confier rien d'important. Ma tante, en sortant elle-même, eût attiré sur ses pas l'attention des espions, que l'on vit rôder près de la maison pendant une partie du jour.

J'allai donc chez la bonne madame Tournouer, la

même qui vint nous trouver au milieu de la nuit, pour avertir mon père des dangers qu'il courait. Sa maison était située, à la porte de la ville, sur le bord de la Saône, près du faubourg de Vaise. Ce n'était pas un vrai traiteur, mais c'était plus qu'un cabaret. Ils avaient perdu beaucoup de leur ancienne aisance. Nous convînmes de nos faits pour l'évasion de mon père; il ne s'agissait plus que de le faire arriver chez elle, ce qui devint l'objet d'un nouveau message.

Je fus envoyée à l'autre bout de Lyon, chez un M. Clémençon, de la connaissance de mon frère. Sa femme était seule, entièrement étrangère à notre famille; elle ne m'en accueillit pas moins avec une douce bienveillance, et je trouvai en elle tout le dévouement d'une ancienne amitié : non-seulement elle consentit à me prêter l'uniforme de son mari, mais elle me dit qu'elle viendrait elle-même, accompagnée d'une amie sûre, pour sortir avec mon père, qui paraîtrait bien moins suspect avec des dames que s'il était seul. L'hôtel de l'Ancienne-Douane, étant traversé par un passage public, rendait la sortie plus facile. Vêtu en garde national, donnant le bras à ses deux protectrices, il quitta la maison dans l'après-dînée, et prenant les rues les plus isolées, ils parvinrent sans encombre à leur destination. La maison de madame Tournouer était pleine de monde. A la vue de ce garde national et de ces deux dames, elle se répandit en excuses sur le bruit et la foule : « Vous serez mal ici, dit-elle, il n'y a plus de place. Ces deux citoyennes préféreront peut-être un endroit plus tranquille; je vais vous conduire dans le cabinet du jardin. » Mon père traversa fièrement cette bruyante société en demandant à boire. Peu après, ses deux compagnes le quittèrent et vinrent nous donner de ses nouvelles. Nous éprouvâmes une grande joie de le savoir en sûreté; et pourtant, qu'était-ce que cette sûreté? Il était dans un cabaret plein de l'espèce de gens faits pour l'arrêter et le mettre en pièces, peut-être, s'ils l'eussent deviné ou reconnu; mais le savoir hors d'une maison entourée d'espions nous semblait déjà son salut. N'est-ce pas bien faire comprendre le temps où nous vivions?

Il ne s'agissait plus que de sortir de la ville sans passer par la porte; c'est ce que l'on effectua en faisant venir, sans bruit et jusque sous le pavillon, un petit bateau (1) où mon père se fit descendre pendant la nuit; le plus profond silence présidait à cette entreprise. La fidèle batelière, agitant doucement ses rames, le déposa presque aussitôt de l'autre côté de la porte. Il se trouva dans le faubourg de Vaise, où toujours, par les soins de madame Tournouer, il fut introduit frauduleusement dans un appartement qui était séquestré, comme un endroit où, pour l'instant, il était à l'abri de toutes recherches. Le peu de temps qu'elle avait eu devant elle n'avait pas permis de trouver mieux et de prendre d'autres mesures. Comme je l'ai

---

(1) Ces petits bateaux, dont la Saône est couverte à Lyon, se nomment *bèches*, et sont presque toujours conduits par des femmes.

dit plus haut, on n'a jamais plus vécu à la minute qu'alors. On n'avait qu'un instant à soi ; compter sur le second était folie.

C'est ainsi qu'il franchit encore une fois ces barrières redoutables. C'était chose très-difficile ; quelquefois même les citoyens les plus libres de leurs actions ne pouvaient l'obtenir. Il y avait des jours néfastes où l'on ne laissait passer personne ; d'autres où, pour entrer, il fallait subir un sévère examen, ou se trouver muni de papiers fort en règle. On raconte qu'à cette époque il y eut un individu qui, ainsi que mon père, désirait quitter la ville, et, comme lui, n'ayant pas de passe-port, imagina de s'en passer aussi. Cet homme eut l'adresse de gagner la porte de Vaise sans être aperçu, et s'arrêtant au milieu, il y attendit que la sentinelle qui allait et venait devant la porte se retournât vers lui. « Citoyen, lui dit-il, est-il vrai qu'on ne laisse sortir personne de la ville, aujourd'hui ? — Oui, citoyen ; c'est la consigne. — En ce cas, je n'y entre pas », reprend notre homme, qui se retourne tranquillement et s'en va. La sentinelle, qui le voit sans chapeau, le prend pour un voisin et le laisse faire.

Un nouveau danger attendait mon père dans l'asile que l'on croyait si sûr. Il lui était défendu de faire le moindre bruit et de marcher ; car, où les scellés sont apposés, il n'y a plus de vie. Il promit tout, mais ne tint pas. Il fut au-dessus de ses forces et de sa vivacité naturelle de supporter une immobilité aussi complète. Une vieille femme, qui demeurait au-dessous, entend du bruit, et craignant que ce ne fût un voleur, courut déclarer que l'appartement séquestré était habité. Aussitôt grande rumeur; on accourt, on se hâte : il n'y avait plus personne. Le bonheur voulut qu'on le sût à temps; il en ressortit comme il y était entré.

Nouvel embarras; rien n'était prêt pour sa fuite. Que faire? où le conduire? Ce jour-là, le passage des portes était libre : on en profite; il rentre dans la ville dont on avait eu tant de peine à le faire sortir. Il fut conduit au couvent des Deux-Amants (1), qui avait été transformé en hôpital pendant le siége. Les ennemis ayant constamment tiré sur l'Hôtel-Dieu, dont le Rhône seul les séparait, ce bel édifice, criblé par leurs boulets, ne pouvait plus offrir de refuge à la souffrance. Le feu y prit cinq fois; on y arbora le drapeau noir; on envoya des parlementaires pour demander que l'asile des malades et des mourants fût respecté. « Il s'y cache des muscadins (2) », répondit-on; et l'on tira toujours. C'est alors que les malades furent portés à bras au couvent des Deux-Amants, à l'autre bout de la ville, comme leur présentant plus de sécurité. Des femmes accouchèrent dans les rues; des mourants y expirèrent. C'était bien l'abomination

---

(1) Une ancienne légende dit que deux amants se précipitèrent dans la Saône du haut d'un rocher. Leurs familles désolées fondèrent un monastère près de la place même où se passa ce tragique événement.

(2) Les jacobins appelaient ainsi les jeunes gens bien nés, vêtus avec quelque élégance, et qu'ils supposaient sans doute porteurs de parfums.

de la désolation dont parle l'Écriture! Quels temps redoutables!

Mon père y resta caché pendant trois jours; il en ressortit très-heureusement, et se rendit, sans faire de mauvaise rencontre, chez madame de la Coste qui ne le connaissait pas, et qui pourtant s'exposait pour lui. Elle habitait une maison de campagne à quelque distance de Lyon. Je n'ai jamais vu cette dame, et j'ignore ce qu'elle est devenue. Si ces feuilles tombaient entre les mains de quelques-uns des siens, qu'ils trouvent ici l'assurance que son souvenir ne s'effacera jamais de nos cœurs.

N'est-elle pas admirable, cette douce et inébranlable fermeté de la charité chrétienne qui marchait d'un pas sûr à travers les crimes pour sauver et consoler? Poursuivant sa vocation d'amour, elle s'étendait à tout ce qui souffrait. Elle ne demandait pas: Qui êtes-vous? Elle voyait votre infortune. Que de malheureux ont été sauvés sans qu'on ait songé à demander leur nom! Du reste, donner et recevoir étaient bien près. Aujourd'hui vous faisiez l'aumône, demain vous la demandiez.

Pendant ce temps, nous avions eu quelques visites domiciliaires générales, et plusieurs particulières qui ne regardaient que nous. Sans aucune nouvelle de mon père, ignorant ce qu'était devenu mon frère, nous vivions dans une angoisse que rien ne pouvait alléger. Entourées d'espions, il nous était impossible de nous procurer la moindre lumière sur leur sort.

CHAPITRE HUITIÈME

<small>Apposition des scellés et arrestation de ma tante : détails sur sa prison. — On me permet d'aller la voir. — Le citoyen Forêt, gardien des scellés, et son épouse. — Mademoiselle de Bellecise. — Visites et journées passées à la prison.</small>

On vint poser les scellés chez ma tante. Le jour où les commissaires de la section s'y rendirent pour cette opération fut pour moi le dernier de toute espèce d'études et d'instruction. Depuis ce temps, livrée aux événements, je n'eus qu'eux pour maîtres.

Je prenais encore des leçons d'anglais. Celles de dessin avaient cessé par la fuite de M. Villone, trop honnête homme pour ne pas être suspect, et qui d'ailleurs avait servi pendant le siége. Il avait, par hasard, oublié chez moi une petite gravure de Challier qui, frappant tout à coup la vue des commissaires, leur causa une surprise d'autant plus grande qu'ils en ignoraient encore l'existence ; leur admiration s'exhala en pompeuses exclamations, et tout autre soin cédant à leur ravissement, ils l'envoyèrent aussitôt à la section. Et grande y fut la joie à l'aspect du portrait de ce martyr de la liberté.

Les commissaires se gênèrent fort peu en apposant les scellés. Je les entendis parler sans façon des meubles qui étaient à leur convenance dans les différentes maisons qu'ils avaient déjà parcourues, se faisant réciproquement des concessions à nos dépens. Ils établirent pour gardien des scellés un petit vieillard, portant perruque, vêtu d'un habit gris, tenant une canne à pomme d'ivoire à la main, et se pavanant d'un air d'importance. Après lui avoir donné leurs instructions, ils se retournèrent vers ma tante et lui dirent : « Le citoyen Forêt doit manger avec toi, se tenir dans ta chambre et se chauffer à ton feu. » Après ce discours laconique, ils s'éloignèrent, et je courus chez M. Davis pour lui défendre de venir désormais. Des leçons d'anglais! Le citoyen Forêt aurait pensé que nous conspirions contre la république. Le nom seul de Davis était déjà un crime, et je ne sais s'il ne l'a pas payé de sa tête.

Je revins dans notre triste demeure, tâcher de m'habituer à ce témoin de nos moindres actions et presque de nos pensées. Ma tante montrait un calme qui contrastait avec la vivacité de son caractère, dont la force se développait à l'égal de nos malheurs. Sa présence d'esprit ne l'abandonna jamais ; sa prudence et son courage s'accrurent avec les épreuves. Le goût qu'elle avait eu pour l'aisance que procure la fortune disparut pour toujours. Les douceurs de la vie, qui avaient eu des charmes pour elle, ne lui coûtèrent pas un regret. S'oubliant pour nous, pour nous seuls elle connaissait la crainte; pour nous seuls elle tremblait, et, dans la carrière nouvelle qui s'ouvrait devant ses pas, elle allait tout perdre sans donner un soupir à son sort. Tant de grandeur, tant d'abnégation et de courage ne pouvaient appartenir qu'à une âme élevée par l'amour de Dieu au-dessus d'elle-même. Nous aimant en lui, tant d'amour la portait vers le ciel.

Le soir était arrivé; nous allions nous mettre à table avec le citoyen Forêt, cet espion approuvé, placé là pour scruter nos pensées et compter nos larmes. Saint-Jean et Cantat préparaient le frugal repas que nous devions partager ensemble, lorsque des gens armés montent rapidement l'escalier, frappent avec bruit à la porte. Le citoyen Forêt leur ouvre. Un officier municipal entre, suivi d'un officier de gendarmerie et de plusieurs soldats. « Où est Giraud des Écherolles? » demandent-ils. Ma tante garde le silence en montrant le gardien des scellés. Cet homme, qui n'avait pas la vivacité en partage, leur donna le temps de répéter impatiemment la même question, avant d'avoir pu leur expliquer que Giraud des Écherolles n'y est pas; que l'appartement est séquestré, et que les scellés dont il est le gardien ayant été mis le matin même, il ne pouvait s'y cacher personne. Ils cherchèrent, malgré cela, dans les pièces restées libres, et revinrent bientôt dans la chambre où nous étions. « Où est ton frère? demanda l'officier municipal à ma tante.—Je l'ignore », lui dit-elle; et rien n'était plus vrai. A toutes ses questions il reçut des réponses aussi peu satisfaisantes. « Eh bien! puisque nous ne trouvons pas le frère, nous emmenons la sœur. Tu ne veux pas dire où il est, c'est bien, tu iras en prison pour lui, et tu y resteras jusqu'à ce que tu parles. Allons, marche. » Je voulus m'avancer; un regard de ma tante me retint à ma place. Elle ne demanda que le temps de prendre quelques effets, espérant trouver ainsi l'occasion de me dire quelques mots; mais on ne lui accorda pas cette faveur. On ne nous laissa pas seules un instant. Je ne pus même chercher à lire dans ses yeux : on épiait nos regards. Cependant, devinant un danger dès leur entrée, elle avait déjà su trouver le temps de m'ordonner de m'éloigner d'elle et de me taire. Pendant le peu d'instants que dura cette scène, elle mit tous ses soins à m'éviter, ou plutôt à me traiter avec indifférence. C'est ainsi que sa prévoyante amitié voulait écarter les périls qui semblaient me menacer. Si la sœur est arrêtée, pensait-elle, combien n'y a-t-il pas à redouter pour sa fille? pour un enfant dont on peut se flatter de pouvoir facilement arracher le secret ou par la ruse ou par la violence. O tendresse!

Elle partit (en novembre 1793) sans oser me regarder, sans me dire un mot. « Où me conduit-on? — Tu le verras... » Je vis la porte s'ouvrir et se refermer sur elle. Abandonnée, seule au monde, je perdais une seconde fois ma mère, mon appui, mon guide! J'avais à peine quatorze ans.

Saint-Jean suivit de loin ma tante, et la vit conduire à la section du Change. Il revint sur-le-champ me le dire. Nous nous mîmes aussitôt en devoir de faire un paquet de draps, de couvertures, et de tout ce qui pouvait être nécessaire pour faire passer une nuit moins mauvaise à ma tante. Le gardien nous laissa faire; mais quand le domestique, chargé d'un matelas et de tous ces objets, s'avança pour sortir, il déclara qu'il n'ouvrirait pas la porte et ne laisserait emporter aucun effet. « Mais c'est à elle, et c'est pour elle ! — J'en suis fâché, cela ne se peut. — Mais elle est âgée, elle va souffrir. — J'en suis fâché, cela ne se peut. » Il fallut se résigner et attendre. Nous apprîmes par là que le citoyen Forêt était notre maître. Ne pouvant sortir sans sa permission, nous étions presque prisonniers nous-mêmes.

Ma tante passa la nuit dans une des salles de la section. Elle ne s'y aperçut pas du manque qu'elle y éprouvait de toutes choses commodes, et le sommeil ne vint point appesantir ses paupières ; car, pendant toute la nuit, elle y vit arriver successivement beaucoup de personnes arrêtées comme elle. Au point du jour, elle fut transférée avec ses compagnons d'infortune aux Recluses, maison destinée à leur servir de prison.

Je n'appris que fort tard, le lendemain, le lieu de sa détention. J'envoyai aussitôt à l'Arsenal, chez madame Léger. Tous les meubles prêtés par mon père à M. de Gueriot s'y trouvant encore, je lui fis demander un matelas et un lit de sangle pour ma tante ; j'ose à peine dire que j'éprouvai un refus, et qu'elle tâcha de faire parvenir les mêmes objets à un prisonnier qui l'intéressait davantage, mais sans pouvoir y réussir.

Le jour suivant, je courus à la section aussi matin que cela pouvait se faire. Deux choses importantes m'y conduisaient : voir ma tante et avoir du pain, et je veux dire ici comment on avait du pain.

Il n'y avait, dans chaque section, qu'un certain nombre de boulangers ayant le droit exclusif de vendre du pain. Leurs boutiques étaient entièrement fermées. Chacun, s'avançant à son tour vers l'espèce de guichet qu'on y avait pratiqué, y faisait passer le bon de la section qui lui accordait tant d'onces de pain ; le boulanger, après l'avoir examiné, vous le rendait en vous faisant passer de même, et pour votre argent, les onces prescrites de ce pain si péniblement mendié. Aussitôt on s'éloignait, et la file faisait un pas. Cette file s'étendait souvent le long de plusieurs rues, de sorte que les derniers avaient la perspective de déjeuner à cinq heures du soir. Heureux effets de la liberté !

Je voulais donc voir ma tante et avoir du pain, deux choses, comme je l'ai dit, bien importantes à obtenir. Je commençai par cette première démarche la carrière isolée et difficile que j'ai parcourue depuis cette époque. Ce ne fut pas sans émotion que j'entrai dans la salle de la section, que j'osai m'y avancer seule et parler à voix haute devant tant de gens qui m'étaient étrangers. Je reconnus heureusement le nommé Duc, l'un des commissaires qui avaient posé les scellés l'avant-veille. Je lui parlai de ma tante, de son arrestation, et je sollicitai vivement la permission de la voir. « Ah ! ah ! dit-il, nous l'avions laissée tranquille, ils n'ont pas été aussi polis que nous. Citoyens, je trouve juste que cette petite fille aille voir sa tante, qui est une espèce de mère pour elle ; nous pouvons le lui permettre. » On approuve. On écrit sur un petit carré de papier, au nom de la section du Change, l'ordre de me laisser entrer à la prison des Recluses. Une fois en possession de ce billet, encouragée par ce premier succès, je reprends la parole pour expliquer qu'en mettant le séquestre on nous avait intimé l'ordre de nourrir le gardien, et que ne pouvant trouver du pain nulle part, je demande un bon pour en acheter. « Tu n'en auras pas, c'est contraire à la loi. — Mais, citoyens, vous le savez vous-mêmes, je ne puis m'en procurer sans avoir un bon; comment donc faire? — Tu feras comme tu pourras. — Dois-je donc mourir de faim? — Sois tranquille, tu ne mourras pas de faim; tous les ci-devant ont des ressources : tu es de cette race d'aristocrates qui sait toujours se tirer d'affaire, tu hériteras de leur esprit d'intrigue, tu ne mourras pas de faim. — Eh bien! répondis-je tout résolûment, si vous me condamnez à n'avoir pas de quoi vivre, vous ne pourrez pas trouver mauvais que je ne donne pas de pain au gardien que vous nous avez ordonné de nourrir. — Oh! pour lui, c'est autre chose; il aura sa carte, celui-là. Un bon républicain! il n'a qu'à venir. Quant à toi, vois-tu, sois sans inquiétude; tu sauras te tirer d'affaire. » Ils prophétisaient juste. La Providence, qu'ils oubliaient, veille sur l'orphelin. Sans son appui, comment aurais-je pu surmonter tant d'obstacles?

Je m'éloignai bien vite de ce repaire et je courus aux Recluses. La porte n'en était pas encore assiégée par la foule. Beaucoup ignoraient dans quelle prison se trouvaient leurs parents. Les arrestations continuaient. Une grande confusion régnait partout. Ce fut à la grande promptitude de ma démarche, et peut-être à ma jeunesse, qui n'avait pas été retenue par les conseils d'une prudence réfléchie ou craintive, que je dus le bonheur de revoir ma tante.

J'entre et passe la première porte en demandant le geôlier. Je lui montre ma permission. Il la lit, la retourne, la lit encore, puis réfléchit. Suspendue comme entre la vie et la mort, j'attendais mon arrêt. Il n'y avait point encore d'ordre pour les permissions. Lui-même n'était pas exercé à ces rigueurs nouvelles et n'avait point l'habitude du mal. Me voyant aussi petite que ma permission, il eut pitié de moi, et faisant taire ses doutes, il me laissa passer. On ouvre un second guichet, puis une grille, et je me trouve dans une cour. J'étais hors de moi d'avoir pu pénétrer jusque-là. J'étouffais de douleur et de joie. Je suivais à grands pas le guichetier qui me conduisait, ne voyant que mes pensées, n'écoutant que ma propre émotion, lorsque j'entends des voix inconnues ; on me parle, on me touche presque ; ce sont des criminels, ils demandent l'aumône. Ils s'approchent en agitant leurs fers. Ce bruit de chaînes, ces figures hâves et sinistres me réveillent, me saisissent au milieu de ma vive et tendre impatience et me remplissent d'effroi. Je n'avais jamais vu le crime de si près. Je pressais et retenais mes pas, dans la peur qu'on ne s'aperçût de l'horreur qu'ils m'inspiraient. Un corridor long et sombre me conduisit à l'escalier. Je fus obligée de demander la permission de passer à un de ces hommes assis sur la première marche, et causant avec une femme fardée, parée de lambeaux élégants, au maintien hardi, aux regards effrontés ; ses yeux firent baisser les miens. Je vis avec répugnance ma robe frôler la sienne. Comme tout faisait frémir dans cette prison ! Arrivée au premier étage, je crois pouvoir entrer chez ma tante. Non, le guichetier me montre sa porte, mais il en avait oublié la clef ; il me quitte pour aller la chercher. Je reste seule devant cette porte. On y voyait trois verrous et deux serrures neuves ; deux autres portes, sur le même palier, avaient aussi des serrures neuves qui attestaient de la nouveauté de ces précautions. Ma tante renfermée avec tant de soin, pensais-je ; les criminels respirent l'air, et l'innocence en est privée ! Ils se promènent, elle est renfermée ! Hélas ! n'osant soupirer, mes pensées mêmes étaient dans les fers, je craignais qu'elles ne fussent devinées, et qu'on en fît un crime de plus à ma tante.

Enfin la porte s'ouvre, je me précipite ; je crois voir celle que je désire et que je cherche. Ce sont des femmes inconnues. « Êtes-vous prisonnière ? disent-elles. — Non, non ; où est ma tante ? » Ma tante, ma pauvre tante accourait heureuse et joyeuse de me revoir. « Qu'as-tu fait ? comment vas-tu ? qu'es-tu devenue ? — Ma tante, avez-vous dormi ? avez-vous mangé ? n'êtes-vous pas malade ? » J'avais tant de choses à demander ! Toutes ces dames me regardaient, nous écoutaient, s'attendrissaient avec nous ; elles m'appelaient leur bon ange, ma présence leur donnant l'espoir de voir la porte s'ouvrir aussi pour quelque ange chéri, désiré par elles. J'étais la première personne libre qui pénétrait dans la prison. « Comment avez-vous fait pour entrer ici? » Et je l'explique comme je le peux. Ma tante, avare de son bien, me prend par la main, m'arrache à leurs questions, et m'entraîne à travers un grand galetas. Nous entrons dans une chambre assez vaste, où elle me fait asseoir sur son matelas roulé par terre.

J'ai oublié de dire qu'après le refus de madame Léger de me donner un lit pour ma tante, une brave femme tira du sien un matelas de crin que j'eus le bonheur de lui faire parvenir; mais il s'était passé un jour et deux nuits pendant lesquels elle n'avait eu qu'un peu de paille pour se coucher. Ce matelas était son lit, sa table, sa chaise. Je ne vis pas d'autres meubles dans cette chambre, où elles étaient plus de cinquante. Celles qui n'avaient point de matelas étaient couchées sur un peu, très-peu de paille, et c'était le plus grand nombre. Voilà le spectacle qui frappa ma vue, et me contraignit pendant quelque temps au silence.

Ma tante ne me parut ni changée, ni abattue, ni occupée d'elle; ne songeant qu'au plaisir de notre réunion momentanée, elle en jouit avec délices, malgré l'idée des dangers auxquels elle me croyait exposée. Ces craintes mêmes rehaussaient le bonheur de me voir. Ma vue lui était chère. Faible roseau, devenu son appui et presque son espérance, j'étais tout pour elle. Nous repassâmes ensemble ces trois jours si longs, si remplis de tristes nouveautés pour nous. Chacune des heures de ces tristes jours fut racontée. La peinture de nos sentiments réciproques consolait ou attristait nos cœurs. Elle me combla de caresses, et le temps fut bien rapide. Il fallut repartir. Je sortis chargée de messages que j'acceptai avec joie. Il m'était doux de porter des consolations dans plusieurs familles désolées, de les instruire des moyens dont je m'étais servie pour entrer dans la prison, et de leur dire : « Je les ai vues, elles existent, elles vous attendent. » Je retraversai le grand galetas, reconduite en triomphe. « N'oubliez pas ! ce soir encore ! je vous en prie ! disaient-elles. — Oui ! oui ! ce soir encore », répondais-je. Ma tante me bénit en me quittant. Le bonheur d'être utile, de rendre service à des infortunées, adoucit ce premier adieu. Il m'aida aussi à traverser, sans peur et sans dégoût, ces corridors sombres et cette foule de gens dont l'aspect m'avait semblé si repoussant. Je ne voyais que le pouvoir d'être utile, et je devins aussitôt courageuse. Être utile ! que cette espérance donne de force ! Moi, si faible, si petite, je pouvais la concevoir ! Une minute m'avait fait grandir.

Je fis un chemin prodigieux dans la ville, pour porter les billets dont j'étais chargée, pour raconter ce que j'avais vu, ce que j'avais fait. On me donna quelques réponses par écrit et quelques-unes verbales. Ma mémoire, mon intelligence, à l'instar de mon zèle, s'étaient accrues tout à coup. Je ne me trompai pas une seule fois d'adresse ; je n'oubliai rien. Saint-Jean m'accompagna dans mes courses nocturnes. Je rentrai fort tard, fatiguée, mais pleine de joie, ne sentant ni ma lassitude ni l'ennui de trouver le citoyen Forêt au coin de ma cheminée, trop heureuse pour en vouloir à personne. Une seule journée avait doublé mes facultés. Je m'endormis avec l'espoir de porter aux pauvres prisonniers des nouvelles de leurs familles, et mon sommeil fut très-doux.

Le lendemain, je retournai à la prison, chargée d'une corbeille où se trouvait le dîner de ma tante. J'eus le bonheur d'entrer, de rendre compte de mes commissions. Mais quelle nouvelle! les ordres pour les permissions étaient arrivés; mon petit carré de papier n'était plus valable, le geôlier le déchira devant moi. Une espèce de pitié qui se glissa dans son cœur l'engagea cependant à me laisser passer encore. Cet incident troubla beaucoup le plaisir de dîner avec ma tante, assise près d'elle sur son pauvre matelas. « Informe-toi des démarches à faire pour obtenir une permission nouvelle »; me dit cette bonne tante. Je me sentis très-malheureuse en la quittant, et je passai une soirée fort triste; je m'étais fait l'espoir de la voir tous les jours, et la jeunesse croit ce qu'elle espère.

Je parlai de mon affliction au citoyen Forêt. Il me répondit humblement qu'il n'avait aucun pouvoir sur son fils le municipal. Je ne voyais que trop qu'il avait raison. Il respectait, ou plutôt il craignait singulièrement ce fils puissant, qui n'avait d'autre mérite que de partager la scélératesse de ses confrères. Il ne s'est point fait de nom parmi eux. C'était un criminel obscur, sans génie, avide et sanguinaire; mais il était municipal, et le père se redressait en disant : *Mon fils le municipal!* Souvent même un peu d'effroi se mêlait à son admiration. Au reste, le citoyen Forêt avait l'air d'un meuble hors de sa place; son esprit borné, plutôt bon que méchant, le portait à la douceur; il lui en coûtait parfois de faire son métier avec rigueur, tout en jouissant avec plaisir de l'aisance qu'il lui devait.

Il avait passé sa vie à tisser des étoffes en soie, travaillant toute la semaine avec assiduité, dépensant le dimanche le gain des six journées de la semaine; souvent il y consacra le lundi, comme beaucoup de ses pareils. Les gens riches devenus pauvres, l'ouvrage lui avait manqué. On en accusait les aristocrates. Il trouvait donc tout naturel que les aristocrates lui rendissent de l'occupation. Garder les scellés était un métier très-lucratif, sans aucune fatigue, et presque innocent.

Le premier jour qu'il prit possession de son poste, il était en grande tenue : habit gris, perruque bien frisée, canne à pomme d'ivoire à la main, affectant un air froid et cérémonieux qui n'allait pas du tout avec le sans façon des commissaires. Je crois aussi qu'il avait peur des animaux féroces près desquels il allait vivre. C'est ainsi que l'on nous appelait. Au milieu de tout cela, il tenait de ses vieilles années un ancien respect pour les nobles, dont il ne pouvait pas toujours se défaire, en dépit de sa volonté d'être jacobin.

Peu après, il s'humanisa et découvrit que nous n'étions pas des barbares. Sa toilette devint moins sévère; quittant la perruque des grands jours, il garda son bonnet gris comme son habit, et mit ses pantoufles grises aussi. Il passait la journée au coin du feu, établi dans un bon fauteuil; il n'avait jamais été si bien assis. De temps en temps il se retournait, tâtait le dossier, l'admirait; puis, s'appuyant fortement pour s'y sentir à l'aise, il disait d'un air satisfait : « C'est pourtant une bonne invention qu'un fauteuil »; et, pressant de nouveau les coussins : « Comme c'est bien imaginé! » Alors, étendant les jambes et se penchant en arrière, il savourait, à demi couché, le bien-être jusqu'alors inconnu pour lui que procure un bon fauteuil. C'était au fond une espèce de bête, plutôt portée au bien qu'au mal, mais faisant le mal par obéissance, comme une chose devenue nécessaire ou inévitable; détestant les exécutions, mais n'osant l'avouer à sa femme et à son fils, qui lui criaient aux oreilles qu'il fallait être à la hauteur du temps et franc républicain; ce qui voulait dire dans leur langage : insatiable désir de répandre le sang humain.

« Je ne puis m'accoutumer à cela, me dit-il un jour après une plus ample connaissance : ils m'ont forcé à voir guillotiner; j'en suis revenu avec la fièvre. Pendant huit jours je n'ai pas dormi. Ils ont beau dire, je ne puis m'habituer à cela. Autrefois, il faut en convenir, on était plus en repos. C'est vrai, il fallait travailler; mais j'étais bien payé, et je mangeais tranquillement mon gain. Je me rappelle avoir fabriqué une veste pour Louis XV. Elle était belle, celle-là! et j'eus de bon argent; faut convenir que c'était pourtant un bon temps. » Le pauvre homme n'eût pas fait cette confidence à la citoyenne Forêt, ni à son fils le municipal. « Quant à ma femme, continua-t-il, un peu plus bas encore, elle a toujours aimé les exécutions : lorsqu'on devait pendre quelqu'un, elle était des premières à courir. J'avais beau la renfermer sous clef, elle trouvait toujours moyen de s'échapper et d'arriver à temps. »

Cette espèce de mégère était un des inconvénients les plus pénibles de ma situation. Elle venait tous les soirs, après les fatigues du jour, partager le gîte de son époux. La liberté de soupirer m'eût été chère; je n'en jouissais pas. Cette femme était là, elle racontait les nouvelles à son mari. Et qu'étaient ces nouvelles? Les cruautés de chaque journée, les supplices, les exécutions. Elle était partout, elle ne m'en laissait ignorer aucun détail. Elle y mettait même une action, un empressement qui épanouissaient sa figure; on y voyait tout l'attrait que cet affreux spectacle avait pour elle. Je n'avais pas le droit de lui imposer silence. Cette citoyenne Forêt terminait ordinairement son discours en tirant son souper de sa poche. C'était, le plus souvent, du pain et du fromage fort (1) dans du papier, espèce d'onguent dont elle faisait des tartines qu'elle mangeait avec grand appétit, en infectant ma chambre de l'air méchant le plus satisfait.

Cette femme rendait ma vie extrêmement dure, plus

---

(1) Les épiciers ramassent les miettes et les restes de toutes les espèces de fromages, que l'on pile en les humectant d'eau-de-vie. Je laisse à juger du goût, de l'odeur et de l'aspect de ce mets.

dure qu'on ne saurait l'imaginer. Saint-Jean et Cantat augmentaient le désagrément de mon intérieur. Ils n'avaient jamais pu se souffrir, et leur antipathie étant montée à son comble, ils se querellaient du matin au soir. J'étais aux expédients pour vivre. Il fallait nourrir cinq personnes. La difficulté d'acheter était grande. Saint-Jean ne voulait pas faire les emplettes, et Cantat ne voulait pas faire la cuisine. Leurs altercations furent quelquefois si vives et si répétées que je me vis forcée de prier à deux reprises ma tante de leur faire des représentations, malgré la douleur que j'éprouvais de l'occuper dans sa prison d'une chose aussi désagréable, et, de plus, de sacrifier deux jours sans la voir pour les faire entrer à ma place.

J'ai anticipé sur les événements pour faire le tableau de mon existence intérieure. Je ne rentrais jamais dans ma chambre sans dégoût. A peine levée, cet homme arrivait. Le soir, j'étais obligée d'attendre qu'il lui plût de se retirer pour pouvoir me coucher. On faisait la cuisine, on mangeait dans ma chambre. Certes, en pensant à ma tante, je ne pouvais me plaindre. Si du moins j'eusse été près d'elle! j'aurais soupiré sans crainte; son amitié m'eût consolée! Mais sans amis, sans soutien, sans ouverture de cœur... qu'un enfant est malheureux!

N'ayant pas de permission, je n'entrai pas le lendemain dans la prison. J'eus la douleur de rester pendant plusieurs heures devant la porte, sans pouvoir faire passer le dîner de ma tante. Cantat avait porté la corbeille jusqu'à la prison. Là, je m'en étais chargée, et rien au monde ne me l'aurait fait quitter, car sur elle seule reposait l'espérance d'entrer. Cependant je n'y parvins pas ; la corbeille seule passa, en faisant prix avec un des guichetiers pour en payer le port.

Il m'est arrivé de me trouver à dix heures à la porte de la prison, et à midi nous étions encore chargées de nos corbeilles que personne n'avait voulu prendre. Le geôlier faisait alors fermer la porte jusqu'à deux heures, temps consacré à son dîner. A deux heures, on la rouvrait. Les guichetiers et leurs femmes se répandaient dans la foule, négociaient avec nous, et refusaient de se charger des corbeilles, si le prix offert pour cela ne leur convenait pas. Souvent on était forcé de remporter son dîner, par l'impossibilité de souscrire à des conditions trop onéreuses ; car dans le nombre des prisonniers il y avait beaucoup de gens très-pauvres.

D'autres fois, ils ajoutaient aux privations des détenus par leur négligence ou par leur mauvaise volonté ; les corbeilles restaient dans la cour et ne leur étaient remises que le lendemain. Enfin j'ai vu, sur la porte de la prison, des gens les ouvrir, dépecer et manger ce qu'elles contenaient, ajoutant à nos souffrances une dérision insultante, et voulant sans doute nous faire comprendre qu'avec ce genre de surveillance on ne pouvait tenter de faire passer aux prisonniers des lettres ou des avis dans les mets qu'on leur envoyait. Quelle déchirante impatience s'empara de moi, en découvrant que ma tante avait été privée de nourriture ! Je me procurai dans la suite une volaille froide à laquelle elle recourait lorsque le dîner n'arrivait pas ; elle la conservait dans une petite corbeille placée près de son matelas, et qui était destinée à renfermer le peu de linge dont elle avait besoin.

Je n'ai point encore parlé de nos voisins. Leur histoire ressemblait à la nôtre. Ils avaient aussi leurs scellés, leur homme gris, et les mêmes ordres leur avaient été dictés. Une souffrance générale étendait sa triste uniformité sur tout ce qui était bien pensant. M. Mazuyer était en fuite. M. et madame de Bellecise avaient été mis en arrestation. Quant à Félicité, leur courageuse fille, en butte à une persécution personnelle, elle avait aussi dû chercher son salut dans une fuite rapide.

Douée d'une grande perspicacité, elle avait bientôt prévu la malheureuse issue du siége, et demandé à ses parents la permission de les quitter. « Laissez-moi partir, leur dit-elle ; j'augure tristement de l'avenir. Les Lyonnais, réduits à eux-mêmes, ne pourront résister longtemps à des forces qui se renouvellent sans cesse. De grands désastres en seront la suite. Il faut tâcher, avant ce temps, d'avoir de l'argent, et je vais m'en occuper. » Elle s'habille en paysanne, fait de longs circuits pour éviter les troupes citoyennes, et parvient sans encombre à Bellecise, terre de son père, à douze kilomètres de Lyon. Elle y trouve tout séquestré, par l'ordre du représentant Fouché qui siégeait près de là, et qui la fit mettre en arrestation dès qu'il l'y sut arrivée. Néanmoins,

Félicité trouva le moyen, en dépit du séquestre, de vendre beaucoup de denrées; elle fit argent de tout. Malgré le secret de ses démarches, Fouché, averti, la cita devant son tribunal, l'accusant de voler la République. Elle se défendit avec beaucoup de hardiesse et de présence d'esprit. Fouché, l'admirant peut-être, la renvoya en lui intimant l'ordre de changer de conduite, l'assurant, du reste, qu'il aurait l'œil sur elle. Comprenant que son rôle était fini, Félicité s'évada (1). Sa tête fut aussitôt mise à prix, ce qui ne l'empêcha pas de parvenir heureusement en Suisse, déguisée en charbonnière, allant à pied et couchant sur la paille. C'est ainsi qu'elle échappa aux poursuites de cet homme puissant et irrité. Elle se rendit à Fribourg (chez une sœur que l'émigration y avait conduite), où peu après M. Mazuyer, captivé par tant de vertus, vint la rejoindre et l'épouser (2).

On se rappellera que j'ai dit plus haut qu'elle avait eu deux côtes brisées à la journée de Pierre-Cize. Il s'y forma un dépôt, et de grandes souffrances furent son partage. Pendant plusieurs mois, elle ne vécut que d'une seule tasse de lait par jour, et son état

---

(1) Le désir de revoir encore une fois ses parents la fit revenir à Lyon. J'eus le bonheur de la voir avant son départ chez madame de Gueriot, où elle passait pour être une lingère à la journée. Ses vertus et son héroïsme m'avaient inspiré une admiration illimitée, un attachement sincère, une profonde vénération. Lui ressembler eût été au-dessus de mes forces; l'imiter de loin devint l'objet de mes vœux.

(2) Madame la princesse de Condé, alors à Fribourg, signa son contrat de mariage.

parut sans remède à un grand nombre de médecins. Elle-même nourrissait peu d'espérance de guérir jamais, lorsque M. Arnoux (1), cet habile chirurgien de Moulins, dont j'ai déjà parlé, vint se réfugier à Lyon. Elle voulut le consulter. On le disait entreprenant et rude. En effet, il lui proposa d'extraire ce dépôt, et, comme elle refusait ce moyen extrême, il lui dit : « Allez à la campagne, buvez six pintes d'eau chaque matin ; baignez-vous tous les jours plutôt deux fois qu'une, et montez souvent à cheval. — Mais comment aller à cheval, quand j'ai à peine la force de végéter? — C'est égal, montez toujours, faites-vous y tenir ; choisissez même un cheval dur : il faut vous secouer rudement. » Ce traitement allait mieux à la réputation d'Arnoux qu'à la débile Félicité; cependant elle eut le courage de l'entreprendre. Elle partit pour la campagne, et, un jour, à la suite d'une de ces promenades à dures secousses, elle se trouva mal et rendit ce dépôt. Beaucoup d'Esculapes se récrièrent et nièrent qu'un pareil traitement pût amener un tel résultat. Elle les laissa dire et guérit.

J'ai anticipé sur les temps pour achever cette courte notice sur la noble et intéressante Félicité, qui mérite

---

(1) Compris lui-même dans la proscription qui frappait tous ceux qui avaient servi pendant le siége, il fut errant assez longtemps, et vint ensuite chez un maréchal ferrant du faubourg de Vaise où il entra comme ouvrier, et se fit remarquer par son habileté à ferrer les chevaux. Il y resta aussi longtemps que la Terreur dura. Lorsqu'il lui fut permis de reparaître, ce fut au grand regret de son maître, qui appréciait fort ses grands talents.

de n'être point oubliée. Les détails ne m'en furent connus que longtemps après; car alors chacun, faisant sa propre histoire, n'avait ni le temps ni la possibilité de s'occuper de celle des autres. Et je reviens à la mienne.

Je n'entrais point, je passais la journée devant cette porte de prison, les pieds dans la boue que l'on y ramassait avec soin, poussée, ballottée au milieu de plus de deux cents femmes que le même sort y rassemblait. Ma lassitude était bien au-dessous de mon chagrin de ne pas voir ma tante, et je me décidai à laisser parler ma peine. Ayant remarqué un guichetier dont la figure était plus douce que celles de ses camarades, je m'adresse à lui, et lui remettant un paquet de petits assignats : « Prends pitié de moi, lui dis-je, fais-moi voir ma tante, ma mère; vois comme je suis petite et faible, je ne puis traverser la foule qui se presse à la porte; tiens, prends cela pour la peine de m'appeler de la première marche, comme si je devais aller chez le geôlier : qui sait, quand j'aurai passé cette première porte, si les autres seront difficiles et si ta bonté s'arrêtera là? » Il s'éloigne sans me répondre, et bientôt j'entends une voix forte crier : « La petite citoyenne Giraud. — C'est moi! c'est moi! » Je m'avance aussitôt à travers bien des personnes jalouses de rester en arrière. Ah! c'était bien là où il était permis d'attacher un grand prix à son rang! Le cœur me battait de toutes ses forces. Moi et ma corbeille, nous avions beaucoup de peine à nous tirer d'affaire. Quelques coups de coude dérangent l'équilibre de mes petits pots, le bouillon ruisselle sur ma robe, mais je touche les marches, j'ai passé la première porte... Il me fut plus facile de traiter pour les deux autres. Mes petits assignats achevèrent de forcer le passage, et je revis cette cour, cet escalier... Comme tout cela était désiré! que je le trouvai beau! Je remportais une victoire; plus j'étais faible, plus j'y trouvais de gloire. Je revis ma tante. O bonheur!

Je partageai avec elle ce dîner si secoué, si froid! Il était délicieux. Je trouvai son mobilier augmenté d'une vieille chaise qu'elle avait achetée du geôlier, et qui nous servit de table. Je passai cette heureuse journée près d'elle, ne désirant que sa présence, ne regrettant rien, ne voyant qu'elle; aussi n'étaient-ce que ses ordres réitérés qui pouvaient me décider à repartir. Je m'en revins, très à plaindre de revenir. J'aurais tout donné pour rester avec ma tante; ce désir était égoïste, mais qu'il m'était dur de retourner chez moi pour m'asseoir au coin de mon feu entre deux espions, et pour y retrouver deux autres personnes qui se querellaient constamment! Harassée de la fatigue du jour, ayant passé plusieurs heures debout dans l'humidité, poussée, broyée par la foule, et trop souvent n'ayant pas eu le bonheur de voir ma tante, oh! qu'alors la vie me paraissait pesante! La prison seule m'eût rendue libre. Je désirais habiter ce triste séjour, comme on peut souhaiter la félicité. Ce n'est que par obéissance pour ma tante, et dans l'espoir de lui être utile, que je ne demandai pas à être renfermée avec elle.

A peine éveillée, le citoyen Forêt frappait à ma porte; il murmurait de la trouver fermée, et, me faisant esclave de ses volontés, pour ne le mécontenter que dans les circonstances inévitables et importantes, je me hâtais de le recevoir. Une fois entré dans la chambre, il n'en sortait plus. Je contraignais ma douleur : il eût vu mes larmes. C'est peut-être dans cette résistance journalière à ma faiblesse que j'ai puisé des forces. La contrainte est salutaire. Dieu met dans les épreuves la semence de beaucoup de vertus. Ces vertus croissent dans le cœur sans bruit et sans éclat. Ignorées de celui qui les possède, elles le soutiennent dans sa marche et le guident à travers les dangers de chaque jour. Il avance cependant sans se douter de sa force, parce qu'il se connaît faible.

Depuis ce premier essai, j'entrai souvent dans la prison. J'avais trouvé deux ou trois bons guichetiers, qui prenaient, il est vrai, mes assignats très-volontiers, mais qui me protégeaient malgré les difficultés nouvelles qu'on élevait chaque jour entre les prisonniers et nous. Je crois qu'on en faisait naître un grand nombre pour épuiser nos moyens; car une rigueur de plus exigeait un nouveau sacrifice. Malleval, Durand, Placot, Meunier, se faisaient remarquer entre tous les guichetiers par la douceur de leurs manières, et beaucoup de prisonniers leur ont dû des adoucissements à leur sort. L'un d'eux m'appelait, un autre me faisait passer plus loin. Ma tante, par ses instantes prières et par ses dons, me préservait d'en être négligée. Arrivée près d'elle, j'oubliais tout, jusqu'aux exécutions de tous les jours. Il m'en coûtait tant de fatigues pour y parvenir, que je n'étais plus sensible qu'à la joie d'y être. Là seulement j'avais une amie, une famille. Il faudrait avoir goûté de cet amer abandon pour en apprécier la misère et pour comprendre que je pouvais trouver la prison belle. Et quelle prison! quelle réunion bizarre offrait la société renfermée dans cette chambre! Des femmes nobles, des poissardes, des religieuses, des filles publiques, des femmes riches, de pauvres servantes, des paysannes et des marchandes d'herbes (1). Au fond de tout cela, et perdus dans le nombre, des espions dont on connaissait l'existence sans pouvoir les deviner. A cette mémorable époque, la vertu plus que jamais se montra ce qu'elle est : véritable noblesse, véritable égalité, indépendante du vice, et laissant à ses oppresseurs l'esclavage des passions et du crime.

Le grand galetas fut bientôt rempli à l'égal de la chambre. Les arrestations étaient promptes et nombreuses. Je me rappelle mesdames de Saint-Fons, de Mognat, de Montbriant, qui faisaient partie de la chambre où se trouvait ma tante. Lorsqu'elles y furent entassées jusqu'au nombre de cinquante-huit, la mesure étant comblée, force fut de loger les nouvelles arrivantes dans le galetas; j'en connus moins les habitantes. Cependant, parmi elles on remarquait

---

(1) J'y vis aussi une pauvre petite Anglaise de quatre ans, avec sa bonne, qui ne savait pas un mot de français; j'étais présente lorsqu'on vint les mettre en liberté.

madame Brochet et ses filles. En lui consacrant quelques lignes, ce n'est pas quitter mon sujet. N'est-ce pas l'histoire des malheureux que j'écris? Nous étions une nombreuse famille.

Madame Brochet fut arrêtée avec ses deux filles aînées, parce qu'elle n'avait pas voulu révéler la retraite de son mari. Elle avait une troisième fille de huit ans, qui fut éloignée d'elle pour être interrogée seule. Privée de conseils et d'amis, on espérait obtenir de son inexpérience et de sa faiblesse l'aveu que l'on désirait, et, pour y réussir, des récompenses ou des châtiments lui furent promis suivant ce qu'elle ferait. Cette jeune fille ne fut ni tentée par les unes ni effrayée par les autres. Elle déjoua leurs trames perverses en restant inébranlable dans son devoir, et ne répondit à leurs questions insidieuses que par ces mots qu'elle leur répéta tout simplement, ne se doutant pas elle-même combien elle était grande : « Je ne sais pas où est papa; mais si je le savais, je ne vous le dirais pas. » Vaincus par elle, ou respectant la force dans la faiblesse, ils la rendirent à sa mère. Ce fut près de madame Brochet que je vis M. de Beaumont, colonel du régiment de dragons alors à Lyon, et prisonnier lui-même aux Recluses. Profitant plus tard de quelques jours d'une douceur passagère, où l'on accorda aux détenus la permission de sortir de leurs chambres pendant un petit nombre d'heures, il vint renouveler connaissance avec elle. On était heureux de retrouver des figures amies dans cette foule d'étrangers inconnus les uns aux autres, et sans rapports entre eux. J'ignore le motif de son arrestation, mais je me rappelle fort bien qu'il fut cause d'une nuit d'horreur pour tous les prisonniers. Ses soldats lui étaient restés fidèles et sollicitèrent vainement sa mise en liberté. Présidant eux-mêmes chaque jour aux exécutions, ils comprenaient mieux que personne les dangers d'une longue détention ; ils se rendirent donc tumultuairement au tribunal, obtinrent qu'on leur rendît leur chef, et coururent aussitôt à la prison pour l'en arracher. Les Recluses se trouvèrent tout à coup investies par le régiment qui réclamait son colonel à grands cris, et le salua des plus vives acclamations lorsqu'il parut. Il était fort tard. Ces bruyantes rumeurs retentirent dans l'intérieur de la prison, et tandis que les dragons, ivres d'allégresse, emmenaient en triomphe ce chef si désiré, les prisonniers, ignorant la cause de ces cris affreux, se croyaient sur le point d'être égorgés. Ce ne fut que le lendemain qu'ils apprirent tous avec joie ce qui avait produit leur terreur. Ma tante me dit simplement en me voyant : « Nous avons cru être massacrés cette nuit. Je t'avais dit adieu. »

Peu à peu il se forma de petites coteries, et l'on se fit la vie plus commode. Il parut quelques chaises de plus. Madame de Saint-Fons fut la première qui obtint d'avoir une table qu'elle prêtait à ses voisines, qui s'arrangeaient ensemble pour dîner les unes après les autres. Dîner assises à table leur paraissait un grand luxe ! On était fort exact aux heures, l'obligeance étant réciproque, ainsi que la reconnaissance.

CHAPITRE HUITIÈME.

Ma tante s'était arrangée avec trois dames pour faire table commune : mademoiselle Olivier (1), libraire ; mademoiselle Huette, couturière, et madame Desplantes, propriétaire de l'hôtel du Midi, sur la place de Bellecourt. Cette dernière, qui possédait de la fortune, avait longtemps caché M. Desplantes dans sa maison. C'était l'officier échappé au massacre de Pierre-Cize ; l'amour étant né de la reconnaissance, il l'avait épousée. Elle était en prison à la place de son mari.

Le jour où ma tante mangeait le dîner de ses compagnes, j'apportais de la soupe, car j'étais un supplément à la partie carrée. Sur trois dîners, on faisait des économies pour former le quatrième. Ce jour-là était pour moi le plus beau des jours. J'arrivais dès que la porte s'ouvrait, n'apportant pour tout contingent que des œufs, du sel et du beurre ; je passais une journée délicieuse.

On se promenait dans le grand galetas, et quoiqu'il y eût une fort mauvaise odeur, à cause du petit cabinet qui s'y trouvait joint, l'air y était bien plus sain que dans la chambre où cinquante-huit femmes habitaient nuit et jour. Celles qui étaient placées près des fenêtres ne voulaient pas qu'on les ouvrît. On était au mois de novembre, et comme il n'y avait pas de feu, on ne pouvait guère leur en vouloir de ce refus.

---

(1) On trouvait toujours chez elle les brochures défendues. Je me rappelle que nous y avions acheté le testament du roi ; mais il fallait avoir le mot d'ordre pour pénétrer dans le sanctuaire.

Après la promenade et de petites causeries, on revenait à sa place s'occuper du dîner. Étant la plus jeune, on me chargeait de ce soin, et j'en étais fort heureuse. Je viens de dire que ces dames n'avaient pas de feu. Lasses de manger froid et de respirer un air malsain, elles demandèrent un poêle; la saison devenait rude, l'atmosphère épaisse et fétide de leur chambre avait besoin d'être purifiée par le feu; on refusa leur demande, malgré l'offre qu'elles firent d'en payer les frais. Elles sollicitèrent des chaufferettes de braise, sans pouvoir l'obtenir. Enfin, on leur permit des chaufferettes de poussier de charbon, qui se garnissent toutes les vingt-quatre heures; le feu s'y aperçoit à peine; on y passe de temps en temps un fer, qui, soulevant ce poussier, en ravive le feu mourant. C'est sur cette misérable chaufferette que je plaçais les pots étroits et longs dans lesquels on apportait les aliments, forme indispensable pour en sauver le contenu du flux et du reflux de la foule; encore ne les emplissait-on qu'à moitié. Étendue par terre pour être à la hauteur de mon foyer, je soufflais ce pauvre feu jusqu'à ce que j'eusse obtenu un peu de chaleur. Il fallait s'y prendre tôt pour dîner à midi. Du veau froid, coupé et réchauffé dans du bouillon, s'appelait un ragoût. Puis j'entreprenais la grande merveille, le mets par excellence : une omelette! On donnait ce nom fastueux à des œufs battus et mêlés avec des épinards de la veille : c'était le plat qui plaisait le plus, en raison de la peine qu'il coûtait et parce qu'il était fait sur place.

CHAPITRE HUITIÈME.

Le café, réservé uniquement pour le déjeuner, s'apportait déjà mêlé avec le lait, et sucré avec une mauvaise espèce de cassonade mielleuse et couleur de suie. Le sucre était trop cher pour nous.

Ma tante avait l'air de prendre avec plaisir ce misérable café. Elle était si reconnaissante des moindres soins dont elle était l'objet, qu'il ne lui échappait jamais la plus légère observation, trouvant tout bien ou bon.

Tous les deux jours on leur distribuait le pain, et chaque matin on emplissait leurs cruches d'eau fraîche. Celles qui ne pouvaient en payer la peine n'en recevaient pas; les riches en faisaient l'aumône aux pauvres : c'était bien le verre d'eau de l'Évangile. On leur donnait, je crois, tous les quinze jours, de la paille prétendue fraîche. Chaque personne en recevait un *clin;* ils nommaient ainsi ce qu'on peut en tenir dans les deux mains. Ce peu de paille était bientôt broyé par l'usage qu'on en faisait; aussi les femmes pauvres réunissaient-elles plusieurs *clins* ensemble pour s'en faire une couche moins dure, où, reposant pressées les unes contre les autres, elles trouvaient un pénible sommeil. Le soir, lorsque les préparatifs de la nuit étaient faits, la chambre offrait l'aspect d'un vaste lit de camp, couvert de matelas ou de paille, et ne laissant pas une seule place vide où l'on pût poser le pied sans fouler une des cinquante-huit infortunées couchées par terre.

Ma tante, que son embonpoint faisait souffrir beaucoup, qui ne pouvait se baisser sans en éprouver de grandes incommodités, ne se permit jamais la moindre réflexion sur ce qu'elle ressentait. Il semblait qu'elle n'eût jamais été logée autrement ; uniquement occupée de mon père et de moi, sur nous seuls reposait sa tendre sollicitude. Souvent même, espérant que mon père avait rejoint Chambolle que nous supposions en Suisse, et les croyant tous les deux en sûreté, c'était pour moi seule que son cœur tremblait, pour mo qu'elle voyait abandonnée et sans appui. Ses prières ne cessaient de s'élever à Dieu, pour recommander à sa miséricorde l'orpheline qu'elle allait bientôt quitter.

Ma tante ne se fit jamais d'illusion sur le sort qui l'attendait, et n'eut pas même l'espérance qui soutint ou trompa tant d'infortunés. Elle le comprit dès le premier jour, se vit dévouée à la mort, et s'y prépara sans hésiter. Les épreuves de chaque minute lui parurent comme préparatoires à ce dernier sacrifice. Elle accepta tout d'une âme soumise et résignée, et se plut dans son obéissance à la volonté de Dieu. Ménageant ma tendresse et peut-être ma faiblesse, elle m'en parla peu. Mille souvenirs sont venus depuis développer à mon âme étonnée la grandeur de ce caractère, qui se révélait souvent dans un mot, dont mon jeune âge m'empêchait alors de comprendre la force et le dévouement. Dieu seul a pu mesurer le grand cœur qu'il avait fait si généreux. Lui seul aussi pouvait le récompenser.

Maria, ces détails ne doivent point te paraître trop minutieux ; s'il faut peu pour vivre, ce peu s'acquiert souvent avec peine. En regardant ce pain qui te paraît si commun, ce pain que ta délicatesse a peut-être dédaigné quelquefois, Maria, pense que je n'ai pas toujours pu en procurer à ma tante, que j'ai vu des jours s'écouler sans en manger moi-même; et ton père!... ton père, dans les années orageuses de sa vie, pour lui aussi des jours s'écoulèrent sans pain!

N'oublie jamais ces temps d'amertume, rappelle-les souvent à ta mémoire. Que ce souvenir t'empêche de murmurer des privations qui te seront imposées; qu'il t'empêche également d'aimer trop les charmes d'une vie commode. Ta famille, sans être fort riche, possédait assez pour vivre indépendante et jouir d'une grande aisance. La maison, habitée de père en fils depuis bien des générations, s'était fournie peu à peu de tout ce qui rend la vie agréable; un luxe modéré y avait ajouté chaque année des jouissances nouvelles, et mes premières années se passèrent dans le sein de l'abondance. Tout à coup la source tarie, desséchée, n'a laissé à la place de tant de biens qu'infortune et pauvreté; souvent même l'aliment du misérable ne me fut pas accordé. C'est en revenant vers ces temps d'épreuves que mon âme, surprise et reconnaissante, ne peut qu'adorer en silence et bénir la main puissante qui m'a soutenue dans la carrière épineuse que j'ai parcourue. Cette main divine pouvait seule être l'appui de ma jeunesse et de mon inexpérience. Avec quel amour je reconnais sa miséricordieuse protection!

O mon Dieu! vous êtes le soutien de l'orphelin! vous êtes son père et son espérance! Que vous êtes doux à ceux qui vous aiment et qui vous cherchent!

En vous le pauvre trouve sa richesse; vous êtes son consolateur, et les maux de ce monde lui deviennent légers. L'injure des méchants se perd dans les airs sans atteindre jusqu'à lui. Leurs cruautés, leurs ambitions, leur vaine gloire, leurs plans orgueilleux passent comme eux. Souvent eux-mêmes ils survivent à leur puissance, à leurs propres fureurs, à leur nom. Et cependant, le pauvre qu'ils méprisaient, marchant paisiblement à travers les maux qu'ils secouaient sur sa tête, s'est avancé d'un pas égal, sans envier leur gloire et sans les maudire. Cet humble qu'ils persécutaient a vu leur grandeur s'évanouir comme un songe, et son cœur, plein de pitié, a su prier pour eux.

CHAPITRE NEUVIÈME

Fatigues et afflictions de ma vie. — Mon père retiré chez madame de la Coste. — Il se sauve par miracle. — Il se déguise en garçon meunier. — Je vais le rejoindre à Fontaine, chez la mère Chozières. — Histoire de mademoiselle de Sauriac.

Le pain de la prison, si l'on peut lui donner ce nom, était si mauvais qu'on ne pouvait le supporter. Une lourde pâte, mêlée de son et de pailles longues comme le doigt, entre deux croûtes fort dures, le composait. Les prisonniers recevaient tous les deux jours un petit pain de cette espèce. Ma tante, ne pouvant l'avaler, n'en mangeait pas. Je n'en avais pas moi-même, et il me semblait fort dur d'accepter celui du gardien, aussi assez mauvais. Où trouver du pain? On n'en vendait nulle part. Le ciel vint à mon secours. Brugnon, ce brave domestique de mon père, dont j'ai déjà parlé, fut son organe.

Brugnon avait voulu prendre part à la glorieuse lutte, si cruellement terminée; ayant porté les armes pendant le siége, la mort eût été son partage, si notre Providence visible, notre respectable ami, M. de Gueriot enfin, ne l'y avait soustrait, à la prière de mon père, en l'inscrivant comme charretier dans les équipages d'artillerie. Il eut l'air d'arriver avec les assiégeants, et peu après il entra au service de M. de

Montlezun, officier d'artillerie, en conservant sa paye de charretier des équipages. Jouissant par son maître de quelque aisance, et se doutant de notre détresse, il vint m'offrir son pain de munition; il était superbe. Que je fus heureuse de le porter à ma tante! Souvent il m'apporta aussi du lait et quelques morceaux de jambon que je recevais avec une grande reconnaissance; enfin il se conduisit en honnête homme et en serviteur fidèle, et quoique je doive anticiper sur les temps, il est si doux de voir dès ici-bas la vertu récompensée, que je ne puis me refuser au plaisir d'achever ici son histoire.

Il y avait dans la rue Saint-Dominique une fort belle maison appartenant à une mademoiselle Chirat, fort vieille et très-riche. Sa fortune tenta un assez mauvais sujet qui n'en avait pas, mais qui n'était pas homme à la faire périr pour s'en rendre maître, moyen, du reste, qui ne réussissait pas toujours au profit de ceux qui l'employaient. Il prit une autre route; une intrigue se forme; on effraye mademoiselle Chirat : on lui persuade qu'elle court des dangers, que sa fortune est convoitée, sa vie menacée; qu'une seule manière de conserver l'une et l'autre lui reste, c'est de se donner un protecteur : son union avec un bon républicain mettra sa tête et sa fortune à l'abri de toute atteinte. Elle s'épouvante. Il se dévoue pour la sauver. On la traîne aussitôt à la municipalité, l'acte est dressé, signé; elle en revient unie à son prétendu libérateur. Ce libérateur, bientôt ennuyé de sa vieille femme, autant qu'elle de son jeune mari, lui rendit la vie dure; elle en fit de même. Dans cet état de choses, ils étaient tous deux malheureux, et prirent le sage parti de s'arranger à l'amiable. Mademoiselle Chirat offrit à son jeune époux une somme très-considérable s'il voulait se désister de toute prétention sur elle et sur sa fortune, à condition qu'elle n'entendrait jamais parler de lui. Notre homme, qui n'était peut-être qu'un étourdi, déjà las de son rôle, heureux d'un pareil dénoûment, accepte vite et disparaît, la laissant très-joyeuse d'être encore mademoiselle Chirat.

Cet époux de quelques jours ne reparut jamais. Ce fut pendant ce veuvage que M. de Montlezun logea chez elle; ce fut aussi pendant les fréquentes absences de son maître que Brugnon sut se rendre utile à la maîtresse de la maison. Ayant quelque instruction et beaucoup d'intelligence, il mena fort bien les affaires qu'elle lui confia après avoir essayé de sa capacité pour de plus légers services. Peu à peu il lui devint nécessaire au point de lui faire redouter le moment du départ de M. de Montlezun. Les braves gens en liberté étaient rares. Dépourvue de conseiller, n'étant plus en état de conduire ses affaires, et craignant de retomber dans les mains d'un fripon, elle voulut le fixer près d'elle en lui faisant épouser sa femme de charge, qui possédait elle-même une assez jolie fortune. Elle y ajouta des dons fort considérables, et leur légua une charmante maison de campagne. J'ai revu depuis Brugnon dans l'aisance dont elle avait payé ses soins, et j'en ai béni Dieu. Puissent tous ceux qui comme lui sont fidèles en recevoir déjà sur la terre une récompense visible, qui fait la joie des gens de bien et raffermit ceux qui chancellent.

Ce pain de munition, le plus beau d'alors, était réservé pour ma tante. Je rapportais le sien en échange, à mes risques et périls. Si j'eusse été prise sur le fait, moi et mon pain nous serions restés en prison. Cette témérité, fruit du besoin, ne fut jamais découverte. Je remportais aussi la carcasse de la poularde de précaution, en cas qu'on ne laissât pas entrer le dîner. Cette carcasse grillée était un morceau friand que je n'osais pas même garder pour moi, car il fallait le partager avec le citoyen Forêt, qui s'en faisait fête, étant aussi peu accoutumé à manger des volailles de Bresse qu'à s'asseoir dans un fauteuil. Cependant, on s'habitue bien vite à ce qui est bon ou commode, et il me le prouva un jour où, par économie, je fis acheter une huile plus commune que celle dont on se servait ordinairement pour faire des fritures. Ma chambre, qui était aussi la cuisine et la salle à manger, fut remplie d'une épaisse fumée. La citoyenne Forêt, pleine d'horreur et de dégoût, se hâta d'aller se trouver mal dans la chambre de son mari, qui courut à son secours en murmurant contre la mauvaise odeur. Il n'y eût pas jusqu'aux domestiques qui ne s'en plaignissent. Je me mis seule à table, où, la faim les ramenant tous, je me contentai de demander au vieux Forêt s'il n'avait jamais fait usage chez lui que d'huile superfine. Il balbutia des mots inintelligibles, et les fritures furent continuées.

Je ne rapporte ces détails, trop minutieux peut-être,

que pour faire comprendre mon existence, le genre des personnes qui m'entouraient, les ennuis et les contradictions que j'éprouvais de leur part. Hélas! il n'est que trop vrai, les contrariétés de toutes les minutes, quelque petites qu'elles soient, sont toujours grandes. Les fréquentes altercations qui s'élevaient entre Saint-Jean et Cantat n'étaient pas la moindre de ces contrariétés quotidiennes qui nous mettaient en danger de ne pas dîner. Du reste, je voyais très-peu Saint-Jean hors des repas. Il travaillait aux démolitions. Je suppose que le désir de gagner quelque argent le porta à profiter de ce genre d'occupation offert à tout le monde, et ce désir était bien naturel, je n'en avais point à lui donner. Je faisais vendre de temps en temps des couverts d'argent ou quelques-uns des effets déposés chez madame Léger. On vendait à perte; encore fallait-il choisir les personnes auxquelles on s'adressait, et qui, tout en profitant de votre détresse pour acheter à moitié prix, étaient assez honnêtes pour ne pas vous dénoncer; car, si posséder de l'argenterie était un crime, la vendre en était un bien plus grand (1).

Je vivais assez mal d'un reste de haricots et de pommes de terre dont on faisait tout bonnement des salades. Les grands jours de régal, on mangeait des beignets de farine échauffée : c'était là la fameuse

---

(1) La prison ou la mort punissait ceux d'entre nous que le besoin portait à se défaire de ce qui leur appartenait. Le dénonciateur de ce prétendu vol du bien de la République en recevait, je crois, la moitié, ou du moins elle lui était promise.

friture. Ce que l'on pouvait se procurer en beurre ou en légumes était pour ma tante, qui faisait maigre le vendredi et le samedi. Pour elle on réservait soigneusement tout ce que notre triste position nous permettait d'avoir de meilleur. C'était donc pour ce précieux dîner que les querelles des domestiques me faisaient trembler. Que de prières parfois étaient nécessaires! Allant de l'un à l'autre pour les calmer; leur montrant ma tante souffrant de leur division, je les suppliais pour elle de vaincre leur antipathie; car vous l'aimez, disais-je. Deux jours après, la guerre renaissait. Je le répète, que l'on me pardonne de revenir sur ces minutieuses particularités. Je peins ma vie. C'est le coup de pinceau qui complète la ressemblance, et je n'avais que quatorze ans.

Cependant, on continuait à faire des perquisitions fréquentes pour découvrir mon père. On allait souvent annoncer son arrestation à ma tante, afin que son émotion en trahît la retraite. J'étais excédée de visites domiciliaires; une des plus tumultueuses eut lieu quelques nuits après que l'on eut emmené ma tante. Vers minuit, on frappe à coups redoublés. Le citoyen Forêt, enseveli dans son premier sommeil, fait attendre; le bruit se répète. Enfin, après une toilette complète, il ouvre au moment où la porte semblait céder à leur violence. On le tance vertement de sa lenteur. Ma porte fermée en dedans renouvelle leur fureur. Le gardien s'excuse en tremblant. Cantat, qui n'était guère plus courageuse que lui, tremblait au point que j'entendais craquer le lit de sangle où elle reposait.

Mes prières réitérées la portèrent enfin à surmonter son effroi; elle se traîne à la porte, ils se précipitent dans ma chambre en criant : « Où est-il? » Le vieux Forêt, indigné que l'on soupçonnât sa fidélité, racontait longuement les scellés dont il était gardien, appelait en témoignage les cachets placés sur quatre portes. Il parlait encore, que l'on m'avait fait dix questions. Au premier bruit, m'étant assise sur mon séant, j'attendais silencieusement ce qui allait advenir. Les rideaux de l'énorme lit que j'occupais étaient fermés; deux officiers en font le tour, s'approchent, s'étonnent, et me demandent qui je suis. Je leur réponds, et j'entends aussitôt une douzaine d'hommes s'écrier à la fois : « Quelle petite voix! Mais ce n'est pas un homme, ça! » Et se pressant, en avançant la tête au-dessus des épaules les uns des autres pour me voir mieux, ils répètent encore : « Quelle petite voix! quelle petite fille! comme elle est maigre! qu'elle est chétive! »

Je restai en butte à leurs risées, sans cesser de subir un interrogatoire long et dangereux sur mon père et ses prétendus complots, sur la retraite où il avait cherché du repos à ses longues fatigues. On me questionna aussi sur ma tante ainsi que sur mes frères. Mes réponses furent brèves; je ne savais rien. On retourna les phrases et les questions; je ne savais rien. Ils partirent enfin, au grand contentement du gardien, qui n'aimait guère que l'on troublât son sommeil, et dont l'orgueil était en souffrance. Il se promit pourtant d'être plus prompt à l'avenir.

Lorsque cette visite fut terminée, je me trouvai saisie du plus violent tremblement que j'aie éprouvé de ma vie. Mes forces me quittèrent dès que je cessai d'entendre leurs pas. Fléchissant sous le poids de mon isolement et de mon malheur, pénétrée du sentiment de ma faiblesse, je passai le reste de la nuit dans un état de souffrance morale et physique approchant du désespoir. Ce fut la première fois que l'abandon où j'étais réduite me parut aussi cruel. On vint souvent encore faire des visites nocturnes pour chercher, disait-on, des armes cachées dans cet appartement. Le vieux Forêt, qui ne devinait point que ce n'était qu'un prétexte, s'épuisait à raconter son histoire des scellés, s'étonnant qu'on ne l'écoutât pas. Moi seule j'attirais ces fastidieuses perquisitions. Pendant que les commissaires se donnaient l'air de chercher partout, ils m'adressaient des questions d'autant plus insidieuses qu'elles paraissaient leur échapper sans intention malveillante, en passant, et comme un à-propos à la vue d'un objet qu'ils trouvaient sous leur main. Heureusement je voyais le piége et je n'y tombai pas.

Du reste, il m'eût été difficile de répondre à leur gré. Depuis que mon père avait quitté Vaise, j'ignorais ce qu'il était devenu. Ce ne fut que dans la suite que j'appris tout ce que nous devions à madame de la Coste, qui voulut bien le recevoir chez elle.

Cette dame habitait une maison de campagne à quelques kilomètres de la ville. Mon père y fut amené la nuit et ne sortit plus de la chambre qui lui fut donnée. La femme de chambre de madame de la Coste était seule dans le secret de sa présence. Chaque matin, elle avait soin d'enfermer mon père dans une armoire, après avoir fait son lit, afin que les autres domestiques, en parcourant librement toute la maison, pussent se convaincre qu'il ne s'y trouvait personne. Lorsqu'on se croyait à l'abri d'un indiscret, on sortait le prisonnier de sa boîte, et il passait chez madame de la Coste, dont la chambre touchait à la sienne. Quelques jours s'écoulèrent assez tranquillement; mais M. de la Coste, qui était absent, ayant été dénoncé comme suspect à Fouché alors en tournée dans le voisinage, ce représentant du peuple ordonna aussitôt que l'on fît une perquisition dans sa maison.

Vers onze heures du soir, on sonne à la porte d'une manière inaccoutumée; l'alarme y met tout le monde sur pied. Ce bruit de maître annonce les ministres du pouvoir. On appelle mon père. Il faut le cacher mieux encore. On lève les matelas du lit de madame de la Coste; il s'y étend dans un trou pratiqué à cet effet dans la paillasse. Les matelas sont rabaissés, le lit refait; elle se couche. Je laisse à penser l'état de souffrance où se trouvait mon père. Il avait tiré son bonnet de nuit sur ses oreilles pour les garantir de la paille, et tenait ses poings fermés sur son front pour se ménager un peu d'espace et d'air. Tous ces arrangements n'exigèrent qu'un instant. C'est de la part du représentant du peuple, Fouché! On avait ouvert. Les commissaires demandent à madame de la Coste où est son mari. « Il est absent pour affaires », dit-elle. Ils lui intiment l'ordre de comparaître elle-même devant Fouché. Elle résiste, elle expose le mauvais état de sa santé, parle des maux de nerfs qui la forcent à rester souvent couchée, que ses forces sont épuisées, qu'il est à la connaissance de tout le monde qu'elle ne sort jamais. C'est vainement qu'elle insiste. « Il faut marcher et non discuter », lui dit-on. A peine lui laisse-t-on le temps de passer une robe. La femme de chambre soulève à la hâte le matelas qu'elle laisse retomber aussitôt, en disant à mon père : « Nous sommes perdus. » Il ne le savait que trop ! Elle suivit sa maîtresse. Les portes furent fermées et scellées sur mon père.

Il resta dans une position affreuse, ne pouvant supporter le manque d'air, et craignant, s'il dérangeait le lit, de ne pouvoir plus s'y replacer sans qu'on s'en aperçût. Il hésita quelque temps; mais l'impérieux besoin de respirer l'emportant sur toute autre considération, il sort de cet étouffoir le plus doucement possible. Il entend du bruit ; il s'arrête, il écoute : ce sont des voix d'hommes ; on chante des hymnes en l'honneur de la liberté. C'étaient des dragons, restés dans la maison, qui s'amusaient à boire. Mon père, sentant le danger de sa position, marche sur la pointe du pied, fait l'examen des moyens de salut qui lui restent. Il en trouve très-peu. Tout est fermé, point d'issues, point de ressources. Il porta son espoir vers les fenêtres qui donnaient sur le jardin, et tint conseil avec lui-même : « Je puis mourir de faim sous les scellés, pensa-t-il; on peut aussi venir secrètement, avant leur levée juridique, pour enlever d'ici ce qui peut plaire aux commissaires. Dans les deux cas, je suis perdu. » Craignant donc que le manque de nourriture ne diminuât ses forces, il résolut de ne pas attendre la nuit suivante pour s'échapper ; il calcula encore le pour et le contre, choisit la fenêtre d'un petit cabinet un peu plus éloignée que les autres du lieu où était le tapage, se jette en bas, et ne se fait qu'une légère écorchure à la main, quoiqu'il fût tombé sur des vitres cassées, dont le bruit attira l'attention des buveurs. Ils sortent en s'écriant : « D'où vient ce bruit ? C'est sûrement lui ! c'est lui ! » Mon père n'a que le temps de se cacher sous un petit escalier, sur lequel ils se précipitent tous, ouvrent tout ce qui reste à ouvrir, cherchent l'auteur de ce bruit, vont et viennent, oublient ce petit escalier qu'ils foulent de leurs pieds, et, après avoir vomi des injures contre celui qu'ils ne peuvent trouver, rentrent et se remettent à boire. Mon père tint encore conseil : en restant, il ne pouvait espérer d'échapper à une nouvelle recherche ; en s'éloignant, de quel côté porter ses pas ? Il était arrivé la nuit, jamais il n'avait mis le pied dans le jardin. Il fallait opter ; il part en se courbant jusqu'à terre pour tâcher de gagner une allée qui lui paraît couverte. Déjà il se flattait d'y parvenir ; mais, par malheur, il avait oublié qu'il avait son bonnet de nuit sur la tête. La lune paraît tout à coup, et sa douce clarté trahit mon pauvre père. Aussitôt il entend crier : « Je le vois ! c'est lui ! le voilà en bonnet blanc ! » On le poursuit. Il n'y avait plus rien à ménager : il se redresse et se met à fuir vers une vigne qui se trouvait renfermée dans cet enclos. Le terrain allait en montant et ralentissait sa course, que ses pantoufles achevaient d'entraver. Il voyait avec désespoir la hauteur des murs de cette enceinte, mais l'amour de la vie accroît ses forces, hâte sa course; il fuit toujours, bien qu'il n'aperçoive aucun moyen de se sauver. Il sent qu'on approche; des pas pressent ses pas, un dragon qui l'atteint lève la main pour le saisir, lorsque cette marche rapide et le vin qu'il avait bu le font chanceler; il tombe. Mon père touchait à l'angle de la muraille, il y découvre les restes d'un berceau de verdure, s'accroche à des branches, et, à l'aide de quelques trous qu'il trouve dans le mur, il en gagne le haut sans trop savoir comment, et se jette de l'autre côté. La vue du péril, et cet instinct de conservation dont nous sommes tous doués, développèrent en lui une vigueur inconnue jusque-là.

Les dragons, ne voulant pas faire le même saut, bornèrent là leurs poursuites. Il est à croire qu'ils craignirent qu'on ne leur fît un crime de leur maladresse, et que se promettant réciproquement le secret, ils s'en retournèrent boire et chanter. Le saut était prodigieux; néanmoins mon père en fut quitte pour un peu d'étourdissement. Il se hâte d'examiner où il est, et reconnaît avec douleur qu'il est dans un nouvel enclos, dont les murs sont aussi élevés que ceux qu'il vient d'escalader. Il en parcourt une partie, se trouve bientôt près de la maison, et, craignant que le clair de lune ne le trahisse encore une fois, il va se tapir dans un colombier pour y attendre le jour et le triste sort qui le menaçait. Où suis-je? que deviendrai-je? Que de réflexions cruelles remplirent ces heures à la fois rapides et lentes! Il tressaillait au moindre bruit.

Enfin le jour parut, et bientôt après il vit s'approcher une petite fille qui apportait du grain aux pigeons. Voir mon père et le prendre pour un voleur, ne fut qu'un. Elle crie, elle veut fuir; il cherche par ses signes à lui inspirer de la pitié : elle se tait et s'avance. Il lui demande alors si elle a un père, et ce qu'il est : « Il est vigneron d'ici, répond-elle. — Eh bien! allez le chercher, amenez-le-moi, sans dire à d'autres qu'à lui que vous m'avez vu. » L'enfant promit et obéit ponctuellement. Un paysan parut peu après; son air était douteux et mauvais, son aspect sinistre. Mon père, obligé de se remettre entre ses mains, affecta la plus grande confiance dans l'homme devenu maître de son sort, et, lui expliquant comment il avait eu le bonheur d'échapper à d'injustes poursuites, il le pria de lui donner un asile jusqu'à ce qu'il pût s'éloigner avec sécurité. « Ce que vous dites là peut être vrai, répondit le vigneron, mais cela ne prouve pas non plus que vous ne soyez point un voleur; si vous êtes autre chose, je n'ai pas la volonté de m'exposer pour vous : ainsi, sortez de chez moi au plus vite. » Mon père atterré eut beau lui faire des représentations, l'homme resta inébranlable. Ne pouvant émouvoir ce roc, il borna ses vœux à obtenir quelques vieux vêtements en échange de ceux qu'il portait, offrant de les faire racheter s'il parvenait à s'échapper. « Si je succombe, ils vous appartiendront, ajouta-t-il. — Mais n'avez-vous donc pas d'argent? » répondit le paysan, tout en examinant d'un air indécis et d'un œil d'usurier la redingote neuve de mon père. Heureusement celui-ci trouva dans une poche de côté un petit portefeuille qu'il n'y soupçonnait pas. Il ne contenait que cinquante francs. Cette légère somme acheva de déterminer son homme, qui, acceptant le marché, s'éloigna aussitôt pour aller chercher les plus mauvais de ses habits dont mon père se revêtit promptement, mais trop peu vite encore au gré du vigneron, avare de son temps et même de sa peine, car il refusa de couper les cheveux au nouveau paysan. Pour en compléter la ressemblance, mon père fut obligé de se rendre à lui-même ce service, et après avoir reçu quelques indications sur le chemin qu'il devait suivre, l'homme lui mit un échalas à la main : « Avec cela, dit-il, on vous prendra pour un vigneron ». Et regardant si personne ne passait sur la route, il le mit à la porte.

Mon père parvint sans accident à des moulins situés sur la Saône, où il se trouvait être recommandé; il ne s'y arrêta que quelques jours. Sa sûreté exigeant un lieu plus retiré, on le conduisit chez un meunier dont la demeure solitaire était dans le département de l'Ain, sur les confins de celui du Rhône. C'est là que, sous le nom de Pierre Mérier, il passait pour un bon vieux garçon meunier, fort maladroit de sa nature.

Pendant que ceci se passait, je continuais le même genre de vie. Les difficultés pour entrer dans la prison s'accroissaient de jour en jour : trop souvent je ne pouvais parvenir jusqu'à ma tante; je revenais tristement accablée de fatigue, n'ayant pu goûter la seule consolation qui me la faisait supporter. Elles étaient longues les heures d'attente passées à cette porte dont une rigueur nouvelle nous interdisait de franchir le seuil; et comme on retournait péniblement chez soi, quand on voyait s'évanouir cette espérance! Le lendemain, on revenait de même pour la voir encore déçue. Un jour, après une longue privation, je me trouvais à la porte de la prison, attendant comme toutes les autres, et la première en tête, qu'il nous fût permis d'entrer. Les sentinelles avaient croisé leurs fusils pour nous barrer le passage, lorsque l'impatience et l'agitation d'une foule désireuse d'obtenir ce qu'elle attend, produisirent un mouvement qui força la barrière. Le flot me pressa violemment contre les fusils et me poussa par delà. Bien avant que les soldats eussent pris des mesures plus efficaces pour nous repousser, je recueillis dans cette affaire quelques coups de poing et beaucoup d'injures. Pauvre balle lancée en avant, sans force et sans volonté, j'étais la plus innocente de toutes et je fus la plus maltraitée. Cependant, profitant de l'aventure et de la confusion qui en fut la suite, je courus au second guichet, puis à la grille. O bonheur! ma tante était dans la cour où les prisonniers avaient eu la permission (1) de des-

---

(1) Ces permissions se donnaient et se reprenaient d'un moment à l'autre, et le lendemain n'était jamais comme la veille. Quelquefois nous trouvions les prisonniers dans la cour, res-

cendre. Je la vis, j'allais lui parler et oublier toutes les infortunes de cette journée, lorsque le geôlier, attiré par le bruit, mécontent du désordre, vint au secours de ses guichetiers. Je fus rudement renvoyée. Jamais encore je n'avais échoué si près du port. La douleur se peignit dans les yeux de ma tante; elle put la voir dans les miens comme elle était dans mon cœur. Je repassai cette funeste porte, et tous les coups que j'y avais reçus me semblèrent tomber de nouveau sur moi.

La boue que l'on accumulait à dessein devant la prison y produisait une humidité très-malsaine. Souvent nous passions quatre ou cinq heures les pieds dans ce cloaque. Bien des femmes en tombèrent malades. Tenant beaucoup à conserver ma santé pour ne pas manquer à un service si cher, je me procurais des sabots fourrés, dont l'épaisse semelle de bois tenait mes pieds secs, mais rendait la marche très-pénible. Un soir que je revenais plus tard qu'à l'ordinaire, le gardien me dit d'un air empressé, en m'ouvrant la porte : « Votre nourrice vient de venir; elle vous a longtemps attendue. — Ma nourrice! mais elle est... J'allais dire morte; je m'arrête... — Ici, reprend-il; une citoyenne va dans le pays où est votre sœur malade, et demande vos commissions pour elle. — Et où est-elle? demandai-je bien vite, reconnaissant qu'il y avait un mystère dans cette visite. — Mais si vous

---

pirant l'air avec les forçats, liberté qui coûta un jour à ma tante son portefeuille, qui lui fut enlevé par l'un d'eux.

courez vite de ce côté, vous pourrez peut-être la rejoindre : elle a un corset rouge, une robe bleue ; sa petite fille est sur un âne. » J'étais au bas de l'escalier qu'il parlait encore. Je ne comprenais pas trop cette histoire, mais j'allais toujours. Cantat me suit, et le vieux Forêt nous laissa partir sans faire de réflexions sur cette nourrice lyonnaise. J'aperçus bientôt le corset rouge, la jupe bleue, l'âne et la petite fille ; pressant le pas, je l'atteignis promptement. Après s'être assurée que c'était bien moi, cette paysanne m'apprit que mon père était caché chez elle ; qu'il était sur le point de tenter de sortir de France, et qu'avant d'entreprendre ce dangereux voyage, il désirait me revoir et par moi savoir des nouvelles de ma tante (1) ; qu'enfin elle était venue uniquement pour me chercher.

Cet ordre de mon père était doux et cruel. Partagée entre deux devoirs aussi sacrés l'un que l'autre, je ne pouvais me résoudre à m'éloigner de ma tante, à la priver de son unique consolation ; d'un autre côté, c'était peut-être la dernière fois que je verrais mon père, et peut-être aussi avait-il des secrets à me confier. Je me résolus donc à partir, et, recommandant ma tante aux soins de Cantat, je la priai de tâcher

---

(1) Mon père, privé depuis longtemps de toute relation avec nous, ignorait l'incarcération de sa sœur, et ne demandait que moi parce qu'il connaissait sa difficulté à marcher. D'après la volonté expresse de ma tante, il ignora qu'elle eût été arrêtée à sa place. Du reste, en se livrant, il ne l'eût point sauvée, et je les eus pleurés tous deux.

de pénétrer jusqu'à elle pour lui dire que le plus puissant motif de mon départ était de lui rapporter bientôt des nouvelles sûres de mon père, et lui faisant mes adieux, je suivis mon inconnue sans savoir où j'allais.

Je m'étais gardée de faire la moindre question sur ce sujet, en présence de la femme de chambre; ce ne fut qu'après qu'elle nous eut quittés, que j'appris que nous allions à Fontaine, beau village au bord de la Saône, à huit kilomètres de Lyon; nous n'en suivîmes pas les rives et prîmes le chemin de la Croix-Rousse. La petite Driette (1) m'avait fait les honneurs de sa monture; mais sa lassitude, que je remarquai bien vite, m'empêcha d'en profiter. L'obscurité, la pluie et ma lourde chaussure me rendirent cette course très-pénible. Le chemin très-raboteux m'était inconnu; nous allions fort lentement, et l'impatience de mon cœur s'accroissait de tous ces obstacles. Ce village, où nous arrivâmes fort tard, me paraissait au bout du monde. Enfin nous touchons au but, j'entrevois des maisons, nous traversons des rues, l'âne s'arrête. « C'est ici, me dit la bonne femme; vous allez revoir votre père. » Nous entrons : il n'était point en bas. « Montez à la chambre haute, me dit-on, vous l'y trouverez. » Je monte à cette chambre haute : quel tableau s'offre à mes regards! que ne puis-je le peindre! Il me retint immobile et muette de surprise à la porte.

Une jeune et jolie paysanne, le dos appuyé contre

---

(1) Diminutif de Dorothée.

une table, soutenait dans ses bras une femme dans tout l'éclat de la jeunesse et de la beauté, qui semblait s'être élancée hors de son lit dans l'instant même. De sa belle tête penchée en arrière et appuyée sur le bras de la jeune fille, de longs cheveux noirs, épars, tombaient jusqu'à terre; de vives couleurs animaient son teint : c'était le dernier effort d'une vie qui se brise. Ses beaux yeux ne fixaient plus rien. Madeleine, ainsi se nommait la jolie paysanne, Madeleine pleurait. Elle l'aimait, elle la voyait expirer, et pouvait à peine supporter ce précieux fardeau. Un vieux paysan, debout devant ces deux femmes, tenait un bassin d'eau; une lampe placée à terre éclairait parfaitement ce groupe si touchant, ce groupe que tant d'événements avaient formé de personnes si étrangères les unes aux autres !

Ce vieux paysan était mon père. Mon émotion avait en quelque sorte arrêté ma vie, et suspendait ma joie de le revoir. Ma conductrice, que j'entendis nommer la mère Chozières, vint prendre sa place près de la malade, et, lui faisant remarquer combien j'étais lasse et mouillée, l'engagea à descendre avec moi. J'allai m'établir près d'un bon feu, à côté de mon père, et nous causâmes avant tout de ma tante. Il voulait tout savoir, et moi j'étais désireuse de connaître ce qui lui était arrivé. Notre courte séparation fournissait matière à de longs récits. Notre douce causerie dura longtemps. Les femmes enfin revinrent d'auprès de la malade qui dormait, et s'occupèrent du souper, ce qui conduisit assez avant dans la nuit; puis on pensa à se coucher. Cette grande question, assez difficile à résoudre, fut mise en délibération; il y avait plus de gens que de lits. Je voulais passer la nuit au coin du feu, mon père n'y voulut pas consentir; il fut décidé que je remonterais dans la chambre de mademoiselle de Sauriac, c'était la malade, où j'occuperais le lit que Madeleine y partageait avec sa petite sœur. Celle-ci eut un sac de feuilles sèches pour couchette. Les bonnes gens, qui ne se couchèrent pas, forcèrent mon père à se jeter sur leur lit, et je me rendis dans la chambre où je devais reposer.

Je trouvai mademoiselle de Sauriac couchée par terre; on y avait fait son lit dans la crainte que de nouvelles convulsions ne l'exposassent à tomber de plus haut. J'entrai sans bruit pour ne point l'éveiller. Un jeune étranger, que l'on nommait M. Alexandre, monta en même temps que moi, devant traverser la chambre pour se rendre dans un petit cabinet séparé par une seule cloison. Il s'arrête près du brasier qu'on y avait placé pour moi, et regardant la malade couchée sur le côté, et dont on n'apercevait pas la figure, il me dit : « Elle va mourir cette nuit, je le vois; que ne puis-je aller coucher ailleurs! Je ne puis supporter l'idée de ces gémissements, de ce bruit que j'entendrai. Je n'aime pas la mort : oh! non, je n'aime pas la mort! — Que craignez-vous? lui répondis-je. Je couche à votre porte, je vous garderai. » Il rentra chez lui. Je me couchai le plus doucement possible pour ne pas réveiller ma compagne, dont la tête touchait presque à mon lit. A peine fus-je tranquille, que les bonnes paysannes, me croyant endormie, étendirent doucement un mouchoir sur ma tête, placèrent une lampe près de mademoiselle de Sauriac, et se mirent à réciter à voix basse les prières des morts. Je compris alors de quel sommeil elle dormait.

La bonne mère Chozières avait craint de m'effrayer en me disant la vérité; le mouchoir étendu sur ma tête devait me cacher ce triste spectacle, et supposant que la fatigue rendrait mon sommeil profond, leur piété ne put retarder plus longtemps le tribut de leurs prières à celle qu'elles perdaient, qu'elles avaient aimée. Après avoir prié avec ferveur, elles se levèrent et sortirent doucement.

Je ne puis cacher que je fus fort émue de me voir si près de la mort et seule avec elle. Le silence, la faible lueur de la lampe, le frémissement involontaire de la nature à l'aspect de sa destruction, cette profonde solitude, tout pénétrait mon âme d'une sainte terreur. Les craintes de M. Alexandre me revenaient à l'esprit. Il avait redouté le bruit, et déjà un éternel silence reposait sur cette femme malheureuse. J'étais comme étonnée de cette mort muette. Tous les jours j'entendais retentir ses coups avec éclat. Hélas! pensais-je, ses victimes périssent sous un glaive terrible; des cris forcenés viennent m'apprendre, vers le milieu du jour, le nombre des têtes innocentes qui tombent sous la faux républicaine; à trois heures, la mitraille retentissante mutile les malheureux destinés à souffrir davantage; beaucoup respirent encore lorsqu'on les entasse dans la tombe! Je devrais être familiarisée avec la mort, et elle m'étonne! Là, dans cet asile tranquille où j'aurais cru qu'on ne pouvait mourir, elle s'est approchée en silence et dans l'obscurité. Oh! combien cette mort est pleine d'un saint mystère! Que je suis près et loin de cette jeune personne déjà savante, déjà au delà des maux de la vie! Et j'étais pénétrée devant elle d'un religieux respect. C'est au milieu de ces graves méditations que je m'endormis. Pendant la nuit je me réveillai, croyant avoir entendu remuer mademoiselle de Sauriac. Je l'espérais! Vaincue par la fatigue, je me rendormis bientôt, et, vers sept heures, me réveillant encore, je me levai promptement sans faire de bruit, veillant sur mes mouvements pour ne pas la toucher, comme si j'avais pu troubler son repos, et, marchant sur la pointe du pied, retenant ma respiration, je sortis de ce tombeau... Je ne sais si j'y dormirais encore. Mon esprit alors était familiarisé avec la mort; l'habitude de la voir lui ôtait une partie de la terreur qu'elle répand dans les âmes; on enviait même ceux qu'un trépas paisible et ignoré dispensait de jouer un rôle sur le sanglant théâtre des exécutions.

Cette pauvre jeune personne, âgée de vingt-deux ans, avait encore des frères. Ah! sans doute ils l'auront regrettée. Elle est morte loin de ses parents, loin de tout ce qu'elle avait aimé. Une saignée l'eût sauvée peut-être; mais chez ces bons paysans, pouvait-on espérer de prompts secours? ne sait-on pas comment ils se traitent? Madeleine, leur fille, n'avait que ses larmes : elle aimait tendrement mademoiselle de Sauriac, et voici ce qu'elle m'a dit de son histoire :

Au commencement de la Révolution, mademoiselle de Sauriac (1) habitait, avec ses parents, un château situé en Auvergne. Une troupe de paysans révoltés s'y porta, l'enleva à sa famille et la traîna jusqu'au château d'un de ses oncles, où, par un raffinement de cruauté, ces brigands la forcèrent à y mettre le feu elle-même. Ils la ramenèrent ensuite à ses parents, mais elle avait perdu la raison et ne la retrouva plus. Cette scène affreuse avait fait sur elle une impression terrible et ineffaçable. Ayant vainement tenté sa guérison, on l'envoya à Lyon, où elle fut placée à l'hôpital, dont les médecins avaient une grande réputation. Elle y fut logée dans un joli appartement, et pendant deux ans les soins les plus assidus lui furent prodigués. Il ne lui resta de son état qu'une mémoire faible. Elle redevint douce et bonne. Ce fut alors que les médecins désirèrent lui faire respirer l'air de la campagne, et qu'un heureux hasard leur fit connaître Madeleine, paysanne au-dessus de son état par ses manières, et distinguée de tout ce qui l'entourait parce que la noblesse de son âme imprimait son élévation à toute sa personne. Mademoiselle de Sauriac se sentit attirée vers elle ; on trouva donc heureux de la placer près de cette intéressante paysanne, et elle fut mise en pension chez la mère Chozières.

La terreur planant sur toutes les têtes, on n'entendit plus parler des personnes qui avaient ainsi disposé de

---

(1) Je ne sais si ce nom est vraiment le sien ; c'est du moins celui sous lequel nos bons paysans la connaissaient.

cette infortunée. Il est à croire que sa famille éprouva des malheurs qui la forcèrent à confier un être aussi touchant à des étrangers, à des paysans qui, il est vrai, ne demandèrent pas une pension considérable, mais qui, malgré tous leurs efforts, ne pouvaient lui donner les soins auxquels elle était habituée, et ceux qu'exigeait son état. Bientôt elle ne reçut plus des nouvelles des siens et mourut, en quelque sorte abandonnée, dans les bras de l'étrangère devenue son amie.

Quelquefois elle parlait à Madeleine des jours de son enfance; sa mémoire affaiblie pour tout le reste redevenait forte et active; ces doux souvenirs y étaient gravés en traits éclatants, et son cœur y retrouvait les objets de sa vive tendresse. D'une voix attendrie et touchante, elle racontait le bonheur de ses premières années, son amour pour son père et sa mère, l'amitié de ses frères pour elle, leurs jeux, leur tristesse, les courts chagrins d'alors. « Rappelle-toi ce que je te dis, Madeleine; tu dois être ma mémoire. J'en ai si peu! souvent je n'en ai plus! Mes frères ne m'oublieront pas comme les autres m'oublient. Ah! s'ils étaient en France, ils viendraient me chercher, et bientôt avec eux je reverrais la maison paternelle. Il est grand, ce château! Tu viendras, tu seras heureuse, tu ne me quitteras plus. Mes frères! mes frères! ils reviendront! ils vont venir... » Et le regard tourné vers la porte, elle n'interrompait ses douces plaintes que pour les attendre, les écouter venir, en respirant à peine. Chaque jour elle les attendait de même, jamais ils n'arrivèrent. Peut-être ignorèrent-ils et la retraite et les derniers moments de leur sœur; peut-être aussi a-t-elle été les rejoindre.

Cet événement attira des étrangers dans la maison et força encore mon père à s'en éloigner. Je fus appelée en témoignage de la mort de mademoiselle de Sauriac; mais heureusement j'étais trop jeune pour servir de témoin, ce qui me dispensa de commettre un faux, obligée, dans ce cas, de donner un nom supposé, passant, chez la mère Chozières, pour un des neuf enfants qu'elle avait nourris; la misère du temps y rendait ma venue naturelle et me dispensait de me cacher. Quant à mon père, dès que l'on soupçonnait une visite domiciliaire dans le village, il s'échappait par le jardin, et, suivant un petit sentier écarté qui le conduisait hors du département du Rhône, il allait chez le meunier qui déjà lui avait sauvé la vie, attendre que le danger fût passé. Aussitôt il revenait à Fontaine, chez la mère Chozières, dont la maison étant plus grande que celle du brave meunier, sa présence n'y causait pas la même gêne.

CHAPITRE DIXIÈME

La prière dans l'étable. — Caractère du père Chozières. — Vertus de sa femme et de Madeleine sa fille. — Séjour de mon père et de quelques émigrés à Fontaine. — Leur départ. — Je reviens à Lyon près de ma tante. — Suite de mes visites à la prison et scènes qui s'y passent.

Une fois qu'il fut reconnu que j'étais chez ma nourrice, j'eus moins de précautions à prendre, et j'obtins sans peine d'assister à la veillée, chose que je désirais beaucoup. Les femmes les plus pieuses du voisinage se réunissaient, vers sept ou huit heures du soir, dans l'étable de la mère Chozières, où l'on avait eu soin de mettre de la paille fraîche. Elles apportaient leurs quenouilles, leurs tricots, quelques-unes avaient des escabeaux, d'autres s'agenouillaient sur la paille. Une lampe suspendue à une poutre marquait le centre de l'assemblée; la mère Chozières, assise sur une chaise élevée, semblait la présider. Après avoir fini sa tâche et causé pieusement, elle lisait la vie d'un saint, et vers minuit terminait la veillée par la prière; toutes les paysannes, à genoux comme elle, s'y unissaient avec ferveur.

Ce tableau touchant ne s'effacera jamais de ma mémoire. Cette simplicité patriarcale frappe encore mon esprit et repose mon cœur. Que ne dois-je pas à la Providence qui, dans un temps où, livrée à l'abandon, je n'entendais plus parler de Dieu et ne le voyais plus servir, me fit trouver dans une étable son culte si doux, si pur, si consolant; où la religion me parut si imposante; où sa voix me révéla tant de bonheur! Oh! combien j'avais besoin d'être consolée! Je ne connaissais pas moi-même, ô mon Dieu, la grandeur de vos bienfaits! Ce rayon divin m'apparut alors pour relever mon courage et guider ma jeunesse. Vous aviez mis ces pieuses femmes sur ma route pour répandre et affermir dans mon âme votre amour, votre espérance, votre foi. Ignorant leur pouvoir, elles accomplissaient l'œuvre de chaque jour dans la simplicité de leur cœur, et portaient la lumière dans le mien. Je passai huit jours dans cette maison bénie du Seigneur, où des gens faibles et pauvres mettaient tous leurs soins à consoler l'infortune et à soulager la misère de ceux qui avaient été puissants ou riches; souvent ils y réussirent.

Madeleine avait un esprit fort au-dessus de son sexe et de son état. Son extérieur gracieux, souvent timide; sa figure riante et douce, cachaient un caractère ferme et décidé; son génie se développait avec les difficultés, et ne reculait devant aucun obstacle. Maîtresse de tous les secrets, c'était d'après ses avis que les personnes cachées chez ses parents dirigeaient leurs démarches. Douée d'un tact exquis et de la prudence de l'âge mûr, elle marquait elle-même jusqu'à quel point on devait se fier à son père, connaissant ce que son esprit craintif et borné pouvait supporter et comprendre.

Le caractère de cet homme nous causait de continuelles inquiétudes. Naturellement honnête et bon, il donnait volontiers un asile aux proscrits; mais ivrogne et poltron, son courage chancelait dès qu'il avait bu. Il s'échappait à la sourdine pour aller au cabaret. Là, il entendait les discours les plus révolutionnaires. On le raillait de son obéissance envers une femme aristocrate et dévote, on l'effrayait des dangers qu'elle lui faisait courir, on l'engageait enfin à braver son pouvoir. La tête bien montée, décidé à parler en maître, il revenait annoncer à sa femme que, désormais lui seul donnant des ordres chez lui, il chasserait tous ces inconnus pour lesquels il ne voulait plus s'exposer.

La pauvre femme, ou se taisait, ou cherchait à le calmer par la douceur de ses paroles et par un sourire dont je ne saurais faire comprendre la bonté. Puis, lorsqu'elle jugeait sa raison assez rétablie pour écouter la vérité, elle lui représentait sévèrement la nécessité de faire son devoir. « Vous voilà déjà puni d'avoir été au cabaret, disait-elle; vous en revenez méchant comme ceux que vous y avez vus. Pourquoi trouvez-vous maintenant plus de raisons que vous n'en trouviez hier pour chasser ces malheureux étrangers? C'est que hier vous obéissiez à Dieu, et que aujourd'hui vous avez fréquenté des impies. C'est votre bon cœur qui a reçu ces pauvres gens, c'est vous qui avez voulu leur faire du bien; pourquoi voulez-vous cesser d'être bon? Prenez courage, le Seigneur voit ce que vous faites, il vous préservera de la main des méchants, si vous n'abandonnez pas la bonne route. »

Le père Chozières, après avoir résisté quelque temps,

finissait ordinairement par se rendre aux raisons de cette bonne femme; mais l'instabilité de son esprit nous ôtait le peu de sécurité dont nous jouissions. Je laisse à penser le trouble que de pareilles scènes jetaient dans le cœur des infortunés qui s'y trouvaient présents et pouvaient en être la victime. Il revint un jour plus agité que de coutume : il était visible qu'il se préparait à une explication importante, et nous attendions avec anxiété la nouvelle qu'il allait nous apprendre. « Ma femme, dit-il sèchement, on vient de publier qu'il n'y a plus de dimanche, ce n'est plus une fête; c'est la décade (1) qui est fête. Je travaillerai le dimanche, et le jour de la décade je mettrai ma chemise blanche. » Je ne pourrais dire de quel étonnement la mère Chozières fut saisie; elle garda le silence, et, passant bientôt à une sainte colère, elle lu reprocha vivement et sérieusement sa lâcheté. « Ains donc, vous craignez plus les hommes que Dieu! vous rougissez de votre religion! Ne savez-vous pas que Dieu a créé le monde en six jours? Le dimanche est le saint jour de son repos, et vous ne voulez pas l'honorer! Je ne connais pas cette décade, cette fête des hommes; je ne connais que la fête du Seigneur. Tant que vous serez avec moi, je ne souffrirai pas cette faiblesse. Vous mettrez votre chemise blanche et vos beaux habits le dimanche, et vous ne travaillerez

---

(1) Le dixième jour de la décade était *décadi*, et plus exactement on devrait le nommer *décadi*; mais je laisse à ces bonnes gens leur langage comme le plus vrai, parce qu'ils parlaient ainsi.

point. Je vous répète que je ne veux pas d'un homme qui a honte de son Dieu. Ou moi, ou les méchants ; choisissez. » Le vieux Chozières, trop irrité ou trop embarrassé pour répondre, rapproche sa chaise de la cheminée, se met à tisonner le feu en grondant, n'osant lever les yeux ni parler à personne. Puis il s'en alla à sa boutique reprendre son alêne et faire ses souliers. L'orage s'apaisait jusqu'à ce que de mauvais conseils amenassent une nouvelle bourrasque et lui fissent concevoir de nouvelles alarmes, qu'il ne nous faisait que trop partager.

Madeleine était l'âme de cette maison. Élevée par la force de son esprit au-dessus de tout ce qui l'entourait, bonne et pieuse comme sa mère, elle avait de plus un génie actif et entreprenant. Elle ne se bornait pas à plaindre les malheureux, à leur donner du pain ; elle cherchait à les sauver. Elle se fût sacrifiée sans balancer pour y parvenir. Ses sentiments étaient nobles et généreux, son jugement était plein de justesse, son coup d'œil sûr ; elle savait prendre sur-le-champ le parti convenable aux circonstances et aux gens auxquels elle avait affaire, cachant de son secret ou de son plan tout ce qui eût été au-dessus de leur courage, en même temps quelle laissait apercevoir tout ce qui pouvait exciter leur zèle. Madeleine était une apparition rare sur la terre, et ma reconnaissance trouve de la douceur à rendre à ses vertus l'hommage qui leur est dû. Sa vie fut courte et rapide ; mais elle a su remplir sa matinée des œuvres d'une journée entière. Appelée bientôt à rendre compte de l'emploi de son temps, que de bonnes et grandes actions se sont trouvées pressées, entassées dans ces courts instants! Que de richesses l'ont suivie aux pieds de son juge suprême! Modeste et simple, elle a passé sur la terre comme la violette qui répand autour d'elle un parfum qu'elle ignore. Peu de personnes ont découvert sa retraite, mais aucune d'elles n'oubliera la suavité de son odeur.

La mort de mademoiselle de Sauriac avait déchiré le cœur de Madeleine; elle s'était sincèrement attachée à cet être infortuné dont elle devint l'unique amie et la seule ressource. Cette jeune personne fut le centre des occupations, des soins, du cœur de Madeleine. Elles se devinrent si nécessaires l'une à l'autre qu'elles ne pouvaient se quitter un seul instant. Quoique mademoiselle de Sauriac n'eût pas entièrement recouvré sa raison, et que sa mémoire fût restée faible, elle n'en avait pas moins conservé l'habitude de s'exprimer comme une personne bien élevée. Sa conversation, en familiarisant Madeleine avec des expressions choisies, avait poli son langage, sans en altérer la noble simplicité.

Un jeune Allemand, qui possédait une manufacture d'indiennes dans le village, contribua aussi au développement de l'esprit de Madeleine; ayant désiré l'épouser, il avait peu à peu cherché à l'élever jusqu'au rang qu'il occupait, en lui faisant part de l'instruction qui lui devenait nécessaire dans un état bien au-dessus de ce qu'elle pouvait espérer. Elle s'attacha vivement à l'homme estimable qui, en appréciant son cœur, avait étendu ses connaissances et cultivé son esprit. Elle se livrait au bonheur qu'une intimité aussi vertueuse pouvait lui faire goûter, lorsqu'elle dut en faire le sacrifice. Beaucoup de prétendants se présentèrent ensuite; elle les refusa tous. Son esprit avait reçu une culture trop délicate pour se contenter facilement de la rusticité de ses égaux, n'étant ni comprise ni appréciée par eux. Les personnes réfugiées chez son père contribuèrent encore à nourrir cette délicatesse. La douceur de leurs manières et de leur langage allait mieux à ses sentiments et à ses goûts.

Quelques mois avant que je connusse cette honnête famille, on lui amena un mendiant qui demandait un asile pour la nuit seulement; aucun des voisins ne pouvait le loger, et sachant la bienfaisance de la mère Chozières, on eut recours à elle. Cependant, son premier mot fut un refus; puis, se reprenant : « Il se fait tard, dit-elle; le pauvre homme coucherait donc dans la rue ! Eh bien, qu'il vienne; pour une nuit, Pierre couchera au fenil. » Pierre était un imbécile qu'elle logeait par charité, et qui couchait dans l'étable. Le mendiant attendait à la porte; on le fait entrer. Il était fort mal vêtu et portait deux pigeons dans un panier. La mère Chozières le fait asseoir, puis l'examinant : « Oh ! oh ! pensa-t-elle, le lit de Pierre n'ira pas. » Elle lui en fit préparer un autre dans un cabinet, près de ce qu'on appelait la chambre haute, et lui donna un bon souper. L'étranger était fort las; il venait de loin, il allait loin; voilà tout ce qu'on sut et tout ce que l'hospitalité permettait de demander. On lui souhaita donc une bonne nuit. « Ce sera quelque malheureux proscrit, dit la mère en soupirant; ce n'est pas un paysan. — Il partira demain, j'espère, ajouta le mari; puis, par réflexion : Le pauvre homme! — Oh! reprit Madeleine d'un ton suppliant, s'il est fatigué? — Oh! s'il est bien fatigué, on ne peut le mettre à la porte, repartit brusquement son père; ça serait trop dur; il se reposera ici trois ou quatre jours. » Le lendemain, l'étranger ne parut point reposé; il accepta l'offre de rester encore. Sa triste position lui faisait sentir tout le prix de l'asile qu'il avait trouvé chez ces braves gens; il employa ce court espace de temps à étudier leur caractère, et la physionomie ainsi que les manières de Madeleine lui ayant inspiré une juste confiance, il lui raconta son histoire en lui demandant conseil et secours. Voici cette histoire. Il avait servi parmi les Vendéens; il fut pris et envoyé comme espion à ceux qui devaient le juger et le condamner comme tel. Une pareille procédure est fort courte. Deux gendarmes l'escortaient. Notre étranger se soutenait à peine, et témoigna le désir d'entrer dans une espèce de cabaret qui se trouvait sur sa route pour s'y reposer; ses gardes lui accordèrent cette faveur, et lui permirent de prendre un peu de vin pour réparer ses forces. M. Alexandre (car c'était lui) eut longtemps soif, et finit par enivrer le plus âgé des gendarmes, qu'il eut le bonheur de voir tomber sous la table. Le plus jeune tenait bon et buvait peu; le malheureux prisonnier le remarquait avec inquiétude. Le jeune soldat l'en tira bientôt. « Monsieur, lui dit-il, lorsqu'il vit son camarade décidément privé de raison et dormant profondément, je vois où vous en voulez venir. Rassurez-vous, je ne m'y opposerai point, et même je veux contribuer à votre fuite; comptez sur moi et attendez mon retour. » Il revint bientôt avec de mauvais habits de paysan, un panier et deux pigeons. « Tenez, monsieur, habillez-vous promptement. Avec ces pigeons, vous aurez toujours l'air de venir du voisinage. » M. Alexandre passa de la mort à la vie. Le danger ne lui permit pas d'exprimer longuement sa reconnaissance. Ah! le plus heureux n'était pas celui qui recevait la vie.

Les pigeons furent en effet sa sauvegarde. Il avait l'air de venir du marché voisin, il suivait peu les routes fréquentées, ne s'approchait que des chaumières écartées et solitaires, pour y mendier sa nourriture et celle de ses protecteurs. C'est ainsi qu'il parvint jusqu'à Fontaine, où je le connus. Il voulait aller à Lyon, où son père et ses sœurs s'étaient réfugiés; mais le siége venait de finir. De toutes parts on ramenait des Lyonnais fugitifs; on les traquait comme des bêtes fauves, pour les livrer à l'exécuteur. M. Alexandre, se voyant entouré de nouveaux dangers, n'osait pénétrer dans la ville et ne pouvait plus fuir; ne sachant que devenir, il s'en ouvrit à Madeleine. « Où aller? que faire? lui demanda-t-il. — Mon père, lui répondit-elle, veut bien vous garder quelques jours; profitez-en pour lui plaire, ne lui dites point que vous êtes un émigré; parlez-lui seulement de votre père dont vous ignorez le sort. Il est peut-être en prison; vous ne pouvez donc vous rendre à Lyon sans le compromettre et vous exposer; le mien vous permettra d'attendre ici de ses nouvelles, et je me charge d'aller les chercher. N'avez-vous pas de papiers? — Oui, mais ils sont faux; je les ai faits moi-même. — C'est égal, donnez toujours, cela tranquillisera mon père qui n'y connaîtra rien; bien plus, je m'engage à les faire viser comme bons. » Elle porte aussitôt le passe-port de M. Alexandre à son père. Le bonhomme, rassuré à cette vue, atteste que le passe-port une fois visé, il ne voit pas du tout d'inconvénient à le garder chez lui. C'était un grand point de gagné.

Madeleine court aussitôt chez Simon Morel (je crois du moins qu'il s'appelait ainsi), procureur de la commune. C'était un très-honnête homme qui depuis longtemps brûlait pour elle d'un amour tendre et constant; et quoiqu'elle n'y eût répondu que par des rigueurs, elle ne craignit pas de s'adresser à cet ancien amant, et de lui confier entièrement le but de sa visite ainsi que l'importance du service qu'elle en attendait. Simon résista quelque temps; cependant, comme tout autre moyen de plaire lui était refusé, il finit par se trouver heureux de lui être utile, promit de viser le passe-port et d'y faire ajouter les signatures qui y étaient nécessaires. La chose réussit, et M. Alexandre fut installé dans cet humble asile de la bienfaisance, sans danger pour personne.

Peu après, la commune voulut faire construire une fontaine qui devait avoir une certaine élégance; mais aucun de ses membres ne savait dessiner. Madeleine engage M. Alexandre à en faire un plan, et le porte à Morel; il plaît, on l'adopte. Elle retourne aussitôt chez son ancien adorateur, lui vante les talents de l'étranger. « Aucun de vous, dit-elle, n'a une belle écriture; votre secrétaire est parti, prenez-le à sa place, vous aurez sa plume et son habileté à vos ordres, et les affaires de la commune en iront plus vite. » Le bon Morel, enchanté de cette idée, la donne comme venant de lui; on l'agrée, et voilà le soldat vendéen secrétaire de la commune républicaine de Fontaine. Le grand avantage de cette place était de lui donner un domicile, et qu'au bout de trois mois on ne pouvait lui refuser un passe-port.

Cette affaire arrangée, Madeleine se rendit à Lyon pour y découvrir la famille de M. Alexandre; ses sœurs travaillaient pour vivre, son père gémissait en prison. Grâce aux soins de cette généreuse paysanne, quelques secours pénétrèrent jusqu'à lui, et en lui apprenant que son fils existait encore, elle fit luire à ses yeux le dernier rayon de bonheur qui devait l'éclairer sur la terre (1). Des consolations de toute espèce émanaient de l'âme élevée de cette noble fille, qui semblait ne pouvoir vivre que du bien qu'elle répandait autour d'elle. Ce fut alors que je connus M. Alexandre. C'est lui, c'est le soldat courageux qui, après avoir bravé tant de périls et vu la mort de si près, tremblait devant le paisible trépas d'une femme.

Dans des réunions nocturnes, on discutait sur le

---

(1) Il fut exécuté peu de jours après.

moyen de se sauver. On en prit un dangereux. S'ils s'en étaient tenus à de simples passe-ports, ils eussent couru moins de risques; mais ils voulurent mieux et se perdirent. On imagina de faire une délibération de la commune qui nommait quatre commissaires pour aller dans un château situé sur la frontière du département de l'Ain et de la Suisse, avec l'ordre d'en visiter les archives qui devaient contenir des papiers importants à la commune de Fontaine. On espérait que cette effronterie passerait pour la vérité. Il en fut autrement.

Du reste, les passe-ports étaient plus vrais que beaucoup d'autres. M. Alexandre, le secrétaire, les écrivait; le brave Morel, procureur de la commune, y apposait le cachet. Tous les deux y mettaient leurs signatures; on imitait les autres. Dieu sait de quel cœur j'ai mis mes soins à atteindre la parfaite imitation de celles qui m'étaient confiées. Nombre de passe-ports furent ainsi fabriqués par nos mains. Madeleine allait au loin les porter elle-même, s'exposant à tout pour être utile. Elle ne s'en tint pas à ce seul moyen. Ayant aperçu un jeune paysan dont les traits avaient du rapport avec un de nos proscrits qui n'osait trop se fier aux passe-ports de fabrique, elle alla le trouver, le gagna, et bientôt des affaires pressantes l'appelèrent dans le département voisin où il avait des parents. Il prit un passe-port pour s'y rendre. Deux jours après, le tambour du lieu annonce qu'il l'a perdu avec son portefeuille qui contenait en outre une forte somme en assignats. Une récompense est promise à qui le trouvera. Notre homme, affligé de cette double perte, tombe grièvement malade et se met au lit, pendant que son Sosie gagne au large.

M. Bourdin, négociant caché chez la sœur de Madeleine, M. Alexandre, mon père et Charmet, jeune paysan qui ne voulait pas servir la république, étaient les prétendus commissaires qui voulaient gagner la Suisse. Les préparatifs de leur départ exigèrent quelques jours. Partir ou rester, tout était danger pour eux. La maison était fort petite, et pour ne point éveiller les soupçons, il ne fallait rien changer à la manière d'y vivre. Les portes en restaient ouvertes comme à l'ordinaire avec une sécurité apparente. A chaque instant on pouvait être surpris. Qu'y avait-il donc entre eux et le péril ? Une petite fille de neuf ans, Driette (1); la petite Driette, sentinelle avancée, prévenait les surprises et mettait l'alarme au camp. Driette, comme la nommait sa mère si tendrement, légère comme un oiseau, en avait le regard fin et perçant. Alerte et joyeuse, elle semblait jouer toujours, et cependant sa vigilance n'était jamais en défaut. Elle connaissait tous les secrets ; de sa discrétion dépendait la vie de beaucoup de personnes. Douée d'une sagacité au-dessus de son âge, elle raisonnait, prévoyait avec une prudence pleine de maturité. Ces qualités étaient d'autant plus précieuses que très-souvent il n'était pas possible de l'instruire d'avance de ce qu'elle avait à faire, ni de se concerter avec elle sur des faits qui naissaient inopinément, et cependant il fallait agir d'accord.

(1) Dorothée.

Je me rappelle-qu'un jour le maire arriva si vite que Driette n'eut que le temps d'accourir. « Le maire vient, maman ; il est là. » Mon père était en bas, il n'y avait qu'une porte, pas moyen de fuir. Il se jeta dans la ruelle du lit, dont le rideau était toujours tiré à cette intention ; quand je ne vis entre lui et sa perte que ce faible rempart, ma respiration s'arrêta. Un regard qui plonge au fond de cette chambre, et il est perdu. La mère Chozières, sans quitter son air calme et serein, va au-devant du maire, le fait asseoir près du feu, s'approche de lui et cause avec intérêt de ce qui le touche, s'approche encore plus, s'appuie sur le dos de sa chaise, se penche sur son épaule, et, pleine de la sécurité que lui inspirait sa bonne action, s'informe avec empressement de sa santé, de celle de sa femme, de ses affaires, de ses plaisirs. Elle lui cache la moitié de la chambre. Je me joins à elle pour faire ombre, et pendant qu'elle continue son discours d'une voix haute, mon père, qu'un signe de Driette avertit, traverse la chambre sur la pointe des pieds. Il franchit la porte, et je respire ! La petite fille chantait. A peine le sut-elle sorti, que la mère Chozières se relevant sans affectation, causant toujours avec aisance, laisse voir toute la chambre au maire importun qui se retourne et promène partout des regards scrutateurs. Il était visible qu'il avait cru surprendre et voulu s'assurer par lui-même de la vérité des soupçons qui commençaient à se répandre sur ces braves gens. Il se leva ; la mère Chozières, en l'accompagnant, trouva moyen de lui faire voir presque toute sa maison. Il est impossible de donner une idée de l'air simple et content avec lequel cette excellente femme lui faisait admirer l'arrangement de ses meubles, et quelle finesse elle cachait sous cette apparente bonhomie. Le maire s'éloigna, croyant bien n'être pas deviné.

Cette visite fit presser le départ projeté; ces journées pleines d'épouvante et de charme s'écoulèrent vite. Heureuse d'être près de mon père, je n'osais jouir sans crainte du plaisir de le voir; d'un instant à l'autre il pouvait être enlevé au milieu de nous; malgré moi, je désirais son éloignement... Et ma tante!... je n'avais pas de ses nouvelles. Elle ignorait où j'étais; que pensait-elle de ma longue absence? quelles devaient être ses inquiétudes pour le seul bien qui lui était resté? Mon cœur se tournait vers elle; puis, attirée vers mon père, je restais encore, afin de lui dire en la serrant dans mes bras : « Il est parti. » Et pourtant, ce départ hâté par nos vœux, ce départ le poussait vers de nouveaux dangers! Mais tous les soirs le canon, qui retentissait jusqu'à Fontaine, lui apprenait la mort de ses amis, de ses frères d'armes! Beaucoup d'entre eux n'étaient point assez heureux pour expirer à l'instant où ils étaient frappés. Les soldats du 9ᵉ de dragons (à ce que je crois) se chargeaient d'achever ce que la mitraille avait laissé à faire; d'autres, entassés dans de vastes fosses, achevaient de mourir sous les morts qui les recouvraient; d'autres enfin terminaient leur vie dans le Rhône où on les précipitait, brisés et mutilés par les balles. Ce bruit affreux, qui se faisait entendre chaque jour, présageait à tous les malheureux cachés autour de Lyon le sort qui les attendait. A ce funeste retentissement, mon père courbait la tête et se disait : « Aujourd'hui ce sont eux ; bientôt, demain peut-être, viendra mon tour ! Ce toit hospitalier pourra-t-il longtemps encore me protéger, me préserver de la foudre? Oh! l'inaction pendant le péril est une chose bien difficile à supporter! »

Tout étant prêt, mon père et ses trois compagnons d'infortune (1) se mirent en route, au milieu de la nuit, pour gagner la frontière. Ce fut une heure bien solennelle. Que de pensées terribles cachées sous cet adieu tranquille avec lequel on se quitta! Pourquoi affaiblir son ami? Et chacun se tait sur sa douleur. Mon père me dit les choses les plus tendres pour sa sœur et s'éloigna. Il paraissait plein de sécurité; comme lui, je voulus faire croire à la mienne. Ah! je craignais trop pour avoir des larmes!

Je partis aussi au point du jour. J'emportai un pain d'une vingtaine de livres, de la viande, des pois, du beurre et des œufs; de tout cela un peu. Ma grande richesse m'empêcha d'aller à pied : je m'embarquai avec Madeleine, j'arrivai par eau à Lyon sans accident, ainsi que mes petites provisions, pour lesquelles je ressentais quelque inquiétude. Je retrouvai tout dans l'état où je l'avais laissé. Cantat me dit qu'elle avait vu plusieurs fois ma tante, et qu'elle se portait bien.

---

(1) M. Alexandre, un nommé Bourdin, marchand de Lyon et Charmet, jeune paysan du village de Fontaine.

J'avais une impatience extrême de la revoir et de lui parler de mon père; je courus à la prison, demeure qui était l'objet de tous mes vœux. Combien de fois n'ai-je pas désiré y être enfermée avec ma tante, malgré la douceur que j'éprouvais à m'occuper d'elle et la sainteté des devoirs que j'étais appelée à remplir! Le poids de mon abandon, de mon isolement affaissait mon cœur, la fatigue épuisait mes forces; les querelles des domestiques, le citoyen Forêt et sa femme me rendaient ma chambre odieuse. La paix me semblait être aux pieds de ma tante, j'y eus si bien dormi!

Les ordres n'étant pas très-rigoureux ce jour-là, mes amis les guichetiers, qui supposaient que j'avais été malade, me firent entrer aussitôt qu'ils le purent, et j'obtins que Madeleine me suivît. Une profonde tristesse se répandit sur sa figure en pénétrant dans la prison, et bientôt l'effroi et le dégoût vinrent s'y peindre, lorsqu'elle se vit entourée de ces criminels au teint hâve, aux regards avides, qui se hâtèrent d'accourir pour nous demander l'aumône. Il est vrai que l'habitude seule pouvait tempérer la répugnance qu'ils inspiraient. Ils étaient malheureux sans doute, mais pour eux, me disais-je, il y a de l'air; pour ma tante innocente, il n'y en a pas.

Enfin toutes les portes sont franchies. Je la revois; elle n'était point changée. Que mon absence lui avait paru longue! Plusieurs fois des envoyés menteurs étaient venus lui annoncer l'arrestation de mon père, espérant apprendre de sa surprise et de sa douleur le lieu qui le recélait. Ce moyen fut très-souvent mis en usage pour arracher les malheureux de l'asile qui les dérobait à la persécution. Nous nous assîmes à côté l'une de l'autre sur son matelas roulé. La chaise qu'elle avait achetée du geôlier fut pour Madeleine, que ma tante accueillit comme une bienfaitrice. Je me trouvais heureuse d'être près de ma seconde mère, d'admirer son courage, de l'entourer de mes regards. Qu'elle me semblait digne de vénération! je ne voyais qu'elle! Pour Madeleine, elle était dans un état de stupidité qui l'empêchait de penser et même de remuer; ses yeux, pleins de larmes qui ne pouvaient couler, se portaient sur les objets sans avoir l'air de les distinguer. Cet ensemble de femmes si différentes entre elles, couchées pêle-mêle sur la paille; ce mélange confus de rang et d'état; ces restes d'opulence au sein de la misère; l'enfance et la vieillesse, la maladie et la santé, la vertu et le vice; tout ce spectacle enfin, qui pour la première fois frappait sa vue, étouffait son cœur.

Sans appétit, je mangeai en affamée, tout en racontant à ma tante ce que j'avais à lui dire; car il ne fallait point sembler affairé. Le bon grain était mêlé d'ivraie, c'est-à-dire d'espions, et l'on était si rapproché, qu'un mot dit à voix basse pouvait avoir son écho. Elle apprit avec un indicible plaisir le départ de mon père. « Cependant, me dit-elle, pourra-t-il échapper aux dangers qu'il rencontrera? et quel que soit son sort, nous l'ignorerons longtemps », ajouta-t-elle en soupirant.

Grâce aux bons Chozières, le dîner était meilleur que de coutume; ce jour-là fut une fête. Madeleine seule ne mangea point. Nous quittâmes ma tante avec regrets, puis elle repartit pour Fontaine et je restai seule... seule! Je n'avais pas une amie! je ne pouvais demander à personne un avis ou une consolation. J'étais seule! J'ai certainement, à cette époque, fait des choses imprudentes, ou du moins que l'on eût qualifiées de ce nom dans un âge plus avancé; mais il est impossible à quatorze ans d'avoir une prudence parfaite. La Providence protégea ma faiblesse et mon ignorance; mon abandon la touchait, aucun conseil sur la terre ne pouvait m'être donné par les hommes, elle me fit son enfant. Je crois avoir déjà dit que M. et madame de Bellecise étaient en arrestation chez eux. Leur gardien ne laissait entrer personne. Il en était de même de madame de Souligné, dont le mari était en prison, et périt peu après. Excepté ces deux familles, je ne connaissais plus personne.

A mon retour de la prison, je retrouvai, pour me reposer des fatigues du jour, les mêmes discussions et les mêmes visages. Le citoyen Forêt, assis au coin de mon feu, ne quittait son fauteuil que pour sa femme qui tenait les dés de la conversation, parlant haut, disant les exécutions, les hauts faits de son fils le municipal, et la parure de sa *fillâtre* (sa bru). Le vieux Forêt s'était approprié les *Heures* de ma tante, dont les gros caractères lui permettaient de se passer de lunettes; j'en étais contrariée, mais je n'osais les reprendre. Il passait une partie de la journée à en lire les prières, ce qui me donna le courage de faire tous les soirs une prière pour la paix. Avant qu'ils se fussent retirés, ma voix en prononçait les mots avec une ferveur qui partait de mon âme; cet homme, joignant les mains, y prenait part de tout son cœur, et même sa méchante femme priait aussi.

Quand je relis cette prière (1), je comprends que Dieu a protégé son enfant. Pour le temps où nous étions, c'était une témérité qui eût pu me faire monter sur l'échafaud, et ce qui aurait été bien plus fâcheux pour moi, aggraver le sort malheureux de ma tante; c'était donc plus qu'une imprudence. Le vieux Forêt, qui écoutait si pieusement cette prière, allait même jusqu'à la demander, heureux de prier Dieu encore! Né pour être bon, il eût été honnête homme sans la faiblesse de son caractère; il craignait son fils, mais bien plus sa propre moitié. La citoyenne Forêt, comme il l'appelait respectueusement, le tyrannisait. Le bonhomme se courbait et obéissait. Un jour, comme je l'ai déjà dit, elle le tourmenta au point de le faire consentir à voir une exécution. Lui qui avait peur de tout me répétait souvent tout bas : « J'en ai eu la fièvre trois jours et trois nuits; longtemps après je n'ai pu fermer l'œil à cause de toutes ces têtes qui me poursuivaient. Comment peut-on aimer ce spectacle! Mais je n'ose le dire à mon fils; il trouve tout cela superbe, et ma femme en est folle. »

---

(1) Dans les *Heures de Noailles;* elles appartenaient à ma tante, je les possède encore.

Je continuai mes visites à la prison, jusqu'à ce que la fatigue, la mauvaise nourriture et l'agitation de mon esprit m'ayant fait tomber malade, je fus obligée de les suspendre. Je n'avais d'autre mal que de manquer des forces nécessaires pour vivre et marcher. Je passai huit jours couchée, dans un épuisement complet. Ma tante, fort inquiète, pria le médecin de la prison de venir me voir; il vint, il me parut doux et compatissant. Sa bienveillance a sans doute été récompensée par Celui qui compte les soupirs du pauvre et les bienfaits modestes qui adoucissent ses maux. Il m'ordonna du repos et quelques fortifiants, puis il retourna tranquilliser ma tante.

Ce fut pendant cette courte maladie que le vieux Forêt reçut une visite de son fils le municipal. Les rideaux de mon lit étaient presque entièrement fermés; cependant, j'aperçus son bonnet rouge, et rien ne m'empêcha d'entendre ses discours, dignes de son bonnet de sang. « Mon père, si tu n'étais pas un bon républicain, disait-il d'une voix brève et sèche, si je te soupçonnais d'être un aristocrate, je te dénoncerais et te ferais guillotiner demain. — Ah! mon fils! mon fils! c'est pourtant bien dur! mon fils, c'est trop dur! — Comment, dur? Apprends qu'un vrai républicain n'a ni père ni famille; il ne connaît que la république, il n'aime que la république; il lui sacrifie tout le reste, et plutôt aujourd'hui que demain. » Le père Forêt tremblait encore le soir, et je doute que ces visites-là lui fussent très-agréables.

C'est aussi pendant cette indisposition que je reçus

un billet de mon frère cadet; j'ignore comment il me parvint. Il m'apprenait que, reconnu et dénoncé, il avait traversé le Rhône à la nage, et qu'il allait chercher à se réfugier en Suisse. Quelle nouvelle source de larmes! Heureuse de pouvoir les répandre sans témoin, je bénis le ciel de mes souffrances, et ce fut derrière mes rideaux que j'osai pleurer.

Dès que je pus me soutenir, je m'acheminai vers la prison, et comme je m'avançais pour passer le pont volant, une sentinelle m'arrête. « Au corps de garde! me crie-t-elle. — Et pourquoi donc? — Tu n'as pas de cocarde (1). » Je l'avais oubliée, j'étais presque en bonnet de nuit, et cette cocarde fixée à demeure à mon chapeau m'épargnait la peine de penser à elle. Je lui racontai mon histoire, j'étais convalescente... Il se laissa toucher et me permit de passer, à condition que j'en achèterais une chez le premier marchand qui se trouverait sur ma route. J'arrivai sans autre accident aux Recluses, et traversai heureusement la porte et le premier guichet; mais parvenue à la grille, j'y trouvai un nouvel ordre : on ne laissait entrer qu'une seule personne de demi-heure en demi-heure; le guichetier m'était inconnu, et la file était longue; il y en avait pour toute une journée. J'étais trop faible pour attendre debout, et, fort attristée de ce contre-temps, j'entrai dans un corps de garde intérieur, qui se trouvait à côté de la grille; je m'y assis, espérant qu'un caprice de la

---

(1) Toutes les femmes devaient porter la cocarde ou ne passaient pas.

fortune viendrait me tirer de là. Heureusement pour moi, il ne s'y trouvait pas de soldats. Au bout de peu d'instants, je vis paraître un guichetier de ma connaissance. « Placot, m'écriai-je bien vite, vois comme je suis à plaindre. Il y a huit jours que je n'ai vu ma tante, je viens d'être malade et je suis trop faible pour attendre à la file que mon tour arrive. Ton camarade ne me connaît pas. Aie pitié de moi. Faudra-t-il donc que je m'en retourne sans la voir? » A peine ai-je fini de parler, qu'il me met devant lui, me tient presque dans ses bras, et, s'avançant entre le mur et la file, me place près de son camarade. « Tiens, dit-il, regarde cette petite citoyenne, vois comme elle est pâle, petite et maigre; elle ne peut pas attendre, celle-là. Tu vois bien qu'elle tomberait par terre, elle a été malade; allons, laisse-la passer, qu'elle aille voir sa tante. » L'autre entr'ouvre la grille, je me fais encore plus petite, et je passe, la joie dans le cœur, en les remerciant de mon mieux, et courant de même afin de ne pas perdre une minute.

Il faut avoir attendu longtemps à la porte d'une prison, s'y être vue heurtée, poussée, repoussée, maltraitée, puis renvoyée, pour comprendre le plaisir de la réussite. Le bonheur que mon arrivée faisait éprouver à ma tante me dédommageait bien amplement de toutes les malencontres de ma route. Cependant, elle était inquiète parce que j'entrais toujours sans permission, ainsi que beaucoup d'autres. Elle pensait avec raison qu'un jour nous en serions punies. Je crois que l'on tolérait nos entrées clandestines, dans la seule intention de rendre notre ruine plus complète, en nous forçant à épuiser toutes nos ressourses pour satisfaire à la complaisance journalière de trois ou quatre guichetiers.

Je ne sais à quoi attribuer l'espèce de liberté qui se fit sentir alors dans l'intérieur de la prison ; ces dames furent libres de sortir de leurs chambres depuis dix heures du matin jusqu'à cinq heures du soir, et de se promener dans la cour. Elles ne payèrent plus trois francs une cruche d'eau, elles la puisèrent elles-mêmes à la fontaine. Les hommes eurent la même liberté. Ce fut alors que je vis pour la première fois le sculpteur Chinard, et je regretterai toute ma vie qu'il n'ait pas fait le portrait de ma tante. Il avait modelé en terre cuite ceux de plusieurs de ses compagnons d'esclavage. La petite statue de la Raison que je vis dans sa cellule fut, dit-on, plus tard la cause de sa délivrance.

Madame Milanès, fille de madame de Bellecise, était aussi renfermée aux Recluses, mais je ne l'avais point encore aperçue. Elle était du nombre des douze femmes renfermées dans une très-petite chambre à l'autre bout de la prison, où elles manquaient d'air et d'espace ; leurs forces étaient minées par toutes les privations possibles, et par le dégoût qui en était la suite. Elles sollicitèrent la grâce de pouvoir sortir deux fois par jour. Après de longues instances, elles obtinrent cette faveur. On en conduisait six le matin et six le soir dans un petit jardin qui était au-dessous des fenêtres de ma tante. Les sentinelles qui les amenaient restaient présentes à la promenade et à tout ce qui s'y passait. Après s'être envoyé quelques silencieux bonjours, les prisonnières étaient reconduites chez elles. Cette horrible contrainte cessa en partie, lorsqu'elles eurent toutes la liberté de sortir de leurs chambres. On peut se figurer aisément tous les désagréments qu'amène une étroite réclusion, mais on n'en connaît le poids que quand on y a été soumis soi-même. Madame Milanès avait conservé une égalité d'humeur, une gaieté d'esprit qui la rendaient d'un commerce très-précieux dans ces temps d'affliction. Sa figure ouverte et pleine de sérénité faisait du bien aux yeux et aux cœurs. Malgré les peines cuisantes qui déchiraient son âme, elle sut répandre autour d'elle les plus douces consolations. En allégeant les douleurs de ses compagnes, en cherchant à leur inspirer du courage, elle en trouvait pour elle-même. Son mari fut exécuté, ses enfants restèrent seuls et sans appui dans le monde. Sa force n'en fut point ébranlée, parce qu'elle la puisait en Dieu.

S'il n'était pas donné à tous d'avoir une physionomie aussi gracieuse que la sienne, je dois dire que tous avaient la même résignation; je n'ai jamais entendu ni plaintes ni murmures. Les figures étaient calmes et tranquilles; point de larmes, point de désespoir; il n'y avait plus de place dans les âmes que pour ce repos qui précède la mort; on l'attendait. Chaque jour était sans lendemain pour beaucoup d'entre eux. Une si grande attente ne laissait aucune place aux petites pensées. A tout instant on voyait emmener un prisonnier, et l'on pensait : je vais bientôt le suivre. On l'embrassait, on le bénissait, chacun lui inspirait du courage ; puis on se disait adieu : le plus souvent c'était pour toujours. Les portes se refermaient derrière lui, et ses amis écoutaient encore le son de sa voix, le bruit mourant de ses pas, qui peut-être pour la dernière fois avaient retenti à leurs oreilles.

A cette simple demande : « Comment vous portez-vous ? » on entendait souvent répondre : « Fort bien, en attendant la promenade aux Brotteaux ou les honneurs de la guillotine. » On ne cherchait ni à faire une phrase ni à montrer son courage ; tous parlaient paisiblement de cette fin inévitable. Quelques jeunes gens, pour se distraire, avaient adopté le style républicain, et tutoyaient tout le monde. Je n'ai jamais su leur répondre. Depuis que je parlais ainsi aux guichetiers et autres gens de cette espèce, je ne pouvais tutoyer personne.

Ce fut alors que l'on fit changer de logement à toutes ces dames ; elles furent distribuées dans une grande chambre et deux cabinets. Cet appartement n'avait qu'une seule issue ; un poêle se trouvait dans la pièce la plus vaste, où chacune d'elles venait à son tour faire réchauffer son café de la veille. On y voyait jusqu'à des fioles de verre, qui, enveloppées de papier et placées entre les petits pots dont la plaque du poêle était couverte, participaient à la chaleur du reste sans prendre de place. La nécessité fit naître l'industrie.

Ma tante, que son embonpoint empêchait de se baisser avec facilité, s'était arrangée avec une pauvre paysanne, prisonnière aussi, qui faisait son lit chaque soir, et roulait son matelas tous les matins. Comme il y avait moins de place dans ce logement que dans l'autre, on voulut l'obliger à partager ce misérable lit avec une compagne. Elle n'échappa à cette nouvelle torture qu'en parlant des violentes douleurs de rhumatisme dont elle souffrait beaucoup.

Je crois avoir déjà dit que ma tante mangeait avec trois dames, et que le troisième ou quatrième jour, on vivait des économies précédentes. Cet arrangement fut continué, et cette petite société, composée de madame des Plantes, mademoiselle Olivier et mademoiselle Huette, restant unie, conservait entre elles une plus grande intimité qu'avec les autres prisonnières, comme si déjà elle pressentait qu'une même destinée l'attendait, et qu'elle ne se séparerait plus. Un jour donc (jour d'économie où j'arrivais de bonne heure), que j'avais passé une heureuse matinée près de ma tante, et que déjà je commençais à battre les œufs que j'avais apportés pour la fameuse omelette, un grand bruit se fait entendre; les guichetiers parcourent rapidement la prison en criant : « La commission temporaire envoie un commissaire pour visiter la prison. » Marino (1), le terrible Marino s'approche : « Que toutes celles qui

---

(1) Marino, membre de la commission temporaire, était un peintre sur porcelaine de Paris. Je crois avoir dit que Moulins avait aussi fourni à Fouché des patriotes dignes de figurer parmi ceux dont il forma la commission temporaire : P., avocat; A.; M. et G., tous les deux prêtres apostats; V., ancien commis des gabelles, que sa mauvaise conduite avait fait chasser de son poste. La ville de Nevers avait aussi envoyé à Lyon des gens de la même espèce, dignes satellites de Fouché.

sont entrées sans permission s'échappent et se sauvent. » Le mouvement fut grand. Ma tante, alarmée, veut que je me hâte d'obéir. Moi qui étais dans le feu de la composition, je lui montre mon omelette pour toute réponse, et j'ajoute : « Je ne porte pas ma liberté écrite sur mon front. En restant confondue dans la foule, rien n'empêche qu'on ne me croie de la maison. » Et, me baissant sur ma chaufferette, je continuai ma cuisine. J'avais pris le parti le plus sage. Marino parut presque à l'instant même à la porte de la première chambre, d'où il s'avança bientôt dans la petite pièce où nous nous trouvions. « Combien êtes-vous ici? demanda-t-il d'une voix brève et dure. — Quinze », répondit ma tante. Il ne compta point, mais il visita quelques corbeilles de provisions. « *Que les riches nourrissent les pauvres* », ajouta-t-il, en regardant la paysanne qui faisait le lit de ma tante. « *Si tu as des plaintes à porter contre ces nobles, parle.* » Elle assura n'avoir à se plaindre de personne. Marino débita encore quelques belles maximes républicaines et partit. Comme je fus heureuse du gain de mon procès, et combien je m'applaudissais d'avoir tenu bon! Cependant ma joie fut courte.

Je n'étais malheureusement pas la seule qui fût restée, mais je fus la seule qui prudemment se tint fort tranquille. Les autres, en voulant fuir les regards de Marino, ne leur échappèrent pas, et leurs efforts pour s'y soustraire furent justement ce qui fixa sur elles son œil d'Argus; sa colère éclata hautement, et, s'exprimant avec une véhémence qui retentit jusqu'à nous, des récriminations et des menaces il passa rapidement aux effets. « Puisqu'elles aiment à être en prison, qu'elles y restent, dit-il, qu'elles en goûtent le séjour ; elles n'auront plus besoin de se cacher pour fuir ma présence. Quant au guichetier de service, huit jours de cachot pour prix de sa complaisance. » Marino était grand et robuste, sa voix forte allait à ses discours ; il inspirait une sorte de peur, et tout se taisait devant lui. Il s'éloigna, jetant l'effroi sur son passage, laissant à sa suite une alarme universelle. Les prisonniers craignaient pour leurs amis. Pour moi, j'avoue mon égoïsme : mon premier moment fut tout joie. Ravie de me trouver enfermée avec ma tante, je ne voyais que le bonheur de pouvoir, à toute heure, lui consacrer les soins de ma tendresse, d'être près d'elle à son réveil, et de m'endormir à ses pieds. Bientôt, en songeant qu'elle ne pourrait compter que sur des services mercenaires, je craignis leur instabilité, et pour elle seule je regrettai de n'être plus libre. Ma tante était au désespoir, et profitant du peu d'heures où il lui était permis de parcourir encore la prison, elle négocia secrètement de ma sortie avec quelques guichetiers de notre connaissance, puis s'en revint joyeuse et consolée m'en annoncer la nouvelle, qu'elle paya sans doute fort cher.

Je sortis seule vers les six heures du soir ; il faisait sombre. La rue était pleine de femmes, attendant avec inquiétude leurs parentes ou leurs maîtresses, car notre détention leur avait été annoncée. Heureusement pour moi, Cantat était du nombre, et je regagnai avec elle ma demeure éloignée. Toutes mes compagnes d'infortune sortirent aussi pendant la nuit, ou peu de jours après.

Je suis encore persuadée que ces petites scènes étaient inventées pour achever d'épuiser nos ressources et nous ravir l'argent qu'on n'avait pas su nous arracher autrement. Ces gens-là, probablement, riaient entre eux des effets différents qu'avait produits sur nous cette colère feinte ou réelle. Avides d'émotions nouvelles, fatigués de la tragédie de chaque jour, ils se ménageaient de petites pièces.

CHAPITRE ONZIÈME

Une audience de Marino, membre de la commission temporaire. — Ma tante passe de la prison des Recluses à celle de Saint-Joseph. — Exécution de trente-deux citoyens de Moulins. — La vie à la prison de Saint-Joseph. — Terreurs continuelles. — Caractère ferme et résigné de ma tante. — Les prisonniers sont transférés à l'hôtel de ville.

En quittant la prison, en voyant cette grille se fermer derrière moi, je soupirais profondément; ce n'était pas l'adieu de chaque soir : ma tante avait exigé que je ne revinsse plus sans permission. « Cherche à en obtenir une, me dit-elle ; car le danger que tu cours me fait mourir, et j'aime mieux me priver du bonheur de te voir, que de supporter d'aussi terribles scènes. Dieu te soutiendra, prends courage. » Hélas! j'avais grand besoin de ce courage qu'elle cherchait à m'inspirer. Comment et quand aurais-je cette permission ? me serait-il permis de la revoir encore ?

Le lendemain, je me rendis à la commission temporaire qui était établie dans la maison Imbert, située dans une rue voisine de la place des Terreaux. Depuis longtemps, je ne m'étais approchée de cette partie de la ville; la terreur s'y montrait à nu. La guillotine, qui avait été en permanence sur la place de Bellecourt, était maintenant dans toute son activité sur celle des Terreaux, jalouse apparemment d'en posséder aussi le spectacle. Dès la place de Saint-Pierre, je vis le ruisseau rougi par le sang des victimes ; je le franchis en frémissant, pénétrée d'un profond respect, tressaillant d'un saint effroi. J'aurais voulu me mettre à genoux. Mon Dieu ! le sang de ma tante !... il devait y couler aussi !... Je passai près de l'échafaud, dont la solidité semblait annoncer qu'on lui demanderait de longs services, et bientôt je me trouvai dans l'antichambre de cette fameuse commission, où beaucoup de personnes étaient comme moi, pour y attendre que Marino vînt à y passer ; car il n'était pas permis d'entrer dans les bureaux sans y être appelé.

On perdait un temps considérable dans cette antichambre ; souvent même on en était chassé sans avoir pu parler à ceux auxquels on avait affaire. Le citoyen concierge, qui s'y trouvait, tâchait ordinairement de vous éconduire ; mais on tenait bon, la foule s'accroissait ; voyant qu'il ne réussissait point à l'éclaircir, l'ennui le prenait ; il allait chercher Marino pour l'en charger. Il faut convenir qu'il s'en acquittait à merveille.

Pendant trois jours, je m'y rendis à six heures du soir, à l'ouverture des bureaux, et j'y restai jusqu'à dix, sans avoir pu parler à Marino : c'était lui qui donnait les permissions, mais jamais il ne traversait la chambre où nous étions ; sans doute il avait une entrée particulière. L'attendre là n'était qu'un leurre ; que leur faisaient notre temps, nos larmes, nos déchirements ! Lorsque je demandais à lui parler : « Attends, attends donc ; il va venir. »

Pendant mon séjour dans cette antichambre, j'y

vis bien des infortunés de tout âge, de tout sexe, des étrangers, des soldats, des voyageurs; que devenaient-ils? Je me rappelle y avoir vu un officier qui me sembla d'un grade supérieur, amené là pour remplir une simple formalité de visa de passe-port. Réclamant vainement ses papiers, répétant vainement aussi que sa mission était pressée, importante, que le temps était court; ennuyé d'une si longue attente, il se promenait à grands pas, disant avec humeur : « C'est se moquer des citoyens; chez le ci-devant tyran, on ne faisait attendre personne à ce point. »

Enfin, le soir du troisième jour il y avait une si grande foule, que le citoyen concierge, n'y tenant plus, alla chercher le terrible Marino. C'était un homme grand, fort et robuste, à voix de stentor. Il s'annonça par des jurons républicains et nous jeta ces mots : « Si vous venez pour avoir des permissions, sachez qu'on n'en aura point sans un certificat de médecin, qui atteste que le prisonnier est malade; et remarquez cela, si le médecin a donné le certificat par une basse complaisance, il sera mis au cachot avec le porteur du certificat, et le prisonnier à la guillotine. » Après cette courte harangue, qui fut faite en termes si énergiques que je ne puis les répéter, la foule s'écoula peu à peu. Marino la pressait de la voix et du geste. Une dame seule osa solliciter encore; je n'entendis pas ce qu'elle demandait. « Qui es-tu? » Elle se nomma. « Comment! tu as la hardiesse de prononcer en ces lieux le nom d'un traître! Hors d'ici! » Et la poussant du bras, il la mit à la porte à coup de pied. Je ne peindrai pas ce que nous éprouvions ; personne ne respirait. C'est dans ce moment de stupeur générale que j'entends une voix rompre le silence qui avait succédé à la fureur de Marino, et cette voix est celle de Saint-Jean qui m'avait accompagnée. Il voulut aussi faire de l'importance, soit qu'il y fût poussé par l'ennui ou par un zèle peu réfléchi. « Citoyen, dit-il d'une voix nette et claire, je te prie de faire passer l'affaire de cette petite citoyenne que tu vois là-bas. »

De quel frémissement ne fus-je pas saisie à cette cruelle indiscrétion ! Je m'étais placée à dessein la dernière, ne voulant pas éprouver la fureur montante. J'attendais le reflux. « Et qui es-tu, toi qui parles? demanda brusquement le rude Marino. — Je suis, dit Saint-Jean, d'un ton un peu contraint, je suis venu avec cette petite citoyenne pour qu'elle ne fût pas seule. — Apprends, reprit Marino, d'une voix impérieuse, qu'elle est ici sous la protection de la loi et de la justice ; qu'ici les enfants y sont gardés par elles, et que nul n'a le droit d'y protéger personne. Hors d'ici ! » Et comme Saint-Jean tardait à obéir : « Hors d'ici ! » répéta-t-il encore plus haut. Et le prenant par le bras comme la dame au traître nom, il le mit lui-même à la porte. Quant à moi, je me fis plus petite encore, gardant mon coin et mon silence. De toute cette foule, nous ne restâmes que deux, à peu près du même âge. Marino, presque étonné de notre audace et de notre tranquillité, s'approche curieusement de nous. « Avez-vous donc des certificats, vous ? » Nous les lui donnâmes. Il les prit, nous dit d'un ton assez doux d'attendre, et rentra dans son bureau. A peine était-il sorti, que la porte de l'antichambre s'ouvre, Saint-Jean reparaît; je cours à lui. « Mais à quoi pensez-vous donc? Vous me compromettez, vous me perdrez! — Oh! j'ai froid, je ne veux pas rester sur l'escalier, moi; je veux être ici. — Marigni (car je n'osais dire Saint-Jean), retournez à la maison, je m'en irai seule; pourrez-vous donc me procurer ensuite la permission que vous allez m'empêcher d'obtenir? Partez, je vous en supplie, qu'il ne vous voie pas. » Je sollicitai longtemps avant de rien obtenir. Enfin il partit, je ne respirai qu'en voyant la porte se refermer sur lui. Peu après, Marino nous fit appeler dans son bureau pour lui donner nos noms et notre adresse, afin qu'on pût vérifier la vérité de nos demandes; il m'intima l'ordre de me rendre le surlendemain chez lui, à huit heures du matin. J'eus de la peine à y être reçue; ce ne fut qu'en assurant que c'était par son ordre très-positif que j'osais m'y présenter, qu'on me laissa franchir le seuil de sa porte. La mort de Marat avait inspiré beaucoup d'inquiétudes à ses semblables : une enfant suffisait pour leur faire peur. Il me reçut fort bien. Ce n'était plus le même homme, sa voix était douce et ses manières polies; il me remit ma permission si désirée, et je le quittai pleine d'espérance et de bonheur.

A peine munie de mon trésor, je courus aux Recluses; il y avait cinq jours que je n'avais vu ma tante! La prison m'est ouverte, mais quelle surprise! Je la trouve dans la cour avec toutes ses compagnes :

on les transférait à Saint-Joseph. Chacune un paquet sous le bras, elles se disposaient à quitter cette triste demeure, lorsque le geôlier, interposant son autorité, défendit la sortie de leurs effets. C'est à peine si elles obtinrent d'emporter leurs petits paquets. Quant aux matelas, couvertures et draps, il les garda ainsi que le peu de meubles qu'il leur avait vendus, et sans doute il les revendit fort cher à d'autres, qui les lui laissèrent de la même façon.

Je me rendis à la prison de Saint-Joseph, à la suite des prisonniers. O tristesse! je n'y entrai point : ma permission n'était que pour les Recluses. Quelle perte de temps! m'écriai-je douloureusement; que de jours encore sans la voir! Je perdis en effet deux soirées entières dans l'antichambre de la commission temporaire, et la troisième se fût écoulée aussi vainement encore pour moi, sans l'ennui de l'homme rébarbatif qui nous y recevait. Fatigué de notre nombre, il alla chercher Marino pour déblayer la chambre; la scène fut aussi orageuse que celle dont j'ai déjà parlé. Je me tins fort à l'écart pour laisser passer la foule, et ne m'avançai que la dernière. « Te voilà encore, dit-il avec impatience; que veux-tu donc? » A cette voix terrible, j'adoucis la mienne le plus possible, et lui faisant des excuses sur mon importunité très-involontaire, je lui racontai mon infortune. « Citoyen, prends pitié de moi, il y a si longtemps que je n'ai vu ma tante! Depuis trois grands jours ici je l'attends. » Pour ce mot, ce seul mot, il m'emmena dans son bureau, visa la permission pour Saint-Joseph. « Tiens,

CHAPITRE ONZIÈME.

prends et cours », me dit-il. Comme je lui obéis! Le lendemain j'embrassai ma tante.

Ce changement était un malheur pour nous, c'était un dangereux pas en avant. Il fallait ensuite faire de nouveaux frais pour acquérir des amis à Saint-Joseph. Cette prison, encore plus éloignée que l'autre, rendait le service très-pénible; il me semblait enfin que tout espoir de liberté s'évanouissait sans retour. Parfois, je l'avais rêvée sous les verrous des Recluses; ma tante seule ne la rêvait point. Dans les premiers temps de sa détention, où les prisonniers faisaient foule, un guichetier, la croyant une visiteuse, la prit par le bras pour la mettre à la porte. « Oh! pourquoi, pourquoi ne lui obéîtes-vous pas? m'écriai-je, saisie d'une inexprimable douleur. — Je marche mal, me répondit-elle avec calme, je ne connais personne, où aller? J'eusse été reprise et maltraitée; mes compagnes, peut-être, en auraient souffert... » En effet, peu de jours après, un voleur s'échappa, et les mesures rigoureuses qui en furent la suite pesèrent sur tous les prisonniers. Ce ne fut pas le seul désagrément causé par le mélange de la société, ce n'était pas sans danger qu'on pouvait se promener dans cette cour, où, pêle-mêle avec ces héros de grands chemins, vous veniez respirer un air à demi fétide. Pendant que vous vous sentiez heureux de voir un petit coin du ciel, ces messieurs vidaient vos poches. C'est ainsi que ma tante perdit son portefeuille. J'admire encore ce raffinement si savamment mis en usage pour que tout concourût à notre ruine.

Ce fut aussi dans la prison des Recluses que ma

tante forma le projet de m'éloigner de Lyon. Sans espoir pour elle-même, ayant déjà fait le sacrifice de sa vie, elle ne songeait qu'à mettre la mienne à l'abri, et feignant une affaire importante qui exigeait la présence de l'une de nous à Paris, elle tâcha de m'arracher la promesse d'y suivre madame des Plantes, qui comptait s'y rendre aussitôt qu'elle serait mise en liberté. Je ne fis point cette promesse. Abandonner ma tante ne pouvait trouver place ni dans mon esprit ni dans mon cœur; mais ma résistance ne lui fit point abandonner ce plan désespérant pour moi. Madame des Plantes, je l'ai dit déjà, avait épousé le seul officier qui eût échappé au massacre de Pierre-Cize. Cette circonstance rendait sa position dangereuse; cependant, comptant peut-être sur quelques protecteurs, elle se flattait d'obtenir sa délivrance, et ma tante, qui ne pensait qu'aux dangers que je pouvais courir à Lyon, hâtait de tous ses vœux le moment de son départ : j'ignorai toujours les arrangements que ces deux dames avaient pris, ne voulant faire aucune question sur ce projet déchirant. Le ciel n'en permit pas l'exécution, et me sauva du malheur de désobéir à ma tante. Confondue devant ce grand caractère, j'admirais dans le silence de mon âme cet oubli parfait d'elle-même, cet amour sublime dont elle cherchait à me faire une égide! cet amour qui me disait encore : Que tu sois sauvée, et je ne crains ni les souffrances, ni l'abandon, ni la mort! Ce voyage ne devait pas se faire. Madame des Plantes suivit ma tante à l'échafaud. Ce projet du moins occupa quelques-unes de leurs tristes heures. C'était une affaire, une espérance précieuse à celle qui rêvait la liberté comme à celle qui, du bord de la tombe, veillait au salut de l'orpheline qu'elle allait quitter.

Qui ne comprendra les alarmes de son cœur maternel! Je n'imaginais point alors qu'il pût exister des dangers pour moi. Je ne remarquais pas que le nombre des jeunes personnes qui venaient aux Recluses avait beaucoup diminué. Chaque mère, inquiète de voir sa fille exposée aux regards et aux mauvais traitements des gens du pouvoir, l'avait éloignée bien vite. Je ne voyais plus Rose Milanès, mon amie, à la porte de la prison; ma tante, livrée aux mêmes craintes que ces dames, voulut faire aussi comme elles, mais elle oubliait que toutes ces mères alarmées étaient de la ville, et qu'elles y possédaient mille ressources qui n'existaient pas pour l'étrangère. Si mon absence fût devenue nécessaire à son repos, je me serais abstenue de la voir; mais j'aurais du moins veillé à son bien-être autant qu'il m'eût été permis d'y contribuer. N'était-ce pas la vie de mon cœur? aurais-je pu exister loin d'elle? En souffrant près d'elle, il me semblait souffrir avec elle et pour elle. Ces longues heures d'attente à la porte avaient leur douceur. Un même soin y rassemblait ces femmes et ces enfants que j'y voyais chaque jour. Nous souffrions pour la même cause; une égale infortune formait de nous comme une seule famille. Les hommes étant tous cachés ou en fuite, les femmes seules paraissaient, ou des enfants, porteurs de secrets importants qu'ils ne trahirent jamais. Protégés par leur sainte innocence, ils déjouèrent souvent les projets astucieux des méchants. C'est qu'il y a une âme d'homme dans l'enfant, et lorsque le malheur l'exige de lui, elle s'y réveille.

C'est pendant la détention de ma tante aux Recluses que trente-deux personnes de Moulins furent amenées à Lyon pour y périr. J'ai toujours regretté de n'avoir pas cherché à pénétrer jusqu'à elles. La vue d'un enfant de leur pays leur eût été douce. Qui sait ce qu'elles auraient pu me confier? J'eus le désir de tâcher de les voir, mais je n'y cédai point, ne connaissant personne à la prison de Roanne, où elles furent renfermées, et j'étais le seul bien resté à ma tante. Je ne pouvais donc, par une démarche indiscrète, risquer de la priver des soins qui lui appartenaient, et de son faible mais unique appui.

Le jour de leur exécution, la citoyenne Forêt vint, comme de coutume, m'entretenir de ce spectacle qu'elle continuait à aimer passionnément; elle ne tarissait pas sur la bonne mine de mes infortunés concitoyens. La haine des jacobins de Moulins, qui les avaient fournis à la commission temporaire, était trop impatiente pour les laisser languir dans les caves de l'hôtel de ville. Ils parurent donc dans toute leur force et leur santé. MM. Tourret frappèrent surtout par leur beauté, et se distinguèrent par leur courage, ou plutôt ils en eurent tous, à l'exception d'un seul. On entendit M. Tourret l'aîné lui en exprimer son mécontentement en descendant les marches de l'hôtel de ville. Ils allaient à la mort! Tant de choses doivent alors traverser le cœur de l'homme, que le corps peut fléchir sans que l'âme participe à sa faiblesse. J'appris plus tard qu'ils avaient anéanti une grande quantité d'assignats, en les jetant dans un brasier. Quelques prisonniers en sauvèrent une partie à leur profit.

Je voulus cacher cette nouvelle à ma tante, mais je l'en trouvai instruite; elle me demanda même de lui procurer leurs noms; nous n'en savions que quelques-uns, et, pour satisfaire ce désir, je n'eus d'autre moyen que d'envoyer, à l'entrée de la nuit, arracher une des listes affichées au coin de la rue, que je lui portai le lendemain. Cette liste était composée des plus honnêtes gens de notre province... Ma tante, en pleurant sur eux, pleura sur elle-même! Je ne vis aux Recluses qu'une seule personne de Moulins, c'était M. Ripoud le banquier. Il y resta peu; ma tante obtint d'aller le voir chez le geôlier, où il dînait, et je l'y accompagnai. Ceux qui avaient de quoi payer cher ce mauvais dîner recherchaient avec empressement la faveur de venir s'asseoir à cette table étroite, longue et sale, parce qu'alors ils sortaient de leurs chambres et se flattaient que, dans le cours du repas, Fillon (1) (c'est, je crois, le nom du geôlier) laisserait échapper quelques mots sur les événements du jour, dont ils pourraient tirer des lumières pour eux-mêmes. Il est dans le génie de l'homme de vouloir connaître; le vague de l'incertitude rompt et use les forces de son

---

(1) On fit venir de Paris les geôliers des principales prisons de Lyon, pour isoler davantage les prisonniers.

âme, tandis qu'elle les retrouve toutes pour supporter ou vaincre les maux qu'elle aperçoit. Pour M. Ripoud, la lutte ne fut pas longue, il périt bientôt (1).

Quel temps! La ville offrait partout l'image de la destruction; on démolissait dans tous les quartiers. C'est ainsi que l'on occupait une classe dangereuse, toujours prête à se révolter dès qu'elle a faim. Les belles façades de Bellecourt disparaissaient sous tant de mains actives. On démolissait aussi dans les rues adjacentes; force était de passer sur la place. Avec quel battement de cœur je m'approchais de la chaîne redoutable qui parfois la traversait dans toute sa longueur : c'était un double rang d'hommes, de femmes et d'enfants, qui, gagnant leur journée très-commodément, se passaient de main en main une pierre, une tuile, sans trop se hâter, car ils voulaient travailler demain. Je n'avais pas encore demandé la permission de passer, que déjà j'étais reconnue à ma corbeille. « Ah! ah! c'est une aristocrate, elle nourrit les traîtres, elle leur porte à manger. Travaille, travaille; cela vaut mieux que de nourrir des serpents. Allons, porte cela. » On me donnait aussi ma pierre à porter, heureuse quand ce n'était pas un lourd panier de terre, et que j'étais quitte en peu de temps de la tâche qu'ils m'imposaient et des plaisanteries grossières dont ils fatiguaient mes oreilles.

Cette place de Bellecourt ajoutait de tristes épisodes

---

(1) Il résista au bourreau, et le mordit. C'est du moins le récit que l'on fit de sa mort.

à ma vie journalière. J'ai déjà dit que je ne pouvais éviter de la traverser. Dans les premiers temps de l'arrestation de ma tante, la guillotine y était en permanence. Soit que l'heure des exécutions ne fût point alors fixée d'une manière irrévocable; soit que, par des raisons secrètes, elle fût soumise à des changements, il m'arriva qu'ayant exprès retardé de sortir pour éviter cette heure funeste de midi, j'eus le malheur de m'y trouver justement pendant une exécution. Quelque danger qu'il y eût à montrer la moindre improbation, je me mis à fuir en détournant la tête, sans écouter les remontrances de Cantat. Mes pieds étaient des ailes. Cependant, ma course ne fut point assez rapide encore; les cris de: Vive la république! atteignirent sept fois mon oreille. Sept têtes tombèrent aux acclamations de cette foule insensée, qui, heureusement pour moi, était trop captivée par cette sanglante scène, pour remarquer ma fuite et mon épouvante; sans cela, j'aurais sans doute été ramenée au pied de l'échafaud et contrainte à en être témoin malgré moi. Une autre fois, plus tard encore, je rencontrai des victimes qui, disait-on, devaient périr aux flambeaux, pour varier un spectacle que l'habitude rendait monotone. Enfin, la guillotine ayant été transportée sur la place des Terreaux, la fosse où ruisselait le sang des condamnés fut comblée; mais la terre se refusant à recéler le sang de l'innocent, il reparut pour crier vers le ciel. Cette place, vis-à-vis la rue Saint-Dominique, fut longtemps rouge; un respect involontaire en éloignait le pied des passants.

Enfin, les portes de Saint-Joseph s'ouvrirent pour moi, et je trouvai ces dames renfermées au fond d'une grande cour, dans un corps de logis qui consistait en deux chambres fort vastes, isolées de tout autre bâtiment. Elles étaient sans fenêtres; une petite grille au milieu de la porte livrait un étroit passage à l'air et au jour. Dans l'une de ces chambres, il y avait des lits pour les personnes en état de les payer; les autres furent entassées dans la seconde, sur de la paille. Ma tante, afin d'éviter le partage de sa couche, choisit un des trois lits de sangle de la chambre; mais pour compenser l'avantage de coucher seules, les trois dames qui les avaient choisis eurent la plus mauvaise place : leurs lits furent mis sous une énorme cheminée que l'on boucha tant bien que mal avec de la paille, ce qui n'empêcha pas le froid et l'humidité de pénétrer jusqu'à elles. Les infirmités de ma tante s'en accrurent beaucoup, et depuis lors ses douleurs de rhumatisme se portèrent à la tête, où elle éprouva de grandes souffrances. Il y avait quinze lits dans cette chambre; point de feu pour en renouveler l'air. Les chaufferettes devinrent encore une fois l'unique ressource des prisonnières. Chaque soir, on les renfermait chez elles; chaque matin, on ouvrait leur porte, et elles pouvaient errer à leur gré dans la cour environnée de murs très-élevés. La chambre de ces dames m'offrait un spectacle que je n'ai vu que là : c'était un noir plafond, formé par d'innombrables toiles d'araignée. Ces ouvrières laborieuses avaient travaillé beaucoup d'années sans doute dans le silence et l'humidité de cette sombre habitation, espèce de cachot malsain. Ajoutant chaque jour à leurs travaux héréditaires, il en était résulté une tente qui, s'abaissant à plus de la moitié de la chambre comme une voûte renversée, interceptait l'air et semblait un triste linceul prêt à nous ensevelir. On ne pouvait lever les yeux sans dégoût. La solidité de cette tente d'un nouveau genre attestait le nombre et la grosseur des ouvrières qui l'habitaient. Ces dames firent des représentations et sollicitèrent vainement le geôlier pour qu'il fît nettoyer leur chambre; il n'y consentit que lorsqu'elles offrirent d'en faire les frais. Aussitôt, quelques criminels qu'elles payèrent fort cher vinrent déloger ces nombreuses compagnes, qu'on livra aux flammes au milieu de la cour, ainsi que leurs travaux centenaires.

Madame Milanès, toujours destinée à la même gêne, eut une chambre séparée à Saint-Joseph, comme elle en avait eu une aux Recluses, et avec les mêmes personnes. On les amenait deux fois par jour, suivant l'usage; mais on les y laissait jouir plus longtemps de la promenade, de l'air et de la fontaine. Ah! c'est quand on est privé de tout, que l'on apprécie au juste la véritable valeur des choses, et que l'on reconnaît combien peu sont nécessaires à l'existence! On se rassemblait près de la fontaine. Cette eau claire, qui tombait dans un bassin, donnait de la vie à cette cour où tout semblait mort ou devoir mourir : on aimait le bruit de ce simple filet d'eau fraîche et limpide; il était à lui seul une consolation, un bienfait et un souvenir. Ces visites entre les prisonnières étaient d'une grande douceur; en se promenant, elles se communiquaient leurs espérances, leurs craintes, et les nouvelles qu'on leur faisait parvenir. Lorsqu'une étrangère pouvait être admise à voir une amie ou une connaissance, c'était encore dans la cour qu'elle était reçue. Son arrivée y répandait un mouvement subit; on se pressait autour d'elle pour apprendre quelque chose. Lors même que son ignorance ou sa prudence l'empêchait de satisfaire à tant de questions impatientes, sa vue était déjà un bonheur, une heureuse diversion à l'uniformité de la journée.

Quelquefois encore, des prisonnières y étaient amenées pour quelques heures, et la mort, une prompte mort succédait à ce peu d'heures. Une bonne religieuse fut de ce nombre. Je n'ai rien vu de si calme que cette femme. Dépourvue de toute espèce de ressources, n'ayant plus rien pour vivre, elle se rendit à la municipalité pour réclamer la pension qui lui était promise par la loi. « Mais as-tu fait le serment? — Non, répondit-elle. — Eh bien, tu n'y as pas de droit; fais le serment, et tu l'auras. — Je ne peux pas le faire. — Si tu ne le fais pas, on te mettra en prison. — Mettez-moi en prison. » Un de ces gens voulut lui tendre un piége, ou peut-être, touché de la tranquillité tout innocente de cette femme, chercha-t-il à lui indiquer un moyen de salut, en lui disant : « Écoute, fais semblant de faire le serment, je l'écrirai, tu ne diras rien; et tu seras sauvée. — *Ma conscience me défend de me sauver par un mensonge.* — Malheureuse! tu périras; on va te conduire à la mauvaise cave. — Où est-elle? — Me voilà », répondit la pieuse fille. On la mena à Saint-Joseph. Elle y trouva trois religieuses qui la reçurent avec amour. Elle passa le jour et la nuit en oraisons avec ses compagnes ; elles dirent ensemble les prières des agonisants. Au milieu de ces pieux exercices, on vint la reprendre... A midi elle n'était plus (1).

Ma tante s'unissait chaque jour aux prières de ces bonnes religieuses, qui logeaient dans la même chambre qu'elle. Leur piété répandait une douce consolation dans ce triste séjour de souffrance, et, comme un parfum suave, une clarté céleste émanait de ce coin obscur où trois pauvres filles parlaient du ciel et oubliaient la terre. C'est ainsi qu'elles adoucissaient les rigueurs de leur sort, ou plutôt qu'elles célébraient leur liberté prochaine. L'âme qui accepte ses épreuves avec obéissance, qui se soumet avec joie à la volonté de son Dieu, n'est plus captive : elle s'élance jusqu'à lui... Des chants d'amour s'élevaient de cette prison, et tels que l'hymne des trois Israélites jetés dans la fournaise allait frapper au cœur de Dieu, ainsi leurs ferventes prières y montaient incessamment. Heureuses au milieu de leurs maux, elles chantaient leur délivrance... La mort s'approchait pour les unir aux bienheureux. Qu'il était beau, ce spectacle! Malheur à ceux qui craignent d'y reporter leur mémoire et d'en

---

(1) Trois sœurs, mesdemoiselles Châtaignier, y furent aussi amenées vers ce temps ; elles avaient été arrêtées avec un prêtre caché chez elles. Tous les quatre périrent avec ma tante.

occuper leur pensée! Qu'y a-t-il de plus grand que l'homme libre au milieu des fers, calme dans l'adversité, qui ne craint ni ne brave ses persécuteurs ?

Ma tante était d'une constitution délicate; son éducation avait perfectionné la finesse de son esprit plus que sa raison et sa pensée. Répandue très-jeune dans le monde, elle aimait la société par habitude et par goût; son amabilité s'y fit bientôt remarquer et s'y acquit une des premières places. Le jeu, la conversation, la science du monde, les devoirs qu'il impose, devinrent pour elle une étude importante, et dans laquelle ses progrès furent incontestables. Personne ne recevait mieux, personne n'avait plus de gaieté, plus d'esprit qu'elle. Possédant au plus haut point la répartie fine et vive, maniant la parole avec une vivacité sans égale, riche en bons mots qu'elle jetait avec profusion dans l'entraînement des joyeuses causeries de salon, elle y devint une puissance parfois redoutable; car elle ne sut jamais résister au plaisir de dire un mot spirituel. « J'aime mieux faire des excuses ensuite, disait-elle. Comment l'étouffer ? il est trop joli. » Cependant, les excuses n'adoucissaient pas le mal produit par ce mot : il frappait si juste, il faisait portrait, il dévouait au ridicule; enfin ses blessures étaient incurables, et beaucoup ne les lui pardonnèrent jamais. C'est ainsi que souvent l'esprit cache le cœur.

Elle recevait tous les jours du monde, aimait à faire sa partie, et retenait tous les soirs quelques personnes à souper. C'était alors qu'elle se livrait sans réserve à la vivacité de son esprit, que sa conversation agréablement enjouée entraînait par sa gaieté tous ceux qui l'entouraient. Ces heures-là étaient les plus heureuses de sa journée. Sa table était abondante et recherchée. Donnant souvent de grands repas, elle rassemblait chez elle ce qu'il y avait de plus aimable à Moulins. Indépendante et jouissant d'une jolie fortune, rien n'avait contraint son penchant pour les délicatesses de la vie. C'était donc une femme du monde, aimant le monde, ayant brillé dans le monde, et ainsi faite par le monde. Si je m'arrête sur les détails d'une existence aussi superficielle, c'est pour admirer davantage ce qu'à son tour le malheur fit d'elle aussitôt qu'ayant déchiré les voiles brillants qui lui cachaient à elle-même la beauté de son âme, il la livra à toute la vigueur de cette âme fière et puissante. A peine touchée par l'infortune, elle secoua cette luisante poussière qu'elle avait prise pour de l'or, et sortant de cette tombe, elle ressuscita grande et forte.

Dès que notre famille fut la proie de l'adversité, ma tante oublia tout ce qui n'était pas nous. Au-dessus de ce qui lui était personnel, jamais elle ne parut s'apercevoir des privations qu'elle éprouvait (1). Les dégoûts et la gêne d'une pareille captivité ne lui arrachèrent pas une seule plainte : tout lui était bien ; ne désirant rien, ne trouvant rien d'incommode, elle se livrait à

---

(1) Je ne crois pas devoir d'excuses pour les répétitions qui peuvent m'échapper sur un pareil sujet. Ceux qui seraient tentés de s'en plaindre n'ont qu'à se mettre à ma place ; qu'ils interrogent leur cœur : ils comprendront que ma vénération revienne souvent sur les louanges dues à cette femme forte.

son sort, tel que la Providence le lui envoyait. Je ne lui ai pas vu un seul moment d'inquiétude pour elle-même. Toutes ses sollicitudes étaient pour nous; elle n'en éprouvait que pour mon père et pour ses enfants. Alarmée pour la sûreté du dépôt resté entre ses mains, elle ne songeait qu'aux moyens de le conserver. C'est sans doute pour éviter qu'on me vît et qu'on m'arrêtât moi-même, qu'elle m'avait défendu de rien demander pour elle, et qu'elle s'opposait formellement à toute démarche relative à sa personne. L'acharnement que l'on mettait à poursuivre mon père lui faisait redouter que je ne fusse atteinte par cette haine funeste. Elle voulait que je restasse ignorée. Pour elle, son sacrifice était fait.

Comment pouvoir se rendre compte des pensées, des sentiments d'une âme aussi généreuse? Comment chercher à peindre la sublime simplicité de son dévouement? Je m'arrête... l'âme seule peut comprendre l'âme! le cœur seul entend la voix du cœur!

Les mots sont impuissants pour bien parler de cette paisible abnégation d'elle-même; ils le sont pour exprimer ce que je lui dois.

Chaque jour, à l'approche de l'obscurité, on renfermait ces dames, dont les deux chambres séparées par une épaisse muraille n'avaient aucune communication entre elles. Une fois sous les verrous, elles ne pouvaient ni se voir ni se comprendre. Le guichetier, après avoir compté si le nombre était complet, se retirait avec sécurité. En effet, qu'eussent-elles pu tenter pour leur délivrance? Une nuit, une de ces heureuses nuits où le sommeil calme les douleurs de l'infortune, parce qu'il en amène l'oubli, ces dames furent tirées de ce bienfaisant repos par un bruit affreux qui partait de la chambre voisine. Des cris, des gémissements, des coups redoublés à la porte de cette chambre vinrent rapidement porter l'effroi parmi elles. S'élançant à l'étroite grille qui pouvait seule donner passage à leurs regards, elles tâchèrent, malgré l'obscurité profonde, de s'assurer si les bourreaux étaient là, si le massacre avait commencé. Le plus grand repos régnait dans la cour. Ses ténèbres et son silence contrastaient singulièrement avec l'étrange rumeur qui frappait leurs oreilles. Saisies de terreur à l'idée d'un danger présent, mais vague, mais inconnu, elles unirent leurs cris à ceux de leurs compagnes; ces cris accroissant leur propre terreur qui grandissait elle-même à leurs voix retentissantes, leur état devint du délire, et tandis que le bruit s'affaiblissait chez leurs compagnes, elles parvinrent à se faire entendre du geôlier. Il arriva enfin, croyant qu'on forçait la prison; il ne trouva que des femmes expirantes. Elles étouffaient : la vapeur du charbon qui leur servait à chauffer un petit poêle avait absorbé le peu d'air qui pénétrait chez elles. Madame de Cléricault fut, je crois, la première qui perdit connaissance. Ses compagnes la soutinrent l'une après l'autre près de la petite grille, unique passage permis à l'air. Privées bientôt elles-mêmes d'air et de forces, leurs bras s'affaissèrent tour à tour, et leurs voix défaillantes allaient s'éteindre avec leur vie, si le secours n'était arrivé. On les transporta dans la cour, où elles revinrent toutes à elles. On comprend que le poêle ne fut plus chauffé. Ma tante me parla le matin suivant de cette nuit d'épouvante. « Un peu d'air, un peu d'eau ont calmé nos alarmes ; il faut bien peu à l'existence », me dit-elle.

Je m'étais habituée à la vie de Saint-Joseph, mieux encore qu'aux Recluses ; le chemin était plus long, mais j'étais assurée d'entrer, de voir et d'embrasser ma tante, et la fatigue s'oubliait. Nous nous promenions ensemble dans cette cour aride, mais vaste, dont l'étendue permettait des aparté pour causer plus intimement d'intérêts chers, sans craindre qu'une oreille indiscrète vînt saisir vos secrets. Nous écoutions ensemble tomber cette eau claire, dont le léger bruit et la pureté inspiraient du calme et réveillaient de tendres souvenirs ; nous sentions, nous pensions à deux. Ne pouvant plus entendre avec elle autre chose de la terre et du monde, je rassemblais en quelque sorte toutes mes facultés aimantes pour mieux partager avec elle les faibles jouissances qu'il lui était permis de goûter encore. Que ces instants avaient de charmes ! qu'ils étaient tristement doux ! Ma tante, c'était mon unique pensée, c'était ma vie ; je venais chaque jour espérant revenir le lendemain ; une espèce de confiance avait diminué mes craintes ; je n'imaginais point qu'un jour cessât d'être comme la veille... et je fus frappée par la foudre à ces mots : « Elle n'est plus ici ; elle est à l'hôtel de ville (1). »

---

(1) L'hôtel de ville est un beau monument d'architecture. Le

Il faut avoir vécu alors et dans ces lieux, pour comprendre le poids de ces mots redoutables : Elle est à l'hôtel de ville ! Le tribunal révolutionnaire siégeait dans ce bel édifice, dont les vastes caveaux servaient de prison passagère à ceux qu'il appelait à comparaître devant lui. Ces mots étaient presque à eux seuls un arrêt de mort ; car ces juges sanguinaires, avides de supplices, ne trouvaient que des coupables, et, sans la nécessité ou des craintes peut-être qui leur faisaient tenir à conserver une apparence de justice, jamais ils n'eussent proclamé l'innocence d'un seul.

---

public avait à cette époque la liberté de le traverser pour aller de la place des Terreaux à celle de la Comédie, ce qui facilita l'évasion de plusieurs prisonniers, épisode intéressant de ces temps de désolation. Ses caves, transformées en cachots, reçurent dans leur sein des milliers de malheureux qu'elles livrèrent ensuite aux bourreaux. Quelques-uns, perdus dans leur profondeur, y furent oubliés et revirent plus tard la lumière. Les caves de la gauche étaient connues sous le nom de *mauvaises caves*, celles de la droite sous celui de *bonnes caves*, quoique souvent elles ne s'ouvrissent que pour le supplice; cependant, quelque espérance restait encore à ceux que l'on y renfermait.

CHAPITRE DOUZIÈME

Salle de l'interrogatoire. — J'y vois ma tante. — Liste des délivrés. — Ma tante n'en est pas. — Elle est conduite dans la mauvaise cave. — Je parle à Parcin, à Corchant. — Tout est vain. — Ma tante est exécutée. — Son dernier billet. — Mesdames de Bellecise et Milanès.

Ma tante était à l'hôtel de ville! Plus d'avenir! Le présent seul est terrible! Un jour sans lendemain peut-être! O mon Dieu! vous vîtes mon cœur!

J'y courus sur-le-champ. A la vue du grand cachet rouge de ma permission, les sentinelles me laissèrent passer et le geôlier me laissa entrer.

Je trouvai ma tante dans la salle du Commerce, avec toutes ses compagnes et beaucoup d'autres prisonniers déjà interrogés ou sur le point de l'être. Cette pièce, qui touchait au tribunal révolutionnaire, était au premier étage. On pouvait, de la fenêtre, dominer toute la place des Terreaux, terminée par la guillotine.

Je ne sais ce que je dis à ma tante. Je l'embrassai, je la pressai dans mes bras. Étonnée d'être là, je ne respirais pas et je n'osais penser, dans la crainte de faire du bruit, de réveiller le péril, et de la compromettre.

Il y avait foule dans cette chambre vide de meubles, et dont une épaisse couche de paille recouvrait le parquet, litière presque réduite en poudre par la multitude d'infortunés qui l'avaient froissée sous leurs pas inquiets. Que de douleurs y avaient gémi! Séjour d'angoisses et de tortures, court trajet de la vie à la mort! On sentait là que tous les liens allaient se briser, et ces deux mots s'échappaient de toutes les bouches : « La vie ou la mort! »

Chaque détenu, chargé de tout le poids de son sort, s'agitait dans ce petit espace en proie à ses alarmes, ne pouvant supporter ni ses craintes ni ses espérances, ni cette poignante incertitude. Ma tante avait déjà comparu devant ce tribunal sanguinaire. On lui avait reproché son fanatisme (1), son empire sur son frère qu'elle avait porté à la rébellion, dont elle avait elle-même favorisé les progrès. Après quelques autres questions insignifiantes, elle était ressortie. Cet interrogatoire durait encore. J'entendais appeler tour à tour les prisonniers, je les voyais sortir et revenir vite. Ils étaient prompts, ces juges! Chacun rentrait sans avoir compris son sort (2); mais cette incertitude allait bientôt cesser.

---

(1) Cette accusation se fondait sur le petit livre de prières trouvé dans sa poche.
(2) Lorsque l'accusé était condamné à être fusillé, le président du tribunal portait la main à son front; s'il touchait la hache suspendue sur sa poitrine, il devait être guillotiné; enfin, s'il étendait la main sur le registre placé près de lui, il était délivré. On conçoit que ces signes (dont les prisonniers ignoraient la valeur) étant mal faits, ou mal compris par celui qui était chargé d'en exécuter l'ordre, que ces signes, dis-je, ont pu coûter beaucoup de vies. Puissent-ils en avoir sauvé quelques-unes!

Je reconnus, au milieu de cette foule inquiète, le sculpteur Chinard que j'avais vu aux Recluses. Je le vois encore marcher à grands pas, et dans le trouble de son âme, hâter et presser sa marche à mesure que l'instant décisif approchait, coudoyant et heurtant tout le monde sans voir personne; se croyant seul, ne voyant que lui, il parlait haut. « Serai-je libre enfin ? est-il vrai que je franchirai ces portes ? est-ce pour la vie ? est-ce pour revenir encore dans ces murs ? ou bien... » Et ses regards, mesurant la place, allaient s'arrêter sur l'échafaud qui la terminait.

Je vis aussi celle que nous appelions la *fille soldat*; c'était une bonne fille et un brave militaire. Elle s'était revêtue de l'uniforme de son amant tué à côté d'elle, désirant venger sa mort et remplacer le soldat qui manquait à son poste. Tout le monde aimait cette excellente fille; mais alors je la vis trembler aussi (1). Madame de Saint-Fons s'agitait vivement, et déjà la révolution qui s'opérait dans son esprit eût été aperçue sans la préoccupation générale (2). Le plus grand nombre de ces dames étaient calmes et résignées; silencieuses, elles attendaient.

Cependant, je ne sais par quel moyen le secret de quelques destinées était soupçonné. Une heureuse clarté avait lui sur elles : plusieurs dames savaient qu'elles seraient délivrées. Je ne puis oublier ces

---

(1) Ses jurons et ses manières soldatesques plurent à ses juges; elle fut acquittée.

(2) Elle perdit la raison en entendant prononcer sa condamnation; on l'envoya, par exception, dans un hôpital.

figures où brillait l'espérance et celles qui n'en avaient plus. Déjà le peuple couvrait la place des Terreaux, impatient de voir et d'accueillir les heureux appelés à vivre. Ma tante ne pensait pas être de ce nombre. « Je sais, me dit-elle, que beaucoup de femmes doivent périr cette décade, et je connais mon sort : je mourrai. » Je voulus combattre cette idée, je ne la persuadai point. Oh! j'avais besoin d'espérer et de croire sa perte impossible!

Je la vois encore calme et résignée comme ses compagnes d'infortune, les traits pleins de sérénité. On marchait, on tournait autour de nous; elle aussi ne voyait personne. Elle ne regardait que moi, et je ne voyais plus qu'elle. Une indicible souffrance débordait tout son être, une égale douceur en émanait : c'était l'amour jusqu'à la mort... Je ne voyais qu'elle! et pourtant un voile couvre ces derniers instants. Ma mémoire même ne me redit plus ses paroles... C'est qu'un pareil moment en a peu.

« Tu reviendras après la délivrance, tu m'apporteras toi-même à dîner. » Elle était près de la porte, me regardant d'un air doux et triste, m'embrassant pour la dernière fois... O mon Dieu! ce regard m'a-t-il béni? Pourquoi cette porte s'est-elle ouverte, puis refermée sur moi? Je ne l'ai plus revue.

Le geôlier mit le comble à mon désespoir, en déchirant ma permission. « Elle n'est pas bonne, tu ne rentreras plus. » Une compassion inaccoutumée l'avait porté à me laisser passer. « Oh! laissez-moi rentrer pour ne plus ressortir, m'écriai-je en me pressant

CHAPITRE DOUZIÈME. 235

contre cette porte qui déjà me séparait d'elle pour toujours. Ne puis-je la revoir encore ? » Et cette porte, comme une barrière éternelle, ne se rouvrit plus ! On m'en repoussa ; j'étais dans l'antichambre du tribunal, on me poussa plus loin. Tout était fini.

Une grande partie de cette journée est effacée de mon souvenir. Une seule pensée existait en moi : je ne pouvais la revoir ! que me faisait le reste ?

Saint-Jean assista à la délivrance ; il revint triste, je ne l'interrogeai point ; il n'osa me nommer celles qui étaient libres. Tout me disait : elle mourra. Je restai dans un anéantissement complet.

Vers le soir, madame de Bellecise m'envoya dire de monter chez elle. Sa fille, madame Milanès, délivrée le matin, était venue la voir. Tout mon sang reflua vers mon cœur. « Non, non, je ne le puis ; je ne veux pas la voir. Qu'a fait ma tante pour n'être pas libre aussi ? » Et une immense amertume inonda mon âme... Tout à coup je vis près de moi la belle figure de madame de Bellecise : ses cheveux blancs, la paix, la sérénité répandue sur ses traits, toute une vie de vertus en faisaient un ange consolateur. Elle avait obtenu de son gardien la permission de descendre près de moi. Son regard affectueux était le premier qui vînt au-devant du mien ; elle me parla d'une manière si tendre, qu'elle vainquit ma résistance. Je la suivis, mais il m'en coûta beaucoup ; et, dans la violence de ma douleur, je trouvai même qu'il y avait de l'injustice à m'y contraindre.

Cependant, c'était la bonté de madame Milanès qui

la faisait chercher à me voir, et, sans la méfiance que lui inspirait mon gardien, elle serait venue elle-même; mais obligée par sa position à mettre la plus grande circonspection dans ses démarches, elle devait éviter d'attirer sur elle des regards que, pour sa sûreté, il fallait fuir.

Je fondis en larmes à sa vue; elle pleura sur moi, prévoyant l'isolement où j'allais être. Sa pitié avait quelque chose de maternel qui lui ouvrit mon cœur. Elle aussi voulut y répandre des consolations, et releva mon courage en me donnant un peu d'espérance, fondée sur le long séjour que bien des prisonniers avaient fait à l'hôtel de ville, avant d'être mis en liberté. Elle me dit qu'elle serait instruite de tout ce qui s'y passerait, et me ferait avertir afin de faire les démarches nécessaires au salut de ma tante. « Vous devez faire tous vos efforts pour la sauver », ajouta-t-elle. Je me couchai plus tranquille, parce qu'il me restait encore des soins à donner à l'unique objet de mon affection.

La femme de chambre (1) de madame Milanès vint de grand matin me chercher. Ma tante était dans la mauvaise cave; on l'y avait transférée pendant la nuit. « Il n'y a donc plus d'espoir? m'écriai-je. — Aujourd'hui du moins, répondit-elle, il n'y aura pas d'exécution : le régiment et l'armée révolutionnaire de

---

(1) C'était une personne d'une grande intelligence et de beaucoup d'activité; elle connaissait la plupart des gens du pouvoir et rendit d'importants services à sa maîtresse.

Paris refusent de servir ensemble; ils se sont battus. Cette querelle assure un jour de repos; venez, il faut en profiter et tâcher de parler à Parcin. » C'était le président du tribunal. Je la suivis sur le quai Saint-Clair, où il demeurait. On disait qu'avant d'avoir été terroriste, il était un humble et mauvais cordonnier.

Nous attendîmes dans la cour de son hôtel, avec un grand nombre de femmes de tous les rangs, que le même malheur y amenait sans doute. Il n'était pas permis d'approcher près des puissants du jour, et depuis longtemps nous attendions, lorsque nous vîmes un officier descendre rapidement l'escalier et s'éloigner à grands pas. « Est-ce Parcin? s'écrièrent quelques voix. — Non, répondit un homme placé là pour nous barrer le chemin : c'est le commandant de la place. — Courez vite le rejoindre, me dit tout bas ma protectrice, je le connais, c'est lui; il est en effet commandant de la place, mais il ne veut pas être reconnu. » J'eus de la peine à le rejoindre, tant il marchait vite. Essoufflée par ma course, je ne pouvais proférer une parole distincte. Comme il ne s'arrêtait point à ma voix, je le pris par le bras, et courant à côté de lui, je laissai un libre cours à ma douleur. « Elle n'est point coupable, on la prend sans doute pour une autre, qu'on l'interroge encore; rendez-la-moi, elle est innocente! rendez-la-moi! Je suis orpheline, je n'ai plus qu'elle; que deviendrai-je sans elle? C'est ma seconde mère, je lui dois tout; c'est mon soutien, c'est tout ce qui me reste! Elle est innocente; interrogez-la encore, rendez-la-moi; elle est innocente! »

Je ne pouvais prononcer que des paroles entrecoupées; mes larmes et sa marche rapide m'ôtaient la respiration et la voix. Sa figure me parut impassible; je n'y aperçus aucune émotion; il ne me jeta pas un seul regard, et il laissa tomber ce seul mot : « *Je verrai.* » Je redoublai mes supplications : « *Je verrai* »; et, me repoussant brusquement, il redoubla de vitesse. Ma compagne me rejoignit; elle me conduisit chez Corchant. C'était un des juges. Son abord était plus facile; on nous laissa entrer; il était à sa toilette et faisait faire sa barbe. On le disait plus doux que ses confrères. Il ne répondit à mes instantes prières que par : « *Nous verrons.* » Il nous fut impossible de pénétrer chez les autres juges. Enfin, j'allai chez Marino; il me reçut avec douceur et me refusa tout. « *Cette affaire ne me regarde pas,* me dit-il. — Mais ne peux-tu pas prier pour moi? » repris-je tout en larmes. Il resta inébranlable. Je passai la journée entière dans les rues, à errer autour de l'hôtel de ville. Madame Milanès m'avait fait une courte pétition pour Parcin; je la lui remis moi-même au détour d'une rue. « *Je verrai* », fut toute sa réponse. Enfin, le soir, je me rendis à la commission temporaire; j'y attendis comme de coutume dans l'antichambre, exposée à tous les sarcasmes grossiers des soldats d'ordonnance qui s'y trouvaient. « Tu pleures; as-tu donc perdu ton amant? tu en trouveras un autre. » Un d'entre eux s'approchait. O mon Dieu! que d'amertume se mêlait à cette douleur infinie! Dans ce moment on me dit : « Le citoyen Parcin s'approche. » C'était lui que j'attendais; déjà je l'avais cherché dans son logement (1). Je voulais le supplier encore. Je m'élance en pleurant au-devant de lui : « C'est ma tante, c'est sa vie que je viens vous demander ! c'est elle qu'il faut me rendre ! c'est ma mère ! c'est tout ce que je possède ! Que ne puis-je mourir avec elle ! » Il me répéta sa phrase habituelle : « Je prends part à ta peine comme particulier ; comme homme public je n'y peux rien. » Et il me tourna le dos sans le moindre signe de compassion.

Cet homme que j'allais supplier, cet homme que j'avais vu chez mon père, cet homme qui s'était assis à sa table, cet homme dont je me suis approchée sans effroi ! c'est lui qui avait dicté l'arrêt, c'est lui qui avait répondu : « Qu'on la fasse périr », à ceux qui lui disaient : « Il n'y a rien contre cette femme de ton pays. — Qu'on la fasse périr, qu'on en purge le sol de la république ; c'est un monstre d'aristocratie. » C'est cet homme-là que je suppliais dans l'abandon, dans la confiance d'une immense douleur ! Mes larmes coulaient sans contrainte, mes paroles s'échappaient de même ; nulle crainte ne modérait mes expressions. Hélas ! que me restait-il de plus à redouter (2) ?

---

(1) Je l'y trouvai comme abruti par l'ivresse, les yeux à demi fermés, rouges et gonflés ; fatigué par les excès, il n'avait sans doute plus de sommeil, cet homme : comment aurait-il pu reposer ? Il me reçut sans rudesse et me refusa tout.

(2) Depuis, j'ai su que lui seul était son assassin. De tous ces grands criminels, c'est le seul que je n'aie pu revoir. Après tant d'années qui se sont écoulées depuis ces temps sanguinaires, je ne puis encore les comprendre, et je ne puis comparer cette frénésie cruelle, cette rage funeste qui s'emparaient d'eux qu'au

Le matin suivant, j'étais de bonne heure à l'hôtel de ville. Je me plaçai au bas de l'escalier qui conduisait au tribunal. J'espérais voir passer les juges. Rien ne parut; ils avaient sans doute d'autres issues qui leur permettaient d'échapper aux regards des malheureux solliciteurs. Ce fut là qu'un homme me fit signe de le suivre, après m'avoir demandé mon nom. Je le suivis de loin, le cœur palpitant, espérant la revoir; il n'en était rien. Je parvins au troisième étage, où mon guide me fit entrer dans une chambre qui donnait sur la cour, et après s'être assuré que personne ne m'avait aperçue, il me remit l'étui et le couteau de ma tante, qu'elle me renvoyait, et qui, disait-il, lui avaient été apportés par un inconnu. Ainsi, elle sentait que j'étais près d'elle, elle devinait ma présence en ces lieux, elle savait qu'on m'y trouverait. Je reçus avec respect ces précieux souvenirs, et j'insistai pour obtenir la grâce d'être secrètement introduite auprès d'elle (1). Il fut muet à mes questions, insensible à mes prières, et ne voulut se charger de rien. Je baisai pieusement les objets que la main de ma tante avait touchés. Il y avait donc encore des âmes compatissantes, chargées de répandre quelque douceur dans l'amertume dont nous étions abreuvées. Peut-être, sans avoir voulu me le

---

tigre qui tue, qui déchire pour le plaisir de tuer et de déchirer, et que la vue du sang excite à en répandre davantage. Enfin, c'est une ivresse du sang. Dieu nous garde à jamais de revoir ce fléau désoler encore la terre.

(1) Il y eut quelques personnes qui pénétrèrent, dit-on, dans la mauvaise cave; mais il en coûtait des trésors. Je n'en avais pas.

promettre, cet homme aura-t-il porté à ma tante les paroles de son enfant, et fait goûter à son cœur maternel la seule consolation qu'il lui fût permis de connaître encore, en ajoutant : « Je l'ai vue, elle t'aime, elle te pleure... elle prie pour toi... »

Pendant cette funeste matinée (1), je ne sortis pas de l'hôtel de ville, en proie à une affliction que rien ne peut dépeindre. J'en parcourais les cours, sans apercevoir ceux que je cherchais. Si les sentinelles ne m'eussent repoussée, j'aurais été la redemander au tribunal même. Enfin, je restai fixée devant la porte fatale par où elle devait sortir. Je voulais la revoir encore, puis mourir aussi... Je voulais la revoir..., puis je redoutais d'en être aperçue et d'ébranler son courage. Et pourtant je m'écriais encore avec véhémence : « Je veux la revoir... » Ici la mémoire me manque... Je vois des gens s'enquérir du sujet de mes larmes, et cela seul me rappelle que j'en versais. J'entends sonner les heures ; qu'elles allaient vite ! Onze heures trois quarts. Je veux rester encore... A midi !... on veut m'emmener ; on m'emmena. Pourquoi suis-je partie ? pourquoi mon courage a-t-il failli ? A-t-elle cru que je l'abandonnais ? Ah ! si quelque chose peut me consoler de ne l'avoir pas revue, c'est que ma présence et ma douleur auraient rendu son sacrifice plus pénible.

J'étais sans mouvement, abîmée dans mon affliction, lorsque vers trois heures on frappe. Une femme

---

(1) 22 pluviôse an II de la République, 11 février 1794.

inconnue remet un billet et s'éloigne. Ce billet était de ma tante qui déjà n'existait plus ! O mon Dieu ! que de douleurs déchiraient mon âme ! quel deuil s'étendait sur mes jeunes années !... Le voici, ce billet (1) :

« Je t'embrasse, ma bonne et chère amie. Mon billet d'hier ne t'est pas parvenu : ménage ta santé et celle de tes deux amis. Je vous remercie du café ; je viens de le prendre. Je t'engage à aller voir ta sœur avec eux. Ne redemande rien et ne m'envoie que peu de choses. Tout est à la Cantat et à Marigni. Je vous embrasse de tout mon cœur, et n'ai pas l'espérance de le faire moi-même. J'ai demandé à être encore interrogée. Ménage ta santé et aime une tante qui t'aime et fait des vœux pour te revoir et pour ton bonheur. Ne demande pas de permission pour me voir. Bien des amitiés à nos voisins ; tâche de les intéresser à ton sort. Adieu, ma chère petite amie.

« Je t'envoie une boîte (2) (tu me la renverras demain à dîner) ainsi que le petit étui et autres petites misères. J'ai encore une boîte pour aujourd'hui, et n'ai besoin de rien. Je voudrais payer ce que je vous dois. Je me porte bien. »

Ce billet, adressé à Cantat, était écrit sur un petit

---

(1) Je regrette d'avoir soumis à des regards indifférents un billet pour moi cher et sacré, dont les simples paroles n'auront point pour eux la valeur qu'ils ont à mes yeux. J'ai voulu refaire ces pages, je ne m'en suis pas trouvé la force.

(2) Une tabatière. Je ne la reçus pas, ni les autres objets non plus. Je pense que l'homme qui me remit l'étui et le couteau garda le reste.

morceau de papier qui semblait arraché à un vieux livre et ne portait pas de date. Il faut avoir vécu dans ces temps affreux, pour comprendre la tendre prudence qui l'avait dicté, pour concevoir avec quelle prévoyance ces phrases, en apparence si simples, avaient été tracées, pour apprécier le calme de son esprit et cette résignation qui s'interdit la plainte et ne permet pas un mot inutile. L'admiration est de tous les temps. O mon Dieu ! vous seul pouvez donner à l'âme la force qui fit alors son seul bien et sa grandeur.

Que devins-je en lisant ce billet si paisible? La main qui l'avait écrit était pour toujours sans mouvement. Il y avait peu d'heures que, pleine de vie et de santé, elle s'était élevée vers le ciel, après avoir cherché à me consoler. « *Je me porte bien*, avait-elle écrit. *Je t'aime, je voudrais payer ce que je vous dois.* » Et que me devait-elle pour des soins qu'il m'était si doux de lui rendre? Elle était ma mère par son amour; elle avait été arrêtée pour mon père, elle mourait pour lui !

Que d'instruction dans ce billet, où elle avait sans doute commandé à sa tendresse, afin qu'il ne contînt rien qui l'empêchât de me parvenir comme celui de la veille! « *Ménage ta santé* », me dit-elle deux fois. Elle me parle de nos deux amis : c'étaient Saint-Jean et Cantat. Elle était reconnaissante de la peine qu'ils avaient eue à son service, et voulait par ce titre les engager à me rester fidèles. « *Ne redemande rien.* » Elle craignait que je m'exposasse en réclamant la restitution de nos effets séquestrés. En disant : « *Tout est à la Cantat et à Marigni* », c'était leur dire de les réclamer pour moi : elle me défendait de chercher à la voir par le même sentiment de prudence. Cette défense était un éternel adieu. « *Ne demande pas de permission pour me voir* » : c'était me dire où elle était. « *Ne m'envoie que peu de chose* »; n'était-ce pas dire : Ma vie sera courte; je ne recevrai plus ce que tu m'enverras; réserve pour toi tes faibles ressources. « *Je t'engage à aller voir ta sœur* » : en même temps qu'elle m'indiquait cet asile, elle pensait sans doute que ma présence empêcherait de vendre la terre des Écherolles, et ménagerait une ressource à mon père; elle pensait encore que mon âge me mettrait à l'abri de la haine portée à ma famille... « *Elle n'a plus l'espérance de me revoir* » : cependant, elle cherche à relever mon courage en me donnant un léger espoir. « *J'ai demandé à être encore interrogée.* » Et cette boîte qu'elle me demande pour demain; elle voulait me faire croire au lendemain. Il n'y en avait plus pour elle !

Enfin, elle me recommande à l'intérêt de nos voisins : mon sort faisait toute sa sollicitude ! Mon sort !... Qu'il a dû être pénible, le sacrifice de l'abandon où elle me laissait !... Le soir, j'entendis pleurer silencieusement à côté de moi : c'était madame de Bellecise ! Elle pleura longtemps sans chercher à me consoler, et cette douce compassion adoucit un peu l'excès de mon affliction. Quelles paroles auraient pu valoir ses larmes ! L'abandon où j'étais affaissait mon âme. J'ignorais où se trouvait mon père; je ne savais si mes frères existaient encore. Le fil qui dirigeait, qui soutenait ma vie, venait d'être coupé ; pour moi, il n'y avait plus que des larmes, et je n'en versais point.

Madame de Bellecise le sentait. Elle se tint près de moi comme un bon ange, et quand ses pleurs eurent amolli mon âme, quand, sortant de l'immobilité où j'étais depuis bien des heures, je pus en répandre moi-même, mes yeux cherchèrent ses yeux pour y trouver, pour y voir le cœur qui souffrait avec mon cœur, l'âme qui venait de parler à mon âme, je ne me sentis plus seule ; il me sembla que ma tante me parlait encore par ses larmes, par ses regards doux et consolants ; et, lorsqu'elle m'engagea à la suivre, je me levai et je la suivis sans répugnance pour pouvoir gémir et pleurer près d'elle. Madame Milanès y vint. Elle parut fort touchée de mon sort et m'assura de son amitié. « Avez-vous le projet de chercher à revoir votre père ? me dit-elle ; je connais une famille (1) qui se rendra bientôt en Suisse et se chargera de vous y conduire. Vous l'y retrouverez peut-être. Vous pourrez du moins attendre près d'elle que vous puissiez le rejoindre. » Je refusai. Ne venais-je pas de recevoir le billet de ma tante qui exprimait le désir que j'allasse retrouver ma sœur ? « Vous le voyez, Madame, je ne le puis. — Eh bien ! Alexandrine, si, pour les arrangements de votre départ, je peux vous être utile, employez-moi. »

Après le malheur d'avoir perdu ma tante, ce qui pouvait m'affliger encore, c'était d'ignorer tout ce qui

---

(1) C'était elle-même.

avait précédé ses derniers instants. La Providence m'accorda plus tard d'en connaître quelques détails. Où pourrais-je les placer mieux qu'ici?

Je les dois à M. de Révéroni, qui, par une protection toute particulière, fut tiré de la mauvaise cave peu d'heures avant l'exécution. Il s'y trouvait avec ces dames, et, comme elles, il se préparait à mourir. La bonté céleste leur avait ménagé les secours d'un prêtre qui devait partager leur sort.

Elles passèrent en prières la nuit qui précéda leur exécution, elles se confessèrent humblement de leurs fautes, et demandèrent à Dieu la grâce de mourir avec courage. Leur résignation, leur pieuse ferveur étaient telles, que M. de Révéroni, qui était époux et père, se vit arracher à regret du milieu d'elles. L'espérance de vivre ne lui sembla rien auprès d'une si belle mort; lui aussi avait fait son sacrifice, et déjà la terre avait disparu à ses regards! Il fit de douloureux adieux à ces êtres prédestinés pour le ciel, et rentra péniblement dans les fatigues de ce monde.

Il a dit souvent que ce tableau ne s'effacerait jamais de sa mémoire; qu'aucune expression ne pouvait faire comprendre le repos de cette nuit solennelle. Combien j'aurais désiré l'entendre lui-même! mais je l'ai vainement cherché.

Le calme saint qui avait régné sous cette voûte sombre les suivit à l'échafaud. Lorsque, pour la dernière fois, la porte de leur cachot s'ouvrit devant elles, on les vit s'avancer avec la plus grande tranquillité. Elles écoutèrent dans un profond silence la lecture de leur jugement, et descendant de l'hôtel de ville avec la même sérénité, elles marchèrent d'un pas ferme à la mort. Arrivées au pied de la guillotine, le saint prêtre leur donna sa bénédiction... Ma tante y monta la première... Elle fut suivie de mademoiselle Olivier qui voulut parler au peuple : on s'y opposa. Les autres montèrent ensuite ; l'homme de Dieu les bénit et mourut le dernier.

Pasteur fidèle, qui ne rentra dans son repos qu'après avoir vu ses brebis à l'abri de tout danger.

O mon Dieu ! ne les reçûtes-vous pas dans votre gloire, ces âmes pieuses, qui, pour vous, supportèrent leurs souffrances avec amour ! Et tandis que des larmes amères s'échappaient de mes yeux, que mon cœur était déchiré, le ciel s'ouvrait pour elles, et déjà, devenues les égales des anges, elles recevaient leur récompense.

Qu'une pareille mort est belle ! Vous ne m'en avez pas jugée digne, Seigneur ; vous m'avez destinée à parcourir une carrière plus longue, afin de méditer sur ses voies et d'être fortifiée par de nouvelles épreuves. Hélas ! souvent fatiguée de mes infortunes, j'ai gémi sur elles, et je vous ai demandé pourquoi le bonheur et la vie étaient prodigués à tant d'autres, tandis que je devais vivre abandonnée, seule et pauvre. Longtemps vous êtes resté muet pour cette âme éprise des biens du monde ; mais enfin, Seigneur, je suis revenue à vous, vous avez daigné m'instruire, et j'ai reconnu que beaucoup de maux sont eux-mêmes des biens. Que d'âmes se sont purifiées par les souffrances, et dans l'obscurité de ces cachots où vous avez fait briller à leurs yeux le flambeau de la foi! Abîmées dans le soin de leurs affaires ou de leurs plaisirs, le plus grand nombre avaient oublié celui de leur salut. Elles reconnurent leurs erreurs par vos salutaires avertissements, et s'estimèrent heureuses de les expier par des épreuves passagères et précieuses à vos yeux... Et ces méchants, qui sont la verge de fer dont vous vous servez pour châtier votre peuple, ces méchants peuvent même espérer de fléchir votre justice par un sincère repentir... Que de crimes pour des biens fugitifs! Déjà beaucoup de ceux qui voulaient usurper la puissance sur la terre ont disparu, et ne possèdent plus les vaines richesses acquises par la mort de l'innocent. Ils ont à peine vécu un jour; et je puis dire avec le saint Roi : « *Je n'ai fait que passer ; où sont-ils ?* »

CHAPITRE TREIZIÈME

Je reste toute la journée dans la solitude. — M. Alexandre vient le soir et veut m'emmener. — Douleur de Cantat. — Ma répugnance à partir. — Il me conduit à Fontaine, d'où il repart dans la nuit. — Bonté de la famille Chozières. — On vient pour m'arrêter. — Réponse du vieux Forêt. — Attachement que Madeleine me témoigne. — Je passe trois semaines chez ses parents. — Madame Milanès. — Sa bonté pour moi. — Mes adieux à mes amis. — Je pars pour retourner aux Écherolles.

Le lendemain, je me retirai dans une petite salle voisine de ma chambre; j'y passai la journée dans une entière solitude. Le gardien, respectant ma douleur, eut la discrétion de ne point y entrer. Plongée dans de profondes pensées que Dieu seul a vues, je gémissais devant lui de l'inutilité de mon existence, un vide affreux s'était fait dans ma vie, et mon âme se détachait de la terre. Ma tante avait emporté avec elle le but de mes soins, de mes vœux, de mes craintes. Elle était, à mon réveil, ma première pensée, comme elle en était la dernière à la fin du jour. Qu'avais-je à faire ici-bas? privée d'elle, tout était vide autour de moi, et mon cœur s'élançait vers le ciel pour l'y retrouver.

Je n'avais point compté les heures, nul bruit n'avait pu m'arracher à ces profondes et solennelles méditations; appuyée sur cette immense douleur, je m'élevais au-dessus d'elle pour la vaincre et l'oublier, lorsque ma porte s'ouvre. Le vieux Forêt entre, suivi d'un garde révolutionnaire devant lequel je reste interdite; il fait un geste impérieux, et, le gardien s'éloignant avec respect, je reste seule avec M. Alexandre. « Quoi! c'est vous, m'écriai-je; et mon père? — Je ne sais où il est dans ce moment, reprit-il; nous avons été arrêtés près de la frontière, parce qu'on a suspecté la vérité de nos papiers. Pendant qu'on allait chercher ceux qui devaient les examiner, votre père a gagné l'homme qui nous gardait en lui offrant sa montre; il nous a laissé échapper par une fenêtre, et nous avons eu le bonheur de regagner Fontaine après une très-courte absence. On ne s'y était pas aperçu de la mienne, et j'y ai repris mes fonctions. Votre père vient d'en repartir seul. Bourdin s'en est allé d'un autre côté, et Charmet reste chez lui. Comme on m'a averti que j'étais dénoncé au district de la ville, je suis venu en toute hâte faire viser mon vrai passe-port au district de la campagne, avant que cette dénonciation y soit connue, et afin de ne plus être exposé aux dangers que je viens de courir. Je pars, j'ai dit adieu aux bons Chozières, mais je leur ai promis de m'informer s'il vous reste du pain (1). Si vous en avez besoin, faites-le-leur dire, ils vous en apporteront. — Ah! je n'ai plus besoin de rien, lui répondis-je; ma tante n'existe plus depuis hier. — Et vous, reprit-il promptement, que faites-vous? que devenez-vous? — J'attends mon sort, il m'est connu; on doit faire cette nuit des visites domiciliaires, je sais que je serai arrêtée. — Comment?

---

(1) Ces braves gens m'en avaient souvent envoyé.

— Oui, j'en ai été prévenue; les prisons se dépeuplent, on veut les remplir. — Et vous restez? — Oui. — Vous voulez les attendre là, tranquillement; vous le voulez? — Oui, je ne forme pas d'autre désir, et je presse cet instant de tous mes vœux. — Eh bien! reprit-il, venez plutôt avec moi; je retourne sur mes pas et je vous conduis chez la mère Chozières. — Non, partez, monsieur, je ne fuirai pas ma destinée; je veux mourir, je veux la suivre : qu'ai-je à faire sur la terre? je désire la mort... — Et moi, dit-il d'une voix ferme, je m'y oppose; la Providence m'a sans doute amené ici pour y accomplir un devoir sacré, je lui obéirai. Je suis le seul ici qui connaisse votre père, je suis le dernier qui l'aie vu; j'emprunte sa voix et je me revêts de son autorité pour vous ordonner de fuir cette mort que vous désirez. Et qui vous dit que vous aurez le bonheur de mourir? qui sait le sort qui vous sera réservé dans cette prison que vous souhaitez? Vous donniez vos soins à votre tante; qui vous soignera, vous? Pensez-vous compter sur des soins mercenaires dont votre tante elle-même ne fut pas toujours satisfaite? Conservez-vous pour votre père, pour vos frères que vous reverrez un jour. Je vous somme et je vous ordonne en leur nom de vous lever et de me suivre. » Il parlait avec autorité, et pourtant je lui résistai. « Je ne veux pas de la vie, partez. Déjà peut-être suis-je seule au monde; je vois ma route, le ciel me la montre, et je la suivrai. — Eh bien, reprit M. Alexandre, je ne partirai pas non plus, et vous serez responsable de ma perte. » A ces mots, je me levai. « Vous l'emportez, lui dis-je, partons ; je n'ai pas le droit de disposer ainsi de votre sort. » A peine lui eus-je accordé mon consentement, que la femme de chambre entra. « J'emmène votre maîtresse, lui dit-il ; elle ne passera pas la nuit ici. » Cantat fondit en larmes à cette nouvelle. « Quoi ! vous l'emmenez ! s'écria-t-elle, que deviendrons-nous ? On viendra cette nuit pour l'arrêter, on ne la trouvera pas, et l'on nous mettra en prison ; oh ! laissez-la ! »

Je pourrais difficilement rendre l'expression qui se peignait sur la figure de M. Alexandre. C'était d'abord de l'étonnement comme ne comprenant pas bien, puis une fureur dont il fut à peine le maître. « Quoi ! c'est là votre pensée, malheureuse ? Quoi ! la dernière de la famille de vos maîtres, la seule qui vous reste, vous pourrez la sacrifier, vous qui devriez vous estimer heureuse de donner votre vie pour sauver la sienne ? Allez, vous êtes indigne d'un si beau sort et vous ne méritez pas de mourir pour elle. »

L'indignation avait élevé sa voix, et sa juste colère avait pétrifié la pauvre Cantat dont les pleurs s'arrêtèrent tout à coup devant cet homme si énergique. On eût dit son existence suspendue ; sans mouvement et sans vie, elle resta immobile, n'osant prononcer un mot de plus. Le gardien vint à son tour. Il n'avait pas compris ce qu'avait dit M. Alexandre, mais sa parole haute avait retenti jusqu'à lui ; il entra donc pour s'informer du sujet de cette altercation. M Alexandre ne lui laissa pas le temps de formuler une question, et lui annonça d'un ton d'autorité qu'il avait l'ordre de m'emmener à l'instant même. Le vieux Forêt, plein de respect pour son uniforme, s'inclina en signe de consentement et nous ouvrit la porte. Ce qui venait d'arriver me faisait sentir qu'il n'y avait pas de temps à perdre, et je sortis presque hors de moi.

Tout cela s'était passé rapidement, si rapidement, que je suis persuadée que nous traduisîmes faussement la pensée de Cantat, et qu'elle n'eut pas le temps de redresser la nôtre. Je me sens le besoin de dire ici que cette pauvre fille, quoique d'une humeur peu agréable, n'était point méchante, et je n'avais aucune raison de la croire mon ennemie. Je pense encore qu'elle prit M. Alexandre pour ce qu'il paraissait être, et qu'en voulant obtenir de lui qu'il me laissât libre, son intention était sans doute de me soustraire plus tard elle-même à la visite que nous attendions. J'avoue que, ne voulant pas l'en faire rougir, je ne l'ai jamais questionnée sur ce moment de délire ou d'erreur de son esprit alarmé.

Je sortis en donnant des regrets au seul être dont le cœur me fût resté fidèle, et que je n'osais emmener avec moi : c'était ma petite chienne, dont l'œil sincère et les tendres caresses avaient charmé mon retour de chaque soir près de ce foyer veuf pour moi de douces causeries et d'amitié. Je retrouvais avec joie cette amie fidèle, la seule qui sût m'aimer encore. Mon père et ma tante avaient aimé cette petite bête ; elle était comme une tradition, un souvenir, et mon dernier regard lui dit en partant : Toi aussi, tu en étais aimée.

Je m'éloignai rapidement avec mon guide dont

l'habit nous servait de laisser-passer. Nous franchîmes la porte de la ville sans la moindre difficulté, et nous nous trouvâmes libres dans la campagne. Il avait été important de hâter notre sortie, parce qu'il était tard et que l'heure de notre promenade eût pu paraître indue. Bientôt l'obscurité devint profonde ; il tombait une pluie fine, pénétrante. L'impossibilité de rien distinguer rendit notre marche très-longue et très-fatigante. Il ne fallait pas moins que la grande habitude que M. Alexandre avait de ce chemin pour le reconnaître à travers les épaisses ténèbres qui protégeaient notre fuite. Quant à moi, je m'abandonnai avec la plus grande sécurité aux soins de cet homme généreux, marchant avec précaution, évitant le bruit et les rencontres. Dans le silence de cette course nocturne, je repassais dans mon âme les tristes événements qui m'avaient amenée à errer ainsi au milieu des champs pendant la nuit, jeune et seule avec un jeune étranger.

Nous arrivâmes fort tard à Fontaine. Les bonnes gens chez lesquelles j'allais me réfugier me reçurent de bon cœur. M. Alexandre les instruisit de mon malheur, en me recommandant à leurs soins. Ils pleurèrent avec moi, et mirent dans l'accueil qu'ils me firent toute la délicatesse naturelle aux belles âmes. La moitié de la nuit se passa en récits ; le retour de M. Alexandre répandit la joie dans toute la maison ; un grand feu, un bon souper réparèrent nos fatigues. Après avoir parlé longtemps des tristesses du jour et de celles du lendemain, de cet avenir si redoutable et du passé si funeste, je souhaitai une bonne nuit à mon guide, et, lui tendant la main, je voulus lui parler de ma reconnaissance; je n'avais point de paroles pour l'exprimer : « A demain! » lui dis-je. Je ne l'ai plus revu. Il repartit avant le jour. J'ignore s'il existe encore, en quel lieu il habite, et jamais depuis je ne l'ai entendu nommer. Le lendemain, à mon réveil, je me sentis tristement déçue; je me trouvai coupable d'ingratitude : je l'avais si peu, si mal remercié! Il avait sauvé l'orpheline, protégé ma faiblesse et mon abandon au péril de ses jours; une si belle action devait lui attirer la protection du ciel, et mes prières la sollicitèrent pour lui.

On vint en effet pour m'arrêter la nuit même de ma fuite. Qu'étais-je devenue? Le gardien répondit que j'avais déjà été arrêtée, vers six heures du soir, par un garde révolutionnaire. « Et dans quelle prison est-elle? — Je ne sais où il l'a conduite. » Ils repartirent. Rassurée en voyant qu'ils se contentaient de cette réponse, et que ma vie ne coûtait rien à la sienne, Cantat me garda le secret. La grande quantité d'arrestations qui se faisaient dans une nuit pareille ne permettaient pas de s'assurer promptement de la vérité; gagner du temps était beaucoup. Je ne sais, si la pauvre fille avait été emprisonnée, jusqu'où eussent été son courage et sa discrétion; j'espère pour elle qu'elle aurait puisé des forces dans son malheur même. Du reste, malgré le mystère que M. Alexandre lui avait fait du lieu de ma retraite, elle put aisément deviner que j'étais à Fontaine, où en effet Saint-Jean vint me voir quelque temps après.

Je passai trois semaines chez ces braves gens, dont la bonté ne se démentit jamais. Je ne puis penser sans attendrissement à la recherche des soins qu'ils me prodiguèrent; ce fut après beaucoup d'instances que j'obtins de manger avec eux et comme eux. « Vous n'êtes pas habituée à nos heures, à notre nourriture », disaient-ils. Ah! je n'avais plus d'habitude! Madeleine, la bonne Madeleine m'entourait des attentions les plus délicates. Toujours prévenue à temps des visites domiciliaires qui se faisaient dans le village, elle me conduisait par des chemins détournés au delà des limites du département; je ne rentrais qu'après le départ des commissaires. Ma conservation n'était plus pour elle un intérêt secondaire; j'étais celle qu'il fallait sauver, sur moi seule alors reposait sa tendre sollicitude. Le repos et le loisir où je me trouvai tout à coup plongée me parurent insupportables; nul soin ne remplissait mes journées. N'ayant plus qu'à penser à moi-même, ma vie ne tenait à rien. J'étais comme détachée de l'arbre qui m'avait donné l'être, branche inutile destinée à sécher et à mourir loin de lui. Livrée à une profonde mélancolie, le sentiment de mon isolement me fit désirer violemment de chercher, de retrouver mon père : ce désir devint comme un mal véhément qui ébranla en quelque sorte ma volonté d'obéir à l'ordre de ma tante. Saint-Jean et Cantat n'eurent pas plutôt connaissance de ce que j'éprouvais, que l'inquiétude de retourner seuls à Moulins leur fit employer des ruses secrètes pour me ramener à mon premier projet. Je ne rechercherai point s'ils avaient en vue la volonté de ma tante, ou s'ils craignaient d'être punis en ne me ramenant point avec eux.

La Providence se servait de ces âmes pusillanimes pour me rappeler à mon devoir, et je me disposai à le suivre. Cependant, j'avoue que ce n'était pas sans effroi que je m'apprêtais à retourner dans un pays où la haine que l'on portait à mon père me faisait pressentir de mauvais traitements, et l'incertitude de la réception que j'y trouverais accroissait le trouble de mon esprit.

Je menais une vie tranquille et qui m'eût paru douce, sans les tristes souvenirs et les regrets amers qui remplissaient mon cœur. Tous les soirs, à la veillée, je lisais la *Vie des Saints* à haute voix. Vers minuit, la mère Chozières faisait la prière de même, et la pieuse assemblée se séparait ensuite. C'était l'existence la plus satisfaisante pour mon âme. Je pouvais prier avec des sœurs. Tous les dimanches, je lisais les prières de la Messe à la famille réunie; tous, à genoux et pleins de ferveur, nous demandions le repentir pour les coupables et la consolation pour les malheureux. Pierre l'imbécile(1) s'unissait à nos prières de toute la force de ses facultés; à défaut d'esprit, il priait avec son cœur. N'est-ce pas assez pour le ciel? Son humilité était sincère, et son intelligence assez grande pour garder religieusement les secrets importants que l'on s'était vu dans la nécessité de lui confier.

---

(1) C'était un pauvre parent de la mère Chozières, dont elle prenait soin; il me semble l'avoir déjà dit.

Hélas! en me rendant aux ordres de ma tante, j'allais commencer la vie la plus infortunée; j'allais vivre seule, décider de mes actions et répondre de mes discours : terrible et dangereuse liberté; pas d'amis peut-être, point de guide. Oh! qu'elle est grande la sagesse qui nous cache l'avenir! Qui pourrait en supporter le poids, s'il nous était connu? Si j'avais vu l'ensemble des douleurs que les années devaient accumuler sur ma tête, je crois que, retournant à Lyon, j'aurais sollicité le bienfait de la perdre sur l'échafaud. Mais, Seigneur, vous connaissiez ma faiblesse, et vous m'avez soutenue au milieu de ma misère. Pardonnez une pensée qui n'était pas selon vous.

Je ne puis rien dire de mon caractère. Les événements me conduisaient; j'agissais par leur impulsion bien plus que d'après la mienne. A la fois craintive et ferme, confiante et réservée, mon isolement me faisait replier sur moi-même tous les sentiments de mon cœur; en parler et n'être pas comprise m'eût semblé les exposer à une espèce de profanation. Je taisais mes opinions par une raison semblable. Le silence est souvent une sauvegarde. J'ai entendu plus tard vanter mon courage, et je m'en suis étonnée. Aurais-je pu faire autrement? Les circonstances me portaient, et j'ai suivi la carrière où elles m'ont poussée.

J'étais facilement dupe d'un air sincère; car, malgré tant de malheurs, j'avais peine à croire au mal, ou plutôt j'éprouvais impérieusement le besoin de croire au bien. Détrompée sur Saint-Jean et Cantat, je me sentais pour eux un éloignement invincible, en même temps qu'une habitude d'enfance me donnait une espèce de déférence pour leurs avis. La nécessité de leur montrer une confiance que je n'éprouvais pas me mettait au supplice. Cette contradiction de mes sentiments et de ma position était presque la seule chose qui me parût difficile à supporter ; car une indifférence que je n'oserais nommer résignation s'était insensiblement emparée de mon âme, et m'ôtait toute inquiétude sur moi-même.

Dans la situation où j'étais, il ne pouvait y avoir rien de plus heureux pour moi que mon séjour à Fontaine. Malgré l'inutilité de mes journées, mon isolement et mon ignorance de ce qui m'était réservé, je trouvais de la douceur à vivre près de Madeleine. Devenant peu à peu pour elle une nouvelle Sauriac, je lui succédais dans son cœur. Que ma position était faite pour intéresser ! Elle ne me quittait pas ; et cherchant, par tous les moyens possibles, à distraire ma douleur, elle me devenait chaque jour plus chère. De son côté, la mère Chozières, étudiant mes goûts, cherchait à les surprendre, et me servait toujours un petit plat plus recherché que le sien. Mes remontrances sur ce point restèrent infructueuses. « Vous n'êtes pas faite à vivre comme nous », disait-elle ; et je n'obtenais rien. Enfin, son mari avait pour moi toutes les attentions dont il était capable ; mon sort le touchait visiblement. J'étais alors seule chez lui, et mon âge ne lui paraissait pas être une cause de danger pour sa propre sûreté ; il fut constamment de la meilleure humeur.

Saint-Jean, qui n'avait pas eu de peine à deviner ma retraite, vint bientôt m'y trouver, et m'amena *Coquette,* ma petite chienne chérie. Ce fut la première joie que j'éprouvai, et je fus sincèrement touchée de l'attention qui me la fit goûter. La joie de cette sincère amie ne fut pas moindre que la mienne. Elle m'aimait, elle était mon unique bien, elle m'était fidèle ! Il faut avoir été dépouillée de tout, comme je l'étais alors, pour sentir le prix de ses caresses : c'était un fil qui me rattachait à ce que j'avais été, à tout ce que j'avais eu. Mon père et ma tante l'avaient aimée aussi et l'avaient caressée. Je croyais voir et sentir sur elle les douces traces de leurs mains si chères ; je croyais même l'en voir reconnaissante encore. Que de souvenirs m'étaient rendus avec elle ! Sa présence me parlait de tout ce que je n'avais plus. Pleurant à sa vue, elle parut me comprendre, et je ne me sentis plus aussi seule.

Saint-Jean m'annonça que les scellés avaient été levés à sa demande et à celle de Cantat, pour en retirer leurs effets, suivant la permission qu'ils en avaient reçue. Ensuite, il m'apprit que leur intention était de partir, et de profiter du retour d'un voiturier de Moulins qui avait amené à Lyon une pacotille de sabots, et s'en allait à vide. « Et je viens, ajouta-t-il, pour vous demander ce que vous voulez faire ? — Je vous suivrai, répondis-je ; je n'ai ni le pouvoir ni la volonté d'agir autrement. » En effet, depuis que j'avais pris la ferme résolution d'obéir à ma tante, mon effroi avait cessé. Je le chargeai d'aller parler à madame Milanès pour l'instruire de mon prochain départ, et lui demander ses conseils sur la manière dont je pourrais obtenir un passe-port.

Il revint bientôt me chercher pour me conduire chez elle, sans donner avis de ma présence à Lyon au citoyen Forêt. Je n'oublierai jamais la bonté, la tendresse de madame Milanès, son affection toute maternelle, et quelle douce impression me faisaient éprouver ses soins, son langage, ses manières. Je retrouvais mes habitudes comme d'anciennes connaissances, mes yeux se mouillaient de pleurs à la pensée de tout ce que j'avais perdu et que je ne retrouverais jamais.

Pour obtenir un passe-port, il fallait être muni d'un certificat de section. Je ne pouvais sans danger aller en demander un à la mienne; il fut décidé qu'un assignat de cent francs m'en tiendrait lieu, celui qui délivrait les passe-ports prenant volontiers le change. Cette négociation fut confiée à la bonne femme de chambre de madame Milanès, une des personnes les plus intelligentes que j'aie connues. Notre homme étant prévenu, je me rendis avec elle à son bureau; je lui remis ostensiblement un papier qu'il parut lire avec attention; et le serrant avec soin dans un tiroir, il me délivra mon passe-port sous la qualification de lingère qui convient à toutes les femmes, car il fallait avoir un état.

Je soupai avec madame Milanès, et je couchai dans sa chambre. En me déshabillant, elle aperçut un ruban rouge à mon corset. « Alexandrine, qu'avez-vous donc là? — C'est la croix de Saint-Louis de mon père. — Comment! êtes-vous folle, ma bonne amie? Et vous l'avez toujours portée? — Sans doute, il ne me reste que cette croix, je veux la lui conserver. — Et quand vous alliez en prison? — Je la portais toujours, il l'a payée de son sang. — Alexandrine, faites-m'en le sacrifice. Si vous êtes fouillée, votre vie serait en danger; vous la perdriez peut-être, vous ne pouvez pas raisonnablement vous y exposer. »

J'eus beaucoup de peine à me rendre à ses désirs; cependant, je ne pus résister à sa prudence, à son amitié, et surtout à ma reconnaissance pour elle. Je lui abandonnai mon trésor. Mon corset contenait encore des papiers que j'y avais soigneusement cachés, et qui m'avaient été confiés par mon père et par ma tante (1). N'ayant plus le bonheur de recevoir leurs ordres, j'étais restée fidèle à ceux qu'ils m'avaient donnés. Il fallut sacrifier tout cela à ma prudente protectrice, obéissance qui me fut d'autant plus pénible, que c'était encore un soin qui m'était ravi : je m'appauvrissais chaque jour.

Le lendemain, j'allai à la commission temporaire pour faire viser mon passe-port. C'était un ancien

---

(1) Ils oublièrent tous les deux que dans un moment pressant ils me les remirent pour les cacher. Je ne trouvai rien de mieux que mon corset; ils y restèrent. C'est ainsi que je gardai plusieurs blancs seings de M. de Précy, qu'il avait confiés à mon père je ne sais à quelle intention; mais depuis longtemps je m'en étais défait, ayant compris le danger que ce nom portait avec lui.

préfet du collége de Moulins qui en était chargé. Il me regarda beaucoup et longtemps. « Depuis quand es-tu lingère? — Depuis que je sais coudre comme ma mère. » Il n'ajouta rien.

En revenant de la commission temporaire, je me disposai à retourner à Fontaine, et nos adieux furent très-tendres. Je quittais une bienfaitrice, et madame Milanès s'attendrissait sur mon sort. Elle était elle-même sur le point de quitter Lyon, pour aller rejoindre ses enfants, depuis longtemps passés en Suisse, où ils étaient à l'abri de tout danger, chez une de ses sœurs qui habitait ce pays depuis l'émigration.

En nous séparant, madame Milanès me remit un petit paquet d'assignats un peu brûlés. « Tenez, me dit-elle, voici des assignats échappés au brasier dans lequel vos malheureux compatriotes jetèrent avant de mourir tout ce qu'ils possédaient. On en a sauvé quelques-uns ; je vous remets ceux-ci comme la seule qui puissiez y prétendre, étant du même pays. »

Cette manière délicate de venir à mon secours alla droit à mon cœur, et la réflexion vint bientôt me prouver qu'elle profitait du bruit qui en avait couru pour soulager ma misère. Comment ces assignats auraient-ils pu lui parvenir? J'appelai sur elle les bénédictions célestes; et me retrouvant encore tristement délaissée, je repris avec Saint-Jean la route de Fontaine, où je devais passer le temps qui s'écoulerait jusqu'à mon départ.

Madeleine ne pouvait se consoler de me voir partir. Elle n'aimait ni Saint-Jean ni Cantat; elle me confia leurs intrigues pour m'empêcher de rester, et me répéta que les récits qu'ils m'avaient fait parvenir pour me détourner du projet d'aller en Suisse étaient fort exagérés et en partie de leur invention. « Et voilà les gens que vous allez suivre! me dit-elle. Tant que j'ai cru que c'était pour votre bien, je me suis tue; mais ils ne craignent que pour eux. Restez avec nous, nous vous aimons, nous vous soignerons. — Madeleine, je dois obéir à ma tante. — Oh! votre tante n'a pas cru qu'on vous ferait du mal dans votre méchant pays, elle voulait votre bien; mais eux, ils veulent vous y conduire pour n'être point punis. »

Je ne pus répondre à cette excellente fille que par mes larmes. L'attachement qu'elle me témoignait toucha vivement mon cœur, sans pouvoir ébranler ma résolution. « Eh bien, me dit-elle, si vous êtes malheureuse, écrivez-moi; je saurai pénétrer jusqu'à vous, je vous sauverai, je vous ramènerai; tant que je vivrai, il ne vous arrivera rien, et vous attendrez ici le retour de votre père. Il y reviendra, croyez-le bien. » Bonne Madeleine! elle l'eût fait : elle en était capable. Je ne pus que gémir avec elle et m'affliger d'une séparation qui me privait d'une amie aussi sincère. Je passai encore quelques jours à Fontaine, jours doux et calmes, jours de repos après la tempête, où se puisent les forces pour supporter de nouveaux orages.

Tout m'attachait, tout me plaisait dans cette humble retraite; tout m'y semblait regrettable. La petite Driette, discrète comme une personne raisonnable, avait toute la vive gaieté de son âge, et souvent me faisait sourire.

Pierre comprenait que j'étais triste, et lui aussi voulait me distraire. Ses moyens étaient bornés sans doute; mais ayant remarqué que j'avais ri en le voyant sauter devant *Coquette,* il avait coutume, dès qu'il me voyait (selon lui) trop affligée, de commencer sa danse, dont les pas et les attitudes étaient si grotesques, qu'il m'était impossible d'y résister. Satisfait de me voir rire, il redoublait ses efforts pour me plaire, et ne cédait qu'à la fatigue. J'étais sensible à son intention; il m'intéressait, ce pauvre idiot, qui eut toujours l'esprit et la sagesse de ne jamais commettre une indiscrétion, et dont la prudence était au-dessus de celle de beaucoup de gens sensés.

Enfin les affaires de Cantat et de Saint-Jean étant terminées, ils vinrent me chercher, et je fis mes adieux aux bons Chozières. Ils étaient tristes, ces adieux. Jamais démarche ne fut plus importante; elle influa sur le reste de ma vie.

Je rentrai dans l'appartement de ma tante, j'y passai une bien triste nuit. Le gardien, me revoyant munie d'un passe-port bien en règle, ne songea point à s'opposer à mon départ, qui du reste favorisait ses intérêts. Il n'était point fâché de voir s'éloigner la seule personne qui eût des droits à réclamer les objets mis sous sa garde, et que déjà il s'était accoutumé à regarder comme siens. On dit qu'aidé ou poussé par sa femme, il vola en grande partie ce qui était sous les scellés. Il périt avec elle dans une réaction qui eut lieu plus tard.

J'allai faire mes adieux à madame de Souligné, dont la fille était de mon âge et mon amie. Leur gardien me laissa pénétrer jusqu'à elles en faveur de mon départ. M. de Souligné avait péri; elles espéraient pouvoir obtenir bientôt la liberté de quitter Lyon pour se retirer dans une petite propriété que madame de Souligné possédait près de Sens, et dont elles me donnèrent l'adresse. Tous ces adieux étaient déchirants. Se reverra-t-on? Pour moi, il me semblait marcher vers un précipice.

Je montai chez madame de Bellecise, que mon cœur révérait comme une sainte, et chérissait comme une mère. Elle pleura sur moi et me bénit. J'osai alors lui demander où était sa fille, où était celle qui possédait toute mon admiration; car dans mon esprit je ne voyais point de jeune personne au-dessus de Félicité de Bellecise.

« Elle est sauvée, me dit-elle. — Dieu soit loué, lui répondis-je; qu'il vous la rende un jour et me conserve son amitié. » Le vieux M. de Bellecise joignit ses vœux pour moi à ceux de sa femme, et je les quittai. Je devais leur inspirer une grande pitié.

Le lendemain, de bonne heure, je montai dans la charrette du sabotier, et je m'éloignai de cette malheureuse ville où j'avais tout perdu, emmenant avec moi un petit garçon de quatre ou cinq ans, dont le père avait été guillotiné, et que sa mère, tombée dans la misère, confiait désormais aux soins de son oncle (1), libraire à Moulins. La vue d'un enfant plus jeune et plus misérable que moi servit à me faire remarquer

---

(1) Je crois que l'enfant se nommait Maine.

tout ce qui me restait de plus qu'à lui ; j'allais rejoindre une sœur, une bonne que je connaissais, j'allais vivre dans la maison où j'étais née ; je retrouverais peut-être des amis.

Mon voyage fut triste ; le ton de mes compagnons, leur brusquerie, ne m'avaient jamais autant frappée ; ils ne se gênaient plus. Je remarquai dans le sac de Cantat quelques robes de ma tante. « Elle me les a données », me dit-elle. Elle avait pris à la lettre le billet de ma tante ; un autre esprit l'avait dicté. Je gardai le silence, je commençais à comprendre combien la plainte est vaine.

CHAPITRE QUATORZIÈME

Mon retour aux Écherolles. — J'y retrouve ma sœur et ma bonne — Mon interrogatoire. — Le comité révolutionnaire de Moulins veut me mettre au Dépôt. — Le médecin Simard s'y oppose. — Je reste provisoirement en arrestation aux Écherolles. — Madame de Grimauld. — Ma vie aux Écherolles. — Arbre de la liberté. — Je coupe mes cheveux. — Mademoiselle Melon, ma tante. — Elle obtient la permission de m'avoir auprès d'elle.

J'arrivai aux Écherolles par une belle matinée; on touchait au mois de mai (1794), et pourtant comme tout me parut vide et triste! On ne m'y attendait pas; mais je fus reçue par ma bonne avec une joie sincère et comme un enfant perdu dont elle n'espérait plus le retour. Le lendemain, mes compagnons de voyage repartirent pour Moulins, et je me trouvai allégée d'un grand poids, l'espèce de ruse qu'ils avaient employée envers moi m'ayant inspiré une méfiance qui me rendait leur présence importune.

C'est depuis l'instant où je fus forcée de vivre avec des gens dont je me défiais, que je pris l'habitude de refouler mes sentiments au fond de mon cœur et d'y ensevelir mes pensées; habitude qui eut parfois des suites heureuses pour moi, mais qui trop souvent me priva des douceurs de la confiance et des lumières qu'elle eût répandues dans mon esprit.

Oh! qu'elle est heureuse l'enfance qui s'écoule dans le sein de l'amour, et sous les yeux d'une mère tendre et vigilante, dont la main guide et soutient les pas incertains; dont l'esprit surveille, éclaire, instruit la jeune intelligence; dont le cœur verse dans son jeune cœur les vertus du sien, et lui inspirant l'amour de Dieu, dissipe ses craintes et raffermit sa foi !

Tous ces biens m'étaient ravis ! C'est en grandissant que, reconnaissant leur valeur, j'ai senti tout ce qui me manquait, ainsi que tous les défauts qui en étaient résultés.

J'arrivai aux Écherolles pleine de défiance envers les autres, mais aussi envers moi-même. Il me semblait pourtant être mieux élevée que ceux qui m'entouraient, et cela m'embarrassait pour eux, agissant avec appréhension, de peur qu'on ne me fît un crime de cette différence; une gêne que je n'avais point connue jusqu'alors devint ma compagne habituelle.

Le souvenir des jours que j'avais passés, avec ma famille, dans ce lieu si cher à mon cœur, me rendait le présent bien amer. Enfant abandonnée, sans appui, sans parents, que je devais inspirer de compassion aux âmes capables d'en ressentir !

J'aimais beaucoup ma bonne, mais ma confiance en elle était ébranlée par l'opinion qu'elle avait énoncée dès les premiers jours de la Révolution. La haine qu'elle portait aux abus lui avait fait voir le bonheur de sa patrie dans les changements qui s'opéraient alors; elle y applaudit avec une ardeur qui m'était présente encore, et jetait quelques ombres sur l'affection qu'elle me témoignait. L'intolérance naturelle à la jeunesse troublait mon jugement et trompait mon cœur. Je la

croyais coupable parce qu'elle avait eu un tort (1), et
ses avis n'avaient plus le même poids à mes yeux.
Cependant, je sentais que son amitié pour moi n'avait
pas changé ; bientôt je reconnus aussi qu'il existait peu
d'âmes plus élevées que la sienne, peu de cœurs plus
généreux, et que le mien lui devait toute sa reconnaissance. Nécessaire et dévouée à l'existence de ma sœur,
elle ne vivait que pour lui prodiguer les soins les plus
tendres. Je ne pourrais nombrer tous les services qu'elle
nous a rendus, toutes les ressources de son zèle et de
son attachement. Depuis longtemps revenue d'une
erreur qui avait pris sa source dans son amour pour la
justice, elle avait maudit les révolutionnaires et leurs
excès. Redevenue ce qu'elle devait être, elle sentit avec
la même violence la haine qu'ils méritaient. Combien
je me sens heureuse de rendre ce témoignage à sa
mémoire et de reconnaître ici tout ce que je lui dois,
afin de réparer, en les publiant, les torts que je puis
avoir à son égard !

La cour du château me parut une vaste solitude ; ma
misérable charrette s'avança lentement jusqu'au perron.
J'en descendis. Comme tout était muet ! J'étais partie
de cette même place, il y avait dix-huit mois, dans un
équipage commode, assise près de ma tante, entourée
de soins et de protection. Et maintenant, avais-je
encore une famille? Mon père, mes frères, existiez-
vous? Devais-je vous revoir un jour? Un frisson par-

---

(1) J'ai reconnu depuis que le monde juge très-souvent comme
le faisait la petite fille.

courut mes membres. Sans la crainte qu'on ne découvrît ce que j'éprouvais, sans la peur de m'affaiblir moi-même, je n'aurais pu dominer la douleur qui me déchirait; mais cette peur bien plus grande encore de m'attendrir peut-être devant des indifférents me fit repousser et renfermer au fond de mon âme l'émotion profonde qui ébranlait mon courage; mes larmes ne coulèrent point en entrant dans la maison déserte et désolée de mon père.

Je trouvai ma bonne entièrement livrée aux soins qu'exigeait l'état de ma sœur, et mettant son bonheur à répandre quelque douceur sur une existence aussi triste que celle d'Odille. Babet, excellente fille déjà à notre service lors de notre départ, la secondait et la servait fidèlement. Elle m'accueillit aussi avec amour; ma sœur ne me reconnut point (1). Les autres habitants du château, à l'exception de Vernière, l'honnête jardinier de mon père, me virent avec plus de curiosité que d'intérêt.

Je fus logée dans la cuisine, c'est-à-dire qu'elle nous servait de salon. La nuit, je partageai l'étroite mansarde où couchaient ma sœur, ma bonne et Babet. Le reste, disait-on, était séquestré. Cependant, ce prétendu séquestre n'empêchait pas les fermiers d'en jouir et d'y loger leurs amis. Je voyais les fenêtres de la chambre de ma mère s'ouvrir pour des étrangers, moi seule j'étais bannie de cette chambre, où je l'avais

---

(1) Des larmes coulèrent silencieusement de ses yeux qui me fixaient sans exprimer le moindre sentiment.

connue, où j'avais reçu sa bénédiction et ses derniers adieux, où nous l'avions vue mourir! Moi seule je ne pouvais franchir le seuil de cette porte sacrée; reléguée dans la cuisine du château de mon père, je voyais agir et parler en maîtres ceux qui jadis...! C'était bien dur!

A peine eus-je mis pied à terre qu'un message fut envoyé à Moulins pour annoncer au comité révolutionnaire cette importante nouvelle. Une enfant de quatorze ans, échappée comme par miracle aux massacres et à la misère; une enfant, reste infortuné de cette famille détestée, venait d'arriver!

Le lendemain, on me réveille à quatre heures du matin : il faut se lever, on l'ordonne, on m'attend. Je descends dans le jardin, où je trouve un nommé C..., autrefois apothicaire, maintenant membre du comité révolutionnaire.

Il se trouvait dans une allée de charmille, qui devint le tribunal où je fus interrogée. « Où est ton père? — Je l'ignore. — As-tu vu Précy (1)? — Non. — N'as-tu pas eu connaissance des projets de l'infâme ville de Lyon? — Non. — N'a-t-on donc jamais parlé en ta présence des plans des contre-révolutionnaires? — Non. — Où sont tes frères? — Je ne sais pas. » Voilà à peu près le genre de ses questions et de mes réponses.

Cet homme, petit et laid, me scrutait du regard et

---

(1) On se rappellera que M. de Précy commandait les Lyonnais. Je l'avais vu souvent chez mon père; mais ignorant ce que l'on pourrait induire de ce premier aveu, je me renfermai dans mon système parfait de négation. Je ne me suis jamais reproché ces mensonges.

semblait vouloir pénétrer au fond de mon âme; il m'interrogea longtemps, tourna et retourna ses questions : je restai dans mon laconisme. Ma bonne, comme une nouvelle Josabeth, tremblait pour moi, et priait en silence.

Ne pouvant rien obtenir de plus, il termina enfin son interrogatoire, et mécontent d'être vaincu par une enfant, il ajouta d'une voix impérieuse et forte : « Écoute attentivement ce que je vais te dire, et dispose-toi à obéir. Tu as le malheur d'être d'une famille traître à la patrie, et tu dois effacer cette tache, réparer ses crimes et purifier le sang impur qui coule dans tes veines; tu ne le peux qu'en servant la nation, en travaillant pour elle. Travaille pour les soldats, et surtout dénonce les traîtres; révèle leurs desseins criminels, publie leurs forfaits; c'est ainsi que tu rachèteras la honte de ton nom, c'est ainsi que tu serviras la République. » Je souris amèrement pour toute réponse, et il partit en me criant encore : « Dénonce, dénonce. »

La visite de C... alarma prodigieusement ma bonne. Elle me dit sur-le-champ : « Il faudra obéir, travailler comme il l'a ordonné; je ferai demander à Moulins des chemises et des vestes pour les volontaires (1), afin que tu puisses ensuite envoyer ton ouvrage au comité. — Moi! je ne travaillerai pas, ma bonne. — Mais n'as-tu pas entendu ce qu'il a dit? — Je ne travaillerai pas. — Alexandrine, tu accroîtras tes malheurs. — Je m'y

---

(1) On forçait beaucoup de dames à travailler ainsi pour les armées, dont les soldats manquaient d'habits.

résignerai ; rien au monde ne me fera obéir à cet homme. — Au moins de la charpie? — Non, je n'en ferai pas. » Ma pauvre bonne, désolée de mon entêtement, se mit à faire de la charpie elle-même. Je la vis coudre des chemises et des vestes, et je suppose qu'elle m'en fit l'honneur près du comité révolutionnaire, car elle ne m'en parla plus.

Le maire de la commune vint à son tour visiter les effets que j'avais rapportés. Chaque chose fut dépliée, secouée, examinée avec soin, pour savoir si aucune proclamation des rebelles ne s'y trouvait cachée, et le procès-verbal en fut envoyé au comité. Ma bonne, par une prévoyance que je comprenais sans l'approuver, avait caché la moitié du peu que je possédais, de sorte que je n'avais à mettre qu'une seule robe; elle était mauvaise, et j'en souffrais. Ma bonne me répétait : « Il faut paraître misérable. » Et je reprenais : « Je ne veux pas inspirer la pitié. » Sa tendre sollicitude redoutait tout ce qui, selon elle, pouvait me compromettre. Et moi, je ne redoutais rien autant que d'inspirer la compassion ; j'étais portée, par les froissements de mon orgueil, à repousser violemment les airs de protection pour moi plus durs à supporter que le malheur. Cependant alors combien j'étais faite pour inspirer la pitié la plus profonde, par le sort qui m'était préparé ! Mais j'ignorais encore l'ignominie qu'on me réservait, et je n'appris que plus tard ce que je vais raconter.

Après mon interrogatoire, le comité se mit à délibérer sur ce qu'on ferait de ma personne. On me regardait comme un être dangereux, portant un nom détesté, venant d'une ville rebelle, ayant peut-être connaissance de secrets qu'il fallait éviter que je pusse confier aux personnes de mon parti. On ne voulait donc pas me mettre dans la prison où elles étaient renfermées ; d'ailleurs, c'eût été un bonheur de m'y trouver avec des parents ou des amis, et l'on ne pouvait trop humilier ou punir en moi les crimes de ma famille. Le résultat de cette délibération fut un arrêt qui me condamna à être conduite et renfermée au Dépôt. A ce nom, tout mon sang s'arrête encore, malgré les années qui se sont écoulées et perdues dans l'abîme du temps, depuis cette époque.

Le Dépôt était la prison des femmes prostituées de la classe la plus vile, de ces femmes qui, ayant ajouté à l'inconduite la plus affreuse des crimes presque authentiques, eussent subi la peine capitale, si le manque de quelques preuves convaincantes n'avait empêché de la prononcer. C'est là, c'est dans ce lieu infecté par le vice que je fus condamnée à vivre.

O ma mère ! c'est dans cette horrible demeure que votre fille devait respirer un air corrompu. Du haut du ciel vîtes-vous sa misère ! Ah ! sans doute, alors vos prières furent pour elle.

La Providence ne permit pas ma perte. L'arrêt ne fut point exécuté sur-le-champ ; ce retard me sauva en donnant au repentir le temps de se réveiller dans le cœur d'un homme qui m'avait vue naître. C'était Simard, médecin de ma famille, qui, depuis la Révolution, se montra l'ennemi de mon père, et siégeait maintenant, comme membre du comité révolutionnaire, dans la maison où il fut accueilli avec amitié (1) pendant nombre d'années, et où il allait condamner à l'infamie l'enfant qu'il y avait aimée, soignée, caressée, et que plus d'une fois il avait rendue à la vie. Il parla pour moi; il représenta que mon âge m'empêchait d'être redoutable, et que la terre des Écherolles n'étant pas encore vendue, je pouvais y rester sous la surveillance de la municipalité du lieu, et sous celle du fermier Alix qui répondrait de ma personne; qu'enfin on serait toujours à même de faire exécuter l'arrêté, dès que le comité l'ordonnerait. Son avis passa. Puisse la protection qu'il accorda à l'orpheline entrer en compte aux yeux de l'éternelle justice !

Je restai dans l'ignorance d'un malheur nouveau, toujours prêt à m'atteindre, et je suis reconnaissante du sentiment délicat qui empêcha de m'en parler d'avance. Mon âge m'eût caché une partie de son horreur, mais j'en aurais compris assez pour être au désespoir, en me voyant conduire dans cet affreux repaire.

Ma captivité passait inaperçue à mes regards; j'étais surveillée, sans doute; mais n'en éprouvant aucune gêne, je ne la ressentais point. D'ailleurs, je ne pouvais désirer une autre existence; étant revenue pour obéir à ma tante, son ordre sacré était pour moi plus qu'une puissante garde; il ne pouvait donc entrer dans

---

(1) Le comité révolutionnaire s'était emparé de la maison de mon père, à Moulins, pour y tenir ses séances.

mon esprit de chercher à m'échapper. Qu'eussé-je pu faire de ma liberté? Où aller? Ne pouvant rejoindre mon père, quel intérêt avais-je à quitter les Écherolles? Les amis de ma famille étaient détenus ou en fuite. On n'osait prononcer le nom de mon père dans la crainte de se compromettre. Personne n'avait le pouvoir ni la volonté de me protéger; car personne ne possédait pour soi-même la liberté d'agir. Madame de Grimauld, seule digne amie de ma mère, ayant appris le dénûment complet dans lequel j'étais revenue de Lyon, me fit dire sur-le-champ qu'elle allait partager avec moi la garde-robe de sa fille, de Joséphine, ma première et ma plus chère amie. Je refusai, mais je fus profondément émue de cette marque de souvenir.

J'ai su depuis que si l'arrêt du comité révolutionnaire avait été exécuté, laissant sa fille dans les mains d'une amie sûre, madame de Grimauld serait venue s'enfermer avec moi au Dépôt; ou du moins, étant déjà elle-même en arrestation dans sa propre demeure, elle aurait sollicité d'être transférée dans cette prison. « Je croyais, me dit-elle simplement, le devoir à votre mère. » Ce peu de paroles renferme un bien bel éloge de ces deux femmes vertueuses, unies par une sainte affection que la mort n'avait pu rompre, pieux héritage qu'on ne pouvait me ravir. Que les vertus de ma mère devaient être grandes, puisqu'elles lui avaient acquis une amie si fidèle et si dévouée! Vertus qui, du sein de la tombe, protégeaient encore sa fille abandonnée!

Distinguée par les qualités les plus rares, madame de Grimauld supportait avec une noble dignité le malheur que l'inconduite et le caractère difficile de son mari répandaient sur sa vie. Jamais une plainte ne lui échappa, bien que jamais son chagrin ne fût accueilli par un regard de compassion. Elle jouissait d'une estime si générale, que les jacobins eux-mêmes ressentaient pour elle un respect involontaire, et je suis persuadée qu'elle eût obtenu sans peine la permission de venir partager ma réclusion.

Mon existence aux Écherolles devint paisible, et peu à peu je me sentis moins frappée de l'absence du bruit et des événements extraordinaires auxquels la vie orageuse de Lyon m'avait accoutumée. L'ignorance de ce qui se passait dans le monde vint y jeter du repos, et mes jours s'écoulèrent comme d'eux-mêmes, sans effort, dans une monotonie triste, mais calme, et qui n'était pas toujours dépourvue de charmes. A défaut de pouvoir entrer dans les appartements du château, j'allais errer dans ses vastes et beaux jardins (1) pleins des souvenirs de mon enfance. J'y trouvais de vieilles conaissances chères à mon cœur ; je m'enivrais des douceurs qu'elles y répandaient. Chaque buisson, chaque plante me rappelait un mot de mon père. Je l'avais vu partout.

Souvent d'une terrasse élevée, de sa main guidant mon regard, il m'avait montré les villages et les habitations semés à travers les vignobles de ce riant coteau. Ma vue, glissant mollement sur les vertes prairies qui s'étendent à nos pieds, rencontre au loin les eaux capri-

---

(1) Les charmilles ont été coupées. La charrue a nivelé le reste. Ces beaux jardins n'existent plus.

cieuses de l'Allier, belle rivière jalouse de la Loire qui lui ravit son nom; cette jolie maison de campagne, presque au pied du coteau, c'est celle d'un parent(1); ici, à gauche, cette montagne, dont la cime arrondie est couronnée de nuages, qui ne la reconnaîtrait entre mille? C'est le Puy-de-Dôme. Là, c'est le bosquet de ma mère; c'est là où je l'ai vue arroser ses fleurs, en souriant à mes jeunes ébats. Là sont encore les arbres qu'elle y avait plantés elle-même. Le sien seul y manque; il périt l'année où elle nous fut enlevée; les autres, images parlantes de notre sort, végètent tristement sans pouvoir croître et sans mourir. Il n'était pas une place qui n'eût sa souvenance et ne parlât du bon temps passé, de mes jeux et de mes plaisirs. Qu'il était loin, ce temps! La Révolution m'avait fait centenaire à quatorze ans.

En effet, un siècle n'eût pas apporté plus de changements aux Écherolles, qu'il s'en était opéré depuis dix-huit mois. Les fermiers, qui habitaient dans les bâtiments dépendant du château, commençaient alors une de ces fortunes rapides, produites par les assignats; de nombreux convives, assis chaque jour à leur table, attestaient leur aisance. Les cris, les chansons bachiques, une joie tapageuse qui se prolongeait fort souvent dans la nuit, en retentissant jusqu'à nous, ne disaient que trop le genre de société qui venait les aider à acquérir et à dissiper.

Jamais la fortune n'eut plus de fascinations et ne fit

---

(1) M. Roy de la Chaise.

plus de dupes. Il était si facile de s'enrichir que chacun y courait. Chacun voulait monter et parvenir à ce rang, à ce lustre dont on avait fait descendre les anciens possesseurs ; on acquérait à bas prix des meubles précieux, et avec eux des besoins nouveaux. Peu de ces fortunes faciles furent durables, parce qu'on dépensa rapidement ce qu'on avait gagné vite.

Mon souvenir et ma plume se refusent à revenir sur ces temps de désordres. Était-ce pour cette vie cruelle que vous m'aviez vue naître, ô ma mère ! vous, dont la tendre sollicitude dicta de si touchantes et de si saintes recommandations, à cet instant solennel où les intérêts de vos enfants pouvaient seuls vous occuper encore sur la terre ! Et je n'osais entrer dans cette chambre où j'ai reçu votre dernière bénédiction, où vos dernières paroles instruisirent et attendrirent mon jeune cœur : qu'on me pardonne de revenir sur une douleur si naturelle.

Un des malheurs de mon séjour aux Écherolles était le manque d'occupation. Je n'avais pas de quoi travailler pour moi-même : point de livres ; rarement on m'en accorda de la bibliothèque de mon père. Un loisir dangereux remplissait mes heures : j'y remédiai en travaillant quelquefois pour les paysannes. Une d'elles m'apporta un mouchoir de mousseline, en me priant de le broder, et m'indiqua par là un moyen d'utiliser mon temps. En échange de mon travail, elle me donna du beurre et des œufs ; je mis cette leçon à profit. Ma bonne faisait des bonnets pour les petits enfants, et de cette manière notre ménage se fournissait de fromages et même de poulets. Une seule fois la semaine, on faisait venir de la viande sur le peu d'assignats que j'avais rapportés; le fermier donnait la farine dont la bonne Babet pétrissait notre pain, et Vernière, le fidèle jardinier, me fournissait de légumes. Je prenais mon frugal repas sur la table de la cuisine où jadis s'étaient assis les nombreux domestiques de mon père, et je ne l'eusse pas changée pour celle dont j'entendais arriver jusqu'à moi les bruyantes joies. J'avais du pain, n'était-ce pas beaucoup pour celle qui en avait manqué (1)? Je ne craignais plus la famine, mot magique, levier gigantesque avec lequel on soulève les masses, et dont l'effet ordinaire est de produire le ravage et la mort. Cette famine dont on effrayait le peuple de Commune affranchie, qui n'osait plus s'appeler Lyon, cette famine désastreuse se trouvait dans tous les lieux où l'on voulait l'émeute. Paris a vu souvent ces disettes factices répandre l'alarme parmi la vile populace enserrée dans ses murs, l'enivrer de terreurs et la lancer ensuite furieuse sur ceux qu'on voulait déchirer.

On trouvait en abondance tout ce dont le peuple n'a pas besoin, mais le pain qu'il gagne à la sueur de son front, le pain qui fait sa nourriture, on l'en privait dès qu'on voulait exciter sa colère.

---

(1) Lorsqu'un ami vous invitait à dîner, il vous disait sans façon d'apporter votre pain. Il y avait même des dîners nombreux où, chaque convive sortant un morceau de pain de sa poche, on en voyait de toutes espèces sur la table.

Je passai plusieurs mois dans la plus grande tranquillité, et rien n'aurait troublé l'uniformité de mes journées, si tout à coup il n'avait été question de planter un arbre de la liberté devant le château. Le fermier Alix prétendait ne plus pouvoir s'y opposer, et bientôt je n'entendis parler que des préparatifs de cette cérémonie, qui devait amener et réunir beaucoup de monde. On m'apporta même le bonnet destiné à couronner cet arbre; c'était l'ornement obligé de la fête. Ma bonne, fort alarmée de ce projet, qu'elle avait cru abandonné, et craignant qu'on ne voulût m'obliger à y paraître, résolut de sonder mes dispositions. « Sais-tu qu'on va planter un arbre de la liberté? me dit-elle. — Oui; que me fait cet arbre? — Mais... — Eh bien? — Eh bien! iras-tu à cette cérémonie? — Si j'irai! et qu'y ferais-je donc? — Mais, dit-elle encore, c'est à la porte du château, on l'exigera peut-être. — Je n'irai pas. — On voudra que tu y assistes, que tu danses autour de cet arbre, enfin que tu fasses comme eux. — Je n'irai pas; on peut m'y traîner de force, mais volontairement jamais je n'y paraîtrai; je ne danserai ni ne chanterai, ni ne baiserai cet arbre. — Prends pitié de moi, Alexandrine; n'excite pas leur colère, il t'en coûtera la vie. — Je la perdrai plutôt que de m'avilir ainsi; je ne crains pas la mort. » Ma pauvre bonne, pleine d'angoisses, mit tout en usage pour me faire entendre raison; je restai inébranlable (1).

---

(1) Quelques jeunes personnes, croyant sauver la vie à leurs parents, eurent la faiblesse de prendre des rôles dans ces bac-

Elle courut aussitôt chez M. Alix, pour lui faire part d'une obstination qui pouvait avoir des suites si dangereuses pour moi ; ayant perdu tout espoir de me faire changer d'opinion, elle l'engagea à tout employer pour reculer cette fête malencontreuse, et elle l'obtint. Cependant, me persuadant que cette scène allait avoir lieu, en quittant ma bonne, je coupai mes beaux cheveux pour en éviter la peine au bourreau.

Gagner du temps était beaucoup. La mort de Robespierre vint enfin changer le sort de la France. Les exécutions diminuèrent, l'espoir reparut dans ce pays infortuné. Tant d'horreurs avaient lassé le peuple ; lui aussi désirait le repos. J'appris avec joie un événement qui, disait-on, nous rendrait la paix. Une espérance vague de bonheur, de sécurité, suivait cette importante nouvelle dont je ne comprenais point encore les grands résultats. Je ne voyais personne qui pût m'en instruire, et mon existence n'éprouvait visiblement aucun changement. La peur régnait encore sur les esprits, on n'osait croire à la chute réelle de cette puissance redoutable. L'égoïsme, l'intérêt, l'attente de ce qui succéderait à cette catastrophe, agitaient diversement les citoyens. Les uns regrettaient leur part de pouvoir, les autres doutaient que l'hydre fût vraiment terrassée. Les habitants des Écherolles participaient à l'agitation générale, et tous cherchaient à

---

chanales, et se perdirent elles-mêmes sans obtenir la grâce qu'elles avaient payée si cher.

La vertu seule est conservatrice ; la bassesse, qui ravit à l'âme sa vigueur et sa pureté, ne sauve rien.

façonner les événements, si j'ose ainsi m'exprimer, suivant leurs désirs ou leurs besoins, disposant à leur gré de ce nouvel avenir. Je me sentais humiliée et blessée par tout ce qui m'approchait; l'avidité des petits se montrait à nu depuis que cette terreur qui planait uniformément sur tous avait pâli.

Je me rappelle qu'un jour, étant assise dans le jardin avec ma sœur et ma bonne, les métayers de mon père vinrent s'étendre sur le gazon, près du banc où nous étions placées. Ils continuèrent leur conversation qui portait sur le partage des biens des émigrés, espérance chimérique qu'on leur avait jetée à exploiter dès le commencement de l'émigration, et qu'ils rêvaient encore. Ces gens-là m'aimaient, ils me plaignaient même, et pourtant chacun d'eux disait devant la fille de leur maître : « Je me contenterai de mon domaine et n'en demanderai pas davantage. » Mon père nourricier était du nombre.

La réaction qui écrasa Robespierre ramena bientôt un régime plus doux, au grand déplaisir d'un haut personnage qui attendait beaucoup des services de Robespierre. Les prisons s'ouvrirent ; la plus grande partie des prisonniers fut mise en liberté ; on respira, on crut revivre. Mon sort se ressentit aussi de cette heureuse nouveauté, et se trouva changé d'une manière tout à fait inattendue pour moi.

Mon père avait une cousine germaine âgée de plus de quatre-vingts ans, qui vivait retirée à la campagne, et qui, par cette retraite et les soins de M. Bonvent, son homme d'affaires, un peu initié dans la Révolution, avait échappé aux fureurs du temps. Elle ne devait sa conservation qu'à la peine qu'il avait prise de la soustraire en quelque sorte à la vue du monde ; et quels que soient les moyens qu'il sût mettre en usage, il y réussit. Mademoiselle Melon tenait à l'ancien régime par son rang, sa fortune et ses habitudes, je pourrais ajouter par son âge. Elle ne se faisait pas une idée juste du temps où elle vivait, et chacune de ses paroles lui eût coûté la vie.

Elle se trouvait dans une de ses terres, où elle voulait faire bâtir un château, lorsque les troubles amenés par la Révolution éclatèrent. M. Bonvent, qui connaissait le caractère véhément de mademoiselle Melon, comprit sur-le-champ les dangers qui en résulteraient pour elle et mit tout en œuvre pour la retenir dans cette retraite assez écartée. Elle consentit à y attendre le retour du calme ; on arrangea donc à la hâte un petit logement dans une des ailes déjà bâties de ce château projeté ; une écurie fut changée en quatre pièces, sinon commodes, du moins suffisantes pour le moment, où elle se logea avec deux de ses femmes ; le reste fut dispersé dans les vastes dépendances de ce futur château.

Pendant que mademoiselle Melon faisait ses dispositions, le comité révolutionnaire du département de la Nièvre, faisant aussi les siennes, trouvait à propos de s'établir dans la maison qu'elle avait à Nevers, et force lui fut de rester à sa terre de l'Ombre. Elle répétait bien quelquefois qu'elle irait un jour chasser à coups de canne tous ces coquins de chez elle ; mais comme tous ces propos ne passaient pas le coin de son feu, ces coquins ne s'en souciaient guère. D'ailleurs, M. Bonvent, jouissant tout seul d'une partie de la fortune de sa maîtresse, trouvait bien d'en faire durer le plaisir, et réussissait à empêcher les regards un peu avides de dame Nation de se fixer trop sur cette richesse. Mademoiselle Melon vivait donc assez tristement, mais en sécurité, quand tout souffrait ou mourait autour d'elle; ne recevant aucune gazette, ne voyant personne, elle ne connaissait plus le monde d'alors.

Or, il advint qu'un jour, dînant en tête-à-tête avec M. Bonvent, on lui annonça qu'un paysan demandait à lui parler à l'instant même. Aussitôt mademoiselle Melon donna l'ordre de le laisser entrer. Cet homme, soit embarras, soit bêtise, n'expliquait pas très-clairement l'objet de sa visite. Sur la demande réitérée d'être clair, il reprend courage, et laisse tomber ces mots : « Vous savez qu'à présent tout le monde est égal, et je viens vous mettre en réquisition (1). — Comment? dit mademoiselle Melon, qui ne comprenait pas. — Je dis qu'à présent que nous exerçons librement nos droits, je vous mets en réquisition. — Mais qu'est-ce que cela veut dire? reprit-elle, déjà un peu impatientée. — Cela veut dire que vous devez m'épouser. » Entendre cette parole, se lever, prendre sa canne et la faire tomber à coups redoublés sur cet épouseur de nouvelle fabrique, ne fut que l'affaire d'un instant. L'autre

---

(1) Dans plusieurs départements, beaucoup de jacobins forcèrent ainsi de riches héritières à les épouser.

battait humblement en retraite, et elle de le frapper de son mieux, en répétant : « Ah! tu veux m'épouser! va, va, je t'en donnerai, des noces! » L'homme stupéfait, tirant le pied, s'en allait à reculons. « Dame! citoyenne, on avait dit. — Ah! je suis citoyenne, à présent; attends, attends. Voilà pour la citoyenne. » Et le nigaud s'en alla,

« Honteux comme un renard qu'une poule aurait pris. »

Mademoiselle Melon rumina longtemps son courroux; on dit que M. Bonvent riait sous cape.

J'ignore encore comment la connaissance de ma triste position et des malheurs de ma famille parvint à mademoiselle Melon. Elle avait passé plusieurs années de sa jeunesse près de ma grand'mère, et se crut obligée à s'en montrer reconnaissante envers sa petite-fille. Touchée d'une compassion profonde à la vue de l'abandon où j'étais, elle résolut de venir à mon secours. C'est de cette parente, qui ne me connaissait pas, et dont je savais à peine le nom, que je reçus une preuve d'intérêt bien précieuse et bien grande, surtout à l'époque où nous étions; car, bien qu'il y eût plus de calme dans les esprits, les places étaient encore occupées par les mêmes hommes.

Mademoiselle Melon, étant poussée par le désir généreux d'améliorer mon sort, envoya M. Bonvent au représentant Noël, qui faisait sa tournée dans le département de la Nièvre, afin de s'enquérir près de lui s'il croyait que, vu son âge, sa solitude et le mauvais état de sa santé, elle pouvait réclamer les soins de sa petite-

nièce, qui vivait loin d'elle, seule et en arrestation.
Le citoyen Noël, ayant été mis au fait de l'état des
choses, répondit que ma grande jeunesse permettait
du moins d'en essayer la demande, mais qu'il fallait
s'adresser au comité révolutionnaire de Moulins.
Aussitôt qu'elle eut cette réponse, elle y envoya son
homme d'affaires, chargé de présenter cette demande.
Le comité, l'ayant mise en délibération, résolut de lui
envoyer ma sœur à ma place. M. Bonvent représenta
que la citoyenne Melon, âgée de plus de quatre-vingts
ans, ayant besoin de soins pour elle-même, ne pouvait se charger d'un être qui en exigeait plus qu'elle
encore, et refusa cet échange. Trois jours se passèrent
à discuter cette question. Ce fut pendant ces débats
que je vis arriver M. Bonvent aux Écherolles. Je n'oublierai jamais l'étonnement où je me trouvai que
quelqu'un voulût bien s'intéresser à moi. J'écoutai
sans trop comprendre comment il se faisait qu'une
tante réclamât sa petite-nièce. J'avais donc encore une
tante, et cette tante pensait à moi! L'espérance de
quitter les Écherolles redonna une activité extraordinaire à mon âme; un avenir nouveau s'ouvrait
devant moi; déjà je me croyais heureuse. Il me semblait enfin m'éloigner d'un séjour habité par beaucoup
de vices, où je vivais trop livrée à moi-même, et je
croyais qu'une autre existence allait me procurer tout
ce qui me manquait alors. M. Bonvent, après m'avoir
parlé de ma tante et de ses intentions généreuses,
retourna à Moulins, et je restai livrée à des impressions toutes nouvelles. Le quatrième jour, je reçus la

permission ou plutôt l'ordre de partir. Le comité avait consenti à mon transfert dans la commune de Thaix, où je devais vivre sous la surveillance de la municipalité du lieu, M. Bonvent se faisant fort de me remettre aux mains du comité révolutionnaire de Moulins, dès qu'il l'exigerait. A ces conditions, je pouvais partir.

Je n'étais nullement nécessaire à ma sœur, qui ne me connaissait pas, et qui trouvait, dans les soins tendres et constants de ma bonne, tout ce qui importait à sa conservation. Cependant, je la quittai avec regret, malgré les brillantes mais vagues espérances qui agitaient mon âme. En effet, je ne savais pas ce que j'espérais; mon imagination, heureuse d'être active, s'élançait dans l'espace, jouissant des illusions qu'elle se créait; et c'était du mouvement, c'était de la vie, que d'avoir quelque chose à espérer.

Une des filles de la fermière m'accompagna à Moulins, où nous descendîmes à l'auberge. M. Alix et M. Bonvent m'y attendaient, le premier pour remettre à l'autre toute sa responsabilité. Le lendemain il me fut permis d'aller voir deux amies de ma famille, madame Fabrice et madame Grimauld, qui me reçurent l'une et l'autre avec une grande tendresse. L'inconnue qui m'accompagnait leur en fit restreindre les expressions. La maladresse que j'avais eue de la laisser entrer avec moi me priva du bonheur de causer à cœur ouvert avec des amies si parfaites, et je n'eus qu'un instant à donner à Joséphine, compagne chérie de mes jeunes ans.

CHAPITRE QUINZIÈME

Je pars avec M. Bonvent. — Je me représente l'avenir superbe. — Première entrevue avec mademoiselle Melon. — Sa bonté. — Vie de l'Ombre. — Grande uniformité des journées. — J'y reçois une petite somme d'argent. — De qui venait ce bienfait.

Monsieur Bonvent, ayant obtenu ce qu'il voulait, sentit la nécessité de profiter au plus vite de la permission de m'emmener. Il ne fallait pas laisser le temps de s'en repentir; mais ne trouvant ni voiture ni occasion, il n'y avait d'autre moyen de se mettre en route que d'aller à cheval. La petite jument qu'il montait était fort douce : « Vous n'aurez rien à craindre », me dit-il. On me mit sur cette bête, il me suivit à pied. Cette première course à cheval fut de vingt-huit kilomètres. Mon paquet était très-léger; je ne m'étais occupée que de ma petite chienne. De tout ce que j'avais aimé, il ne me restait qu'elle. Elle me suivit donc. M. Bonvent me fit bien entendre que mademoiselle Melon n'aimait pas les chiens. « *Coquette* restera dans ma chambre, lui dis-je, elle ne la verra point; rien ne pourra me faire abandonner ce fidèle animal que mon père et ma tante ont aimé et caressé. » J'arrivai très-lasse à Decize, petite ville sur la Loire; j'y passai la nuit chez d'honnêtes personnes qui me comblèrent de soins affectueux. Le lendemain je me remis en route, mais cette fois-ci à la suite de M. Bonvent, qui s'était procuré un cheval à Decize. J'appris que ma monture s'appelait la *jument des nièces,* parce qu'elle servait toujours à toutes celles que mademoiselle Melon envoyait chercher. Ainsi, elle avait d'autres nièces que moi. Nouvelle très-importante! nouvelle qui me promit des plaisirs. Nous avions quatre grandes lieues à faire, pendant lesquelles je m'occupai agréablement de la douce existence qui m'attendait près de cette parente, dont la générosité était venue m'arracher à l'espèce de prison où je languissais. Je me la représentais charmante malgré son grand âge, elle qui, sans me connaître, s'était intéressée à moi; elle dont la bienveillante compassion venait à mon secours. Ah! sans doute, elle devait compter sur ma reconnaissance; la grandeur de son bienfait me donnait la mesure de son mérite. Elle me semblait si bonne, que je la pensais belle.

J'arrivai donc à l'Ombre, me faisant le portrait le plus beau de sa personne et de ses vertus. Mon cœur battait avec violence en ouvrant sa porte, et laissant *Coquette* dans la cour, je suivis en tremblant M. Bonvent, qui me conduisit près de mademoiselle Melon.

Je la trouvai à sa toilette. Elle était assise sur un tabouret assez bas, pendant que sa femme de chambre crêpait fort serré un petit toupet dont les cheveux très-blancs étaient relevés en arrière. Rien n'était moins avantageux que ce moment. Elle avait le front large, les yeux ronds et rouges, le nez gros et ouvert, les bras et les mains énormes, le corps un peu courbé. Elle me dit d'une voix très-aiguë : « Bonjour, mademoiselle des Écherolles », et me fit asseoir devant elle.

CHAPITRE QUINZIÈME.

Mon illusion avait disparu, je me sentais interdite et je m'assis timidement, répondant de même aux questions qu'elle voulut bien m'adresser. Bientôt *Coquette* augmenta mon embarras ; inquiète d'être séparée de moi, elle se précipita dans la chambre dès qu'on en ouvrit la porte ; à la vue de ma petite bête, mouillée, sale et crottée, je me sentis pâlir, et ma tante de dire, avec sa voix aiguë : « Qu'on chasse ce chien. » Sa femme de chambre lui fit observer qu'elle le croyait à moi. J'ajoutai un oui tremblant. « Ah! si cela est, reprit mademoiselle Melon d'un ton radouci, qu'on le laisse. » Encouragée par cette condescendance, je lui fais mes excuses d'avoir amené cette petite chienne ; je lui explique les raisons qui m'y attachaient, en l'assurant que dorénavant je la laisserais dans ma chambre. « Non, reprit-elle gracieusement, amenez-la, je vous prie, toutes les fois que vous viendrez chez moi, cela me fera plaisir » ; et lorsque nous allâmes dîner, M. Bonvent vit avec étonnement *Coquette* installée dans les bonnes grâces de ma tante. Si j'avais eu plus de connaissance du terrain, j'aurais senti tout le prix d'une aussi grande faveur.

Je fus logée dans la petite chambre dite *des nièces*, faisant partie d'une maisonnette hors de la cour et située sur un chemin très-fréquenté. Ma tante me demanda si j'étais peureuse ; sur ma réponse négative, après le souper on m'y conduisit ; on y déposa mon léger paquet, et l'on me souhaita une bonne nuit. Je fermai ma porte et je m'assis pour me retrouver moi-même. Jamais je ne m'étais sentie seule à ce point. J'allais d'étonnement en étonnement; en effet, il me parut nouveau, pour ne pas dire très-bizarre, d'être tirée à grand'peine des Écherolles, pour occuper cette espèce de cellule écartée où l'on m'abandonnait à ma bonne fortune. Elle était au rez-de-chaussée; un faible crochet fermait si peu solidement le volet de ma fenêtre, qu'un coup de poing l'eût fait sauter aisément; personne ne demeurait dans cette maison, et si j'avais eu besoin de secours, il m'eût été impossible de me faire entendre. J'aurais même pu disparaître de gré ou de force sans qu'on s'en aperçût.

Cette manière d'agir dérangeait mes idées; et, ne pouvant me rendre compte de celles des autres, je cherchai à m'en distraire en faisant l'examen de ma cellule. Voici ce qu'elle contenait : un lit dont le ciel était en papier; les rideaux de toile grise, bordés de satin bleu; une couverture d'indienne bleue, un grand et vieux fauteuil jaune, une chaise de paille et une table; les murs étaient blancs; une petite fenêtre, une grande cheminée; et dans un enfoncement, deux rayons où se trouvait une histoire de la Chine, en dix ou douze volumes.

Ce rapide examen terminé, un sentiment indéfinissable s'empara de moi. Je ne désirais rien de mieux, j'aurais même rougi de l'approche d'une telle pensée; mais je croyais voir du décousu dans ce qui m'entourait; il y régnait quelque chose d'incohérent qui m'oppressait et m'inspirait une espèce d'effroi, sans savoir pourquoi ni comment, et cette première nuit fut inquiète.

CHAPITRE QUINZIÈME.

Le lendemain matin, mademoiselle Melon vint me voir. Elle me parla tour à tour avec bonté ou avec rudesse ; et mon cœur, qui allait au-devant d'elle, s'arrêtait surpris et attristé. Une tante ! je croyais trouver en elle tout ce que j'avais perdu.

Cette impression pénible fut bientôt effacée par le sentiment de tout ce que je lui devais. La reconnaissance me fit trouver mon sort heureux, et les premiers temps de mon séjour à l'Ombre furent doux, quoique monotones. Ne concevant pas que mademoiselle Melon eût daigné penser à moi, touchée profondément d'une bonté si peu méritée de ma part, je cherchai du moins à lui plaire et j'y réussis. J'étudiai ses goûts et ses habitudes, mettant mes soins à m'y conformer, afin de racheter par cette exactitude tout ce qui me manquait du reste.

Souvent elle me parlait de ma famille avec intérêt ; suspendue à ses lèvres, je l'écoutais de même. J'appris ainsi qu'elle avait passé plusieurs années de sa jeunesse chez ma grand'mère, qui était sa tante ; c'était au souvenir reconnaissant qu'elle en conservait, que j'avais dû son généreux appui, trouvant que c'était pour elle un devoir de rendre à la petite-fille une partie des soins qu'elle avait reçus de la grand'maman ; et cette parole de l'Écriture : *Les vertus des pères descendent en bénédiction sur leurs enfants,* se vérifiait en moi.

Bientôt, accoutumée à son ton et à ses manières, si peu semblables à celles de ma tante, je ne vis plus que ses vertus et sa bienfaisance.

Mademoiselle Melon avait beaucoup d'esprit et d'originalité dans les idées ; à une mémoire prodigieuse, elle joignait une instruction peu ordinaire ; elle avait une grande connaissance de la société de son temps ; mais elle ignorait le monde du nôtre, et ne concevait rien à la Révolution. Lorsqu'elle apprit que le comité s'était emparé de sa maison, elle jeta feu et flamme ; et chaque fois qu'elle y pensait, de nouvelles fureurs s'emparaient d'elle. Il n'y a pas de doute que ses discours ne l'eussent fait périr, si, comme je l'ai déjà dit, M. Bonvent n'eût toujours trouvé le moyen d'empêcher ma tante de partir. Elle en parlait chaque jour, sans l'effectuer jamais ; l'habitude achevant de la captiver, elle resta définitivement à la campagne. A quatre-vingts ans, on est long à faire ses préparatifs ; il lui parut plus commode de gourmander du coin de son feu les auteurs de tant de désordres.

C'était pendant le fort de la Terreur, et bien avant mon arrivée, qu'avait eu lieu la plaisante demande en mariage dont j'ai parlé plus haut. On ne sut jamais si le manant n'était qu'un sot ambitieux, ou s'il était le jouet de quelque mauvais plaisant ; car il ne se montra plus. Beaucoup de jeunes personnes bien nées s'en tirèrent moins heureusement que ma tante. Soit faiblesse, soit l'espérance d'arracher leurs parents à la mort, elles consentirent à ces honteuses alliances, et ne sauvèrent ni leurs familles ni leurs biens. Qu'y avait-il donc de plus terrible à redouter que ces unions avilissantes ! Une de mes cousines, d'une figure charmante, étant mise en réquisition, répondit tout résolûment qu'elle était fiancée à un soldat de la République, et qu'elle devait fidélité à un défenseur de la patrie, qui, dans ce moment même, exposait sa vie pour la défendre et versait son sang pour elle. On applaudit à sa fermeté, en la laissant libre de se conserver au soldat républicain, qui n'existait que dans son imagination.

Mon séjour à l'Ombre, objet d'une sincère et vive reconnaissance, produisit peu d'effets bienfaisants sur moi : trop livrée à mes propres pensées, privée des soins, des avis et de l'affection de ma bonne, je me sentais bien délaissée ; j'étais seule enfin.

J'ouvris cette histoire de la Chine, dont les premiers volumes me rebutèrent par une fatigante nomenclature de noms barbares ; je la rejetai. Peut-être y aurais-je trouvé de l'intérêt, en la continuant ; mais personne ne m'engageait à supporter ce dégoût, personne ne me donnait de conseils, personne enfin ne s'occupait de mon instruction. Depuis plus d'un an, je n'avais ni lu ni écrit ; je n'avais pas de quoi acheter du papier pour dessiner ou pour écrire ; j'avais à peine de quoi travailler ; et ma tante, malgré toute sa bonté, ne le remarquait pas.

Voici ma vie chez elle : A neuf heures du matin, j'allais lui dire bonjour. Au moment où l'on apportait son café, cinq ou six chats, invités par les *miaoux* répétés de la femme de chambre, arrivaient de tous les coins de la cour pour partager le déjeuner de leur maîtresse. Lorsqu'ils avaient fini, ils s'en allaient comme ils étaient venus, c'est-à-dire par la fenêtre. Je suivais les chats, à la différence près que je m'en allais par la porte ; tout cela se répétait chaque jour sans la moindre variété. Je revenais à midi ; ce midi-là était onze heures et demie partout ; l'appétit de ma tante réglant sa montre, et sa montre réglant sa maison, tout s'y faisait plus tôt qu'ailleurs. Pour éviter toute discussion sur ce point, elle avait elle-même brisé le ressort de ses pendules, afin que personne, excepté elle, ne pût savoir l'heure exactement. Les jours où elle avait faim, un coup de pouce donné à l'aiguille l'avançait encore d'une demi-heure ; prenant aussitôt sa canne et traversant la cour, pour se rendre à la salle à manger, elle s'étonnait que le dîner ne fût point servi. La cuisinière s'écriait qu'il n'était pas cuit ; qu'en tous lieux il n'était que onze heures, et elle avait raison. Ma tante répondait : « Voyez ma montre, il est midi. »

Lorsque le coup de pouce n'était pas trop fort, j'arrivais à temps chez elle pour l'accompagner ; mais parfois je ne pouvais toujours éviter d'être un peu en retard ; elle en était mécontente, et la conversation languissait. Après le dîner, je la suivais chez elle, où je restais jusqu'à quatre heures ; j'y trouvais mon fauteuil placé pour moi près d'une table, et sous aucun prétexte, je ne pouvais ni le remuer ni le changer de place. Assise dans le plus grand repos, je travaillais sans bruit, assistant à la visite que le curé venait faire tous les jours à la même heure.

Ce curé, bien entendu, ne disait plus la messe (1), il

---

(1) A cette époque, aucun prêtre, même assermenté, ne pouvait officier ; les églises étaient fermées ou converties en temples de la Raison. La statue de cette nouvelle déité, placée sur un

avait eu pour la nation toutes les complaisances qu'elle avait exigées de lui; car alors tout se faisait au nom de la nation, et ce n'est qu'à la grande souplesse de caractère dont il était particulièrement doué, qu'il devait le repos dont il jouissait. Ses visites étaient longues; souvent à quatre heures il causait encore, cherchant, par une conversation intéressante et variée, à distraire agréablement ma tante, et à compenser ainsi tout le bien qu'il en recevait. Je m'en allais alors pour revenir à six heures; en hiver, je revenais à cinq. Elles étaient longues, ces soirées d'hiver!

A mon retour, je retrouvais ma tante assise à un coin de la cheminée, et sa femme de chambre, Babet, à l'autre; mon fauteuil, déjà placé vis-à-vis du feu, était presque au milieu de la chambre; deux tisons qui se croisaient sans donner de clarté, voilà le feu; point de lumière, et mes quinze ans! Pendant quelque temps je n'eus pas d'ennui : blâmer m'eût semblé de l'ingratitude; je n'avais même pas le mérite de repousser mes réflexions, je n'en faisais point. Je croyais que toutes les femmes de quatre-vingts ans vivaient ainsi; il me paraissait donc juste de m'y conformer. D'ailleurs, j'aimais mademoiselle Melon; sa conversation était fort amusante, et dans ses jours de gaieté, elle me racontait

---

autel, y était révérée. Des femmes aux mœurs faciles n'ont pas craint d'en représenter l'idole et de s'offrir, dans le costume le plus succinct, aux regards de la multitude pressée autour du char qui les promenait dans les rues; et en effet, cette Raison-là était sans voile.

des anecdotes intéressantes de sa jeunesse (1); d'autres fois, elle me faisait redire les malheurs de la mienne, et le temps coulait vite. Cependant, lorsque tout cela ne fut plus neuf, et que ma tante, moins disposée à causer, gardait le silence, les heures devenaient longues, l'obscurité pesante, et, malgré moi, je m'endormais; ma tante y vit un manque d'égards, et s'en plaignit; aussitôt, me procurant une quenouille, je me mis à filer à la lueur des charbons, pour me tenir éveillée, sans pouvoir y parvenir toujours. A sept heures, on apportait le souper de mademoiselle Melon, qui restait le soir dans sa chambre; il eût été difficile de traverser la cour aussi tard. D'ailleurs, les médecins,

---

(1) Une de ces anecdotes me parut si singulière, que je ne puis m'empêcher de la rapporter ici.

« J'étais petite fille, me dit mademoiselle Melon, quand ma grand-mère vint nous voir à Nevers. Après y avoir passé quelque temps, elle obtint de mon père la permission de m'emmener avec elle. Je la suivis donc à Paris, où elle demeurait habituellement, et comme elle m'avait en grande affection, je la quittais peu. Je l'accompagnais très-souvent à un couvent où elle allait voir une vieille religieuse qui avait plus de quatre-vingts ans. Ces visites ne m'amusaient guère, et les récits qu'elle faisait à ma grand-mère, du vieux temps passé, m'ennuyaient. Cependant, un jour qu'elle disait : « Quand j'étais petite, on m'a dit... », je devins tout oreilles, car étant petite aussi, cela m'intéressa, et je n'ai jamais oublié qu'elle raconta que Catherine de Médicis, curieuse de l'avenir, et, comme on le sait, très-superstitieuse, fit tourner la roue de la fortune pour connaître la durée du règne des successeurs de son fils. Elle soupira d'envie au règne de Louis XIII. La roue tourna si longtemps pour Louis XIV, qu'elle s'écria plusieurs fois : « Que ne suis-je de ce temps-là! » Le règne de Louis XV excita le même vœu. La roue ayant à peine tourné pour Louis XVI, elle s'arrêta. »

inquiets de son énorme appétit, lui avaient défendu de souper; elle croyait satisfaire à leur ordonnance en ne se mettant pas à table, et mangeait à sa faim, ce qui veut dire copieusement. J'allais souper en tête-à-tête avec son homme d'affaires, et revenant au plus vite relever Babet, qui m'attendait pour aller souper à son tour, j'avais la permission de m'asseoir à sa place; et comme mademoiselle Melon avait remarqué que j'étais souvent fort incommodée de traverser, en sortant de table, cette vaste cour, par le vent, la pluie et la neige; que j'arrivais transie et sans parole, elle m'attendait avec un feu clair et brillant dont je pouvais m'approcher. Là j'attendais, sans autre lumière, le retour de Babet, qui siégeait bien plus longtemps que moi à table. Alors, ma journée étant finie, je regagnais ma petite chambre, heureuse de m'y chauffer à l'aise. Je ne puis cacher que ce genre de vie me laissait beaucoup à désirer. Ma tante avait des soirées de silence et d'humeur, où il n'était pas possible de proférer une parole qui lui convînt : tout était mal ou mauvais; je déplaisais en parlant comme en ne parlant pas; elle m'accusait de m'ennuyer, accusation qui, en redoublant ma gêne, ne me rendait ni amusée ni amusante : j'avais beau faire, rien n'était bien. Que ma tante eût des inégalités d'humeur à son âge, c'était bien naturel; mais j'en étais triste comme d'un mal sans remède, et soupirant après ma cellule, savourant la liberté que m'offrait sa solitude, je n'étais heureuse que là, et j'oubliais, en rêvant fort tard au coin de mon feu, les petites contrariétés de la journée. Ces contrariétés étaient sans doute bonnes pour moi, en froissant ma volonté, mais je ne le savais pas.

Je ne sais plus comment j'ai passé mon temps à l'Ombre, sans livres, sans société, presque sans ouvrage. Mademoiselle Melon venait rarement me voir, et maintenant je ne puis penser sans sourire à l'effroi qui se manifestait partout, lorsqu'on la voyait sortir de chez elle. Je crois avoir fait comprendre que la cuisine et la salle à manger étaient dans le bâtiment opposé à celui qu'elle occupait. Dès qu'elle paraissait à sa porte, tout fuyait au loin : elle s'avançait doucement, en s'appuyant sur sa canne; l'enflure de ses jambes rendait sa marche pénible et lente. Le bout de ses pieds entrait à peine dans de petites mules qu'elle perdait à chaque pas; à chaque pas aussi on l'entendait parler : « Mon Dieu! disait-elle, en poussant du bout de sa canne tous les petits morceaux de bois qu'elle trouvait sur son passage, quel désordre! quelle prodigalité! Il y aurait là de quoi chauffer un ménage! Je l'ai toujours dit, ces gens-là me ruineront, ils me ruineront! » Elle arrivait ainsi parlant à la cuisine, où il n'y avait plus personne, chacun s'étant sauvé pendant qu'elle traversait la cour. « Quel feu! Je l'ai toujours dit, ces gens-là me ruineront! » Et la voilà ôtant les bûches et relevant les tisons. Depuis longtemps elle avait fait ôter un des lourds chenets de feu du foyer, pour empêcher qu'on ne brûlât autant de bois. Gémissant de l'inutilité de cette précaution, elle tournait autour de la cuisine, inspectant tout avec un soin minutieux et impatient, déplaçant et replaçant à son gré les plats et les casseroles. A ses cris répétés, Nannette, la reine de céans, paraissait enfin, et l'orage tombait sur elle. Ensuite, le dîner ou la composition d'un plat donnait lieu à une grande controverse; puis ma tante repartait. A peine éloignée, les bûches étaient remises au feu, les tisons rapprochés, tout allait comme auparavant. Si, par hasard, elle se dirigeait vers ma chambre, la terreur panique me gagnait aussi. Je l'entendais de loin raisonner sur le gaspillage de ses domestiques, s'arrêtant à toute minute pour réunir en tas, avec sa canne, les petits brins de fagots éparpillés à terre, répétant : « Je l'ai toujours dit... » A cette voix qui sonnait l'alarme, j'arrangeais ma chambre de mon mieux, et j'allais au-devant d'elle avec tout le respect qui lui était dû et la prévenance dont j'étais capable; cependant, elle trouvait toujours à blâmer : mon manque d'ordre la blessait. Pour échapper à ses réprimandes, je pris donc le parti, à son approche, de tout cacher entre les matelas de mon lit. Ma tante, en me grondant de laisser mes effets épars, ne s'apercevait pas que je n'avais, pour les serrer, que le tiroir d'une table à écrire. Elle me donnait des leçons d'économie dont la plus grande partie étaient sages, mais quelques-unes vraiment pénibles. « En hiver, vous vous coucherez sans lumière, vous avez assez de la clarté du feu », me disait-elle. Je ne puis taire que les visites de mademoiselle Melon étaient de terribles visites.

Ma tante, sortant peu de son appartement, n'était maîtresse que chez elle, et ne pouvait s'apercevoir des désordres domestiques dont elle ignorait la plus grande partie. M. Bonvent, son homme d'affaires, véritable maître de la maison, jouissait de la terre où nous étions, sans jamais en rendre compte à mademoiselle Melon, qui heureusement touchait elle-même le revenu du reste de ses biens, et qui crut faire un bon marché en obtenant de lui qu'il payât une partie des frais de son ménage; cette espèce de capitulation, à la suite de débats très-animés, nous fit goûter quelque repos. Cependant, les discussions se réveillèrent : la maîtresse parlait de ses justes droits méconnus; le serviteur, habitué au pouvoir, refusait d'obéir, et ne se rendant plus à ses ordres, il vivait ouvertement en révolte. Ma tante alors me chargeait de ses commissions pour M. Bonvent, qui les recevait de mauvaise grâce; j'étais fort mal accueillie en rapportant ses réponses, de sorte que je me sentais fort à plaindre au milieu de ces guerres intestines. Du moins personnellement, je n'eus qu'à me louer des manières respectueuses de M. Bonvent envers moi. On lui reprochait du déréglement dans sa conduite; je n'entendis jamais de sa part un mot qui pût me blesser, chose d'autant plus étonnante, que je ne puis cacher que, très-souvent, il arrivait ivre à souper, état que je remarquais sur-le-champ au soin qu'il prenait de ne pas dire une seule parole.

J'ai presque envie de demander grâce pour ces minuties qui peuvent paraître fastidieuses; mais qu'est-ce que la vie, sinon un enchaînement de détails plus ou moins importants? Je voudrais en rendre le récit amusant; s'il n'amuse pas, on comprendra mieux encore combien la réalité en était accablante. Ce sont les grands événements qui prennent peu d'espace dans la vie; ils la brisent vite et vous rendent de même à ces petits détails de longue durée, qui font le charme ou le supplice de l'existence.

Ces deux puissances, qui luttaient constamment, par la faiblesse de l'une d'elles, donnaient lieu à des scènes parfois très-drôles; et, malgré le peu de valeur du récit que je vais faire, comme il est caractéristique, je cède au plaisir de le tracer.

Mademoiselle Melon ordonnait chaque jour notre souper, ce qui était très-naturel; mais chaque jour nous avions les mêmes plats. M. Bonvent, ennuyé de manger tous les jours un miroton et une gibelotte, prit le parti d'ordonner lui-même le souper et de l'ordonner bon. Nous eûmes alors d'excellents poissons, des poulets en abondance et tout le reste à l'avenant. Je ne sais si mademoiselle Melon s'en méfia, car elle me demanda un soir ce que j'avais mangé. « Une fricassée de poulets, ma tante. — Vraiment! de poulets? — Oui, ma tante; elle était même excellente. — Vraiment? » Elle n'ajouta pas un mot de plus, et faisant appeler Nannette avant de se coucher, il y eut grand bruit à la cour, et sa cuisinière de répondre avec le plus grand sang-froid : « Rassurez-vous, mademoiselle, vos ordres ont été suivis; mais mademoiselle des Écherolles est fort distraite, elle pensait à mille choses, et elle aura cru manger du poulet. » Cette fille le persuada si bien à sa maîtresse, que le lendemain matin, mademoiselle Melon, riant de ma distraction, m'apprit que j'avais mangé un miroton de bœuf pour une fricassée de poulets. C'était bien à mon tour de dire : « Vraiment! un miroton? » Mon air étonné fut pris pour un aveu, et ma réputation de distraite irrévocablement établie (1). Je fus bien obligée de tout faire pour la soutenir; car ma tante, ayant l'éveil, me questionnait souvent, et je répondais effrontément : « Je ne me souviens pas du souper, ma tante. — Comme c'est étonnant! reprenait-elle, vous sortez de table. » Je crois bien que c'était fort étonnant; mais j'avais la pauvre Nannette en tête. Elle venait chaque jour me faire ses complaintes : « Ayez pitié de mon embarras, mademoiselle, je ne sais que faire : mademoiselle Melon ordonne une chose, et M. Bonvent une autre; il me chasse, si je ne lui obéis pas; ma maîtresse me renvoie si vous parlez, et si je perds ma place je suis sans pain. »

La terre de ma tante était comme un désert où il ne venait presque personne; quand il arrivait quelque visite, elle n'était pas toujours bien reçue; mais lors même que ma tante l'accueillait gracieusement, il lui restait cependant une certaine crainte que cette visite ne fût trop longue, et elle trouvait bientôt le moyen de l'abréger, surtout si c'était un voisin qui était venu lui demander à dîner. A peine sortie de table et revenue chez elle, au premier mouvement qu'il faisait sur sa chaise : « Quoi, monsieur, vous me quittez déjà!

---

(1) Je dois convenir que depuis je l'ai bien méritée.

s'écriait-elle avec empressement, vous me privez sitôt du plaisir de vous voir ; mademoiselle des Écherolles, courez, voyez si les chevaux sont prêts, que monsieur n'ait pas le désagrément d'attendre. » Et mademoiselle des Écherolles courait, volait, pour remplir cet ordre, tandis que l'étranger, surpris, achevait d'écouter ces vifs regrets de ma tante, qui le mettait si poliment à la porte. Il y avait une bizarrerie très-divertissante dans cette manière d'éconduire son monde ; mais alors elle m'embarrassait, et je ne la trouvais pas fort drôle. Quelques-uns s'en fâchaient et ne revenaient plus ; les autres en riaient. Cependant, cette manière d'agir rendait les visites très-rares, ce qui me condamnait à une grande solitude.

Les personnes qui vivent seules et auxquelles une fortune considérable permet d'avoir des goûts, parce qu'elles peuvent les satisfaire, ces personnes-là sont très-exposées à les voir dégénérer en habitudes tenaces que rien ne peut rompre. C'était l'histoire de mademoiselle Melon ; tout ce qui l'entourait devait céder à la puissance de ses habitudes. Charitable, compatissante, cherchant de tout son pouvoir à soulager les maux d'autrui, douée d'un cœur généreux et bon, la bizarrerie née du joug de l'habitude pouvait la faire paraître dure. C'est ainsi qu'un jour, où, contrariant sans le savoir une de ses idées, je vins la prier de me permettre d'envoyer chercher un chirurgien pour m'arracher une dent, elle me répondit : « Comment ! vous avez mal aux dents ? — Oui, ma tante, j'en souffre cruellement. — C'est votre faute ; je n'ai jamais eu mal aux dents, moi, et tant que vous serez ici, vous ne la ferez point arracher. » Je le répète, elle était bonne; mais j'avais deviné une de ses manies; et ne sait-on pas quelle force il y a dans une manie? Du reste, c'était une malheureuse dent qui déjà m'avait fait passer beaucoup de nuits blanches aux Écherolles, pendant que j'y étais en arrestation. Fatiguée de souffrir, j'envoyai chercher un chirurgien pour l'arracher. « Je ne vais pas chez les aristocrates », me fit-il dire. Ne voulant pas courir les risques de recevoir une seconde réponse de ce genre, je gardai ma dent. La manie de ma tante avait eu le même résultat que le jacobinisme.

Le curé du village était donc la seule personne admise journellement chez mademoiselle Melon; elle le nourrissait en partie, car il était pauvre; la nation payant peu ou pas du tout les prêtres, même les plus complaisants pour elle. Il ne s'était pas marié, parce qu'il n'avait essuyé que des refus; il s'en plaignait sans façon, espérant un jour être plus heureux. Ce que je ne m'explique point, c'est la contradiction qui se trouvait souvent dans ces misérables prêtres : un de ses confrères se maria, et ce fut lui qui donna la bénédiction nuptiale, avec les formes usitées par l'Église, à laquelle ni l'un ni l'autre ne croyait, et dont tous les deux avaient renié la foi. Et c'est sérieusement qu'en me parlant de cette union sacrilége, il me disait : « Ce curé-là est mon ami, sa piété est fort grande, et je n'ai pas cru pouvoir lui refuser mon ministère. »

Je redoutais cet homme et ne le recevais point chez

moi, persuadée qu'un mauvais ecclésiastique est bien dangereux. Il s'en dédommageait pendant les visites qu'il faisait à ma tante, profitant de sa surdité pour me dire mille choses que je n'eusse pas écoutées ailleurs, sûr qu'il était que si j'osais m'en plaindre, mademoiselle Melon ne me croirait pas. Je n'en étais que trop persuadée moi-même, connaissant sa profonde estime pour lui. Il m'offrit des livres : une sagesse au-dessus de mon âge, que les circonstances m'avaient donnée, me les fit refuser, tandis que j'en acceptais de M. Bonvent. « Mademoiselle, me dit franchement ce dernier, j'ai beaucoup de livres, mais je ne puis vous en prêter que deux : la *Vie de Turenne* et celle du *Prince Eugène*. » J'acceptai sans scrupule et n'eus point à m'en repentir.

Ce fut pendant ce premier séjour à l'Ombre, que je reçus une petite somme d'argent d'une personne inconnue ; un billet sans signature attestait que cet argent m'appartenait. J'ignorai pendant longtemps l'auteur de ce bienfait ; enfin j'appris que c'était ma bonne, mon excellente bonne, qui, pensant que n'ayant rien, je devais être dans le besoin, fit violence à son caractère craintif et sollicita la faveur d'être gardienne des scellés nouvellement remis aux Écherolles, afin de m'en faire passer le salaire. N'était-ce pas une femme bien fidèle et bien rare ?

CHAPITRE SEIZIÈME

Un ami de mon frère décide ma tante à me laisser aller à Moulins pour affaires de famille. — Je revois madame Grimauld. — On me nomme un curateur. — Nouvelles de mon père. — Dépôt confié par ma tante pour m'être remis. — Je reviens à l'Ombre. — Ma cousine mademoiselle de Lespinasse. — Nous souhaitons ensemble la fête de notre tante. — Ma cousine retourne chez elle. — Arrivée de mon père. — Notre départ pour Moulins.

La monotonie de mes journées fut agréablement interrompue par l'arrivée d'un ami de mon frère aîné M. Languinier, de Nevers, qui, sans me connaître, s'intéressant à moi, avait risqué pour me voir une visite à ma tante. Il était fort bien et très-aimable, il lui plut; et, bien que les agréments de sa conversation ne le sauvassent pas tout à fait du congé habituel, il pût être satisfait de la réception. Il me parla de mes affaires avec l'intérêt d'un ami et me fit un devoir de m'en occuper sérieusement pour moi et les miens. « Étant la seule présente ici, vous devez chercher à conserver à votre père ses biens qui ne sont point encore vendus. Songez-y et agissez. » Il y avait plusieurs mois que j'étais à l'Ombre; pendant ce temps, la France, redevenue plus calme, avait marché rapidement vers la paix intérieure, et tout dans son sein faisait effort pour prendre son élan vers une liberté dégagée de chaînes et de supplices. Les prisons s'étaient ouvertes; les honnêtes gens, n'y étant plus entassés, pouvaient jouir de la lumière et de l'air, les mises en surveillance tombaient d'elles-mêmes ; las de sang et de victimes, on n'exigeait plus le sacrifice du vulgaire, et ces luttes terribles étaient réservées aux sommités des partis ; à nous, il fut permis de respirer. M. Languinier s'appuya de cette liberté qui nous était rendue, pour parler à ma tante des démarches que ma position rendait nécessaires. Il s'agissait de me nommer un curateur pour veiller à mes intérêts ; il lui fit comprendre l'importance de ce choix, qui ne pouvait se faire qu'à Moulins même, et la pria de me permettre d'y aller. Mademoiselle Melon trouva juste le désir que j'en éprouvais, et consentit avec une extrême bonté à m'y faire conduire. Ce fut ma seconde course à cheval. Par une journée de décembre je fis cinquante-six kilomètres. Battue de la neige et du vent, j'arrivai fort lasse, mais bien heureuse, chez madame Grimauld ; elle me reçut comme une mère tendre qui retrouve sa fille chérie après une longue absence. Je revis, j'embrassai Joséphine, et j'oubliai bien des maux.

J'appris alors tout ce que je devais à madame Grimauld, sa noble résolution de venir partager mon sort, et le danger que j'avais couru d'être mise au Dépôt. Je ne chercherai point à exprimer ce que j'éprouvai ; ma reconnaissance pour le dévouement de cette amie respectable pouvait seule égaler l'horreur d'une pareille destination.

Je passai un mois chez elle dans un mélange de bonheur et de contrainte. En voyant Joséphine, qui n'avait point quitté sa mère, je sentis tout ce qui me manquait. Il est facile de juger qu'il me manquait beaucoup. J'étais un peu humiliée de la grande différence que je trouvais entre nous deux. Ses manières nobles et gracieuses, l'aisance de bon ton et la facilité d'élocution qui se faisait remarquer dans ce qu'elle disait, tout enfin rendait Joséphine une personne charmante. Je cherchai donc à me mettre un peu à son niveau, par mon attention à profiter de ce que je pouvais atteindre et saisir de son esprit et de ses manières distinguées. Pour le reste, nous étions aussi éloignées que peut l'être la beauté de la laideur; mais en admirant les grâces dont elle était douée, je ne trouvais rien à regretter en moi, parce que je jouissais de ses succès comme d'un bien qui était mien. Il me semblait naturel qu'elle fût belle, admirée et digne de l'être; depuis mon enfance je l'avais vue ainsi. Une amitié sincère n'admet point la jalousie. Que ces heures étaient douces! que cette intimité avait de charmes pour mon cœur sevré depuis si longtemps des épanchements de la confiance! Obligée de vivre pour ainsi dire en moi-même et d'y ensevelir toutes mes pensées, j'écoutais maintenant avec délices les expressions simples et vraies de mon amie et de sa mère. Un bon ton partant du cœur, des manières naturelles et distinguées; tout, près d'elles, me rappelait mon bon temps d'autrefois et l'atmosphère où j'avais passé mon enfance. Ces heures-là valaient toute une vie.

Aucun de mes parents ne voulut être mon curateur; ils sortaient tous de prison et ne se considéraient pas comme assez en sécurité. Ils s'assemblèrent pour y pourvoir et choisirent M. Charles, homme de loi, qui demanda et obtint pour moi un secours provisoire; c'est, je crois, la seule affaire dont il se soit occupé. Je touchai deux mille francs en assignats, qui avaient déjà peu de valeur, et je partis pour les Écherolles, où j'allai voir ma sœur, que je trouvai bien portante ainsi que ma bonne. Je fournis leur ménage de différentes provisions, et, laissant à ma bonne une partie de mes assignats, je revins chez mes amies. Joséphine ainsi que sa mère brodaient pour de l'argent; toutes mes cousines en faisaient autant. La noblesse appauvrie travaillait pour les nouveaux riches. C'est ainsi qu'en prison, ou en arrestation dans leur propre maison, elles utilisaient leur temps pour subvenir à leurs besoins; car l'argent était rare pour elles. Plusieurs dames avaient obtenu de rester prisonnières dans leurs appartements, faveur d'un bien grand prix et objet des vœux ardents de celles qui n'avaient pu l'obtenir. Une de celles-ci (1), détenue aux Carmélites, sollicita vainement d'être mise en arrestation chez elle. Sa santé étant bonne, on trouva qu'il n'y avait aucune raison pour lui accorder cette grâce. Que fit-elle? elle occupait seule une petite cellule; ayant trouvé le moyen de se procurer un fagot de sarment, elle calcula assez bien l'heure de la visite du médecin pour brûler à temps son fagot, s'agitant de toutes ses forces devant ce feu passager, mais vif. Quand il arriva, il trouva une

---

(1) Je crois que c'est madame de Blots.

femme tout en sueur, rouge comme l'écarlate, un pouls au galop, et ne voyant rien autour de lui qui puisse occasionner cette fièvre ardente, il la déclara vraiment malade; elle appuie la méprise, demande qu'on lui permette d'aller mourir dans son lit, et bientôt on l'y conduit en effet; elle s'y couche pour dormir à son aise, enchantée d'avoir trompé son monde. Je suppose que, par prudence, elle se fit malade pendant quelque temps.

Peu après mon retour des Écherolles, je reçus des nouvelles de mon père par une femme suisse qui se fit reconnaître pour être envoyée par lui, en me montrant de petites tablettes qu'elle me remit de sa part, tablettes sans valeur pour tout autre que pour moi, et qui venaient de ma mère. Elle me remit aussi un billet, écrit sur de la gaze d'Italie, caché dans la doublure de sa robe, et qu'elle en détacha devant nous. A peine eus-je fini de lire ces lignes si chères, qu'il fallut les brûler pour satisfaire à la prudence de madame Grimauld (1). Je répondis quelques mots à mon père, sans y mettre ni nom ni date, et je donnai à cette femme le reste de mes assignats pour les lui porter, regrettant surtout d'en avoir si peu, ce qui pourtant fut un bonheur; car la messagère, trompant la confiance du grand nombre de personnes qui l'avaient envoyée, garda tout pour elle. Je crois qu'elle était de Lausanne,

---

(1) Elle avait un jugement sûr. Cette femme lui inspira une méfiance qui ne fut que trop justifiée, et plus tard elle me prouva encore la justesse de son coup d'œil.

et je tairai son nom; il est déshonorant d'abuser ainsi du malheur.

Fort peu de temps après le départ de cette femme madame Fabrice me fit prier de passer chez elle, et me donna, de la part de ma tante, de ma malheureuse tante, vingt-cinq louis en argent, qu'elle avait déposés entre ses mains pour être remis à la première personne de notre famille qui reviendrait à Moulins, et serait dans le besoin. « Je vous les aurais déjà donnés à votre passage, me dit-elle, si vous n'aviez pas été accompagnée d'un tiers dangereux; mais j'ai été arrêtée par la contrainte de garder ce dépôt sacré! » Je ne puis dire ici ce que j'éprouvai d'émotion, d'étonnement et de pieux respect, en recevant cet argent mis en réserve par la prévoyante bienfaisance de ma tante. Elle pressentait donc déjà ces temps mauvais! Du sein de la mort, ses bienfaits venaient encore me parler d'elle et de sa tendresse. Elle n'était plus! mais sa bonté toujours active me secourait, me faisait vivre.

Bien des années se sont passées depuis ce moment, mais jamais, non jamais, je n'ai pu y penser sans être saisie d'une profonde vénération pour elle, et d'une admiration tout aussi grande pour les qualités éminentes dont elle était douée. Le regard de son esprit, pénétrant les mystères de l'avenir, pressentit ces temps de détresse et leurs orages : il vit toujours juste. Son cœur au niveau de son esprit préparait les secours et les portait au loin. Répandant ses bienfaits à toute heure, elle les jeta à l'avenir qu'elle ne pouvait atteindre. Longtemps sa grandeur fut ignorée; à peine reconnue, elle passa vite, et cette âme, mûre pour le ciel, y remonta.

Je quittai bientôt la maison de ma seconde mère pour retourner à l'Ombre. Je versai des pleurs en m'éloignant d'elle et de Joséphine. Réhabituée bien vite au bonheur d'être aimée, je me séparais avec douleur d'une douce société pour rentrer dans un désert. Il m'en coûta beaucoup. Cependant, mon séjour à Moulins, malgré sa courte durée, m'avait acquis quelques biens qui me suivirent. Mon esprit se développa en vivant avec des parents nombreux, distingués par leur mérite, et dont l'accueil fut toujours plein d'affection; j'y retrouvai ce bon ton auquel j'avais été habituée; je me retrempai en quelque sorte à leurs bonnes manières, à leur conversation à la fois aimable et solide; leur bienveillance sut me donner plus de confiance en moi-même et par là plus d'aplomb; je me ranimai surtout au milieu des soins affectueux dont je me vis entourée. Profondément touchée de leur indulgente bonté, j'emportai dans ma solitude assez de souvenirs pour n'y pas vivre seule.

Je rapportai de Moulins différents effets que des amis avaient soustraits pour nous les rendre. Ma garde-robe, un peu mieux fournie, me permit d'être à peu près mise comme tout le monde. Ma tante eut la bonté d'y ajouter une robe, ce qui me sauva du malheur de faire pitié.

J'arrivai à l'Ombre. Trop tard pour me présenter chez ma tante, je me rendis sur-le-champ dans ma chambre, impatiente de voir et de connaître la société qui m'y attendait. Le domestique qui m'avait amené des chevaux m'apprit que j'y trouverais une cousine arrivée pendant mon absence. C'était mademoiselle Leblanc de Lespinasse; sans l'avoir vue, j'en avais entendu parler. Je crus trouver une vieille connaissance. Je n'étais pas descendue de cheval, que je lui criais déjà : C'est moi! tant j'étais ravie d'avoir une compagne. Elle aurait eu cinquante ans, que j'aurais encore pensé qu'elle pouvait en être une, car tout me paraissait jeune près de mademoiselle Melon. Du reste, ma nouvelle cousine était vraiment jeune quoique beaucoup plus âgée que moi, et surtout fort jolie. Une agréable tournure, beaucoup d'esprit et d'instruction en faisaient une personne très-distinguée.

Je fus donc toute disposée à l'aimer bien vite, et l'amitié qu'elle me témoigna devint réciproque. Il s'y mêla bientôt de mon côté un grand respect, non pour les années qu'elle avait de plus que moi, mais pour l'algèbre dont elle aimait à s'occuper. Je ne comprenais pas ce goût que je croyais le patrimoine des hommes. Puis, lorsque, quittant cette étude abstraite, je la voyais coudre parfaitement bien, ou façonner gracieusement un chiffon, je m'étonnais encore de la différence de ses plaisirs et de la variété de ses talents.

Je n'étais pas moins satisfaite d'avoir une compagne pendant ces longues et obscures soirées d'hiver, et quoique ma tante, ennuyée de nos petites causeries, ait su y ajouter une gêne de plus, en nous défendant de parler ensemble, nous étions deux, c'était bien différent pour moi, et nous nous devinions, à défaut de pouvoir nous exprimer ; car nos chaises, placées très-loin l'une de l'autre, ne nous permirent plus de rien dire qu'à voix haute. Ma tante voulait tout entendre. Son ouïe, un peu dure, mais d'une espèce traîtresse, avait des retours qu'il fallait craindre, et nous n'osions nous adresser la moindre parole en aparté. Pendant ce silence obligé, mes pensées surabondantes voulaient se faire jour à toute force ; jamais mon esprit ne fut aussi fécond que dans ces heures muettes. J'étouffais de mille idées bouillantes, qu'il fallait taire ou garder jusqu'au moment des douces causeries du coin du feu. Ma consolation était que ma cousine en souffrait autant que moi, car ce que l'on souffre à deux est plus léger. Que faire pour rompre la monotonie de notre existence ? Je mourais d'envie de voir du nouveau, de dire du nouveau ; enfin j'avais le besoin de donner à un jour, à un seul jour une autre couleur que celle de la veille.

La fête de ma tante nous en donna bientôt l'occasion, et nous résolûmes de la saisir. La Saint-Antoine approchait ; il fut décidé que nous la célébrerions avec un éclat inusité à l'Ombre, et les préparatifs embellirent et occupèrent beaucoup de nos journées, par tout ce qu'une semblable entreprise exigeait de soins et de recherches, dans un lieu dépourvu de ressources. Dans mon entraînement, je voulais garnir nos robes de feuillages verts, je ne rêvais que fleurs et guirlandes ; j'en mettais partout, quand ma cousine eut la cruauté d'interrompre le programme que je composais, en me montrant la fenêtre : la terre était couverte de neige ; en m'occupant de la Saint-Antoine j'oubliais le 17 janvier.

Enfin le soleil se leva pour éclairer cette fête mémorable. Ma cousine avait prié son oncle de venir ce jour-là faire une visite à ma tante, et M. de Chaligny, fidèle à sa promesse, arriva de bonne heure avec son fils Frédéric, pour concerter notre plan. Il vint demander à dîner à mademoiselle Melon, dont il était aussi le neveu, et qui, ayant pour lui une estime particulière, aimait qu'il passât quelquefois plusieurs jours chez elle, exception toute favorable à notre projet.

En sortant de table, nous esquivant l'une après l'autre, nous laissâmes M. de Chaligny chargé de tout le poids de l'après-dînée. Il avait été prié d'être amusant, afin qu'on ne s'aperçût point de notre absence. De temps en temps, un : « Où sont ces demoiselles? » le forçait à redoubler d'amabilité. Ces demoiselles passaient leurs robes blanches, et disposaient le plus gracieusement possible leurs petits présents : c'étaient des bonbons, des pâtisseries, des fruits, des marrons, des oranges que nous avions fait venir de la ville voisine, seules bagatelles que la saison nous offrît. Nous allâmes ensuite rejoindre nos gens, qui étaient rassemblés dans la cuisine, et, convaincues de la nécessité d'une répétition, nous nous emparâmes d'un bon paysan que le hasard y avait amené, et tout aussitôt l'ayant fait asseoir, il fut chargé de représenter mademoiselle Melon. Après lui avoir préalablement fait une profonde révérence, nous lui récitâmes avec emphase les vers que nous avions composés en son honneur. Il prit tout cela pour du latin. « C'est bien beau, s'écria-t-il, mais je n'y comprends rien. » Je trouvais aussi mes vers excellents, car ils m'avaient coûté un grand travail.

Enfin, nous nous mettons en route, ne sachant guère comment nous serions reçus. Jacques, le fidèle serviteur de ma tante, entre chez elle, et déjà elle s'étonne; car il fallait, ne venant jamais à cette heure-là, qu'une raison importante l'y amenât. « Mademoiselle, je viens vous annoncer qu'une société nombreuse qui passe ici demande la permission de vous voir. — Mais, Jacques, je ne reçois personne, vous le savez. — Oh! je l'ai dit. — Cela ne fait rien, ont-ils répondu, nous ne resterons pas longtemps. — Moi, je ne veux pas les recevoir; il fait nuit, c'est une heure indue pour des visites; renvoyez-les. — C'est difficile, mademoiselle, ils sont à votre porte. — Nous entendions ce colloque en étouffant de rire. — Quelle mine ont donc ces gens? dit ma tante, en se levant de son fauteuil avec inquiétude, et s'appuyant d'une main sur la cheminée; les connaissez-vous, Jacques? — Non, mademoiselle. — Si tard! reprit-elle au désespoir, si tard! je ne saurai que donner à souper à tout ce monde, c'est une importunité sans exemple. Monsieur de Chaligny, allumez donc la chandelle, dépêchez-vous donc, vous ne bougez pas. » Mon cousin, tout en riant de l'état violent où elle se trouvait, tortillait déjà un petit morceau de papier. « Mais que faites-vous donc? quelle lenteur! Voilà des allumettes. Quelle idée d'arriver si tard! » Et restant debout, ses regards inquiets se fixèrent sur la porte. A peine la chambre fut-elle un peu éclairée, qu'elle vit entrer les étrangers annoncés, portant chacun leur offrande, et qui, formant un cercle autour d'elle, entonnèrent en chœur un petit couplet que j'avais composé pour eux. Autre étonnement ; ma tante ne reconnut aucun de ses domestiques. Nous arrivâmes ensuite, ayant chacune une corbeille de bonbons d'une main et un bouquet de l'autre ; Frédéric nous suivait, chargé d'une énorme tourte de marmelade de pommes. Nous lui récitâmes nos vers. Ma tante, toujours debout, allant de surprise en surprise, regardait autour d'elle sans comprendre et sans voir. Enfin, la chambre s'éclaire davantage, chacun dépose devant elle son tribut et ses vœux. Une joyeuse confusion se met parmi nous, et nous souhaitons en prose une bonne fête à ma tante ; nous l'embrassons en riant de sa surprise. Elle devine enfin, rit avec nous, reconnaît bientôt les étrangers qui encombrent sa chambre ; ne tremblant plus pour son souper, elle reprit sa belle humeur ; et promenant un œil satisfait sur toutes ses richesses, elle nous en remercie gracieusement. Je ne l'avais jamais vue si contente ; un aimable désordre régna le reste de cette soirée, qui marqua dans les fastes de l'Ombre, et nous nous séparâmes chargés de vœux réciproques pour notre bonheur.

Le lendemain, ma tante eut l'amabilité de nous demander encore des détails sur la fête de la veille, et parut prendre beaucoup de plaisir à les entendre. « Ma tante, ajoutai-je, vous tendiez la main pour saisir ma corbeille ; mais j'ai tenu bon jusqu'à la fin de ma tirade. (O vanité d'auteur, que devins-tu ?) — Quelle tirade ? » Elle n'avait rien entendu ! Son regard scrutateur errant sur les tourtes et les gimblettes, glissant avec complaisance des oranges aux plaisirs (1), son attention fut captivée par tant de charmes qu'elle fut perdue pour le reste. « Ah! ma tante! des vers superbes, quelle humiliation pour nous! — Vraiment, des vers! je ne m'en doutais pas. Allons, répétez-les moi, ce sera la même chose. » Et nous voilà rejouant la scène de la veille.

Ma cousine, dont les talents créateurs avaient causé cette distraction si cruelle pour mon amour-propre, eut les plus grands droits à la gloire de cette journée. J'éprouvai une joie véritable en voyant ma tante lui en faire les plus gracieux remercîments, car parfois elle lui montrait de la sévérité. L'opinion prononcée de sa famille contre les prêtres assermentés blessait mademoiselle Melon, parce qu'elle était offensante pour le curé dont elle faisait le plus grand cas. De là naissaient fort souvent des scènes désagréables, parce que ma tante trouvait dans cette différence de manière de voir, un blâme pour elle-même. J'ai souvent remarqué que le plus grand tort de ceux qui ne pensent pas comme nous vient de ce qu'on croit trouver dans leur opinion un reproche pour la nôtre, et qu'on ne leur accorde point la liberté de pensée et d'opinion que l'on veut réserver pour soi-même entière et sans limites. Le curé, piqué du peu d'estime qu'il inspirait, n'adoucissait pas l'humeur de ma tante, et cette humeur

---

(1) Espèce de gaufres très-légères.

engendrait de nouveaux ennuis, qui jetaient une contrainte de plus dans notre petit cercle.

Je fis alors la connaissance d'un Suisse, établi depuis assez longtemps dans le voisinage; honnête homme, disait-on, qui retournait dans son pays. Les occasions sûres étaient rares; je m'empressai donc de lui confier l'argent que madame Fabrice m'avait remis; j'y joignis l'adresse de mon père et toutes les recommandations que peut inspirer le cœur d'une fille tendre. Ma cousine lui confia aussi une montre pour M. de Saxy, son oncle. Eh bien, il en fut comme avec la dame, rien n'arriva à sa destination! C'est encore un nom à taire. La Suisse ne me portait pas bonheur. Je sentis cruellement ces différentes pertes que je n'avais aucun moyen de réparer.

Le printemps s'écoula dans un doux repos : des promenades, quelques lectures remplissaient agréablement nos journées; je trouvais qu'elles s'envolaient trop vite, car ma cousine, rappelée près de son père, allait m'abandonner. En effet, bientôt seule, tout fut désert autour de moi; mais ma solitude dura peu : la crise qui avait brisé la vie de tant de braves gens semblait suivre un but de paix et de conciliation. Les émigrés lyonnais rentrèrent tous; mon père revint comme eux, fut rayé provisoirement de la liste des émigrés, et rentra aussi dans la jouissance provisoire de ses biens. Il m'apprit ces heureuses nouvelles, et m'écrivit que bientôt il viendrait me chercher, voulant lui-même remercier ma tante de l'asile généreux qu'elle m'avait donné. Grande fut ma joie à la réception de cette lettre, messagère de bonheur et d'allégresse. Je comptai bien impatiemment les jours qui s'écoulèrent jusqu'à l'arrivée de mon père. Ces larmes et cette félicité du doux revoir ne sauraient se décrire. Je ne l'avais pas revu depuis la mort de ma tante! Il avait beaucoup à m'apprendre, et j'avais beaucoup à lui dire. Il me raconta les dangers qu'il avait courus pour pénétrer en Suisse; il me peignit ses craintes sur mon sort, et l'ignorance où il était resté pendant si longtemps de ce que j'étais devenue. Mademoiselle Melon écoutait avec un grand intérêt le récit de ses périls, voyant en lui un acteur et une victime de la lutte générale. Elle affectionnait mon père, et ses discours trouvaient grâce à ses yeux. Après huit jours de repos, il lui demanda la permission de partir, ses affaires exigeant sa présence à Moulins; et je le suivis, pénétrée de reconnaissance pour ma tante, mais bien, bien heureuse de quitter l'Ombre.

CHAPITRE DIX-SEPTIÈME

Mon père recouvre provisoirement ses biens. — Je retrouve l'argenterie cachée par l'ordre de ma tante. — Nous partageons notre temps entre la ville et la campagne. — Nouvelles persécutions et nouvelle fuite. — Nous repartons pour Lyon. — Mon père y est poursuivi avec acharnement. — Il échappe à ses ennemis. — Je retourne aux Écherolles.

Je revis Joséphine. Mon père appela de tout son cœur les bénédictions du ciel sur ceux qui avaient protégé sa fille ; et partageant notre temps entre la ville et la campagne, cet été fut un des plus heureux de ma vie. La maison de Moulins, où avait siégé le Comité révolutionnaire, nous fut rendue, et nous y logions pendant nos courts séjours à la ville. Je ne sais si j'ai dit, au commencement de ce long récit, que la prévoyance de ma tante des Écherolles y avait fait cacher de l'argenterie dans une cave. Elle avait dédaigné d'y veiller elle-même, devinant l'avenir : « Si quelqu'un revient, ce sera toi », dit-elle ; et l'enfant désigné par elle revint en effet.

Nous étions servis par un Valaque, prisonnier de guerre, qui parlait à peine le français, jeune homme bien élevé, et que mon père prit auprès de lui pour l'arracher aux horreurs de la caserne. Je lui fis comprendre parfaitement ce que je voulais, et nous descendîmes ensemble dans la petite cave qui recélait mon trésor. Elle n'était pas tout à fait vide des vins étrangers dont nous l'avions laissée remplie ; mais on en avait bu copieusement. Quelques bouteilles gisaient éparses çà et là, et un assez grand nombre recouvrait encore la place où je fis creuser. La caisse était rompue, et l'argenterie mêlée à la terre frappa bientôt nos regards. Joseph, qui comprenait très-bien qu'elle avait échappé aux yeux des jacobins qui si souvent visitèrent cette cave, jetait des cris de joie à chaque objet qu'il trouvait, croyant remporter une victoire sur *ces brigands, ces voleurs*. Il n'appliquait pas trop mal le peu de mots français de son répertoire. Tout y était. Je fis porter à mon père une corbeille pleine de plats, d'assiettes, de couverts, et je bénis encore ma tante; car cette précaution sage nous fit vivre plusieurs années.

Il y a une espèce de monstre politique à deux visages, l'un tranquille et bienveillant, l'autre cruel et sanguinaire, dont nous ressentions tour à tour la bonne ou la mauvaise influence : on le nomma *réaction*. Le parti modéré prenait-il le dessus, tout s'apaisait, l'espérance relevait les cœurs abattus : c'était la réaction; les révolutionnaires redevenaient-ils puissants à leur tour, la terreur, réveillée à leur voix terrible, glaçait les âmes; tout souffrait et cherchait à fuir au loin. C'est la réaction, disait-on encore. Que connaissais-je autre chose, moi, enfant, puis jeune fille, ballottée par ces orages, ignorant les causes, ne voyant que les effets ? Quand le calme venait à reparaître, ou bien lorsque les flots furieux menaçaient de nous engloutir, je me livrais toute résignée à mon sort, en répétant, comme les autres : C'est une réaction; et je croyais avoir tout dit.

Eh bien, un jour que mon père m'avait envoyée à Moulins pour quelques affaires, j'y trouvai les esprits fort agités ; on avait des nouvelles alarmantes de Paris : un représentant du peuple venait d'arriver ; la radiation provisoire de mon père avait été révoquée, et déjà l'on parlait de l'arrêter : c'était encore la réaction. Je revins en grande hâte. En peu d'heures les paquets furent faits, et avant la nuit nous étions sur la route de Lyon, dans un cabriolet dont on n'avait pas pris le temps de resserrer les soupentes trop lâches. Au moindre choc, nous nous sentions lancés vers l'impériale de cette maudite voiture, risquant de nous y briser la tête, et tout cela pour une réaction.

Par suite de cette réaction, nous ne trouvions pas de chevaux. Plusieurs représentants se rendaient dans le midi de la France, et les maîtres de poste, excédés de tant de réquisitions, envoyaient une partie de leurs chevaux dans les campagnes, ne gardant à l'écurie que le strict nécessaire. Ce ne fut donc qu'au bout de cinq jours que nous arrivâmes à Lyon, à dix-huit myriamètres seulement de Moulins ; encore aurions-nous été forcés en plein midi de rester à la dernière poste, toujours faute de chevaux, si notre bonne étoile n'avait amené là une malle-poste surnuméraire et inattendue, dont le courrier voulut bien venir à notre aide. Nous montâmes dans cette étroite voiture, plus dure, plus cahotante même que la nôtre (1). Il n'y avait que deux

---

(1) Les diligences étaient toutes très-mauvaises. Glissant sur le siége en cuir grossier, ne trouvant rien que la main pût saisir,

places, nous étions trois, ce qui fit que j'arrivai à Lyon sur les genoux de notre bon gros conducteur : c'était encore la réaction.

Notre voiture nous fut amenée le lendemain chez M. Guichard, faubourg de Vaise, où nous étions descendus ; c'était lui qui avait engagé mon père à rentrer en France et à profiter de l'amnistie accordée aux Lyonnais fugitifs. Ce fut près de cet ami fidèle que nous trouvâmes un asile sûr. La nouvelle terreur qui s'étendait sur notre malheureuse patrie fit affluer à Lyon un grand nombre de personnes qui espéraient lui échapper, en y trouvant un refuge ou des moyens faciles pour passer en Suisse. Nous y revîmes la famille de Bussy, arrivée avec nous à Lyon, lors de notre première fuite de Moulins. Comme nous, elle avait eu de mauvais jours et quelques moments de joie ; comme nous, elle fuyait encore ! Tristes et douces étaient ces rencontres ; en se racontant les dangers que l'on avait courus, on jouissait de les avoir évités ; mais on tremblait de ceux qui s'amoncelaient sur nos têtes. Plusieurs personnes trouvèrent chez M. Guichard le même accueil que nous, de sorte que, formant une société agréable et sûre, nous vivions seuls et sans contact avec le dehors.

---

on était jeté violemment d'un côté à l'autre. Une fois, je restai comme anéantie à la place où m'avait laissée le dernier cahot, et j'entendis le postillon qui me quittait dire à son camarade : « Cette pauvre jeune dame, mon ami, ne la mène pas sur le pavé, car elle arriverait morte à l'autre poste. » La pitié de ce postillon m'alla droit au cœur, et si j'avais pu ouvrir les yeux, mon regard l'en eût remercié.

CHAPITRE DIX-SEPTIÈME.

Lyon offrait alors un aspect singulier : deux pouvoirs s'y livraient la guerre, la Compagnie dite de Jésus, comme une Némésis vengeresse, menaçait, poursuivait, frappait les jacobins, et portant un redoutable effroi dans leurs âmes criminelles, à défaut de remords, troublait leurs jours et leurs nuits. Nulle paix pour eux, même alors que rétablis dans leur puissance, et rappelés aux emplois, leur règne revint pour le malheur de la France. Effrayés eux-mêmes de ce pouvoir mystérieux qui les immolait en silence, beaucoup d'entre eux furent longtemps sans oser paraître, et leurs places restèrent inoccupées.

On dit que beaucoup de jeunes gens revenant des armées où ils s'étaient vaillamment battus, ne trouvant plus à leur retour les parents, le foyer, la famille qu'ils avaient cru défendre au péril de leur vie, s'informèrent de ce qui avait causé leur perte, et beaucoup de dénonciateurs furent appelés en duel ; il en périt un grand nombre par ces vengeances particulières, effrayantes pour tous les partis.

Exaspérés de toutes les atrocités qui leur furent dévoilées, ces jeunes gens passèrent bientôt à des mesures plus expéditives : ils devinrent des assassins en se croyant de justes vengeurs ; le duel leur parut un honneur trop grand pour de pareils hommes : on les assassina la nuit, le jour ; s'aidant de la ruse ou de la force, tout parut légitime pour les anéantir. Après les avoir tués, on les jetait dans le Rhône ou dans la Saône, suivant que le lieu de leur mort était près de l'un ou de l'autre fleuve ; et les flots portaient au loin la victime qu'ils avaient immolée. Souvent même, en plein jour, on la désignait à la vengeance publique, en criant : C'est un *matevon* (1); aussitôt, poursuivi, percé, déchiré, le malheureux ainsi désigné était jeté dans la rivière, où il achevait de mourir. Les passants s'arrêtaient à peine : ce n'était qu'un *matevon*. Les esprits, irrités par une persécution longue et inique, déviant du chemin de la droiture, s'appuyaient du déni de justice qu'ils éprouvèrent, pour l'exercer eux-mêmes.

En effet, les prisons regorgeaient de terroristes de tous grades : municipaux, dénonciateurs, gardiens infidèles des scellés; enfin de tous ces hommes de crime, dont les autorités nouvelles, refusant le jugement, restaient sourdes aux justes réclamations qui s'élevaient de toutes parts pour l'obtenir.

Alors la réaction leva sa tête altière, et cette fois, avide de rendre supplice pour supplice, mort pour mort, sanguinaire et furieuse, elle se dit : La vengeance est à moi. Elle marcha donc fière et puissante vers les prisons qui renfermaient sa proie, et mit dans sa féroce exécution un ordre dont le calme et la sévérité glacent d'épouvante. Le registre des prisons à la main, elle fit l'appel des prisonniers avec une horrible tranquillité; tous ceux qui portaient des titres de sang furent massacrés froidement. Les voleurs, les faux monnayeurs et autres criminels de ce genre furent épargnés. « Il y

---

(1) En patois lyonnais, matevonner signifie étêter les arbres, d'où les étêteurs d'hommes furent nommés *matevons*.

a des lois pour vous, leur dit-on; nous n'usurperons pas leurs droits »; et des voix s'écriaient de toutes parts : « Je ne suis qu'un voleur. »

C'est dans un de ces massacres que périrent le citoyen Forêt, sa méchante femme, son fils le municipal, et sa fillâtre (1), qui les valait tous. Deux prêtres et un émigré étaient incarcérés à Roanne : il leur fut dit : Sortez, cette occasion-ci ne se retrouvera plus; et discontinuant le massacre, ils quêtèrent entre eux la somme nécessaire pour leur faire gagner la Suisse. Puis ils retournèrent à leur œuvre.

Lorsque nous arrivâmes à Lyon, cette atroce justice était faite; quelques assassinats isolés en rappelaient seuls l'iniquité. Les jacobins revinrent au pouvoir, et peu à peu on se remit à les craindre. L'hydre n'avait point péri dans cette lutte violente; relevant ses têtes abaissées, elle reparut alors pleine de vigueur et de vengeance.

Il existait une loi qui ordonnait aux pères des émigrés de se rendre dans le domicile qu'ils habitaient en 1792, pour y rester en état de surveillance. Mon père, qui avait habité le faubourg de Vaise depuis le commencement du mois d'août de la même année, espéra satisfaire aux exigences de cette loi, en y restant.

---

(1) C'est un mot des plus durs de notre langue, et particulièrement en usage à Lyon. Il convenait parfaitement à cette femme dure comme lui. Elle portait habituellement un chapeau, à la prise de Toulon, dont le bouquet avait, en guise de fleurs, des sabres, des canons, des boulets et des bombes. C'était un triste bouquet, mais il allait à cette femme sanguinaire! Il s'y trouvait jusqu'à des guillotines.

De son côté, la ville de Moulins somma mon père de venir se mettre sous sa surveillance. Mon père se fit fort de son domicile de Vaise : Moulins n'entendit pas raison, un procès fut intenté contre lui, et pour prix de sa résistance, il fut condamné à deux ans de réclusion et de fers. Plusieurs mandats d'arrêt décernés contre lui se suivirent bientôt, mais sans succès, mon père ayant su leur échapper toujours. C'est ainsi que pour nous commença une ère nouvelle de souffrances et de persécutions.

M. Guichard, dont l'amitié courageuse ne s'est jamais démentie, nous en donna une preuve bien touchante. Il souffrait depuis plusieurs années d'un asthme très-fort, auquel se joignait une hydropisie dont les progrès assez rapides s'opposaient à toute espèce d'occupation, et rendaient son existence très-douloureuse. Cependant, le désir d'être utile à mon père lui fit surmonter la violence de ses maux. Il rechercha et accepta une place de la commune de Vaise, qui le mettait à même de prévenir les surprises; car c'est à lui que l'on s'adressait pour les mesures d'arrestation. C'est ainsi que beaucoup de ces mandats d'amener restèrent sans exécution, et j'ignore quel compte il en rendit. C'est au dévouement généreux de M. Guichard que nous avons dû la sécurité dans laquelle nous vécûmes tranquilles et cachés, à l'abri de sa protection. Mon frère cadet, qui avait repris son domicile à Rive-de-Gier, chez M. Mazuyer, venait souvent nous voir. Son arrivée, douce à nos cœurs, y répandait une joie pure, de sorte qu'au milieu de nos alarmes continuelles, nous eûmes quelques journées heureuses.

Cependant, la santé de M. Guichard devenait de plus en plus languissante; il ne pouvait sortir de sa chambre, et bientôt nous le perdîmes. Il ne s'attendait pas à une mort si prompte, car la veille encore, respirant avec délices un bouquet de violettes que je lui apportai, il rêvait, en savourant leur frais parfum, au lieu de sa naissance, et m'entretint du voyage qu'il comptait y faire aussitôt qu'il serait guéri. Le lendemain matin, il tomba en agonie. Rassemblés autour de son lit, pour nous consoler par la prière, il devint notre unique pensée; absorbés dans ce malheur, pénétrés de cette immense perte, le reste fut oublié, et les précautions de sûreté négligées. Mon père vit tout à coup venir à lui un petit garçon qui avait pénétré sans difficulté dans la maison, et qui lui remit une lettre de la municipalité de Lyon, adressée à M. Guichard. « Il se meurt, répondit mon père; porte cette lettre à la municipalité du faubourg. » Peu après, le petit garçon revint encore. « Je n'ai trouvé là-bas qu'un seul membre, qui a ouvert le paquet et m'a dit : « Cela ne me regarde pas, retourne dans la maison « Guichard, et dis qu'il faut qu'on y prenne cette lettre. » Mon père l'ouvrit et la lut; c'était un nouveau mandat d'arrêt décerné contre lui. On griffonna un reçu au messager, qui s'en retourna. Nous avons toujours ignoré la personne qui sut si généreusement nous avertir de ce nouveau danger, et nous ménager le temps de l'éviter. Je ne saurais trop reconnaître et bénir les soins de la Providence, qui plaça sur notre route tant d'âmes bienveillantes, tant d'amis sincères et vigilants, attentifs au salut d'une tête si chère.

Nous ne quittâmes point la maison après la mort de M. Guichard, sa veuve nous témoignant la même bonté. Où eussions-nous été mieux? Quelle autre retraite aurait pu nous offrir les avantages de celle-ci? Asile sûr, amitié sincère, tout se réunissait pour nous y fixer. Mais nous restâmes seuls, les personnes qui s'y trouvaient avec nous étant parties. Des visites nouvelles furent faites pour arrêter ce cher proscrit, que nos soins assidus dérobèrent toujours à leurs recherches; et le bonheur d'y réussir nous ayant malgré tant de périls inspiré une sécurité dangereuse, il fut sur le point d'en être la victime, un jour qu'il se promenait dans une allée couverte du beau jardin attenant à la maison. Ce jardin, entouré de murs et de rochers, n'était accessible aux regards des voisins que dans une partie, qu'il évitait avec soin; et croyant ainsi accorder assez à la prudence, il se livrait souvent au plaisir de la promenade, plaisir contre lequel je murmurais beaucoup par inquiétude pour lui. Le malheur voulut qu'un commissaire qui était à sa recherche entrât par une porte du jardin, et se trouvât inopinément en face de mon père, un peu surpris de cette visite. Le commissaire lui signifie l'ordre dont il est porteur; madame Guichard ne perd pas la tête, elle rentre chez elle en les priant tous deux de la suivre, et là, ouvrant son secrétaire : « Vous êtes père de famille, citoyen, dit-elle à cet homme; sauvez la vie d'un père de famille;

cet argent est à vous, prenez; vous êtes entré seul, personne n'a vu monsieur, et vous pensez bien que nous vous garderons le secret. » Cet homme se laissa toucher et partit. Il fut résolu que mon père ne sortirait plus que la nuit dans le jardin; j'obtins cette promesse à force de ferventes prières et de supplications.

C'est ainsi que nos journées se passaient dans les alarmes continuelles que faisait naître une persécution aussi acharnée. Heureusement, mon père trouva dans l'amitié, dans la générosité de ses amis une puissante sauvegarde. Il le reconnaissait de tout son cœur; mais la vie lui devenait odieuse, et la contrainte irritait son âme; il voyait un beau jardin devant lui, et n'osait y faire un pas : c'était le supplice de Tantale. Privé d'exercice, son sang s'agitait, la véhémence de son caractère s'exaltait par tant de contrariétés; son esprit s'aigrissait, et plein d'amertume et d'impatience, il appelait à grands cris la liberté ou la mort. Que de fois il m'a répété : « J'aime mieux mourir que de vivre comme je vis; que l'on me prenne, que l'on me guillotine, ce sera fini; je ne puis supporter une semblable existence, mieux vaut mourir. — Et moi, mon père, et moi! que deviendrais-je? » Que de peines n'avais-je pas pour le calmer, pour lui inspirer un peu de résignation et d'espérance! et lorsque j'y avais réussi, je voyais bientôt une nouvelle irritation détruire mon ouvrage. Enfin, ne pouvant plus résister à lui-même, et répétant : « J'aime mieux mourir que de vivre ainsi prisonnier », il sortit dans le jardin; on l'épiait encore, il fut aperçu.

Le successeur de M. Guichard, fameux jacobin, et fort zélé pour son parti, donna aussitôt des ordres pour qu'on se transportât chez madame Guichard; car, à son grand déplaisir, et très-heureusement pour nous, il se trouvait forcé de partir à l'instant même pour une mission importante. Le soin d'exécuter ses ordres fut donc remis à un commissaire, plus honnête homme qu'il ne le croyait. Celui-ci court aussitôt chez une dame de notre connaissance, lui explique l'affaire dont il est chargé, et la prie de nous en avertir. « Je suis sûr qu'il est chez madame Guichard; je demande qu'il parte ou que l'on me dise où il sera caché, afin que je n'y cherche pas »; et il s'éloigne en fixant l'heure de sa visite. Aussitôt que nous apprîmes cette nouvelle, toutes les mesures furent prises pour cacher mon père à tous les regards, et nous attendions avec de grands battements de cœur ce moment dangereux, lorsqu'on sonna violemment à la porte : c'était un grand homme enveloppé dans son manteau. Il demande mon père. La bonne Jeanne-Marie répond qu'il n'y est pas; l'autre assure qu'il y est. « Je suis son ami, ne craignez point; je me nomme Rostaing; allez lui dire que c'est moi. » A ce nom, déjà la porte s'était ouverte et refermée sur lui.

M. de Rostaing (1) revenait d'un voyage assez long; apprenant les nouvelles persécutions suscitées à mon

---

(1) C'était un ancien officier qui avait servi pendant le siége. Il était aussi distingué par sa bravoure et ses connaissances militaires que par son noble caractère et ses grandes vertus.

père, il accourait lui offrir son secours. Bientôt instruit de nos inquiétudes, il engagea mon père à partir sur-le-champ. « Venez avec moi, lui dit-il, quittez une maison où l'on soupçonne toujours votre présence. — Comment, en plein jour? — Dieu nous protégera; ce n'est pas vivre que d'exister comme vous le faites. » Cette résolution, une fois prise, devait être exécutée promptement. Jeanne-Marie court s'assurer d'une batelière sûre, qui vient attendre avec son bateau au bout d'une petite ruelle qui donnait vis-à-vis de la porte de la maison. On guette le moment où personne ne passe, mon père saisit cet instant favorable; enveloppé d'un manteau comme son ami, il franchit rapidement la rue avec lui, monte dans la petite barque, et les voilà voguant. Ils passèrent la Saône, et furent en peu de temps à l'abri. Nous restâmes livrées à de grandes inquiétudes, mais espérant son salut de la justice de sa cause. Le commissaire vint à l'heure qu'il avait fixée, levant à peine les yeux dans la crainte de voir; nous aurions pu lui dire de les lever, mais il était bon maintenant que l'on crût mon père près de nous.

Sans le procès intenté contre mon père par les autorités de la ville de Moulins, nous aurions joui de la liberté rendue à tous les Lyonnais, qui avaient été rayés en masse. Mais loin de là, poursuivi avec un acharnement infatigable, chassé de toutes les retraites qui l'abritaient, mon pauvre père se voyait seul, dans une situation intolérable; et l'amertume dont son cœur était inondé lui donnait ce dégoût de la vie qui lui fit commettre tant d'imprudences. Il n'en supportait plus les inquiétudes. « Mieux vaut mourir », disait-il toujours, et je répétais tristement : « Et moi, mon père, et moi ! »

M. de Rostaing le conduisit tout bonnement chez lui. Il y resta quelque temps, et trouva par ses soins un asile nouveau et sûr. Jouissant souvent de la société de son ami, vieux militaire comme lui, il trouva dans sa conversation d'anciens souvenirs qui leur étaient communs, et les angoisses du présent perdaient de leur âpreté devant les récits vifs et animés de leurs vieilles batailles.

Le procès de mon père traînait en longueur. Ne pouvant m'avoir près de lui, il crut sage de me renvoyer aux Écherolles pour ses affaires. D'ailleurs, l'économie exigeait notre séparation. J'y revins donc accompagnée d'une femme qui repartit ensuite. Tout y était dans le même état; mais cette fois-ci je me logeai dans l'appartement de ma mère, et j'y restai, bien décidée à ne le céder à personne.

CHAPITRE DIX-HUITIÈME

Mort de ma sœur. — Madame Grimauld. — Réaction en faveur puis contre les émigrés. — Mon père et mes frères reviennent à Lyon. — Je les y rejoins. — 18 fructidor. — Mon père proscrit de nouveau. — Mon retour aux Écherolles. — Ma présence ne peut s'y prolonger. — Je repars pour Lurcy et l'Ombre. — Je vais au Battouée. — Mon cousin donne asile aux prêtres et aux autres proscrits. — Scènes de notre vie de chaque jour.

J'ai dit dans le chapitre précédent que mon père, ne pouvant me garder près de lui dans l'asile que l'amitié lui avait offert, crut prudent de me renvoyer aux Écherolles, pour y terminer quelques affaires et y raviver son souvenir dans des cœurs bien près de l'oublier. J'y retrouvai les fermiers continuant leur fortune et leurs banquets. Leur luxe s'était accru avec leurs richesses; on aurait pu les croire heureux, si l'inquiétude qui naît de l'instabilité des spéculations n'avait jeté des craintes à travers leurs joies (1). Une peine d'un autre genre vint y mêler ses alarmes. Une bande de voleurs, formée dans le sein même de la province, menaçait tous ces nouveaux riches; et tandis que presque seule dans le château, j'y dormais du sommeil le plus paisible, M. Alix et sa famille ne reposaient pas. Ce n'était plus à chanter des chansons joyeuses que les

---

(1) Cette rapide fortune s'écoula vite entre leurs mains; ils se trouvaient un jour plus pauvres qu'ils ne l'avaient été avant d'être riches, et bien plus malheureux.

heures de la nuit s'écoulaient pour eux. Veiller à leur sûreté, songer à se défendre, trembler au moindre bruit, redouter pour eux-mêmes le sort de quelques voisins qui avaient été assassinés, toutes ces alarmes enfin répandirent des ombres sur leur prospérité. Soit vérité, soit envie d'un bonheur que l'on se réjouissait de troubler, il circulait que le nom de M. Alix avait été vu sur la liste fatale, et dès lors plus de sommeil pour lui.

Ma sœur existait encore, mais sa vie touchait à sa fin. Elle s'affaiblissait de jour en jour, et elle mourut de vieillesse à vingt ans. Le mercure pris par sa nourrice, pendant qu'elle l'allaitait, détruisit ses forces vitales et altéra sa raison : exemple funeste des dangers auxquels une mère expose son enfant, lorsqu'elle est obligée de recourir au sein d'une étrangère pour le nourrir. Ma mère ne s'en consola jamais, et jusqu'à sa mort s'en fit les plus vifs reproches. Cependant, elle avait pris très-scrupuleusement des informations sur cette nourrice; mais sa prudence fut endormie ou satisfaite par les témoignages qu'elle reçut de la conduite d'une femme assez adroite pour en imposer à tous (1).

La courte existence d'Odille n'avait été que souffrance; née pour être forte et belle, ces avantages disparurent peu à peu, et cédèrent à l'excès de ses maux. Je la trouvai heureuse d'en atteindre la fin. Néanmoins,

---

(1) Ayant une santé très-délicate, ma mère n'avait pu nourrir elle-même aucun de ses enfants.

quoique je n'eusse jamais rencontré en elle ce charme qu'offre un retour d'affection, sa perte m'affligea, me laissa seule; un vide nouveau se fit autour de moi; c'était la mort, encore une mort dans ce que j'aimais, et je sentis le besoin de fuir la solitude où elle me laissait.

J'allai passer quelque temps chez madame Grimauld. Près d'elle, je retrouvai une société douce et protectrice. Elle habitait Lurcy, terre qu'elle avait achetée, dans le Nivernais, des débris d'une belle fortune que son mari avait presque entièrement dissipée. Il avait été fort bel homme, et s'était rendu fameux par de grands désordres. Sa femme, fort jeune encore, l'épousa par inclination, et fut à peine heureuse un jour. Le reste de sa vie appartint à l'infortune, non-seulement par la conduite licencieuse et les prodigalités de son mari, mais encore par son humeur taquine, par un esprit de contradiction et d'ironie comme je n'en ai vu à personne, et qui n'était surpassé que par la patience de madame Grimauld à supporter ce supplice de toutes les minutes. Jamais une plainte ne s'échappa de sa bouche; jamais l'amie la plus intime de son cœur ne reçut la confidence de ses douleurs. Elle mourut avec son secret.

L'aspect d'une pareille souffrance fit époque dans ma vie. Je n'avais pas eu le temps d'en apercevoir de ce genre; ballottée dans les tourmentes qui bouleversaient la France, j'avais été, comme tant d'autres, atteinte et frappée par ces grandes catastrophes qui brisaient tout sur leur passage; comme eux, du moins, je pouvais en parler et m'en plaindre. Mais ce malheur-là, je l'ignorais ; je n'avais point encore vu ces douleurs cuisantes et silencieuses qui déchirent le cœur où elles règnent, et minent les sources de la vie dans l'ombre et le mystère. Ce malheur-là, c'était la durée entière d'une existence qui se déroulait sans bruit comme sans murmure sur des pointes acérées, se joignant toutes ainsi que les minutes de l'heure.

Forcée de quitter bientôt cette amie vertueuse, je recueillis et gardai soigneusement les hautes instructions dont ses conseils et son exemple avaient enrichi mon âme. Il y avait une puissante leçon dans ce malheur si réel, si peu mérité, si patiemment supporté.

Je revis, en passant à Moulins, les parents qui s'intéressaient à ma position, et je retournai aux Écherolles attendre les ordres de mon père. Le temps s'était écoulé; ayant gagné son procès contre la ville de Moulins, il pouvait reparaître sans crainte et reprendre son domicile à Vaise, où il m'appela près de lui ; et je partis, suivie de Babet.

Le gouvernement se montrant chaque jour plus tolérant, beaucoup d'émigrés hasardèrent de revenir sur le sol français. Il en affluait un grand nombre à Lyon, où ils trouvaient des sympathies. Mon frère aîné (1), suivant leur exemple, vint nous y rejoindre; quelques-uns de ces nouveaux venus étaient rayés

---

(1) Lors du licenciement de son corps, après l'affaire de Liége, il s'était dirigé vers la Hollande, où il se soutint en donnant des leçons de français. Après avoir séjourné longtemps à Amsterdam, il avait été à Hambourg, d'où il se rendit près de nous.

provisoirement, d'autres aspiraient à l'être. Plusieurs, mêlés dans la foule, pressés par l'impérieux désir de respirer l'air de la patrie, bravaient tous les dangers pour cela, et n'avaient fait aucune démarche pour se mettre à l'abri des rigueurs de la loi ; ils étaient là, avec les autres, tous remplis d'espoir et de sécurité, rêvant les douces réunions de famille et les causeries du foyer domestique. Ils racontaient, trop haut peut-être, les vicissitudes et les aventures de leur pénible vie. On avait beaucoup vu, beaucoup souffert, beaucoup à dire ; on tenait ensemble par ses malheurs et par les espérances dont l'avenir de chacun semblait riche, enfin tous se croyaient assurés de la félicité, objet de leurs vœux. Les esprits les plus mesurés, entraînés par cette multitude joyeuse, subissaient son pouvoir, et comme elle se laissaient entraîner par ce doux rêve.

Mon frère cadet, replacé dans l'artillerie par la constante bonté de M. de Gueriot, était en garnison à Grenoble, ce qui lui permettait de venir nous voir quelquefois. Nous nous retrouvions en famille, et l'espoir de rentrer dans la jouissance de sa fortune s'ajoutait au bonheur que mon père éprouvait de voir ses enfants réunis près de lui. Nous vivions presque sans soucis, tant nous avions d'espérances ! Nous vivions vite. J'aspirais avec bonheur à ce bien-être inconnu ; je savourais cette existence si neuve et si belle, sans me croire si près de la perdre. Trois mois à peine suffirent pour l'épuiser ; une nouvelle réaction brisa tant d'illusions chéries, détruisit nos espérances et compléta notre ruine.

C'était le 18 fructidor. Je ne connus de l'histoire de cette époque funeste que la triste nécessité de fuir encore, de m'arracher des bras d'un père que je chérissais tant, et de recommencer cette vie isolée, errante et décousue, le plus insupportable de mes malheurs.

Les émigrés qui n'étaient pas rayés définitivement reçurent l'ordre de quitter le territoire français, où l'on avait toléré leur présence. Des passe-ports leur furent délivrés pour la frontière la plus proche du lieu où ils se trouvaient, au moment de cette nouvelle mesure révolutionnaire. Mon père et mon frère aîné en demandèrent pour la Suisse. Quant à moi, malgré mon inscription sur la liste des émigrés, il était notoire que je n'avais point quitté la France, et mon père se flatta que ce décret ne m'atteindrait point. Il fut donc décidé que je regagnerais ma province, dans le vain espoir de sauver par ma présence quelques parcelles d'une fortune destinée à être perdue sans retour. Nos préparatifs furent prompts, car on ne nous accorda qu'un très-court délai. Aussitôt que l'on put trouver des places à la diligence, mon père m'y conduisit lui-même, et suivie de ma fidèle Babet, je quittai Lyon peu d'heures avant lui. Mon frère cadet échappa, je crois, à cette nouvelle proscription, à l'abri du nom d'emprunt qu'il avait longtemps porté dans le corps où il servait, et il dut plus encore son salut à la généreuse affection de M. de Gueriot.

Ce changement d'existence avait toute la rapidité d'un songe qui s'évanouit à l'aspect de la plus dure réalité. Les voitures publiques ne pouvaient suffire au grand nombre de personnes qui s'éloignaient de Lyon. Ce n'étaient pas seulement les émigrés qui prenaient la fuite. Leur danger suscitant bien des craintes, des parents, des amis venus pour les voir, regagnaient au plus tôt leurs retraites. Mais tous les proscrits ne repassaient pas la frontière; il est si difficile, lorsque les pieds ont touché le sol natal, de leur faire parcourir encore la terre de l'exil! Beaucoup restèrent donc en dépit des nouvelles rigueurs.

Adieu mon père! Adieu mes douces espérances et mes rapides plaisirs, mes joies si pures et si belles! Adieu, mon père!... mes frères, adieu! adieu!

La voiture partit... Excepté Babet, je ne vis autour de moi que des hommes à figure pensive; chacun d'eux, sans doute, regrettait aussi des parents, des amis et de chères illusions; chacun de nous se renfermait dans un silence observateur, en cherchant à découvrir la couleur politique de ses compagnons de voyage; et bientôt, s'abandonnant à la force de ses pensées, on en suivit le cours sans s'occuper de son voisin. Moi-même, j'oubliai longtemps où je me trouvais, pour repasser dans mon esprit les étonnantes vicissitudes dont nous étions victimes. Je ne fus tirée de cette profonde rêverie que par les plaisanteries d'un bon vieillard, dont la franche gaieté devint communicative, et nous arracha à l'état de stupeur où nous étions tous plongés. Il s'établit peu à peu une conversation qui nous donna lieu réciproquement de tâter le terrain. Nous sûmes bientôt à quoi nous en tenir;

sans se confier rien, on se devina. Nous portions tous la même livrée; nous le reconnûmes surtout par la gêne qui s'établit dans la voiture à l'arrivée d'un nouveau venu sentant le jacobin d'une lieue, et que nous rencontrâmes à quelques postes de Lyon.

Les diligences d'alors, très-différentes de celles d'à présent, n'étaient ni promptes ni commodes; on faisait de très-petites journées, on mangeait très-régulièrement deux fois par jour, sans compter le déjeuner : c'était le bon temps des aubergistes. La perfectibilité ne s'était point encore mise en toutes choses, et l'on ignorait l'art de se passer de dîner pour mieux fêter le souper au gîte, au bout de douze ou quinze heures de route. Il existait une telle régularité, qu'à midi la voix de l'hôte vous criait avec une obligeance impérative : « La soupe est servie. » A huit heures du soir, égal empressement. Tout l'attelage, bêtes et gens étaient admirables d'exactitude. A moins qu'un rare accident ne troublât leur marche prudente, ils arrivaient à la minute, et très-rarement aussi un voyageur, même sans appétit, osait résister à cette pressante invitation : La soupe est servie.

C'est ainsi qu'à la première dînée, nous fûmes reçus par l'aubergiste, muni d'un argument irrésistible, je veux dire la soupière; il la posa lui-même sur la table, en nous répétant la phrase d'usage. A peine le premier entrain passé, nous nous aperçûmes qu'il manquait un voyageur : c'était un jeune homme de fort bon air, à figure fraîche et d'une tournure distinguée. Est-il souffrant, malade? On ne le trouva point. La voiture le rejoignit sur la route, où il marchait à grands pas. Le soir il soupa bien, et nous fûmes rassurés sur l'état de sa santé. Le lendemain, à dîner, même disparition; et chacun pensa peut-être, ainsi que moi, qu'il allait manger sans doute un morceau de pain sec au bord d'un clair ruisseau; qui sait même s'il était clair? pauvre jeune homme! car cela n'est bon que dans les romans! « Permettez, dit alors notre digne vieillard, en se levant de la place qu'il occupait déjà, et tenant à la main son chapeau, d'un air presque respectueux; permettez que je vous fasse une observation : Nous avons sans doute parmi nous un infortuné; m'autorisez-vous à l'inviter, au nom de la société, heureuse de le revoir au milieu d'elle, à venir partager un dîner qu'elle ne saurait trouver bon s'il en est privé? » Il parlait d'une voix pleine d'onction et de prière. Notre consentement n'attendit pas sa dernière parole. Il nous quitta aussitôt, chercha vainement, et sans l'avoir trouvé. Il est en avant, dit le conducteur; nous le rejoindrons.

Nous nous séparions le lendemain, Babet et moi, du reste des voyageurs, et deux messieurs qui prenaient la route de l'Auvergne, ainsi que notre jeune homme, nous promirent de ne plus le laisser s'échapper ainsi. Il remonta dans la diligence. Je n'avais pas eu faim à dîner, mais j'avais fait des provisions; j'en offris à tout le monde, en riant de mon caprice : on me refusa, et même celui qui n'avait pas dîné n'accepta rien. Nous arrivâmes le soir à Roanne; il soupa de bon appétit, et je me séparai presque triste de tous ces voyageurs, pour n'en revoir jamais un seul, mais satisfaite de savoir que ce jeune homme dînerait le lendemain.

J'avais pris une voiture particulière pour me rendre aux Écherolles. Au point du jour, et déjà prête à y monter, je vis entrer chez moi la maîtresse de l'auberge. « Vous aviez hier parmi vous, madame, un être qui est bien malheureux, et je viens solliciter quelques secours pour lui. — Ce pauvre jeune homme! je m'en doutais, il ne dînait pas! — Ce n'est point un jeune homme, madame, c'est un vieillard. — Quoi! ce brave homme qui s'est douté le premier de la misère de l'autre! Mais il était si gai! — C'est un prêtre, reprit l'hôtesse; forcé de quitter Lyon, il ne sait où aller; il n'a rien, rien. Dans cette profonde détresse, il s'est ouvert à moi hier soir; il ne sait où se réfugier, et n'a aucun moyen de pousser plus loin sa route. Je vais m'occuper de lui trouver un asile sûr, où il puisse attendre un meilleur temps. Déjà j'ai reçu quelque chose des étrangers venus avec vous; ils m'ont paru bons. » Ah! pensai-je, il comprenait la misère d'autrui par la sienne, et celui que nous croyions le plus à plaindre n'était pas le plus infortuné.

Le jour suivant, j'arrivai aux Écherolles. A peine en avais-je touché le seuil et dit bonjour à ma bonne, que le maire me fit avertir secrètement d'en repartir au plus vite, parce que mon nom étant sur la liste des émigrés, j'étais comprise dans la loi qui n'admettait aucune exception. Il me suppliait de lui épargner la douleur de le forcer à la mettre en exécution et de me faire transporter, de brigade en brigade, hors du territoire de la république. O mon père! pourquoi ai-je dû vous quitter! Je dis encore une fois adieu à ma fidèle bonne; et laissant Babet aux Écherolles, j'en repartis seule, dans la nuit même, en patache, conduite par le jardinier Vernière; et je quittai pour toujours le toit paternel.

Je me rendis à Lurcy, chez madame Grimauld. Je croyais pouvoir le faire sans danger pour elle comme pour moi, parce que cette terre était dans un autre département que les Écherolles, et qu'on m'y avait vue souvent. Son accueil fut toujours le même, amical et bienveillant; Joséphine me reçut comme une sœur chérie; mais M. Grimauld ne parut pas satisfait de ma présence. Je ne pouvais guère lui en vouloir : j'étais un être suspect; et bien que je n'eusse jamais respiré que l'air de France, le fait d'avoir mon nom inscrit sur la liste des émigrés rendait ma personne fort gênante, et pouvait, malgré mes jeunes années, compromettre ceux qui me recevaient chez eux. J'avais l'importance d'un proscrit, et comme une petite tournure de pestiférée qui faisait me fuir, ainsi qu'au lazaret de Livourne on s'éloigne du Brutto, de peur que son souffle ou le plus léger contact de ses vêtements ne communiquent la contagion à ceux qui le rencontrent.

Il faut dire la vérité : le temps était chanceux; la Terreur brûlait de reparaître. Ses adhérents, revenus au pouvoir, se relevaient menaçants. Il circulait des bruits alarmants; un projet de loi portait l'effroi dans les esprits les plus fermes : il s'agissait de la déportation de tous les parents d'émigrés. Ce projet, devenu loi, eût donné une latitude immense à nos persécuteurs. Cette loi était la Terreur elle-même, et chacun, ainsi que moi, se voyait déjà, dans sa pensée, traversant la France de brigade en brigade, pour aller porter sa misère au delà des mers peut-être! On n'expliquait point encore si l'on pourrait choisir le lieu de son exil. J'avoue que, malgré le calme que je devais à tant de pertes déjà subies et qui me laissaient peu à redouter de l'avenir, j'aurais trouvé fort dur d'être déportée en Amérique au lieu d'aller rejoindre mon père en Suisse. Cette loi, lancée au milieu de nous comme un épouvantail, ne passa point; on en fut quitte pour la peur et pour les innombrables conjectures où chacun s'était perdu.

Comprenant très-bien les craintes que j'inspirais, j'annonçai sur-le-champ mon intention de me rendre chez mademoiselle Melon. Je lui écrivis aussitôt pour lui en demander la permission et la prier de m'envoyer des chevaux. Je pouvais rester quelques jours à Lurcy sans risques pour personne, sa situation écartée des grandes routes m'y mettant à l'abri de toute recherche inquiétante. Je suis même certaine que si ma respectable amie eût été seule, jamais elle n'eût consenti à mon départ. M. Grimauld, satisfait de ne point avoir à redouter un séjour de longue durée, consentit de très-bonne grâce à ma présence chez lui; et peu après il partit pour Nevers, où il voulait voir une maison, et près de là une petite habitation qu'il avait l'intention de troquer contre Lurcy. Cette habitation, que j'ai vue depuis, n'était qu'une jolie maison au milieu d'un beau jardin. Il assurait gagner prodigieusement à ce troc. C'est par ce système d'enrichissement qu'il avait mangé trente mille livres de rente, et qu'il conduisait sa femme et sa fille à une ruine complète, système auquel madame Grimauld n'opposait aucune résistance, n'en ayant plus la force. Joséphine avait accompagné son père, et nous restâmes seules.

Un jour que nous avions à peine dîné, on vient annoncer à ma cousine qu'un monsieur qui ne se nomme point demande à lui parler. Elle s'avance vers cet étranger, qui lui exprime en quelques mots à voix basse le désir de voir M. Grimauld, qu'il connaît beaucoup. Il regrette qu'il soit absent; il dit se nommer le Brun, et paraît attendre qu'on l'invite. Madame Grimauld ne se hâtait point, restait froide, et son regard scrutateur tournait vers le soupçon; enfin elle l'engage à s'asseoir, lui demande s'il a dîné, et sur sa réponse négative, elle lui fait servir quelque chose. Il mange beaucoup, parle humblement, cite les lieux où il a vu M. Grimauld, y joint des détails, des anecdotes. Mon amie conserve son air froid et ses doutes. Il disait être un émigré sans asile, dénué de tout, et obligé de recourir à la charité des personnes bien pensantes. Un émigré! mon cœur fut aussitôt de la partie; mon père, mes frères alors même sollicitaient peut-être aussi des secours!

Il portait une redingote de drap bleu clair, à demi usée; son ton, quoique réservé, était presque suppliant. Il raconta ses malheurs, les dangers qu'il avait courus; tout cela vainement. Mon amie n'en fut point émue. Pleine d'étonnement, je ne reconnaissais pas sa bonté ordinaire : je la trouvais presque dure ; et cet étranger, qui pensait comme moi, se leva pour prendre congé d'elle. En partant, il lui demanda par quelle route reviendrait M. Grimauld. Elle lui en indiqua une tout opposée, et le congédia. J'avais été l'attendre à la porte, et lui remettant deux écus de six francs, sans le regarder, de peur de l'humilier : « Veuillez, lui dis-je, monsieur, accepter la moitié de ce qui me reste ; je ne possède qu'un louis. » Il s'inclina profondément en signe de remrecîment, et s'éloigna. Je rentrai dans le salon, très-heureuse de ma bonne action, et j'osai demander à madame Grimauld la raison d'un accueil si peu hospitalier.

« Cet homme, me dit-elle, n'est point ce qu'il veut paraître ; un émigré ne se montrerait pas en redingote de la couleur de l'armée de Condé. Il est proprement mis, ses bas sont bien raccommodés, son linge est blanc ; rien en lui ne révèle un homme qui fuit et se cache. Cet émigré-là m'a tout l'air d'un intrigant ou d'un espion qui met à profit nos malheurs pour vivre de notre pitié. Aussi ne lui ai-je pas dit la route que prendra mon mari à son retour(1). »

Peu après, j'étais à l'Ombre, établie dans la chambre des nièces. Ma tante me reçut avec une grande bonté. Ayant parlé de sa manière de vivre, je n'y reviendrai plus. Mais un grand changement s'était opéré pendant mon absence ; la modération du gouvernement avait fait rouvrir les églises en faveur des prêtres assermentés ;

---

(1) Je crois maintenant qu'il s'en était informé, pour ne pas la prendre lui-même.

ils jouissaient encore de cet avantage, et le curé de la paroisse de l'Ombre pouvait dire publiquement la messe, les dimanches et les fêtes. Je profitai des bonnes dispositions dans lesquelles se montrait mademoiselle Melon, pour la prier de me dispenser d'y aller, l'opinion de mon père et la mienne nous séparant de ceux qui avaient cessé d'obéir à Rome. Elle m'assura que je jouirais d'une liberté parfaite d'agir à mon gré, trouvant juste que chacun suivît la voix de sa conscience. Ce point gagné, je me sentis fort à l'aise et presque heureuse chez ma tante, qui pour tout le reste me traita avec une affabilité qui excite encore toute ma reconnaissance. Elle poussa la bonté jusqu'à me permettre de faire quelques visites chez plusieurs de mes parents, personne dans ces campagnes reculées ne pensant à me trouver suspecte (1). Elle m'accorda même la permission d'aller chez M. Leblanc de Lespinasse qui habitait sa propriété du Battouée (2), près de la Charité. Sa fille aînée n'existait plus, mais elle avait légué son amitié pour moi à sa sœur cadette. Je la connaissais déjà, et je dois regarder mon séjour dans cette pieuse famille comme un de ces bienfaits signalés dont la Providence daigna m'enrichir.

Cette maison était une demeure de paix ; on y voyait des vertus toutes patriarcales, exercées comme une

---

(1) Ayant été sous la surveillance de la municipalité du lieu, ces bonnes gens ne me soupçonnèrent point d'être inscrite sur la liste des émigrés, que peut-être ils n'avaient jamais lue.

(2) Aujourd'hui le Battoir, commune de Champvoux.

chose toute simple. Le père et la fille, tous deux d'une piété exemplaire, ne croyant pas pouvoir être autrement, ne songeaient point à s'en faire un mérite. Je n'ai vu nulle part tant d'amour pour le bien, uni à tant d'indulgence pour ceux qui ne pensaient pas comme eux. Ils avaient appris de Dieu à espérer, à attendre le retour du pécheur.

Mademoiselle de Lespinasse, pieuse comme une sœur grise, en avait presque l'extérieur; son éloignement pour le monde et ses modes lui avait fait conserver un costume aussi simple qu'elle : sa mise ne frappait pas, parce qu'elle était en harmonie avec son être; on n'aurait pu se la représenter autrement. Occupée à diriger la maison de son père, elle consacrait les heures qui lui restaient au service des malheureux et à la prière. Une égalité d'humeur inaltérable ne laissait jamais apercevoir ses peines, ses craintes ou ses souffrances; et si elle était forcée d'en parler, c'était avec calme et douceur qu'elle le faisait. Sa piété était telle, que les afflictions n'abattaient point son âme; cette âme, forte en Dieu, souffrait sans doute, mais ne faiblissait pas.

Comme un humble ruisseau fuyant sans bruit et sans murmure à travers les fleurs ou les plantes épineuses qui bordent ses rivages, ainsi s'écoulait sa vie, ignorant le bien qu'elle faisait, et se croyant au-dessous de tous; son humilité sincère ne voyait que ses propres défauts et les vertus des autres (1).

Ranimée, instruite par l'exemple de ma cousine,

---

(1) En parlant des vertus modestes de mes parents et de mes

fortifiée par elle, je trouvai dans cette pieuse demeure les secours dont j'étais privée depuis longtemps. Mon âme y reçut une nourriture céleste; des paroles divines vinrent l'éclairer; et dans cette famille où l'Écriture sainte était le livre de tous les jours, mon jeune esprit se forma à des pensées vraies, grandes, et surtout simples. J'ai reconnu depuis que cette dernière qualité est toujours attachée à la vérité.

J'eus le bonheur de revenir quelquefois habiter sous ce toit hospitalier; j'y fus toujours reçue avec cette amitié franche qui vous rend aussitôt membre de la famille, et se montre reconnaissante du bienfait que vous en recevez, et malgré le courroux de ma cousine, dont la modestie s'alarme sans doute, je continue à être indiscrète.

Son père avait eu les honneurs de la prison. Après la mort de Robespierre, rendu à la liberté, il revint habiter sa campagne. La bienfaisance et l'hospitalité y rentrant avec lui, les malheureux en trouvèrent bientôt la route.

Nevers en contenait beaucoup, sur lesquels les lois pesaient de toute leur rigueur. Un grand nombre de prêtres non assermentés, n'ayant pas voulu abandonner les fidèles, y avaient traversé la Terreur cachés dans de profondes retraites, d'où ils ne sortaient que la nuit pour porter des consolations aux malades. Quel-

---

amis, en publiant les bienfaits dont ils me comblèrent, les doux soins dont je fus l'objet, j'offense sans doute leur délicatesse; qu'ils me pardonnent : je n'ai que ce moyen de leur en témoigner ma reconnaissance, et n'ai qu'un regret, celui de ne pouvoir les nommer tous; mais aucun d'eux n'est oublié.

ques-uns, surpris dans l'exercice de leurs fonctions apostoliques, d'autres trahis par d'infidèles amis, payèrent de leur vie leur pieux dévouement; mais Dieu en conserva pour le soutien des âmes chrétiennes.

La vie de ces hommes de Dieu était dure à supporter. Ensevelis dans d'étroites demeures, privés de mouvement et parfois d'air et de jour, ils succombaient à leurs souffrances. La maison du Battouée, où l'on était plein de compassion pour eux, leur offrait un refuge où ils venaient tour à tour respirer un air pur, et refaire leur santé détruite par une longue réclusion. Ils arrivaient et repartaient la nuit. Leur présence était un secret pour une partie des domestiques; et comme la maison était petite, il en résultait une surveillance d'une continuité pleine d'intérêt et même de charmes, car l'esprit est curieux de sensations nouvelles. Les alarmes continuelles dans lesquelles nous vivions faisaient passer rapidement les heures.

Il fallait être constamment sur ses gardes, avoir l'œil à tout, prévoir tout, s'attendre à tout, sans jamais paraître surpris de rien; enfin être toujours d'aplomb (1). Ma cousine veillait avec un cœur de mère sur le dépôt dont elle s'était chargée; le moindre bruit lui donnait

---

(1) L'abbé Laurent, un de ceux qui s'étaient réfugiés au Battouée, y tomba malade. C'était un incident fort embarrassant; les proscrits devraient par état se porter toujours bien. Ma cousine sut, par sa prudence ordinaire, conjurer le péril qui pouvait en résulter pour son père.
Aidée d'un fidèle domestique, le seul qui connût la présence de l'abbé Laurent dans la maison, elle le veilla et le servit

l'éveil et la faisait mettre aux aguets. Quand on avait su détourner le danger, la réussite dédommageait amplement de bien des heures de détresse et d'angoisses; on trouvait encore le moyen de rire aux dépens de ceux que l'on avait trompés; ravi de la victoire, on s'armait gaiement pour un nouveau combat. Oh! c'était un beau temps que celui-là ! Je le répète : pour moi, c'était

---

comme aurait pu le faire une sœur grise. Un médecin, ami de la famille, et que ce titre y amenait souvent, le visitait en secret. On ne laissait pas que d'être fort inquiet des suites de cette maladie, qui en effet tourna à la mort. Mademoiselle de Lespinasse, qui en avait caché en partie le danger à son père pour lui éviter d'inutiles angoisses, entra chez lui un matin et lui annonça tranquillement que l'abbé Laurent venait de mourir. Cette nouvelle, toute prévue qu'elle pouvait lui paraître, lui causa un juste effroi. Ce trépas clandestin, la présence d'un cadavre chez lui l'exposaient à toute la rigueur des lois, et ce pauvre prêtre, mort ou vivant, pouvait également les perdre. « Rassurez-vous, mon père, lui dit-elle, j'ai tout prévu, et Dieu aidant, le mystère le plus profond couvrira ce triste événement. » Elle lui expliqua le projet qu'elle avait formé, et sans admettre personne de plus dans cet important secret, elle fit simplement ensevelir le corps par son domestique, et l'aida elle-même à le porter dans la fosse qu'il venait de creuser dans une ancienne grange servant alors de bûcher; tous les deux la comblèrent et la recouvrirent de vieille terre, de bûches et de fagots. Une annonce secrète fut envoyée à ses confrères, et lorsque les circonstances le permirent, le clergé vint en pompe relever les ossements du serviteur de Dieu, car l'abbé Laurent était un saint homme.

Dans cette circonstance, les vertus modestes et le grand courage de ma cousine brillèrent malgré elle d'un grand éclat et furent admirés de tous. Qu'elle me pardonne d'en renouveler le souvenir; c'est un besoin pour mon cœur de publier le vrai mérite, et je n'ai d'autre moyen de montrer ma reconnaissance aux personnes qui me firent du bien qu'en les désignant à l'estime générale.

un bon temps, un heureux séjour! Comme la vie y était belle! un intérêt puissant en activait toutes les minutes. J'y étais aimée et protégée, et par mes faibles soins, je pouvais être utile et protéger à mon tour des êtres plus à plaindre que moi. Mon souvenir s'y reporte avec reconnaissance. Permets-moi, Maria, de m'y arrêter encore (1).

On se levait très-matin pour entendre la messe dans une petite chapelle attenante au salon. Ma cousine avait accoutumé les gens de la maison à l'y voir entrer à toute heure, et même à y apercevoir de la lumière; car très-souvent elle y passait une partie de la nuit en prières. Cette pieuse coutume permit de s'y réunir fort tard sans que cela parût en rien extraordinaire et sans éveiller de soupçons. C'est ainsi que des enfants y furent baptisés, et que j'y fis faire un mariage. On s'y rassemblait sans bruit; on se séparait de même.

Les dangers attachés à ces assemblées mystérieuses en rehaussaient la solennité. Agenouillés silencieusement sur la pierre, nos prières s'élevaient sur des ailes de feu. La voix du saint prêtre, dont la prudence modérait l'éclat, portait dans nos esprits la science divine et la conviction, et nos âmes touchaient le ciel! Ces réunions secrètes et nocturnes rappelaient les persécutions des premiers chrétiens et nous en donnaient le zèle.

Je me souviens qu'un parent de la famille vint faire une visite au Battouée. C'était un grand d'alors, parti-

---

(1) On se rappelle que madame des Echerolles dédie ces mémoires à sa nièce, Maria.

san zélé du système du gouvernement (1). On ignorait jusqu'à quel point la confiance en lui pouvait aller; il fut donc décidé qu'on dirait la messe de très-grand matin. A peine était-elle commencée que nous entendîmes, dès quatre heures, notre homme se promener à grands pas dans le salon. Mon cousin aussitôt s'approche doucement du prêtre. « Monsieur l'abbé, lui dit-il à voix basse, on vous entend; plus bas, plus bas. » M. l'abbé étant sourd, il n'en tint aucun compte, et continua comme un sourd. L'étranger continua aussi sa promenade, n'entendit rien ou ne voulut rien entendre, et s'éloigna sans toucher à cette porte qu'il eût pu si facilement ouvrir. Oh! j'aurais beaucoup à dire sur ces journées si fertiles en émotions! Au milieu de nos alarmes, il y avait parfois des détails très-amusants.

Un jour que, pour distraire notre pauvre sourd, nous faisions une partie de reversis, mademoiselle de Lespinasse, une cousine qui demeurait chez elle, et moi, une servante affidée accourt pour nous avertir qu'une dame du voisinage arrive à pied d'un côté par lequel d'ordinaire on ne vient point; qu'elle est sur ses pas. « La curieuse, dit ma cousine, elle veut nous surprendre; vite, vite, monsieur l'abbé, levez-vous. — Hein? qu'y a-t-il? — Paix donc, partez doucement, et vite. — Ah! je comprends, reprit-il de sa grosse

---

(1) Le général de Lespinasse, qui entre autres campagnes commandait l'artillerie au siége de Toulon, ayant Bonaparte sous ses ordres. Il devint sénateur et ministre de l'intérieur sous l'Empire.

voix, il vient quelqu'un »; et reculant sa chaise avec grand bruit, marchant de même, il eut à peine le temps de sortir avec fracas par une porte, que l'autre s'ouvrait. « Cachons vite ce panier de fiches, continuons, on ne remarquera pas les quatre couleurs », et nous levant à l'entrée de la dame, nous eûmes soin de renverser les paniers et de mêler les cartes, qui furent emportées bien vite pour faire place aux rafraîchissements d'usage.

On conçoit que de pareilles surprises arrivaient journellement. Parfois des visites qui demandaient à dîner forçaient nos gens à rester dans leur chambre, sans pouvoir se remuer, car leurs appartements étaient censés inhabités. Nous leur portions nous-mêmes à dîner; il fallait mille ruses pour éviter les nouveaux venus; le sans gêne de la campagne nous exposait à les rencontrer à tous moments. Nos reclus, qui jouissaient d'une liberté d'autant plus chère que longtemps ils en avaient été privés, murmuraient de cette courte détention, et brûlaient du désir d'aller au fond du bois respirer et se mouvoir sans contrainte. Aussitôt l'affaire était entreprise; le maître de la maison faisait une partie, la cousine de Lespinasse entretenait le reste; momentanément on fermait une porte, et les chemins libres, nos prisonniers gagnaient le bois, s'y enfonçaient, et restaient dans un fourré jusqu'au signal qui leur annonçait le départ des fâcheux. Leurs voitures éloignées, j'allais donc renfermer ma petite chienne dans ma chambre, puis je courais l'appeler à grands cris dans le bois; à ma voix retentissante, nos bons vieux prêtres sortaient de leur cachette. Le drôle de la chose était que ma chienne s'appelait *Coquette,* et nous avons souvent ri des graves figures qui répondaient à ce nom. Mille petits incidents amenaient la gaieté; j'en profitais vite; car, étant rieuse de mon naturel, un certain besoin de compensation se faisait sentir en moi. Tout ce rire du jeune âge, étouffé par tant de larmes, me sortait par les 'pores; il me suffoquait, et souvent je faisais rire aussi nos vieux abbés. La gaieté est contagieuse quand elle est de bon aloi, et d'ailleurs nous y gagnions tous.

Un soir, il arriva un de ces messieurs ayant une vue si basse qu'il pouvait à peine se conduire. Son guide l'avait laissé à la porte du Battouée; il venait demander à souper seulement, devant repartir ensuite pour le lieu où il était attendu. « Mais comment faire? nous dit-il, j'y vois peu le jour, la nuit je n'y vois pas du tout; je ne connais pas les chemins de traverse. Si du moins j'étais sur la grande route, je saurais m'en tirer, je n'aurais plus qu'à marcher tout droit. — Il prendra chaque buisson pour un homme, me dit mademoiselle de Lespinasse, et tombera à chaque motte de terre qu'il trouvera sous son pied. Je n'ai pas de guide sûr à lui donner; Alexandrine, te sens-tu le courage de l'accompagner avec moi jusqu'à la grande route? il y a à peine trois kilomètres. — Certainement, répondis-je; c'est partie faite. — En partant, j'appellerai le jardinier, ajouta ma cousine, pour que nous ne soyons pas seules. Je ne lui dirai rien d'avance; il est brave homme, mais faible et bavard. »

Nous partîmes par une nuit fort noire. En passant devant la maison du jardinier Javelle, nous l'appelâmes, et il nous suivit sans soupçonner notre entreprise. Nous voyant gagner au loin, il s'étonna, puis s'effraya; car Javelle n'était point un brave. « Au moins, mademoiselle, si vous m'aviez prévenu, j'aurais pris des armes. — Nous ne courons aucun danger, Javelle. — Mais si, mademoiselle, nous pouvons rencontrer des gens, des chiens, et je n'ai pas même un bâton. » Il s'abandonna à de tristes suppositions, dont il ne sortit qu'en remarquant ma robe blanche, et s'écria : « A présent, mademoiselle, je n'ai plus peur; on vous prendra pour un esprit, et tous ceux qui nous rencontreront s'enfuiront au plus vite. — A merveille, Javelle, repris-je en riant : je dirai que je viens du purgatoire pour prêcher la pénitence aux pécheurs. » Nous gagnâmes la grande route sans encombre, et nous revînmes de même, après avoir laissé notre brave homme sur le droit chemin.

Quelquefois nous accompagnions un de ces dignes prêtres chez un malade auquel il portait le viatique. Nous marchions à la suite du serviteur de Dieu, répétant à voix basse les litanies des saints et de ferventes prières. Les bois nous couvraient de leur ombre, et ces voûtes de verdure nous gardèrent le secret. Nul écho ne redit nos chants mystérieux; nul traître jamais n'y mêla sa voix perfide. Le Saint des saints, n'ayant pour escorte que des enfants et de faibles femmes, traversait paisiblement les sentiers solitaires pour aller enrichir et consoler le pauvre qui l'appelait. A genoux et prosternées devant lui, nos voix timides répondaient au prêtre, et le mystère s'accomplissait. Nous laissions dans cette humble demeure la vie et la lumière; et revenant tout ravis de joie et d'admiration, nous murmurions doucement encore nos chants d'amour.

CHAPITRE DIX-NEUVIÈME

Amitié de madame de Bèze qui me rend heureuse. — Mort de madame Grimauld. — Genre de vie d'alors. — Affection de mademoiselle Melon pour moi. — Intrigues des gens que cette affection inquiète. — Mélancolie qui en résulte. — Je suis forcée de la quitter. — Je vais chez Joséphine Grimauld, à Nevers. — Je la trouve souffrante. — Elle meurt peu de temps après. — Je gagne le Battouée. — Loi des otages. — La situation devient meilleure. — Je vois mon frère cadet. — Ma demande de rentrer à Moulins est accueillie.

En quittant le Battouée, je trouvai chez M. de Chaligny (1) le même cœur. Tous mes parents semblaient lutter de bienveillance et de générosité pour me dédommager par leur amitié tendre et active de toutes les privations auxquelles j'étais soumise. Je n'oublierai jamais avec quelle délicatesse madame de Bèze, sa fille, soulevant le voile qui cachait mes souffrances intimes, s'aperçut de mon dénûment, et partagea ce qu'elle avait alors avec sa pauvre amie. Elle eut pour moi l'affection d'une sœur. C'est faire comprendre en un seul mot de combien de soins je fus l'objet; c'est dire leur constance et le bonheur qu'elle sut répandre sur les journées que je passai près d'elle, dans cette petite habitation de Mont (2), où son père se retira avec elle, et

---

(1) J'ai parlé plus haut de M. de Chaligny, mon cousin, et neveu de mademoiselle Melon. Il avait été incarcéré avec sa fille et son fils cadet. L'aîné avait émigré.
(2) La terre de Mont est située près de Moulins-Engilbert, dans

Frédéric, son fils cadet, après la Terreur, lorsque les prisons s'étant ouvertes pour eux, il leur fut permis d'y revenir respirer l'air pur de leurs montagnes. Ils en trouvèrent les murs entièrement dépouillés, et une si parfaite absence de meubles, qu'une huche retournée leur servit à la fois de table et de chaise pour y prendre leur premier repas. C'était l'unique objet dédaigné par la rapacité des spoliateurs.

La manière dont je fus accueillie dans cette excellente famille est gravée dans mon cœur en traits ineffaçables, et je me plais à revenir sur ces temps où ma misère me rendit si riche en amis dévoués, en amis dont la générosité était telle, que j'aurais pu y rester toujours, sans qu'ils m'eussent jamais fait sentir que ma présence leur était importune.

Il y avait alors dans les relations qui se reformèrent entre les familles nobles, un charme que le retour de la fortune leur fit perdre plus tard. En retrouvant leur position d'autrefois, beaucoup d'entre elles se dépouillèrent peu à peu de ces vertus fortes et douces, nées de la conformité de leurs souffrances, accrues par de pareilles épreuves, dans un séjour où les mêmes privations les avaient rendues véritablement égales.

Portant hier des fers, libre aujourd'hui, chacun sentait également le besoin de partager encore avec ses

---

le Morvan (département de la Nièvre), pays très-montagneux; la maison en était fort petite; une pièce d'eau, entourée de peupliers, terminait agréablement le jardin, d'où l'on avait une jolie vue. L'accueil gracieux des maîtres de Mont ne me permet point d'en perdre le souvenir.

compagnons d'infortune cette nouvelle égalité de sensations agréables, et de jouir de ces bons jours avec ceux qui connurent les mauvais. Les maisons étaient dévastées, mais on n'était pas difficile; le bonheur de se retrouver chez soi empêchait de s'apercevoir de tout ce qui y manquait. Ce bonheur rendait communicatif : on allait se voir, se féliciter. Jamais on n'était inquiet pour loger son monde; si la société était trop grande pour la place, les jeunes gens couchaient sur la paille, les dames s'arrangeaient comme elles pouvaient; on riait de bon cœur de tous ces petits incidents, et le lendemain vous retrouvait contents comme la veille. Les plus simples mets couvraient la table, le plaisir de la liberté assaisonnait tout au mieux; trop joyeux du présent pour bien envisager l'avenir, on mettait bien vite en commun tous ses plaisirs pour en doubler le prix.

Lorsque cette douce ivresse fut calmée, qu'à force de temps, d'économie et de sollicitations, les fortunes se rétablirent, cette cordialité disparut. L'inégalité des titres et des richesses en mit dans les relations. L'éveil une fois donné aux orgueilleuses prétentions du rang et de la fortune, le joyeux sans façon qui faisait vivre si heureusement s'évanouit. L'égoïsme et l'ambition, trouvant carrière, travaillèrent les esprits. Tout tendit à s'élever, et l'on ne s'aima plus. Ainsi finit cet heureux temps, nouvel âge d'or, entre deux siècles de fer.

Telle fut la couleur de cette rapide époque, où les passions, lasses de tant de combats, s'étaient assoupies. Mais elles dormirent peu. Bientôt éveillées, elles reparurent sous d'autres formes, arborant de nouvelles bannières, passant par toutes les nuances, pour garder le pouvoir ou pour y atteindre. Mes parents n'en changèrent pas : la loyauté est inaltérable.

Vers ce temps, j'eus le malheur de perdre madame Grimauld. Elle mourut au moment où elle allait quitter la terre de Lurcy pour se rendre à Nevers. J'obtins la permission d'aller pleurer, avec Joséphine, sa mère et la mienne. Je passai près d'elle le peu de temps qu'elle resta encore à Lurcy, et je revins tristement à l'Ombre.

Après avoir vécu au milieu d'amis si tendres, la vie m'y parut amère; c'était le dénûment complet de l'exil. Rien pour l'âme, rien pour le cœur, pas une conversation qui pût nourrir l'esprit; une existence tout animale, des divisions, des intérêts qui s'entre-choquaient, des partis attentifs à se nuire, des calomnies réciproques : tel était le tableau qu'offrait la maison de ma tante. Un domestique nombreux, qui voyait rarement sa maîtresse, était peu fait à la respecter. Mademoiselle Melon, ne quittant presque plus sa chambre, ignorait les révolutions qui troublaient la paix de son empire; ne voyant que par les yeux de Babet, sa femme de chambre, et faisant donner ses ordres par elle, ils n'étaient pas toujours justes et trouvaient de la résistance. Cette femme de chambre se rendait redoutable à tous; et si tous la craignaient, tous aussi s'unissaient pour lui vouer une haine parfaite. J'ignorai longtemps l'étendue de son pouvoir, ou plutôt l'emploi qu'elle en faisait, me tenant éloignée des intrigues par un sentiment secret qui m'inspirait la crainte de les connaître.

Satisfaite de posséder l'affection de ma tante, heureuse de voir cette amitié s'accroître chaque jour, je cherchais à m'en rendre digne par les soins les plus assidus, et par toutes les ressources que pouvait m'offrir un cœur reconnaissant et un esprit naturellement porté à la gaieté. En quittant sa chambre, je me rendais promptement dans la mienne, sans pour ainsi dire regarder autour de moi. Redoutant d'apercevoir des désordres qui eussent souillé ma vue, je n'en sortais que pour faire quelques promenades solitaires et retourner chez ma tante. Cette existence était monotone, mais calme, et je m'y faisais. Elle dura peu.

La bienveillance que mademoiselle Melon me témoignait inquiétait deux personnes : le curé, que j'offensais en n'allant point à sa messe, et Babet, qui craignait de voir s'élever un pouvoir rival du sien. Ma tante devint de jour en jour plus froide et plus sèche pour moi ; des caprices inexplicables rendirent ma situation très-difficile. Ce qui était bien aujourd'hui déplaisait demain ; quelquefois bien accueillie, quand elle écoutait son cœur, l'instant d'après j'étais repoussée. Ma tante ne donnait aucune explication, et son mécontentement s'accroissait toujours. Je n'osais lui en demander la cause. Étudiant mes actions, mes paroles et jusqu'à mes mouvements pour ne lui déplaire en rien, je n'y réussissais point. Recourant alors à Babet : « Vous qui connaissez ma tante, lui disais-je, vous qui savez ce qui lui convient ou lui déplaît, instruisez-moi de ce qui lui est agréable, afin que j'en fasse mon étude. »

Et cette fille artificieuse, abusant de ma confiance, me donnait de faux conseils, heureuse de trouver un moyen si facile de détruire une affection qui lui causait de l'ombrage. Quand ma tante voulait être seule, Babet m'engageait à me rendre chez elle; et lorsqu'elle désirait me voir, je recevais le conseil de ne pas y aller : de sorte que j'agissais constamment à rebours. Je me rappelle d'être restée huit jours renfermée chez moi, parce que mademoiselle Melon m'avait fait défendre sa porte. Pendant ce temps, Babet lui représentait combien j'étais ingrate et obstinée, puisque recevant une si généreuse hospitalité chez elle, je lui refusais les égards les plus simples et les plus justement dus à la maîtresse de la maison, sans même parler de la tante et de la bienfaitrice! Quand elle croyait avoir soulevé un grand courroux, elle l'engageait à me supporter encore, à prendre ma position en pitié. L'excellent cœur de mademoiselle Melon plaidait toujours en ma faveur. Rappelée par elle, je reparaissais bien vite; trop contente de la bonne réception qu'elle me faisait, je n'avais pas le courage de lui demander la cause de ma disgrâce passée. Ma tante, qui redoutait la moindre explication, s'en trouvait satisfaite, et je me livrais sans défiance à ce calme trompeur, jusqu'à ce qu'une nouvelle bourrasque vînt encore menacer ma nacelle. C'est ainsi qu'à force de revenir à la charge, on parvint à me priver non-seulement de la tendre affection de ma tante, mais encore à lui rendre ma présence importune. Ce ne fut pourtant qu'avec précaution et par degré que l'on parvint à lui faire haïr l'orpheline qu'elle avait reçue avec tant de bonté. L'envie et la fraude mêlent lentement leurs poisons, et travaillent d'une main sûre; leur vue, longue et perçante, découvre de loin la place où elles frapperont, et elles frappent juste (1).

Ma tante, qui ne se rendait plus à l'église, alla à la messe, pour me reprocher à son retour de manquer de religion. Le curé, qui espérait vaincre ma persévérance à le fuir, me parlait de l'influence qu'il exerçait sur l'esprit de ma tante, et cherchait à ébranler ce qu'il appelait ma philosophie, en m'assurant qu'il était maître de porter mademoiselle Melon à faire son testament en ma faveur. « Je n'y ai pas de droit, disais-je; elle a des héritiers plus proches »; et ne m'abaissant point à répondre à ses discours insidieux, je me taisais.

Je n'avais pas de nouvelles de mon père. Accablée par mon isolement, mes réflexions étaient sombres. Où aboutira cette existence? Quand viendra le soir de ce triste jour? Quand serai-je délivrée de la vie? Oui, la vie commençait à me devenir lourde. Ma santé, minée par une profonde mélancolie, se détruisait visiblement;

---

(1) Confinée dans ma chambre, je ne m'étais pas aperçue que Babet s'enivrait souvent. Quand elle avait bu, elle ne répondait point à l'appel de la sonnette, et ma tante, furieuse de sa négligence, la lui reprochait vivement ensuite. « Mais je ne pouvais venir, mademoiselle; je n'en avais pas le temps. — Comment, quand je sonne? — Oh! c'est que mademoiselle des Écherolles a besoin de moi; elle ne sait rien faire, et quand je ne puis pas venir, c'est qu'elle m'occupe à mille choses pour elle. » Ma tante, justement irritée contre moi, redoublait de mauvaise humeur sans m'en dire la cause; et j'étais loin de la soupçonner, car je n'étais même servie par personne, Babet s'y opposant, comme je l'ai appris depuis.

privée d'amis et de lectures fortifiantes, je tombais comme d'inanition. Ma mémoire, en me rappelant quelques poésies fraîches et gracieuses sur les plaisirs et le bonheur promis à la jeunesse, ajoutait à mon découragement. Sans plaisir ni bonheur, je pleurai amèrement mes dix-huit ans.

Au milieu de mes chagrins, la Providence m'envoya une consolation inattendue. Je vis tout à coup arriver mon frère cadet, dont j'ignorais la destinée. Il avait trouvé le moyen de rester au service malgré son inscription sur la liste des émigrés, peut-être grâce au nom d'emprunt qu'il y avait porté en premier lieu. Il venait d'Italie et se rendait en Bretagne. Le trajet était long, et comme les appointements d'un conducteur des équipages d'artillerie n'étaient pas très-considérables, il en fit une partie à pied. Je fus d'autant plus heureuse de son arrivée, que le désir de savoir ce que j'étais devenue l'avait porté à demander un changement de destination. Cette présence si chère, si inespérée, m'apporta la vie. Ma tante le reçut à merveille. De douces causeries, de charmantes promenades ne firent qu'un jour de fête des huit jours qu'il me donna. Nous échangeâmes nos pensées les plus secrètes pour la consolation de tous deux. Un seul point restait un mystère réciproque : c'était notre petite fortune; il soupçonnait que je manquais d'argent, et se faisait riche pour m'en laisser. De mon côté, craignant de le dépouiller, j'en faisais autant. Je parvins à éviter ses dons; et possédant par hasard une légère somme, je la cachai avec soin dans ses vêtements. Ce petit mystère ne lui fut révélé que quand il ne lui était plus possible de me la rendre ; mais cette fois seulement j'eus le bonheur de réussir, car le plus souvent mon frère partagea ce qu'il possédait avec moi. Son amitié devinait ce qui pouvait me manquer ; et sans doute, plus d'une fois, ce fut aux dépens de ce qui lui était nécessaire qu'il vint à mon secours. Je ne puis assez dire combien sa tendresse sut adoucir ma triste existence.

Ses lettres soutinrent longtemps mes forces, mais ensuite elles traversèrent difficilement la Vendée. Il était à Port-Louis, nommé alors Port-Libre. Les chouans, se répandant sur les routes, interceptaient les communications, et je retombai bientôt dans l'isolement. Je cherchai quelque distraction dans l'étude de l'italien, dont un bon prêtre m'avait donné quelques connaissances pendant mon séjour au Battouée. Je ne possédais dans cette langue d'autre livre que les *Nuits* d'Yung. Je les lus avec ardeur ; leur mélancolie s'harmoniait avec la mienne. Elles agirent puissamment sur une jeune imagination qui, fatiguée par sa propre activité, retombait violemment sur elle-même. Les grandes images et les beautés qu'elles renferment me ravissaient d'admiration. Je me lançai dans l'immensité qu'elles ouvraient à mes yeux ; j'aimais jusqu'aux sombres tableaux que Yung y répand avec profusion. Planant au-dessus de la terre, mon âme se précipitait dans l'infini ; mais comme rien n'en modérait l'élan, que la vigueur et l'audace de mes pensées s'accroissaient par la contrainte dans laquelle je vivais, je succombais sous le poids des idées qui se révélaient à cette âme avide, et mon corps s'affaiblissait. Je me sentais heureuse de voir mes jours décliner sitôt vers leur fin. Combien de fois, repassant dans ma pensée ce qu'était la vie et ce que serait la mort, j'ai passé les nuits, assise près du foyer solitaire qui éclairait ma cellule, et plongée dans de graves méditations! Mon esprit et mon cœur unissaient leurs forces pour s'élever jusqu'à ces régions célestes où l'on ne souffre plus. Souvent aussi, savourant le repos et le silence : Tout dort, pensais-je, je suis libre; et l'air me semblait plus pur et plus léger.

Je n'entrerai pas dans le détail minutieux des peines de chaque jour, ainsi que des menées sourdes qui amenèrent enfin une rupture. Je ne les connus que plus tard. Mademoiselle Melon alors me parut excusable, et mes regrets d'avoir été trop sensible à l'amertume de ses discours furent très-sincères. Cependant, je n'aurais jamais pu lutter avec avantage contre un pouvoir sous lequel ma tante elle-même courbait la tête, et quand elle m'exprima combien il lui était désagréable d'avoir chez elle une jeune personne qui ne lui convenait pas, je compris qu'il fallait partir, et j'en pris sur-le-champ la résolution.

Je ne la quittai point sans l'assurer de ma fidélité à conserver dans mon cœur la reconnaissance que je lui devais, et sans lui demander la permission de venir quelquefois l'en assurer moi-même, permission qu'elle voulut bien m'accorder.

Ma tante, qui me savait sans ressource, avait cru ma résolution l'effet d'une exaspération passagère. Elle parut surprise et affligée de mon départ, elle eut même la bonté de me l'exprimer; mais ses dernières paroles étaient encore brûlantes dans mon âme, et rien ne pouvait me faire changer. Je lui demandai pardon des torts que je pouvais avoir eus envers elle; mes excuses la touchèrent, et toutes deux nous pleurâmes en nous séparant. Plus tard, le pouvoir de Babet força ma tante à m'écrire quelques lettres fort dures; mais revenant à sa générosité naturelle, j'en fus accueillie avec une grande bienveillance, lorsque plus tard je vins lui présenter mes respects.

Pour achever ici ce triste épisode, je dirai encore que l'arrogance de cette femme de chambre devint telle, que mademoiselle Melon, affaiblie par son grand âge, n'ayant plus la force de rompre le joug qui l'accablait, se vit obligée d'appeler son neveu, M. de Chaligny, à son secours, pour chasser une servante-maîtresse qui la maltraitait. La méchante Babet fut remplacée par une femme honnête et douce. Ma tante, ayant retrouvé la paix dont elle était privée depuis longtemps, passa les dernières années de sa vie paisiblement; elle reconnut alors combien elle avait été trompée, et daigna me rendre justice.

J'allai à Nevers chez Joséphine, qui depuis longtemps ne me donnait pas de ses nouvelles; elle avait craint de m'alarmer en me parlant de son état, qui m'arracha des larmes. Joséphine ne marchait plus; un rhumatisme qui s'était porté sur une jambe l'avait contrainte d'aller aux eaux, mais inutilement : elle n'en avait rapporté que des béquilles. Il me parut bien pénible de ne pouvoir lui donner mes soins, mais il était possible que l'on connût à Nevers ma qualité d'émigrée; je repartis donc bien vite pour la campagne, triste de me séparer d'une amie aussi chère. Bientôt son état empira au point de faire craindre pour sa poitrine; un chagrin destructeur minait ses forces. Elle m'écrivit qu'elle partait pour Paris, et je revins lui faire mes adieux.

Son père, ennuyé de ses souffrances, l'y envoya chercher d'inutiles secours. Il n'avait plus besoin d'elle, depuis qu'il lui avait arraché un testament en sa faveur. « Joséphine, lui avais-je toujours dit, reste maîtresse de ta fortune pour ton bien, pour celui de ton père. Tu mourras dans la misère si tu lui abandonnes ce que tu possèdes. — Je n'aurai pas le temps de l'éprouver », me répondit-elle. Et cependant elle vécut assez pour connaître des privations bien cruelles : il l'abandonna en quelque sorte à des soins étrangers. Elle le fit prier de venir à Paris; il avait ses foins à faire. Le médecin lui écrivit : « Si vous voulez voir encore votre fille, ne perdez pas un moment. » Il répondit qu'il partirait aussitôt que ses affaires seraient terminées. « Ne te laisse pas aller à la mélancolie, ne crois pas les médecins, mandait-il à Joséphine; va au spectacle, bois du champagne, réjouis-toi. » Cette lettre, heureusement pour elle, arriva trop tard; elle avait cessé de vivre.

J'ai un peu anticipé sur les temps en parlant de la mort de mon amie, qui dut tant de malheurs ou plutôt tous ses malheurs à son père. Pendant qu'elle languissait à Paris, les jours s'écoulaient vite, et ils portèrent des orages nouveaux. La loi des otages, cette loi inique

que le terrorisme même n'avait pas imaginée, menaçait la sûreté individuelle des citoyens; nul d'entre eux n'était à l'abri des accusations les plus arbitraires. Ainsi, pendant mon séjour au Battouée, où j'étais retournée à mon départ de Nevers, M. de Lespinasse fut désigné pour servir d'otage, avec trois personnes des plus considérables du canton, parce qu'on avait assassiné, à quelque distance du Battouée, une femme qu'aucun d'eux ne connaissait et dont ils ignoraient l'existence.

Les trois voisins gagnèrent au large, sachant combien l'innocence comptait pour peu aux yeux des auteurs de pareilles mesures. Ma cousine désirait que son père en fît autant; il s'y refusa. « Je ne fuirai pas devant une absurdité semblable, lui dit-il; et s'il le faut, j'irai en prison; je n'en ai point oublié le chemin. — Du moins, mon père, reprit mademoiselle de Lespinasse, cachez-vous, confiez-moi le soin de veiller sur vos jours; ce n'est plus pour vous que je le demande, c'est pour moi, c'est pour mon frère; conservez-vous à vos enfants. » Il céda aux instances de sa fille, et elle s'occupa sur-le-champ de cacher ses gens; car il y avait encore de la contrebande dans la maison. Un bon vieux prêtre y était à demeure sous un autre nom que le sien, il est vrai; mais en arrêtant l'un, on pouvait reconnaître l'autre.

Aussitôt qu'il fut question de s'emparer de ces quatre messieurs, un de leurs amis, quittant Nevers sur-le-champ, vint les avertir, afin que leurs mesures fussent prises, en cas que, cette proposition une fois agréée, on passât rapidement à son exécution. Il arriva au Battouée vers le milieu de la nuit; tout fut bientôt sur pied. J'entendis le bruit qui se faisait avec étonnement d'abord; mais reconnaissant les pas de toutes les personnes de la maison, je compris ainsi qu'aucune d'elles n'était malade. « J'attendrai tranquillement, pensais-je; si l'on a besoin de moi, on viendra me le dire; en attendant, dormons encore. » Ce petit monologue à peine achevé, ma cousine entra. « Lève-toi, nous avons besoin de ta chambre »; et lorsqu'elle m'eut fait part de son plan, il fut convenu qu'étant malade, je me recoucherais en cas de visite.

La maison fut aussitôt comme en état de siége; on n'y entrait qu'en montrant patte blanche; à la moindre apparence de danger, chacun devait courir à son poste. Nous fûmes ainsi trois jours; on ne vint point. La motion ne passa pas; peut-être craignait-on qu'elle ne fût prématurée. Après cette petite alerte, tout reprit son cours régulier.

Distraite un instant de mes inquiétudes, je les retrouvai toutes dès que je n'eus plus à craindre pour mes bienfaiteurs. Je n'avais aucune nouvelle de mon père, ni de mon frère aîné. Le cadet, ayant fait partie d'une expédition malencontreuse, languissait prisonnier dans les cachots d'Édimbourg, depuis huit mois. Je languissais aussi, n'espérant pas une fin prochaine à tant de souffrances, lorsque je reçus une lettre de Chambolle lui-même, qui m'annonçait sa délivrance et son retour à Paris. Quelque temps après, je vis arriver chez M. de Chaligny, où j'étais alors, un jeune militaire le sac au dos : c'était lui! De pareils moments font oublier les jours mauvais. Il était gai, bien portant; il m'ouvrit sa bourse : elle contenait cinquante beaux louis en or. Je savais qu'il était revenu avec rien ; qu'on lui avait disputé et retenu son traitement; qu'enfin il avait été maintenu sur la liste des émigrés, pendant qu'il gémissait dans les cachots. « D'où vient donc cet or? est-il à toi? — Très-fort à moi! — Sans avoir dévalisé la diligence (car cette mode prenait) (1)? — Fi donc! je l'ai gagné. Joséphine m'a cru fou quand elle m'a vu suspendre mon départ pour attendre le tirage de la loterie, où j'avais mis les quatre francs qui me restaient pour toute fortune. Je n'étais pas si fou! Je lui ai rendu ce qu'elle m'avait prêté pour venir; il m'en reste pour toi. »

Il s'arrêta peu; rechargeant gaiement son sac sur ses épaules, il gagna Grenoble, où notre constant et vertueux ami, M. de Gueriot, lui offrait une place près de lui.

Ce fut à peu près vers cette époque que l'on apprit le retour du général Bonaparte, qui, traversant rapidement la France, arriva inopinément à Paris; et bientôt on apprit aussi les changements que sa présence apporta dans le gouvernement. En le voyant marcher d'un pas ferme au pouvoir, les uns pressen-

---

(1) Bien des voleurs de profession arrêtaient les voyageurs au nom du roi, pour s'emparer des fonds appartenant à la République; car ils profitaient merveilleusement de l'exemple que leur donnaient les Vendéens, qui, comme on le sait, s'emparaient de toutes les caisses publiques pour en solder leurs troupes.

tirent ce qu'il devint; d'autres se plurent à espérer et à voir en lui le soutien de la cause royaliste et le précurseur des Bourbons, dont, pensaient-ils, cet homme puissant préparait le retour. Un grand nombre suspendaient leurs jugements; mais tous avaient besoin de repos, tous aspiraient au bonheur de s'endormir le soir, sans crainte d'être enlevés le matin par les sbires révolutionnaires, troupe désireuse des troubles qui la rendaient puissante, toujours prête à remplir les ordres de la tyrannie, en y ajoutant la sienne. Cette disposition générale des esprits favorisa les vues de Bonaparte (1), et la modération qu'on remarqua bientôt dans les actes qui émanaient de son gouvernement justifia l'attente de tous.

Quelques émigrés rentrèrent tacitement; on apprit que plusieurs d'entre eux avaient été rayés. Mon père revint à Lyon. J'éprouvai aussi le désir de revoir Moulins; croyant même qu'il serait bien d'y reparaître, j'écrivis à M. Delacoste (2), alors préfet de ce département, pour lui en demander la permission. Il me répondit gracieusement que bien que je ne fusse pas rayée de la liste des émigrés, l'injustice de cette inscription était tellement reconnue, que je pouvais arriver sans crainte et m'attendre à trouver protection.

L'accueil que je reçus à Moulins fut extrêmement flatteur. Tous les amis de mon père, toutes ses connaissances vinrent me voir. Il était bien doux pour

---

(1) Bonaparte fut nommé premier consul le 13 décembre 1799.
(2) Frothier-Delacoste-Messelières.

moi de recueillir tant de marques de l'intérêt qu'on lui avait conservé; je fus très-sensible à ces preuves de l'estime qu'on lui portait. Me revoir était aussi une espérance que chaque famille saisissait avec empressement pour elle-même; j'étais la première de ma catégorie reparaissant ouvertement, et comme l'hirondelle, j'annonçais le printemps.

CHAPITRE VINGTIÈME

Accueil flatteur que je reçus à Moulins. — Louise et ma légèreté. — Grands reproches que je me fais. — Mon père revient à Lyon. — M. Lemaire. — Voyage à Genève pour une consultation. — Le docteur me déclare poitrinaire. — Retour à Lyon. — Mon père me renvoie au Battouée pour y suivre le traitement — M. Untel. — Je suis mon père à Paris. — Élimination de la liste des émigrés. — Mon frère cadet veut partir pour l'Amérique. — Il reste. — Je vais à Auxonne. — Nous nous fixons à Moulins. Je me décide à chercher une place. — Tristesse de mon père. — J'en refuse une.

Il est rare qu'une jeune personne obtienne la considération dont j'étais entourée à Moulins; j'en étais fière, non que je m'en crusse digne, mais parce que j'y trouvais un témoignage flatteur de celle dont ma famille avait joui; c'était un legs de ma tante : on révérait en moi la fille adoptive de cette courageuse victime, et peut-être croyait-on y apercevoir aussi le reflet de ses vertus. Cependant, je ne possédais pas toutes les qualités dont on se plaisait à me croire pourvue : je manquai souvent de prudence; en voici une preuve :

Je me rappelle qu'un matin je vis entrer dans ma chambre l'ancienne cuisinière de ma tante (1). Elle

---

(1) Ma tante, à son départ de Moulins, lui avait confié une malle remplie des papiers de notre famille; elle la garda fidèlement pendant la grande terreur; puis, un beau jour que le danger était passé, une terreur panique s'emparant d'elle, elle ouvrit la

était dans ses plus beaux atours, toute sa personne sentait l'importance, et marchant d'un air d'ambassadrice, elle s'approcha de moi avec cérémonie. « Qu'as-tu aujourd'hui, Louise? m'écriai-je gaiement; on te croirait de fête; vas-tu donc à la noce? — S'il n'est pas encore question de noce, me répondit-elle d'un ton grave, du moins il s'agit de mariage, et cela vous regarde. » Je restai stupéfaite du singulier à-propos de ma question. Profitant de cette heureuse introduction, elle me dit qu'elle était chargée de sonder mes intentions, et de me demander de la part d'un monsieur qu'elle me nomma, si je consentirais à épouser son fils; que dans le cas où j'accepterais sa proposition, il se faisait fort de racheter la terre des Écherolles. Étonnée de ce qu'il ne se fût pas plutôt adressé à un de mes parents, pour me faire cette demande; craignant qu'un piége ne fût caché sous la promesse que l'on cherchait à obtenir ainsi, je répondis promptement, je devrais dire sottement : « J'ai tout perdu, excepté ma liberté; je veux la conserver encore. — Mais, mademoiselle, me dit Louise, pensez à votre père, à votre position. C'est un très-honnête homme, son fils est très-bien. — Je ne l'ai jamais vu, répondis-je, il ne me connaît pas; qui sait s'il m'aimerait? » J'en restai là. Les objections de Louise furent vaines; elle s'en retourna d'un

---

malle, en brûla tous les papiers, et compléta notre ruine. « Ah! mademoiselle, me dit-elle depuis, c'est bien vrai, j'ai eu tort; le péril n'était plus grand, mais je n'ai pu maîtriser la peur qui m'a prise, et j'ai passé deux nuits à les brûler. »

pas moins orgueilleux, et je fus très-satisfaite de ma belle réponse et de ma haute sagesse, tandis que je n'étais qu'inconsidérée. La proposition de M. L... était digne de réflexion; en demandant du temps, j'aurais cherché près de personnes plus éclairées que moi les lumières qui me manquaient pour me diriger dans une affaire aussi importante. M. L... appartenait à une famille respectable de la bourgeoisie; lui-même était très-estimé. Tout me faisait une loi d'accorder à sa proposition l'attention qu'elle méritait, car je ne doute point que la générosité de son caractère n'eût proposé des conditions honorables pour mon père, qu'il connaissait depuis longues années. Je me suis fait bien des reproches de la légèreté de ma conduite dans cette circonstance; chaque fois que j'ai vu mon père souffrant et malheureux, le souvenir de mon imprudence pesait sur mon cœur : « Il eût dépendu de moi, disais-je, de lui rendre son aisance passée »; et je m'affligeais, mais c'était sans retour. Oh! combien on doit réfléchir sur la moindre de ses actions, avant de se décider! Tout est important dans la vie; il n'est rien qui ne porte son fruit jusqu'à la tombe, et ne traîne avec soi son bien ou son mal pendant toute l'existence. A ce dommage réel se joignait sans doute celui d'être jugée dédaigneuse et hautaine; je n'étais qu'irréfléchie et insensée.

De retour à Lyon, mon père, cette fois-ci, ne logea point chez madame Guichard, dont la pension eût été trop chère pour ses moyens. Il était chez son tailleur, qui avait pris soin de l'avertir du moment où il pouvait reparaître à Lyon, en y ajoutant l'invitation de descendre chez lui. « Vous trouverez, lui disait le bon M. Lemaire, une petite chambre que vous habiterez aussi longtemps que vous le voudrez, un ordinaire fort simple offert de bon cœur; ne tardez point à venir. » Mon père alla donc s'installer chez ces nouveaux amis, où il fut reçu comme on le lui avait annoncé. Madame Lemaire, pieuse et bonne, le soigna comme s'il eût été son père. Craignant d'être à charge à ces braves gens, je ne pensais point me rendre près de lui, lorsque je reçus un court billet de M. Lemaire, qui dans son mauvais français (il était Liégeois) me disait avec une franche bonté : « Nous mangerons une dinde à Noël, venez en prendre votre part; votre papa s'ennuie, je vous attends. » Et je revis mon père, je partageai avec lui la table du bon tailleur; et souvent depuis j'allai m'y asseoir, me trouvant là en famille, et révérant les vertus qui brillaient dans ce ménage, trop modeste pour se douter de sa propre valeur.

On s'aperçut alors du prodigieux dépérissement de ma santé. Une longue habitude de souffrances m'en avait à moi-même dérobé le progrès. Mon père, qui s'affligeait de ma répugnance à consulter un médecin, fit part de ses craintes à son fils cadet, alors à Genève (1), où M. de Gueriot commandait l'artillerie. Mon frère arriva bientôt; il venait me chercher, disait-il, pour visiter avec lui quelques amis qu'il avait en Dauphiné

---

(1) Genève était alors à la France, et chef-lieu du département du Mont-Blanc.

et me faire voir Genève, où M. de Gueriot m'invitait à venir. Mon père approuvant cette proposition, je l'acceptai avec plaisir.

Ce voyage fut charmant; je vis Grenoble et plusieurs petites villes, où mon frère avait des connaissances. Je ne puis me rappeler sans sourire qu'en arrivant à Saint-Marcellin, il me dit : « Ici, on mesure le dîner à l'amitié; comme on m'y aime beaucoup, il faudra manger beaucoup. » En effet, à un souper où nous étions quatre, je comptai cinq rôtis énormes; il n'y avait pas moyen de faire honneur à tant d'amitié.

Nous passâmes par Chambéry pour nous rendre à Genève, où j'arrivai fort heureusement.

M. de Gueriot me reçut avec une bonté toute paternelle; il s'informa en ami de l'état de ma santé; puis il me dit : « Ma petite, vous vous reposerez demain; après-demain, vous verrez M. le docteur Jurine, qui vous attend. Je l'ai prévenu que vous veniez ici pour le consulter. »

J'appris ainsi le but de mon voyage. Ce docteur jouissait d'une réputation grande et méritée; il me devint impossible d'éviter une consultation en règle. Le résultat en fut grave; il crut reconnaître ma maladie à des symptômes très-alarmants, et me déclara poitrinaire. Je fus donc soumise à toute la diététique de cet état; il me prescrivit un régime austère et des remèdes qui me parurent violents. J'acceptai tout avec la résignation la plus parfaite.

Le docteur aurait désiré pouvoir diriger lui-même le traitement qu'il m'avait ordonné; mais M. de Gueriot ayant alors reçu l'ordre de partir (1), son départ entraînait celui de mon frère, et me contraignit aussi de retourner à Lyon, toute seule et par la diligence, comme si je me portais bien, emportant les plus doux souvenirs d'un voyage que je devais en entier à la générosité de mon frère.

Je ne puis m'empêcher de placer ici une courte réflexion sur ces consultations rapides que l'on va chercher loin, et que l'on rapporte vite. Le malade ne sait pas toujours rendre un compte exact de ses maux : il y a des symptômes trompeurs; le médecin qui ne connaît pas les particularités du tempérament de celui qui le consulte, qui ne connaît pas davantage sa vie et ses habitudes, peut être facilement induit en erreur; et voilà un malade qui repart consolé, muni d'une savante consultation portant à faux. C'est ainsi que mon docteur de Genève, homme très-habile, m'ayant reconnue poitrinaire, j'achevai avec son secours de détruire mon estomac, où gisait le mal, pour guérir ma poitrine, qui se portait bien.

Mon père fut très-inquiet de cette consultation; et je me vis obligée de le quitter encore, ne pouvant faire chez M. Lemaire les remèdes qu'elle me prescrivait. J'écrivis à mademoiselle de Lespinasse pour lui demander la permission d'aller chez elle, et le printemps me retrouva au Battouée.

Je ne parlerai pas de la juste douleur que j'éprouvai en quittant mon père. Mes forces décroissaient chaque

---

(1) Il fut nommé directeur de l'arsenal d'Auxonne.

jour, et je croyais voir pour la dernière fois les lieux dont je m'éloignais. Mes amis me disaient adieu comme à une mourante ; cet intérêt me touchait profondément, mais la solennité attachée à toutes ces séparations augmentait la mélancolie, qui elle aussi minait sourdement ma vie.

Tous ces voyages n'étaient pas fort dispendieux, mais incommodes et très-fatigants. Les diligences et les patâches (1), voitures à la portée des pauvres de mon espèce, étaient fort dures. J'arrivai très-fatiguée chez ma cousine, et j'y commençai bientôt le lait d'ânesse. Madame de Bèze vint passer avec nous quelque temps ; et malgré la tristesse de l'époque d'alors, nous passions des moments embellis par l'amitié réciproque qui nous unissait. Un vieil abbé Pepin était encore commensal du Battouée, mais présenté dans le monde comme M. du Raisin, ancien ami de la maison, il y vivait assez librement, malgré son titre à être suspect. On ne désirait plus trouver autant de coupables ; cependant les émigrés n'osaient point encore se montrer ouvertement.

Nous étions tous réunis dans le salon, et c'était vers le déclin du jour, lorsqu'on vint annoncer la visite d'un étranger. Nous voyons apparaître un homme à la contenance humble, au regard baissé, qui exprime à voix basse combien il lui en coûte de réclamer l'appui

---

(1) Je crois avoir déjà dit que c'étaient de petites charrettes à deux roues et à quatre places. On y était assis dos à dos. Elles étaient conduites par un homme assis sur le brancard, et n'avaient qu'un cheval. Elles allaient alors aussi vite que la poste.

de personnes auxquelles il est inconnu, mais qu'il s'y voit forcé par sa triste position ; qu'il est émigré, sans passe-port et sans ressources ; que ne sachant où aller, il sollicite un asile pour cette nuit seulement. Mon cousin le laisse à peine achever, se retourne vers nous en nous le représentant comme un infortuné dont le sort le touche profondément, et le recommande aux soins de sa fille. Mademoiselle de Lespinasse était portée par son cœur à voler au secours de tous les êtres souffrants. Cet étranger avait un titre de plus pour l'émouvoir : ses oncles, ses cousins étaient émigrés, et peut-être alors sollicitaient aussi la pitié des âmes compatissantes.

Nous avions toutes la même pensée, et moi qui venais de reconnaître mon inconnu aux douze francs (1), je me sentais fort embarrassée de ce petit bienfait, et je fis semblant de ne pas le connaître. Il vint au-devant de mes vœux en faisant de même, et je lui sus gré de ménager ainsi ma délicatesse.

Cependant, je dis à ma cousine que je croyais l'avoir vu deux ans auparavant chez madame Grimauld ; mais craignant de lui faire tort par un récit peu fidèle, j'appuyai légèrement sur ce qui m'était resté de cette courte entrevue. Il me semblait qu'alors il avait dit se nommer Lebrun, et qu'il avait parlé de ses sœurs religieuses, demeurant à Bourges. Maintenant il n'était point question de cela, il nous fit la touchante histoire de ses dernières infortunes. Après avoir couru de grands

---

(1) J'ai parlé plus haut de cet étranger, que madame Grimaud traita si froidement.

dangers, il s'était vu forcé de sortir une seconde fois de France; puis, fatigué qu'il était d'errer loin de sa patrie, il avait voulu la revoir. A peine en eut-il touché le sol, qu'il fut arrêté, traîné de prison en prison. Enfin, il venait de s'en échapper... Son récit, qui parfois avait suspendu notre respiration, nous émut profondément. Il eut le talent de réveiller toute notre sensibilité, et lorsqu'il se retira, nous restâmes fort touchées de ses malheurs, regrettant de n'avoir aucun moyen de les alléger.

La redingote bleue, qui causa les soupçons de madame Grimauld, avait fait place à un habit gris assez propre. Son extérieur, peu distingué, était, je ne dirai pas modeste, mais humble. Sa position suffisait pour le rendre intéressant à nos yeux. En se retirant dans sa chambre, il remit à la personne qui l'y conduisit une chemise et deux mouchoirs de poche, en la priant de les faire laver dans la nuit, voulant, disait-il, repartir le lendemain matin; malgré cela, il se leva fort tard. Bien avant son réveil, ma cousine, instruite de l'histoire de la chemise, qui n'était qu'un pauvre lambeau, avait fait un appel à notre bonne volonté. Une pièce de toile, rapidement mesurée et coupée, se transformait sous nos doigts en bonnes chemises, et quand notre inconnu entra dans le salon, chacune de nous travaillait avec ardeur. Mademoiselle de Lespinasse, armée d'un grand bas de son père, se hâtait d'y recréer un pied neuf. Notre zèle parlait. Il s'avança modestement pour la remercier de la généreuse hospitalité qu'elle lui avait donnée, et voulut prendre congé d'elle. Ma cousine lui représenta qu'il devait encore être trop fatigué pour continuer sa route, et que d'ailleurs elle était chargée par son père de le prier de leur donner quelques jours encore. Il répond en exprimant la crainte d'être importun, hésite, se laisse vaincre, et nous voilà tirant l'aiguille avec un nouveau courage. Lui, pendant ce temps, se tenait à une respectueuse distance, sans trop regarder ce que nous faisions, et parlant peu.

J'ai déjà fait comprendre que sa tournure était commune ; mais, disions-nous, il y a des émigrés de toutes les classes. Il ne paraît pas aimable ; mais, reprenions-nous encore, on peut être fort bon soldat sans être aimable. Enfin, toutes disposées à l'indulgence, nous ne songions guère à lui faire un crime de ce qui lui manquait pour plaire.

De son côté, il semblait chercher à nous en dédommager par les soins qui se trouvaient à sa portée ; et notre bienveillance nous empêchait de convenir que ses manières avaient une teinte servile. Le fils de madame de Bèze, alors fort petit, nous suivait parfois à la promenade, monté sur une ânesse ; notre inconnu lui donnait toute son attention : il le tenait sur sa monture, trottait, allait au pas, assaisonnant toutes ces allures d'instructions à l'avenant. Tout entier aux soins qu'exigeait l'inexpérience de son jeune cavalier, il se mêlait rarement aux conversations de notre petite caravane, qui parcourait joyeusement les paisibles bois du Battouée. De retour à la maison, c'était autre chose : on ne savait comment répondre à sa demande de se rendre utile. Il assura savoir parfaitement bien dévider; aussitôt mademoiselle de Lespinasse ouvrit ses trésors, et les pelotons naquirent en foule sous ses doigts. Il nous raconta qu'une blessure au talon l'ayant empêché de suivre ses camarades, il n'avait eu que ce faible gagne-pain pour se soutenir. « Dans quel pays étiez-vous? demanda l'une de nous. — En Hongrie », répondit-il. Nous étions peu instruites de la marche de l'armée de Condé (1), nous laissâmes passer la Hongrie sans réflexion. Il resta, je crois, près d'un mois parmi nous sans dire son nom, et discrètement personne ne le lui demanda, ce qui étonnait beaucoup le petit Bèze, qui dit un jour à sa mère : « Maman, je n'entends jamais son nom; il ne s'appelle donc pas, ce monsieur? — Mon ami, repris-je, nomme-le M. Untel. » Et le nom en resta au monsieur qui ne s'appelait pas.

« Mais, monsieur, lui demanda un jour mon respectable cousin, comment faites-vous pour ne pas vous tromper et pour éviter toujours de tomber entre des mains dangereuses pour votre sûreté? — Oh! rien n'est plus facile, répondit M. Untel : je m'adresse au premier paysan que je rencontre, car les paysans sont moins soupçonneux que les citadins; je lui dis que j'ai perdu le nom d'un particulier de ce canton auquel je suis adressé; que je me rappelle seulement que c'est un homme respectable, connu par sa bienfaisance et ses vertus, ayant été persécuté pendant la Terreur, et c'est ainsi que l'on m'a montré le chemin du Battouée, en

---

(1) Il est certain qu'on était fort peu instruit de ce qui se passait hors de France; du moins nous en étions fort ignorantes.

me disant : — Allez, ce ne peut être que M. Leblanc de Lespinasse. » Nous applaudîmes à cette ruse, qui contenait une louange aussi douce que vraie des vertus de mon cousin.

Enfin, au bout d'un mois, il annonça son départ. Les chemises étaient faites, les bas rentés; il n'y avait plus de raison pour l'engager à prolonger son séjour; on le laissa partir. Un petit paquet de trois chemises neuves et autant de paires de bas fut déposé dans sa chambre. Madame de Bèze, la seule qui pût disposer de quelque chose, fit cacher dans son bonnet de nuit le prix des leçons d'équitation de son fils, qu'une noble délicatesse l'empêchait de lui offrir elle-même. Notre homme, qui ne s'apercevait de rien, reçut nos adieux avec une humble reconnaissance, et le lendemain, à la pointe du jour, M. Untel et son paquet étaient partis.

Ces détails sur un personnage aussi obscur paraîtront peut-être minutieux, mais ils ajoutent un trait de ressemblance au portrait de cette époque, et quelque opinion qu'ils puissent donner de M. Untel, que je retrouvai plus tard, il faut en les lisant se transporter au temps d'alors, et sans l'expérience qu'il nous a laissée.

Les malheurs publics et les persécutions particulières avaient isolé les familles; chacun vivait renfermé chez soi, entretenant peu de relations avec le monde, craignant de voir ou d'être vu, et cherchant à en être oublié. Un grand nombre de proscrits, obligés de changer souvent de retraites, protégés par la nuit et le silence, venaient demander un asile passager à ceux de leur parti, sûrs d'avance de la discrétion qui les y protégerait. Une juste délicatesse empêchait très-souvent de s'informer curieusement du nom véritable de celui qui s'arrêtait sous votre toit. Il repartait sans l'avoir révélé. Nul soupçon ne le suivait, et le soir encore le toit hospitalier abritait un nouveau fugitif, qui s'en éloignait de même. Beaucoup d'intrigants exploitèrent avec talent les vertus et l'innocence des âmes pieuses, inhabiles à deviner la fraude, faciles à tromper parce qu'elles ne connaissent pas le mensonge, préférant d'ailleurs exercer l'hospitalité envers tous, plutôt que de s'exposer au malheur de repousser un véritable infortuné. N'était-ce pas un beau côté de ce temps-là?

J'ai dit que j'avais commencé le lait d'ânesse; une violente coqueluche vint l'interrompre. Cette maladie, dangereuse aux grandes personnes, fut épidémique parmi elles. Beaucoup en moururent, et j'en fus violemment attaquée; mais sous une apparence très-délicate, je cachais beaucoup de force, et je me remis bientôt assez pour être capable de suivre mon père, qui passa au Battouée vers l'automne, en se rendant à Paris, où il avait obtenu la permission d'aller solliciter lui-même sa radiation définitive. Eut-il la volonté de m'emmener ou céda-t-il à mes prières? c'est ce dont je ne me rappelle plus. Être avec lui et près de lui me semblait ma seule place dans ce monde; c'était mon unique bien! Ah! ce n'était pas seulement la souffrance qui altérait ma santé, je ne pouvais supporter la vie errante que je menais, je languissais partout, parce que je recevais tout. Sans demeure fixe, changeant de domicile à tout instant, je craignais de m'attacher au moindre objet. Je me promenais tristement dans les jardins, dans la campagne, en regrettant de ne pouvoir pas même posséder un rosier. Il faut partir, qui l'arrosera? Comme moi, il mourra.

L'arrivée de mon père me ranima sans doute, car il me permit de le suivre, ce qui fait supposer que ma mine ne l'inquiéta point. Il est vrai que le désir de l'accompagner me fit taire mes souffrances. Nous partîmes en patache, locomotive dont la simplicité ignorait le luxe des soupentes. On était peu difficile alors. Presque assise sur l'essieu, trottant, cahotant sur le pavé de la grande route, ma coqueluche et moi nous arrivâmes à Paris, comme si nous nous portions bien, et la première personne que j'y aperçus fut un médecin, qui l'année d'avant m'avait dit un de ces adieux éternels que je recueillais sur mon passage. Il me croyait morte, et ma vue lui causa une surprise réelle. J'avais appelé de son arrêt; c'était de bon augure. Chambolle, mon frère cadet, se rendit à Paris en même temps que nous. Il y était amené par l'espérance d'obtenir de l'avancement, et pour solliciter sa radiation de la liste des émigrés. Nous en fûmes rayés le même jour, et nous allâmes ensemble promettre de ne pas troubler le repos de la République, promesse que je fis de bon cœur et fort gaiement, car il me paraissait drôle d'être redoutable. La radiation de mon père éprouva beaucoup de difficultés. Les démarches se multiplièrent sans fruit, ce qui me causait la double affliction de voir le découragement de mon père, et d'être forcée de m'en séparer encore, notre situation gênée ne nous permettant pas un long séjour à Paris.

C'est vers ce temps qu'il fut question d'une expédition maritime dirigée contre l'Amérique, et pour laquelle on promettait beaucoup d'avantages à ceux qui se faisaient inscrire volontairement pour en faire partie; et mon frère, croyant y trouver des chances certaines d'avancement, courut y mettre son nom. Cette nouvelle m'affecta beaucoup. Je craignais toutes les expéditions lointaines; ne pouvait-il pas être fait prisonnier pour la seconde fois, ou périr, sinon par le fer, du moins par la fièvre jaune, qui y faisait de grands ravages? Tendrement attachée à mon frère, frappée des périls où il courait se précipiter, cette nouvelle séparation, sous de si tristes auspices, me semblait devoir être éternelle. De son côté, il ne s'y préparait pas sans un grand déchirement de cœur; il croyait bien y trouver un avantage personnel, mais l'âge avancé de mon père et l'isolement où je pouvais rester encore jetaient dans son âme de graves sollicitudes.

« Si mon père venait à mourir, me dit-il le soir, que deviendrais-tu seule en France, quand loin de toi je ne pourrais venir à ton secours? — J'y ai pensé, mon ami. Hélas! il fallait bien y penser! Je me ferais sœur grise; j'aime à soigner les malades, je serai servante du Seigneur. — Parles-tu sérieusement? reprit-il presque avec effroi; est-ce vraiment ta volonté? — Oui, c'est ma volonté. N'imagine pas que ce soit le résultat d'une impression passagère; j'en nourris le projet depuis longtemps. Le mauvais état de ma santé y serait maintenant un obstacle, mais j'espère que Dieu me la rendra. » Mon bon père dormait déjà profondément lorsque nous eûmes cette conversation au coin du feu, où les confidences échappent au cœur oppressé, où l'on aime à penser à deux. Chambolle me quitta d'un air sombre; il était tard. Au point du jour, je le vis près de mon lit. « Alexandrine, me dit-il, serait-il bien vrai que tu te fisses sœur grise, si...? — Oui, avec plaisir même. — Je n'ai pu fermer l'œil de toute la nuit. Ton projet me poursuit. Je sais que mon départ t'afflige : promets-moi d'abandonner ton idée, je quitte la mienne; dis adieu aux sœurs grises, et je fais mes adieux à l'Amérique. J'ai encore quelques heures pour retirer ma signature, et j'y cours, si tu consens. » J'eus bientôt promis; il resta.

Comme je l'ai déjà dit, la radiation de mon père traînait en longueur. On fait peu de cas des sollicitations du pauvre, parce qu'on ne le craint pas, et qu'on n'en espère rien; on le dépouille sans pudeur du peu qui lui reste, en l'amusant par de vaines promesses, qui usent son temps et vident sa bourse. On vous dit : « Si vous ne sollicitez vous-même, vous n'obtiendrez rien »; vous venez, et vous n'obtenez rien encore, parce que vous êtes pauvre et que vous êtes dans l'impossibilité de parler d'or comme le riche, auquel on accorde parce qu'il n'est pas dans le besoin. Les portes s'ouvrent devant la richesse, elles se ferment devant la pauvreté; c'est ce qui nous arriva.

Il fut décidé que j'irais à Auxonne, chez M. de

Gueriot, avec mon frère, tandis que mon père, qui ne voulait pas abandonner la poursuite de sa radiation, resterait chez une de ses connaissances, qui lui offrit un logement jusqu'à la fin de ses affaires. Cette offre faite avec bonté fit couler nos larmes; pénétrés de reconnaissance par ce secours inattendu, nous priâmes ensemble, et bientôt je quittai encore mon père. Chambolle partit avant moi, parce qu'il faisait la route en partie à pied, et que nous n'avions pas de quoi payer plus d'une place à la diligence. J'étais dans le cabriolet, fort exposée aux intempéries de la mauvaise saison; car un manteau de cuir, jouant de côté, en garantissait très-imparfaitement les voyageurs. Je montai en voiture avec un violent retour de coqueluche, assez peu vêtue, et j'arrivai très-malade à Auxonne.

Les tendres soins de madame de Gueriot et de son mari me rétablirent bientôt. Ce temps est un des plus doux de ma vie. Je ne saurais assez dire combien je me sentis heureuse et touchée des bontés qu'ils me prodiguèrent. Je passai là un hiver charmant, près de mon frère, jouissant d'un bien-être inconnu depuis longtemps, et dont la douceur était augmentée par les espérances que mon père me donnait de sa prochaine radiation, qui eut enfin lieu au printemps suivant. Bientôt après, il obtint une pension de dix-huit cents francs. Ce n'était pas celle de son grade (1); mais on prétendit qu'il ne le possédait pas depuis assez longtemps pour en obtenir la pension entière, et que la

---

(1) Il était maréchal de camp. Je crois l'avoir déjà dit.

moitié était son droit. Il fallut bien s'en contenter, et même s'en trouver heureux.

Malgré la répugnance que mon père éprouvait à revenir habiter Moulins, il s'y décida, dans l'espérance de s'arranger avec quelques-uns des acquéreurs de ses biens. Il y avait déjà bien des exemples de braves gens, se laissant toucher par leur propre conscience et par la misère de ceux que l'on avait dépouillés; leurs propositions étaient à la portée des faibles moyens que ceux-ci avaient conservés, et ils s'arrangeaient à l'amiable. Quelques-uns, complétement généreux, se contentant des profits faits dans des terres qu'ils avaient acquises pour rien, les avaient remises sans condition aucune à leurs vrais propriétaires. Quelques autres, tout en annonçant une bonne volonté parfaite, faisaient d'onéreuses conditions, impossibles à remplir, et s'en allaient célébrant eux-mêmes leur désintéressement, se plaignant tout haut de ceux qu'ils voulaient obliger. « Ce sont eux qui nous refusent », disaient-ils. Se faire généreux est un déguisement comme un autre.

Nous nous rendîmes donc à Moulins, mon frère et moi; et mon père vint nous y rejoindre dans un petit appartement proportionné à sa médiocre fortune. Nous l'avions meublé avec d'anciens meubles à nous, conservés par les soins de M. de Tarade, dans une petite masure qu'il avait rachetée de la Nation, comme on disait alors. Il rendit le tout à mon père. Chambolle retourna près de son bienfaiteur. Ma bonne, madame Duvernai, revint près de nous; elle avait passé tout ce temps chez des amis. Dès qu'elle se crut utile, nous la vîmes reparaître. Aidée d'une femme étrangère, qui lui apportait du dehors tout ce qui lui était nécessaire, elle voulut se charger des soins de notre petit ménage, et nous vécûmes avec toute la sobriété qu'exigeaient nos moyens. Bientôt mon frère aîné arriva d'Allemagne ; et pour la première fois depuis bien des années, nous eûmes une demeure à nous.

Un seul acquéreur (1) nous rendit un domaine à des conditions raisonnables, quoique onéreuses dans notre position. Un autre se vanta partout de vouloir nous rendre le château des Écherolles et un domaine qu'il avait acheté ; mais il ne parla pas des conditions qu'il y mettait, se plaignit de nos prétentions, et s'acquit à nos dépens la réputation d'une grande générosité, sans courir le risque de se défaire d'une terre qu'il voulait garder.

Beaucoup d'émigrés, plus heureux que nous, rentrèrent dans une partie de leurs biens ; ils trouvèrent dans une sage économie, jointe à une grande activité, le moyen de payer les dettes contractées pour le rachat de leurs demeures, et coulèrent paisiblement leurs jours au coin du foyer domestique. Il est des familles destinées à sombrer ; la nôtre ne put jamais se relever. Tous nos efforts pour nous soutenir sur les flots furent vains ; soit qu'aucun de nous ne comprît les affaires, soit, comme je viens de le dire, que nous fussions destinés à périr par d'autres circonstances.

---

(1) Je dois faire connaître le nom de cet honnête homme ; il s'appelait Andrillard, fabricant de faïence.

Le peu que nous avions retrouvé n'avait pas suffi pour racheter le domaine remis à mon père ; un brave homme avait avancé le reste : c'était donc une dette. La faible pension de mon père ne pouvait nous soutenir tous. Que d'amertumes se mêlaient à cette réunion si désirée! Combien je me reprochais de le priver de l'aisance modeste dont il aurait joui sans nous! Préoccupée nuit et jour du moyen d'y remédier, je pris alors la résolution d'utiliser ma vie et de chercher une place. Peut-être, pensais-je, j'aurai le bonheur d'ajouter quelque chose à sa faible fortune. Une fois cette idée adoptée, je vivais avec elle. Mon frère aîné, qu'une habitude d'indécision empêchait de prendre pour lui-même un parti décisif, était cependant pour moi de bon conseil, et me fortifiait dans l'intention où j'étais. Mon père (1), inquiet de mon avenir, en comprenait la nécessité, mais il craignait mon éloignement et répugnait à me voir dépendante des caprices d'autrui. On m'offrit d'être sous-maîtresse dans un pensionnat de jeunes personnes : c'était à Moulins même. Il s'y opposa formellement. Plus tard, une dame de ma connaissance voulut me faire entrer chez des parents à elle qui cherchaient une bonne pour leurs enfants ; ils habitaient Paris. Elle ne m'avait pas proposée sous mon nom, car ils n'auraient pas voulu prendre une demoiselle ; du moins on avait promis que, séparée du

---

(1) Je dois dire ici que la santé robuste de mon père me permettait de m'éloigner de lui avec sécurité, et si mes soins lui avaient été nécessaires, je n'y eusse jamais pensé. Du reste, il serait venu habiter la ville où je me serais fixée.

reste de la maison, je n'aurais de relations qu'avec la mère. J'étais décidée à tout, mais mon pauvre père ne l'était pas. Ce fut une journée bien triste que celle-là, où, nous fuyant et nous cherchant, nous n'osions nous regarder, dans la crainte de lire un arrêt dans nos yeux.

« Ma fille, une simple bonne ! — Pour vous-même, mon père, ne le faut-il pas... » Qu'il avait l'air malheureux !... Je refusai. Sa joie fut grande, et je reconnus à celle que j'éprouvai moi-même tout ce que cette cruelle résolution me coûtait.

Combien les gens riches et heureux ignorent de choses ! Ils ne savent ni ne pressentent ces combats entre la nécessité et les sentiments les plus doux au cœur; ces brisements de l'âme qu'il faut cacher comme un crime; ces délicatesses que l'on ne vous pardonne plus, parce qu'elles sont l'apanage de la richesse. Oh! ces nuances de douleurs, que chaque jour rend plus sombres, auxquelles un mot ajoute une ombre; ces nuances qui parcourent toutes les gradations depuis la teinte la plus légère jusqu'au noir le plus noir, qui les connaît bien? qui pourra les décrire? Les heureux du jour s'ennuient de vos malheurs; s'ils croient vous devoir un mot complaisant, il tombe du haut de leur dédain, et cette froide consolation va se graver en pointe de feu dans le cœur qu'elle déchire; c'est une glace qu'ils y jettent, et pourtant elle vous brûle.

CHAPITRE VINGT ET UNIÈME

Mon père placé à Lyon dans l'entreprise des vélocifères. — Singulier roman. — Il se remarie. — Je fais connaissance avec ma belle-mère. — Je vais chercher à Moulins madame Duvernai. — Mon père consent à ce que je cherche une place. — Madame de Malet. — M. de Lancry. — Je pars pour Moulins, sans oser parler de mes projets à ma bonne. — Je me décide à partir pour la Russie.

Dès que mon père eut perdu l'espoir de retrouver pour nous quelques débris de sa fortune, son cœur se brisa, et le séjour de Moulins lui devint amer. Nous comprîmes qu'il fallait fuir, et chercher dans des aspects nouveaux des distractions à sa mélancolie. Nous allâmes à la campagne, chez des parents où mon père, accueilli avec une amitié franche, entouré d'objets étrangers à ses tristes souvenirs, retrouva bientôt sa gaieté naturelle et la vivacité de son esprit, dont la fraîcheur, rare à son âge, le rendait d'une amabilité peu commune. Quant à moi, j'avais rompu avec toute idée de séparation; ma présence lui était chère; heureuse de lui consacrer mes soins, je voyais mon avenir se dérouler paisiblement dans cette douce occupation, lorsqu'une lettre de Martial, mon frère aîné, qui ne nous avait point accompagnés, vint donner un tour de roue à notre fortune, et nous rejeta dans l'espace.

M. le marquis de Chabannes venait d'obtenir un brevet d'invention pour de nouvelles diligences que tout le monde connaît maintenant : ce sont les *véloci-*

fères. Occupé à en organiser le service sur la route de Paris à Lyon, il venait de passer à Moulins, où, ayant rencontré Martial, il le chargea d'offrir à mon père la direction du bureau de Lyon avec douze cents francs d'appointements. Beaucoup d'émigrés furent placés par la générosité du marquis de Chabannes, qui secourut ainsi la misère de ses frères d'armes et de ses compagnons d'infortune. J'ignore si ses affaires s'en trouvèrent aussi bien que son cœur. J'ai toujours pensé que mon respectable père était détestable directeur d'un pareil bureau.

Mon frère, inspecteur dans cette entreprise, et déjà parti pour Lyon, invitait mon père à s'y rendre au plus tôt, afin d'y commencer promptement les occupations qui l'y attendaient.

Aussitôt que mon père vit une carrière ouverte devant lui, il s'y précipita avec une impétuosité de jeune homme, et saisissant rapidement l'espérance qui lui était offerte, il partit à l'instant même à pied, afin de se rendre à une petite ville voisine où passait une diligence pour Lyon. En peu d'heures, je me vis séparée de lui et du paisible avenir rêvé si doucement à ses côtés; mais combien j'étais touchée! car c'était pour moi que mon père courait consacrer ses derniers jours au travail, afin d'alléger les miens. Son départ m'affecta profondément; je ne pouvais me faire à le voir, à son âge, commencer la vie d'un commis de bureau.

Il m'avait promis de me faire venir près de lui, dès que sa position serait fixée. Bien des mois s'écoulèrent; j'attendais impatiemment l'ordre de le rejoindre, lorsqu'il m'écrivit la chose la plus inattendue, la plus extraordinaire pour moi. Il se mariait. Il m'en donnait la nouvelle avec une gaieté spirituelle qui me fait regretter de ne pouvoir le laisser parler lui-même. Je n'ai plus sa lettre.

« On me demande en mariage, me disait-il ; je n'ai point envie de me marier ; mais puisque je plais et qu'on me trouve aimable, je me vendrai pour dix-huit mille francs ; si on te les assure, c'est chose faite. » Je lui écrivis aussitôt que je le suppliais de ne point risquer son repos pour moi ; que jamais je ne pourrais me consoler d'avoir été peut-être la cause de son malheur. Ma lettre arriva trop tard. Il m'apprit bientôt son mariage, et ne me cacha point que l'empressement de sa femme en avait précipité la conclusion. Cette particularité accrut mes inquiétudes, ne pouvant me rendre compte des raisons singulières qui avaient porté mademoiselle de Cirlot à faire cette démarche. Je reconnus plus tard que cette union était heureuse, et que nous devions être reconnaissants d'un événement qui d'abord se montra sous l'aspect d'une bizarrerie alarmante pour la tranquillité d'un père si tendre.

Puisque c'est à toi, Maria, que ce récit s'adresse, tu prendras quelque intérêt au singulier mariage de ton grand-père ; et si d'autres me lisent, ils me pardonneront ces détails de famille ; car, à tout prendre, je ne raconte que cela.

Mon père, étant retenu chez lui par un fort gros rhume, ne sortait plus de sa chambre depuis quelques jours, quand il y vit entrer un monsieur qu'il rencontrait souvent dans la société. Ce monsieur, étonné lui-même de sa mission, lui apprit après un assez long préambule qu'il venait le demander en mariage, ou plutôt lui proposer la main d'une demoiselle qui le trouvait aimable. Cette nouvelle jeta mon père dans un de ces étonnements que rien ne peut traduire. « Mais sait-elle donc que j'ai tout perdu? — Oui. — Que j'ai trois enfants? — Oui. — Que ma pension est médiocre? — Oui. — Que j'ai soixante-quatorze ans? — Elle sait tout cela, et elle va s'expliquer elle-même. » En effet, à ces mots, mademoiselle de Cirlot entra dans la chambre.

En femme entendue, elle donna les détails les plus exacts sur ses affaires, fut très-pressante. Mon père, encore surpris de cette vive attaque, se retrancha dans la nécessité d'en parler à ses enfants, pour se ménager une retraite honorable; mais sans doute inquiète d'accorder trop de temps à la réflexion, elle revint bientôt à la charge, et mon père, flatté peut-être d'un intérêt aussi vif, céda. Aussitôt que mademoiselle de Cirlot fut assurée de son consentement, elle se chargea de toutes les démarches nécessaires, et le mariage fut conclu. Elle éluda fort adroitement la condition que mon père avait faite (1). Touché de tant de preuves d'atta-

---

(1) Il ne faut point en accuser son cœur; elle craignait que cette clause étant connue de ses parents avant son mariage, ils ne parvinssent à l'empêcher.

Si elle n'a point entièrement rempli envers moi la promesse qu'elle avait faite à mon père, elle s'est du moins montrée très-généreuse envers mon frère cadet.

chement, il lui parut plus doux de se donner que de se vendre, et il ne la lui rappela point.

Il n'est personne qui en lisant ceci ne pense, comme j'ai fait moi-même, qu'un peu de folie s'en mêlât, ou que cette dame eût quelque chose à cacher. Eh bien, point du tout; quand plus tard je la vis dans le sein de sa famille, je compris toute son histoire.

Mademoiselle de Cirlot avait cinquante ans, lorsque la fantaisie lui vint d'épouser mon père, qu'elle voyait souvent chez sa sœur, madame du Foissac. Elle avait vieilli près de cette sœur, dont le mari la brusquait journellement et la fatiguait sans cesse par de triviales plaisanteries. L'esprit peu étendu de mademoiselle de Cirlot ne lui fournissait pas les moyens de les repousser ou de les supporter; traitée par les siens comme un grand enfant, elle les voyait à la fois spéculer sur sa fortune et livrer ses petits ridicules aux sarcasmes de leur société. L'être le plus faible a ses moments d'énergie. Obsédée d'un esclavage humiliant, elle sut échapper à cette honteuse tutelle au moment où l'on s'en doutait le moins. L'amabilité de mon père et la considération dont il jouissait la portèrent à chercher en lui le protecteur qui lui était nécessaire. Pour réussir dans une affaire de laquelle son bonheur dépendait, il fallait du secret et de la célérité : c'est ce qui explique tout ce que sa conduite offrit alors d'inconcevable (1).

---

(1) En effet, elle développa presque du génie dans l'exécution de ce projet, où elle avait placé toutes ses espérances de repos et de bonheur. Elle tira un grand parti de l'opinion que l'on avait

Ignorant les motifs qui avaient fait agir mademoiselle de Cirlot, j'avais des préventions contre elle, et mon étonnement d'avoir une belle-mère était mêlé d'un peu d'irritation. Je quittai la Bourgogne, où j'avais passé tout ce temps-là, pour rejoindre mon père et faire la connaissance de sa femme. J'arrivai à Lyon par le coche d'eau. Tout le monde sait ce que c'est que l'arrivée d'un coche; l'agitation qui s'y répand à l'abordage prend aussitôt la place de l'ordre et du repos qui s'y font remarquer auparavant. J'attendis, moi, paisiblement dans un coin, que la foule des voyageurs, des paquets et des portefaix se fût éclaircie pour passer à mon tour, lorsque je vis paraître une figure amie : c'était mon père. L'embrasser et causer avec lui comme par le passé ne fut qu'un. Tout à coup, il me dit : « Ma femme t'attend. » Mon père avait une femme ! Nous partons, nous causons encore; il s'arrête : « La voilà. » Je l'avais derechef oubliée ! Je me trouvai devant une femme petite et ronde, à figure large, plate et colorée, dont le nez était à peine visible ; elle était coiffée d'un bonnet-chapeau noir et orange, d'où partait une espèce de résille espagnole terminée par un gland aux mêmes couleurs, qui jouait sur son épaule. J'en restai stupéfaite ; mais je reconnus par la suite que son goût pour les couleurs éclatantes ne l'empêchait pas d'être une très-bonne femme.

Nos affaires une fois réglées à Moulins, que nous

---

de sa faiblesse, et triompha avec esprit de ceux qui la croyaient sotte.

quittâmes sans retour, je m'établis chez mon père ; mais mon existence n'y était plus la même : ne lui étant plus utile, j'y étais de trop. La petite fortune de ma belle-mère (1), réunie à la pension de mon père, suffisait à leurs goûts tranquilles ; mais ma présence dans leur modeste ménage en diminuait l'aisance. Je repris donc mes anciens projets. Les soins de madame des Écherolles pour son mari ne me laissant aucune inquiétude sur une existence si chère, je pouvais donc m'éloigner avec sécurité, et par là j'accomplissais un des vœux les plus ardents de ma belle-mère, qui craignait toute affection rivale de la sienne dans le cœur de son époux.

De son côté, mon père, me voyant sans avenir, reprit toutes ses inquiétudes. « Si je meurs, me dit-il un jour, tu resteras sans ressource ; qu'il me sera pénible de mourir ! » Profitant de cette ouverture, je le priai de me permettre de chercher une place, fût-ce même hors de France. « Ce sacrifice une fois fait, lui dis-je, le bonheur de me savoir du pain vous consolera de mon éloignement, et vos derniers moments ne seront point troublés par l'idée de ma misère. » Je n'oublierai jamais la réponse qu'il me fit après avoir dompté son agitation : « J'y consens, ma fille ; ton bonheur me consolera de ton absence ; un père doit sacrifier ses jouissances

---

(1) Il ne restait à ma belle-mère qu'une fortune très-médiocre. Elle avait perdu plusieurs maisons incendiées pendant le siége de Lyon. Quelques bijoux attestaient encore l'ancienne opulence dont elle avait joui.

personnelles à l'avantage de ses enfants ; et lors même que je devrais pour jamais renoncer à te voir, pars et sois heureuse... » Il pleura, mon vieux père...

D'après le conseil de mon frère aîné, j'écrivis à madame de Malet, femme d'un de ses camarades, qu'il avait retrouvée à Paris. M. de Malet avait fait la connaissance de mademoiselle de Bélonde pendant son émigration, et il l'épousa avant de rentrer en France. Un sentiment impérieux ramène presque toujours un Français dans sa patrie ; un sentiment tout aussi impérieux, mais moins doux, me forçait à la fuir. Je peignis franchement ma situation à cette dame, que je ne connaissais pas ; je lui détaillai les raisons qui me forçaient à chercher une place, et ne cachant point mon ignorance, je ne vantai que le zèle que je mettrais à remplir mes devoirs. Cette lettre, écrite avec une grande émotion, toucha son cœur ; une réponse aimable et bonne me parvint rapidement. Madame de Malet, justifiant l'idée avantageuse que mon frère m'en avait donnée, m'écrivit avec une bienveillance pleine de charmes pour moi. « Craindriez-vous d'aller en Russie ? me disait-elle. — Ah ! je ne craignais que d'être à charge à mon père et de vivre aux dépens d'autrui. J'irais plus loin encore », lui répondis-je.

Madame de Malet avait une sœur, dame d'honneur de S. A. R. madame la duchesse Louis de Wurtemberg, alors à Pétersbourg ; ce fut par elle qu'elle espérait m'y trouver une place de gouvernante. Vers ce temps, M. de Lancry, émigré, fixé à Pétersbourg, fit un voyage à Paris. La nouvelle amie que m'avait donnée la Providence lui parla de moi, et me fit trouver en lui un protecteur.

M. de Lancry, ancien militaire, était à la tête d'une fonderie considérable dans les environs de Pétersbourg. L'impératrice-mère, qui appréciait les connaissances de cet homme instruit, lui accorda sa protection; il méritait en tout point l'estime générale, et ses compagnons d'infortune trouvaient en lui un appui sincère et dévoué.

A peine eût-il entendu parler de ma situation qu'il y prit un intérêt tout paternel. Il convint avec madame de Malet de tous les arrangements de mon voyage. Une fois rendue à Lubeck, il se chargeait du reste des frais jusqu'à mon arrivée à Pétersbourg. Bien plus, il exigeait que j'attendisse six mois chez une dame de ses amies, avant d'accepter une place, afin que je fusse à même de mieux choisir. « Car il faut choisir, dit-il; trop de hâte ferait perdre à mademoiselle des Écherolles le fruit d'un si grand sacrifice. Lorsqu'elle aura trouvé une place avantageuse, nous prendrons des conditions pour le remboursement de mes frais. » Une générosité aussi grande levant toutes les difficultés, mon départ fut résolu; j'avais un oncle à Pétersbourg (1), ce qui était une raison de plus pour en préférer le séjour. Non que mon oncle fût en état de m'y soutenir, mais il y était connu, et son nom devenait un appui pour moi, en

---

(1) C'était M. de Tarade, frère de ma mère, qui servit en Russie depuis l'émigration, et reçut le grade de contre-amiral. Il vivait d'une petite pension à Pétersbourg, et à cette époque était presque en enfance.

me tirant de la foule d'aventuriers accourus de toutes parts en Russie, pour y vivre de leur dangereuse industrie.

Un départ comme celui auquel je me préparais était semblable à une mort qui vous laisserait le sentiment de vos douleurs et de vos affections. Je voyais tout pour la dernière fois. Mes amis me semblaient plus aimants; tout s'embellissait à mes yeux, car j'allais tout perdre. Cette existence était affreuse. Je n'osais fixer mes regards sur mon pauvre père, et je sentis la nécessité de hâter une séparation que l'attente rendait chaque jour plus déchirante. Les affaires que j'avais à Moulins en furent le prétexte : je devais y presser la rentrée de quelques fonds nécessaires à mon voyage. Je demandai la permission de m'y rendre, promettant de revenir avant mon départ définitif, et je quittai mon père en le trompant, en me trompant moi-même. « Je reviendrai », lui dis-je, en montant dans la diligence. Je vois encore mon père, mon respectable père, debout, silencieux, dévorant ses larmes, les yeux fixés sur les miens. La voiture partit. Oh! quelle douleur était dans son cœur et dans le mien! « Je reviendrai! » Mais nous sentions l'un et l'autre qu'un éternel adieu serait impossible à prononcer, et qu'il fallait ne plus se revoir. Nous nous étions compris.

Le peu que nous possédions encore ayant été vendu et partagé, il me resta une faible somme, à peine suffisante pour gagner Lubeck. Je devais me rendre à Paris au printemps. Jusque-là je restai à Moulins et dans le Nivernais, où je voulus prendre congé des amis dont, pendant si longtemps, j'avais reçu des preuves d'affection.

Le bruit de mon départ pour la Russie avait circulé rapidement; on le trouva étrange, et de toute part le blâme parvenait à mes oreilles. Quel parti désespéré! disait-on dans la société; que ne reste-t-elle chez ses amis? on l'aime, on la verra toujours avec plaisir; mais s'expatrier! A quoi bon? Que trouvera-t-elle dans cette Russie? des désagréments, de fausses promesses, des dangers. Le préfet, M. le marquis Delacoste, qui y avait séjourné, me fit dire de bien réfléchir avant de me rendre dans ce pays éloigné, où je ne trouverais que déceptions; enfin on me blâmait ouvertement de cette entreprise. Que mettait-on à la place de l'espérance dont on voulait me priver, de cette espérance déjà payée par de si douloureux sacrifices? Rien. Blâmer, puis blâmer encore, est le fort de ce grand nombre d'amis, qui n'offrent rien en dédommagement de ce qu'ils vous ravissent. Je fus très-fatiguée d'avoir tant d'amis qui m'enlevaient jusqu'à la consolation d'espérer, et j'aurais quitté Moulins sur-le-champ, si le bonheur d'être utile à une amie malheureuse comme moi, mademoiselle Guichard, ne m'y eût retenue. Une occasion imprévue me permit de lui procurer une place de gouvernante à Moulins même. Je ne parlerais pas de cette circonstance qui m'y retint plus longtemps que je le projetais, si je n'éprouvais le besoin de faire remarquer ici que l'être le plus dépourvu de biens et de pouvoir a pourtant quelquefois la félicité d'être utile à ceux qu'il aime, félicité d'autant plus vive qu'il peut plus rarement la goûter. Devant une grande reconnaissance à madame Guichard (1), il me fut bien doux de lui donner une preuve de ce souvenir du cœur.

Je dois parler ici d'une chose qui m'a laissé de longs regrets, presque des remords. Madame Duvernai, ma bonne, cette femme estimable, dévouée, cette femme rare enfin, nous avait suivis à Lyon ; mais ma belle-mère ne voulut pas la recevoir chez elle. Soit qu'elle y vît un surcroît de dépense, soit que les recommandations de mon père (2) lui eussent déplu, il ne put la faire changer sur ce point, et un éloignement invincible s'établit entre ces deux femmes. Ma pauvre bonne se vit forcée de profiter de l'offre généreuse de madame Guichard, qui la garda chez elle. Son travail y payait bien au delà de la dépense qu'elle pouvait lui occasionner. Elle s'y soutenait par l'espérance de voir tôt ou tard les difficultés qui causaient notre séparation s'aplanir et nous permettre de vivre réunies; aussi la nouvelle de mon départ pour la Russie fut pour elle un coup de foudre.

Je l'avoue, je n'eus pas le courage de lui en parler moi-même ; tant d'adieux éternels dépassaient mes forces. Ma pauvre bonne, sans crainte comme sans soupçon, me vit partir avec sécurité, croyant mon absence de peu de durée. Je plaçai pour elle, à Lyon, une somme que je possédais en propre et dont mon

---

(1) C'est chez elle que mon père fut caché pendant longtemps.
(2) Il avait exigé que ma bonne fût traitée avec les égards dus à une amie de famille. Elle crut peut-être avoir encore à redouter un pouvoir rival du sien. Elle se trompait.

père m'avait laissé la disposition ; mais toujours vaincue en générosité par cette excellente femme, elle ne voulut jamais en faire usage, et jusqu'à sa mort, elle ne dut son existence qu'à son travail. Elle fut longtemps à me pardonner d'avoir douté de sa force et de son cœur, et de l'avoir quittée sans lui confier mes projets. Ce ne fut qu'à ma vive douleur de l'avoir offensée, à mes prières réitérées, qu'elle voulut bien m'accorder un pardon si nécessaire au repos de mon âme, et que mes torts envers elle en avaient banni.

Les affaires de madame Guichard ayant nécessité la vente de sa maison, ma bonne se retira chez un ami de mon père, M. Fellot (1), où elle trouva jusqu'à sa mort les soins et la considération dont elle était digne. N'ayant aucun moyen de rendre à cet honnête homme tout ce que je lui dois, je me trouve heureuse de placer ici l'expression d'une juste reconnaissance. Elle lui était acquise par tout ce qu'il avait fait pour nous, il l'accrut encore en remplissant un devoir, que la noble conduite de madame Duvernai rendait sacré à mes yeux.

Je ne crois point avoir à m'excuser des détails que je donne sur elle, car tout ce qui est noble et grand a des droits à l'admiration publique, et c'est chose louable que de révéler au monde les vertus et la conduite

---

(1) M. Fellot, avec lequel nous étions restés en relation depuis le siége de Lyon, devint notre ami, et donna de grandes preuves d'attachement à mon père, qu'il ne craignit pas de recevoir et de cacher dans sa maison à une époque bien dangereuse. Il faisait partie de la députation qui vint annoncer à mon père qu'on l'avait choisi pour commander les Lyonnais.

généreuse de ces âmes élues, mais trop humbles pour vouloir paraître.

La renommée insouciante et légère ne porte avec elle que les actions bruyantes qu'elle va rapidement semer dans l'univers. Les hommes, surpris et désireux de l'écouter, apprennent par elle les faits éclatants, les grands crimes, les erreurs célèbres... mais les vertus modestes échappent à son regard, comme à son vol rapide. Qu'il soit donc permis à une faible voix de raconter la générosité, le désintéressement, la fidélité, l'élévation des sentiments et la grandeur d'âme d'une pauvre et simple femme.

CHAPITRE VINGT-DEUXIÈME

Je pars pour Paris. — Madame de Bèze m'y accompagne. — La guerre se déclare avec la Russie. — Je ne puis partir. — Madame de Bèze veut que je retourne avec elle en Nivernais. — Je refuse. — Triste séparation. — M. Royer-Collard. — Mademoiselle d'A... — Me voilà chez une folle. — Procès désagréable. — Caractère, esprit, folie de mademoiselle d'A... — Le procès est jugé. — La famille F... remplie d'égards pour moi. — Victorine. — La baronne de Choiseul.

Après avoir fait mes adieux à mes excellents parents du Nivernais, je me rendis à Paris. A peine y étais-je arrivée, que l'on apprit la déclaration de la guerre et le commencement des hostilités; il ne m'était plus possible de partir pour la Russie. Ce contre-temps était cruel. Combien durera-t-il? Que devenir?

Madame de Bèze, qui m'avait accompagnée à Paris, me proposa de retourner en Nivernais et d'attendre près d'elle un temps plus favorable à mes desseins. Je refusai à cette amie si chère, et Dieu seul sait tout ce qu'il m'en coûta. Mon pauvre cœur avait à peine assez de force pour ce dernier adieu. Ses affaires la rappelant chez elle bientôt, trop tôt, selon mes vœux, je la vis repartir, et je restai seule (1) à Paris.

Avec elle se brisait le doux lien qui me tenait encore

---

(1) Mon frère aîné était encore à Paris; comptant quitter bientôt cette ville, et forcé par sa position d'accepter un logement chez un ami qui demeurait très-loin de moi, je me trouvais en effet à peu près seule.

attachée à mon pays, à mes habitudes, à tant de souvenirs chéris. Désormais le passé de ma vie serait sans rapport avec le présent; je ne pourrais plus dire : « Vous savez, vous étiez là. » A qui pourrai-je parler de mes amis? Qui comprendra mes douces souvenances? Tout me sera étranger. Quand on n'a jamais quitté sa patrie, on ne connaît pas le nombre des sacrifices journaliers qui se révèlent à votre âme étonnée. Chaque instant lui apporte une souffrance nouvelle; les plus sensibles passent souvent inaperçues de ceux qui vous entourent. C'est un mot dont pour vous ils ignorent la valeur, un regard qui fait mal... et rien ne dédommage de ces douleurs secrètes dont vous rougiriez de vous plaindre; tandis qu'un grand sacrifice trouve dans sa grandeur même une compensation; car la force engendre la force.

J'avais pris congé de mon pays et de mes parents avec la ferme volonté de ne les revoir jamais, si je ne pouvais parvenir à me créer une existence libre de leur appui. « Si je ne puis atteindre ce but, dis-je à un de mes cousins, je vous dis adieu pour toujours : je saurai mourir sans me plaindre; on ignorera ma misère. » Faire des vœux pour mon retour, c'est donc en faire pour mon bonheur et pour le succès de mon entreprise.

Après le départ de ma cousine, je pris dans l'hôtel où nous avions logé ensemble une petite chambre, très-modestement meublée, au quatrième étage. Je me procurai de l'ouvrage pour alléger ma dépense, et j'attendis.

Je cultivai les connaissances que j'avais faites et celles que j'avais retrouvées. Madame de Malet, dont l'accueil avait été plein de bienveillance, me devint chaque jour plus chère. Je partageai mon temps entre elle et madame Royer-Collard (1), née de Piolenc, une des amies que j'allais voir jadis au couvent de la Visitation de Moulins. Désirée, sa sœur, était venue la rejoindre à Paris, Désirée que j'avais vue partir de Lyon dans un temps si fertile en infortunes. Toutes les deux avaient éprouvé de grandes vicissitudes : Victorine, sans quitter Chambéry, sa ville natale; Désirée, en parcourant l'Allemagne à pied, travaillant ainsi que sa jeune sœur Agathe (2) pour nourrir leur vieux père et les deux enfants qu'il avait eus d'un second mariage. Enfants elles-mêmes, appelées tout à coup à remplir d'immenses devoirs, elles se sont aussitôt élevées à la hauteur de leur tâche. Ces temps ont été riches en épisodes intéressants, qui joignaient aux charmes de la vérité tout l'attrait du roman.

Une longue séparation n'avait point effacé les douces relations de notre enfance; nous retrouvâmes notre vieille amitié fraîche et jeune encore. Chacune, après avoir raconté son histoire, revint avec délices vers ces temps passés si doucement au sein de la paix. Souvenirs chers, dont le prix grandissait par les tristes expériences que nous avions faites toutes trois. Je trouvai près d'elles amitié, secours, conseils; enfin, tout ce qui pouvait adoucir mon existence isolée. J'aime à rappeler tout ce que j'ai dû à leur affection.

---

(1) M. Royer-Collard, son mari, était médecin et frère de celui qui eut une haute situation politique.
(2) Agathe, en rentrant en France, fut chez une tante où se trouvait déjà sa sœur Césarine.

On vit chèrement à Paris. Ma bourse diminuait; je gagnais peu, et je compris qu'il fallait prendre des mesures plus économiques. Je résolus d'aller attendre à la campagne l'époque où je pourrais partir pour la Russie. Nous approchions de l'automne, saison trop dispendieuse pour moi; et ne voulant point toucher à la petite somme qui faisait tout mon espoir, je demandai à madame de Souligné (1) la permission d'aller chez elle attendre le printemps; sa réponse ne tarda point, elle m'attendait.

Je fis mes préparatifs de départ, et je me hâtai d'achever une bande de broderie que je voulais rendre au plus tôt, lorsque je vis entrer M. Royer-Collard dans ma petite cellule : c'était le mari de mon amie. Sa vue m'annonça tout de suite quelque chose d'extraordinaire; car il n'avait guère le temps de monter à un quatrième étage, pour voir quelqu'un qui se portait bien.

« Je viens, me dit-il, vous proposer un moyen de rester à Paris. Il est un peu dur, j'en conviens, mais il s'adoucira par la suite; vous resterez au centre de vos affaires et près de nous, qui vous aimons; et malgré les difficultés que nous aurons à vaincre, nous pourrons vous voir quelquefois. — Eh bien, voyons, parlez, qu'est-ce que c'est? » Il s'agissait de me mettre à la tête de la maison d'une dame qui était folle. « Vous y serez

---

(1) J'ai parlé d'elle dans la première partie de ce récit. Son mari fut guillotiné à Lyon. Elle se retira ensuite dans une très-petite maison près de Villeneuve-la-Guyard. Sa fille, mon amie, était morte depuis peu.

la maîtresse, vous y aurez un joli appartement, douze cents francs, et défrayée de tout. Voilà le beau côté de la chose. Je ne puis vous cacher que vous serez prisonnière et réduite à la société de mademoiselle d'A... jusqu'à la fin d'un procès intenté à M. F..., administrateur de sa fortune, par une vieille tante à elle, qui soutient qu'elle n'est point folle. Les deux parties se sont engagées à ne pas aller avant le jugement chez mademoiselle d'A..., qui doit rester étrangère à toutes ces discussions ; et pour éviter les intrigues, personne jusque-là ne sera admis dans la maison. »

Ma position m'interdisait toute hésitation sur ce qui n'était que désagréable. « Je n'ai pas le droit de refuser, dis-je à M. Royer ; il me semble ici voir le doigt de Dieu : j'accepte. » Je pris jour pour voir M. F... chez madame Royer, où je me rendis, afin de faire connaissance avec celui dont j'allais dépendre désormais. J'y allais aussi pour être vue, et cette espèce d'examen me coûtait un peu. L'accueil de M. F... me rassura. C'était un homme de bon ton ; la délicatesse des expressions dont il se servit me prouva qu'il comprenait ma position, et lui acquit toute ma reconnaissance. Il évita tout ce qui pouvait me faire sentir l'espèce de domesticité à laquelle je me soumettais, en ne parlant que des choses qui en éloignaient l'image.

« Vous prenez une bien grande résolution, me dit-il ; je ferai du moins tout ce qui dépendra de moi pour rendre votre existence plus supportable. Ma cousine étant beaucoup mieux dans ce moment-ci, je désire lui procurer la société d'une personne de son rang, qui, par son esprit et ses manières, lui en rappelle peu à peu le ton et les usages. »

M. Royer eut la complaisance de se charger des conditions, car M. F... ne me parla jamais d'argent, et mit tous ses soins à m'épargner ce que ce premier pas avait de pénible pour moi.

En attendant le jour où je devais entrer en service, disons le mot, je me fis instruire de l'histoire de ma folle, et la voici à peu près :

Mademoiselle d'A..., spirituelle et instruite, avait toujours eu dans le caractère un peu de bizarrerie, ce qui s'accrut encore par des études trop abstraites pour elle. Son père, attaché au comte d'Artois, fut guillotiné, ainsi que sa mère; son frère périt à la Martinique, elle resta seule. Tant de malheurs affaiblirent son esprit en même temps qu'ils l'exaltèrent. Sa fortune considérable devint en quelque sorte le riche patrimoine des intrigants. Un aventurier, qui parvint à captiver toutes ses affections, en reçut des dons énormes. Dévouée à la cause des Bourbons, et pénétrée de douleur à cause de l'irréligion qui régnait en France, on peut dire que la piété, l'amour et la politique bouleversèrent ses idées et lui firent perdre la raison. Pendant longtemps on vit croître sa singularité, sans y trouver des motifs assez puissants pour autoriser sa famille à la traiter en aliénée. Elle donna enfin la preuve qu'elle l'était tout à fait par une lettre qu'elle écrivit à Napoléon, et qu'elle porta elle-même aux Tuileries. « J'avais, me dit-elle depuis, en me parlant des causes qui selon son opinion amenèrent sa réclusion, j'avais évité d'employer même une épingle à ma toilette, afin qu'on ne me soupçonnât point d'en vouloir aux jours de l'empereur. » Après avoir cité dans sa lettre plusieurs conciles, elle disait à Napoléon qu'il était trop grand pour vouloir usurper le trône, et lui demandait une audience pour convenir des moyens à employer afin de le rendre à son légitime maître. Ici commençait la folie : c'était le Dauphin, mort au Temple, qui devait reparaître, tel jour, à la messe, dans l'église de l'Assomption, etc., etc. Napoléon envoya cette lettre à Fouché, et bientôt, mademoiselle d'A... amenée devant lui, sa folie fut avérée. Reconduite chez elle, sa famille nomma M. F... administrateur de sa fortune, et il fut chargé de prendre toutes les mesures nécessaires au retour de sa raison. Cette décision déconcerta une foule de gens, qui, abusant à leur profit du dérangement d'esprit de mademoiselle d'A..., avaient mis tous leurs soins à le cacher à sa famille; on retira ses affaires aux uns, on chassa les autres. Irrités de perdre leur influence, mais n'ayant pas le droit pour eux, ils mirent en avant une bonne vieille tante de mademoiselle d'A..., qui avait peu de capacité et beaucoup de crédulité. Ils se servirent de son nom pour intenter un procès à l'administrateur des biens de sa nièce, l'accusant de la faire injustement passer pour folle, afin de se rendre maître de sa fortune.

M. F... demanda que pendant la durée de ce procès, sa cousine fût remise entièrement sous la surveillance des médecins; que pour éloigner tout soupçon de vouloir l'influencer, il ne la verrait point, mais qu'il désirait que sa partie adverse y mît la même réserve, condition que le tribunal trouva juste et qui lui fut accordée.

Toutes les communications avec l'extérieur furent défendues, et voilà pourquoi je devais être prisonnière.

Au jour fixé pour mon installation, je me rendis chez M. F... avec mon frère aîné, qui se trouvait alors à Paris. Nous montâmes tous trois dans une voiture, dont la quatrième place fut occupée par un M. Pussin, employé à la Salpêtrière, et chargé d'assister tous les jours au dîner de mademoiselle d'A... C'était sur lui que reposait le soin de m'introduire près d'elle. Nous traversâmes les Champs-Élysées, et la voiture s'arrêta à l'entrée de la rue de Chaillot, devant une jolie petite maison. C'était donc là ma prison! Nous entrâmes sans bruit, et M. Pussin se rendit chez mademoiselle d'A...; mais malgré tous nos soins, elle avait entendu une rumeur inaccoutumée, et lorsqu'elle passa devant la porte de la chambre où elle supposait avoir entendu quelqu'un, elle regarda par le trou de la serrure. J'entendis aussitôt une voix rude et brève dire : « Je vois une dame! Je vois M. F...! M. F... ici! trahison! trahison! » Je fus un peu émue de cette exclamation qui me présageait de sa part une réception pleine de méfiance. Au bout de quelques instants, on vint de sa part m'inviter à descendre. Jamais présentation à la cour n'a plus fait battre le cœur; cependant je me donnai un air courageux, et j'entrai. Elle était à table, et me reçut avec beaucoup de politesse, me pria de m'asseoir près d'elle, et s'informa des raisons qui m'amenaient à Paris. Je répondis que les malheurs qui pesaient sur la France ayant ruiné ma famille, j'y étais venue pour quelques réclamations, et que l'on m'avait procuré un logement dans la maison qu'elle occupait. M. Pussin lui observa que dans la solitude où elle vivait, on avait pensé qu'il lui serait agréable d'avoir de la société. Mademoiselle d'A..., pensant de son côté qu'il était précieux pour elle d'acquérir une connaissance de plus, me fit aussitôt donner un couvert et m'invita à dîner avec elle pendant tout le temps de mon séjour à Paris. Puis, me fixant de son œil (1) vif et pénétrant, elle s'écria : « Je vous connais ; oui, je vous reconnais : vous êtes la fille du comte d'Artois, morte l'année 1783. Je vous ai vu enterrer ; ce qu'il y a d'étonnant, c'est que vos yeux et vos dents se soient aussi bien conservés. » J'eus beau l'assurer en riant ne point me rappeler être jamais morte : « C'est possible ; il n'en est pas moins vrai que je vous reconnais. » Enfin, ce premier dîner fini, elle remonta chez elle, et je rentrai dans ma chambre, espérant y retrouver mon frère et M. F... ; ils étaient partis ! Un froid aigu circula dans mes veines ; c'en était fait ! seule ! seule ! séparée de tout ce que je connaissais ; au milieu de Paris, et pourtant seule ! Mes yeux se gonflèrent de larmes que je n'osais répandre. Assise et silencieuse, j'aurais cédé bientôt peut-être à la puissance de tant de pensées douloureuses, sans l'arrivée du valet de chambre de mademoiselle d'A..., qui me présenta les gens de la maison, auxquels désormais je devais commander. Je vis entrer

---

(1) C'est à la lettre ; elle n'en avait qu'un.

tous mes nouveaux subordonnés, marchant par ordre, d'un air cérémonieux, faisant la révérence chacun à son tour. C'était sa femme de chambre (1), la garde-malade, une cuisinière, la femme du portier, enfin le portier lui-même, le chapeau à la main, saluant à sa manière. La maison était entre cour et jardin; tout m'aurait paru charmant, si la raison l'eût habitée. Peu après, je reçus un billet de M. F... Il s'excusait d'être parti sans m'attendre, mais il avait craint d'être aperçu par sa cousine, et d'ébranler mes succès près d'elle; il m'en félicitait, et joignait à ce billet l'envoi de quelques livres pour charmer un peu les premiers instants d'une vie si nouvelle pour moi. Le goût qui en avait dirigé le choix ajoutait du prix à cette attention. Touchée de tant de délicatesse, je terminai doucement cette pénible journée par un sentiment de reconnaissance.

Je fus bientôt faite à mon sort; si je ne pouvais recevoir personne, j'avais du moins la liberté de sortir quelquefois, et l'intérêt que mademoiselle d'A... m'inspira en peu de temps rendit ma chaîne moins pesante. Elle avait beaucoup d'esprit, d'instruction et de mémoire. Elle savait nos classiques par cœur; souvent même elle causait avec un bon sens qui me surprenait, auquel je me laissais aller complaisamment jusqu'à ce qu'une bonne folie vînt me réveiller avec rudesse dans le domaine de l'extravagance.

Parfois elle racontait les malheurs de sa famille avec

---

(1) Si j'en fais ici l'énumération, c'est parce qu'on a dit plus tard qu'elle n'avait personne pour la servir.

la plus scrupuleuse exactitude, parlait de son père et de sa mère avec amour, et raisonnait sensément sur tout ce qui était étranger à sa manie.

En retrouvant des éclairs de raison, mademoiselle d'A... devenait fort à plaindre; elle souffrait de sa dépendance et désirait sa liberté; la persistance et la ruse qu'elle employait pour la recouvrer exigeaient la surveillance la plus soutenue. Elle s'aperçut bientôt que mon pouvoir s'élevait au-dessus du sien. « Vos yeux, me dit-elle, ont pris en ces lieux une puissance inconcevable; je suis chez moi, je devrais y être la maîtresse, et je ne sens que trop que vous y commandez. » Souvent elle se livrait à des accès d'une douleur si profonde, qu'elle m'arrachait d'abondantes larmes.

Je lui fus d'abord agréable, mais la puissance dont elle me soupçonnait investie lui inspira bientôt pour moi un éloignement qui fut nourri par les soins des gens de bas étage, auxquels ma présence était importune. Je ne compte pas donner ici les détails minutieux des désagréments qui croissaient sous mes pas, dans cette jolie maison, pleine d'intrigues, où le bien-être de celle qui l'habitait n'occupait que sa fidèle Victoire, paysanne d'une de ses terres et sa filleule. Ce fut par mademoiselle d'A... elle-même que j'appris les accusations qui pesaient sur moi. Malgré son malheureux état, retrouvant parfois le tact d'une personne distinguée, et ne remarquant rien dans ma manière d'être qui pût justifier les soupçons que l'on avait voulu lui inspirer, elle me dit un jour en riant : « Que les gens du peuple sont stupides et crédules! cette femme prétend que ma vie est en danger près de vous. »

Cependant, ces soupçons lui revenaient souvent à la mémoire; alors elle n'était pas commode; mais le plus ordinairement, bonne, originale, aimable même à sa façon, habile à soutenir son opinion et la poursuivant avec une dialectique admirable, elle fit de nos conversations des discussions sérieuses. Ses récits étaient vifs, animés, pleins d'une originalité qu'elle ne tenait point uniquement de sa folie. On sentait qu'un peu de bizarrerie naturelle avait toujours fait partie de son caractère. D'autres fois, elle souriait en pitié de mon ignorance, et je ne puis m'empêcher, à ce sujet, de raconter ce qu'elle me dit un jour que nous nous promenions ensemble dans le jardin. Elle avait passablement divagué en parlant de ses idées favorites (1), et je la suivais silencieusement, en me livrant aux miennes, quand tout à coup elle s'arrêta et me dit : « Avez-vous pris des leçons d'astronomie? — Non, répondis-je. — Mais vous connaissez un peu l'histoire du ciel? — J'en ai reçu de légères notions dans mes leçons de géographie. — Je suis sûre qu'on vous aura dit que le soleil est un globe. — Oui, et c'est l'opinion reçue. — Eh bien, on vous trompe, le soleil est un trou. » A ce mot, je me mis à rire. « Oui, je vous dis, moi, que c'est un trou »; et poursuivant avec un enthousiasme de prophétesse : « Le

---

(1) Elle se croyait tour à tour prêtre, reine ou épouse délaissée par son mari. Souvent elle voyait le ciel ouvert et la main de la Providence dirigeant le fil de la vie des hommes.

CHAPITRE VINGT-DEUXIÈME.

soleil est la porte de l'éternité, par laquelle il nous parvient quelques faibles rayons de la grandeur de Dieu... (1). Vous ne riez plus. — J'avoue, lui répondis-je, que je suis stupéfaite de votre définition. — Je ne puis qu'admirer en silence, et c'est ce que chacun fera comme moi. Cette idée est belle. »

Je vis chez elle les sommités de la Faculté de Paris; c'étaient MM. Portal, Désessarts, Hallé, Pinel, Audry, Royer-Collard, etc., qui venaient tour à tour, et quelquefois ensemble. Mademoiselle d'A... convenait qu'elle se trouvait un peu intimidée lorsque cet imposant sénat était rassemblé chez elle. Bientôt, remise de sa peur, elle répondait avec aisance aux questions qui lui étaient faites; et à l'heure qu'il est, après plus de trente années écoulées depuis cette époque, je ne peux m'empêcher de sourire encore des choses ridicules traitées et débattues devant cette grave Faculté avec toute l'importance qu'y mettait mademoiselle d'A..., importance que ces messieurs devaient avoir l'air de partager pour le bien de leur malade.

Pendant que nous mettions tous nos soins à suivre les ordonnances de tant de modernes Esculapes, le procès allait son train, et les antagonistes de M. F... publiaient, tantôt que sa cousine n'était pas folle, mais qu'il la faisait passer pour telle, afin de rester administrateur de sa fortune; tantôt ils convenaient que son esprit était un peu faible, mais que son cousin avait placé près d'elle des gens chargés de s'opposer à

---

(1) Je n'ai pas changé un seul mot.

l'efficacité des remèdes ordonnés par la Faculté, ce qui amenait pour lui le même résultat. Toutes ces noirceurs de la partie adverse, après avoir circulé dans le monde, allaient retentir dans le tribunal, transformées en crimes, ou tout au moins remplies de mauvaises intentions.

Le tribunal nomma une commission prise dans son sein, pour s'assurer de l'état de mademoiselle d'A..., et vérifier si en effet elle habitait une espèce de prison malsaine, où privée d'air, mal logée, mal servie, mal nourrie, tout se trouvait réuni pour la rendre folle, si elle ne l'était pas, ou l'empêcher de retrouver la raison, si vraiment elle ne la possédait pas.

Je fus prévenue de l'arrivée de ces messieurs, auxquels je présentai moi-même les gens attachés au service de mademoiselle d'A..., et répondis à leurs questions, sur la dépense de la maison, sur sa table, son entretien personnel, etc. Ils parurent satisfaits et surpris de l'agrément de sa demeure, et les conduisant à son appartement, je les y laissai avec elle, voulant leur prouver qu'elle était parfaitement libre de répondre à son gré.

La vieille tante n'en fit pas autant; elle était venue préparer sa nièce à cette importante visite, qui allait décider de la vérité des accusations auxquelles elle avait attaché son nom respectable. Tout le temps que dura cette séance, elle tirait la main de sa nièce, qu'elle avait prise dans les siennes, pour l'arrêter quand elle divaguait; mais elle n'en retirait qu'un impatient : « Laissez-moi donc, ma tante; vous n'y entendez rien. »

Ces messieurs lui demandèrent si elle n'avait aucune

plainte à former contre la dame qui était près d'elle, ainsi que contre ses domestiques. Elle répondit qu'ils étaient bons et fidèles, et ne se plaignit que d'être renfermée contre le droit des gens; qu'elle était indépendante et riche, et cependant frustrée de sa liberté contre toute justice. « Quant à la dame qui est ici, c'est une très-bonne personne, et je n'aurais point à m'en plaindre ainsi que des autres, s'ils n'avaient pas tous la faiblesse de vouloir obéir à de prétendus médecins qui ordonnent mille choses qui me sont désagréables et me contrarient; ils me forcent à prendre des bains et des douches dont je ne me soucie pas; mais je le leur pardonne, parce qu'ils ont la maladie à la mode. — Peut-on savoir, madame, quelle est cette maladie? demanda un de ces messieurs. — Ils sont fous : de bons fous, il est vrai, mais enfin ce sont des fous, ainsi que les soi-disant médecins qui viennent me voir. Vous vous serez sans doute aperçus, messieurs, de cette maladie qui règne dans Paris et qui tient à la lune, à Mars et à Jupiter... aux constellations... » Et la voilà qui se jette dans les divagations les plus extravagantes. La pauvre tante, toute déconcertée, mais qui n'avait pas quitté la main de sa nièce, la serrait convulsivement à chaque grosse folie qui lui échappait, et celle-ci n'en tenait aucun compte, répétant de plus belle : « Laissez-moi donc, ma tante; pourquoi voulez-vous m'empêcher de parler? J'entends les affaires mille fois mieux que vous, qui de votre vie n'y avez rien compris. »

Les juges, n'ayant plus rien à apprendre, se retirèrent.

Le personnage le plus ridicule de cette scène était sans contredit la vieille tante, qui venait de recevoir en personne le démenti le plus formel de tout ce qu'elle avait avancé en justice. Je la reconduisis à sa voiture, et voulant apparemment soutenir sa thèse, voici à peu près ce qu'elle me dit en termes choisis : « Ne tuez pas ma nièce. — Je pardonne à vos quatre-vingts ans, madame. » Et je la quittai. Pauvre femme! sans s'en douter, elle n'était que le prête-nom d'une troupe d'obscurs intrigants, qui la revêtaient de leur bassesse et la traînaient dans leur boue.

Quelque temps après, je travaillais tranquillement dans ma chambre, lorsque j'y vis entrer M. F..., suivi d'un de ses cousins. Sa présence dans la maison annonçait une importante nouvelle; en effet, il venait directement du tribunal pour m'annoncer le gain de son procès. « Vous étiez la première à qui je devais l'apprendre, parce que vous avez beaucoup souffert pour nous, me dit-il. Je reste administrateur de la personne et des biens de ma cousine. Après avoir prononcé le jugement, le procureur impérial a parlé de vous. — De moi! et pourquoi? — J'ai désiré qu'il vous rendît justice afin d'anéantir les traits aigus de la calomnie. Il a vivement représenté combien on doit de respect aux malheurs qui vous ont forcée de prendre une place si peu faite pour vous, et à quel point il est indigne de noircir la réputation d'une jeune personne étrangère et sans appui, à laquelle il ne reste que l'honneur de son nom. Je vous prie, ajouta-t-il, de venir dîner demain chez ma mère; toute ma famille s'y réunira pour vous remercier des désagréments que vous venez d'éprouver pour nous. » J'acceptai avec plaisir, car j'étais fort sensible à la manière délicate dont M. F... me déguisait ma servitude; cependant un certain embarras, à la pensée de ma présentation à toute cette famille, ne laissait pas que de m'agiter un peu. Je le cachai sous un énorme chapeau, et je partis. J'en fus accueillie avec la grâce et la bienveillance qui distinguent les personnes bien nées, et qui formaient l'apanage particulier de cette famille connue par son esprit et son amabilité, mais encore plus par ses vertus. Je revins doucement satisfaite, étonnée qu'on ait eu à me remercier d'avoir fait mon devoir, et parfois sans doute quelques bévues.

« Dites-moi donc, ma chère Victorine, demandai-je à madame Royer-Collard, la première fois que je la revis après l'importante conclusion de ce procès, qu'ai-je fait pour avoir besoin d'être justifiée? — Ce que vous avez fait? Quoi! vous ignorez tout ce qu'on a dit et ce dont on vous accuse? — Mais comment voulez-vous que je l'aie appris dans la profonde retraite où j'ai vécu? — Eh bien, je vais vous le dire : d'abord vous êtes très-belle, c'est toujours cela de gagné à ce qu'on ne vous ait jamais vue; ensuite vous aidez M. F... à manger agréablement la fortune de sa cousine; enfin vous plaisez aussi à mon mari, et vous possédez au plus haut point l'esprit nécessaire pour mener de front ces deux intrigues. — Mais c'est affreux, m'écriai-je; comment peut-on déchirer ainsi la réputation d'une femme qui n'a fait de mal à personne! Ah! je bénis maintenant la délicatesse qui m'a épargné la connaissance d tant d'horreurs; j'aurais été bien malheureuse. — Et madame Royer, ajoute-t-on, continua Victorine, est assez sotte pour aimer cette femme dangereuse. Mais vous aviez trouvé un défenseur dans ma tante (1). Elle a pris hautement votre parti dans une assemblée nombreuse où ces calomnies circulaient rapidement. — M. Royer, a-t-elle dit, est le mari de ma nièce : c'est un très-honnête homme; et quant à mademoiselle des Écherolles, ma cousine, qui n'est pas belle du tout, c'est une jeune personne aussi estimable qu'infortunée. Respect au malheur ! »

La fin de ce procès nous fit une existence plus douce. L'état de mademoiselle d'A... ayant été reconnu incurable, elle fut déclarée folle à jamais, et les essais tentés pour rappeler sa raison égarée furent abandonnés sans retour. On ne chercha plus qu'à répandre sur sa vie autant d'agrément que le permettait sa triste situation; n'étant plus contrariée, son humeur perdit de son irritation, et son commerce devint plus supportable; enfin les scènes violentes qui me faisaient trembler furent plus rares. Je ne puis nier que parfois quelques-unes de ces bruyantes scènes n'aient eu leurs dangers, et je veux, avant de terminer cet article, en raconter une.

Mademoiselle d'A... ne se séparait ni jour ni nuit d'un grand parapluie vert, chargé d'écharpes et de cocardes blanches, qu'elle nommait l'égide de la Providence, et à laquelle elle attachait des vertus protectrices. La Faculté décida l'enlèvement de cette fameuse

---

(1) Madame la baronne de Choiseul.

égide. En sortant du bain, elle ne la trouva plus : grande fureur et grande rumeur; elle bouleversa la maison, parcourut le jardin, chercha partout sans retrouver son trésor. Quand elle vint dîner, sa figure portait l'empreinte de son violent chagrin, le souvenir de sa perte lui devenant plus sensible à l'aspect de la place qu'occupait ordinairement son parapluie, et maintenant vide et comme en deuil de son égide. Son désespoir s'en accrut au point que, à peine étions-nous assises, elle se relève furieuse, en se saisissant d'un couteau, et s'avance vers moi. Je crus le sentir dans mes épaules. Ce moment fut rapide, mais déplaisant. Elle passa... J'en fus quitte pour une belle peur et pour une contenance plus belle encore. La réflexion l'atteignit à travers son entreprise : elle revint sans avoir frappé personne. Je ne lui demandai point ce qu'elle avait voulu faire, mais dès le lendemain je dînai seule.

J'aurais assez aimé voir un de nos Esculapes entre mes épaules et le couteau, afin de goûter un peu la différence qui se trouve souvent entre ordonner et exécuter : l'un est bien plus facile que l'autre.

CHAPITRE VINGT-TROISIÈME

M. Untel. — Madame de Malet. — Son billet. — Je reviens de chez elle. Placée chez madame la duchesse Louis de Wurtemberg. — M. Royer ne m'approuve pas. — Élisabeth de la R... — Son histoire. — Je la propose à ma place. — M. de F... résiste. — Il l'accepte. — Mes adieux à madame de Choiseul. — Elle me blesse par ses paroles. — Elle avait raison. — Mon départ. — Mon arrivée à Louisbourg. — Mort de mademoiselle de Belonde. — Ma tristesse et mon découragement. — Je trouve les jeunes princesses intéressantes. — Madame la duchesse. — Sa vue consolante relève mon esprit. — Sa beauté, sa bonté. — Je m'attache à mes élèves.

J'ai dit plus haut que je retrouverais M. Untel (1), cet être mixte qui sentait le fripon et pouvait être un honnête homme; en effet, ce personnage douteux parvint à me découvrir chez mademoiselle d'A... Je le reconnus parfaitement, malgré le changement extraordinaire qu'avait produit sur lui une violente maladie. Il marchait à peine, boitait prodigieusement, et portait la livrée d'une grande misère. Son triste état m'inspira de la pitié, à laquelle succéda un sentiment de répulsion. Cet homme savait toute l'histoire de mademoiselle d'A..., avait connu son frère, et me dit plusieurs particularités de cette famille. Voilà un homme prodigieux, pensai-je, il connaît tout le monde; et j'en avais peur, comme si cette figure humble cachait un serpent. Je lui proposai de tâcher de le faire entrer dans une maison de charité, où il serait soigné jusqu'à la fin de

---

(1) Voyez ci-dessus, pages 99 et 143.

sa vie; il accepta, me donna une fausse adresse, ce qui le dévoila à mes yeux, et je ne le revis plus; je crois même que son infirmité ne le prenait qu'à la porte.

N'y a-t-il pas de quoi frissonner en réfléchissant à cette existence qui reposait sur l'astuce et la fraude, s'introduisant dans les familles sous le masque qui convenait à chacune d'elles, s'initiant à leurs secrets pour y puiser les moyens d'en tromper d'autres? Que de contrainte! que de dissimulation! que d'empire sur soi-même! Il y a du démon là dedans. Toute moralité à part, je m'étonne qu'on se fasse fripon; il est bien plus commode d'être honnête homme.

Peu de temps après le jugement du procès de mademoiselle d'A..., je reçus un billet de madame de Malet, qui me priait de me rendre chez elle au plus tôt, ayant une affaire importante à me communiquer. « Asseyez-vous là, me dit cette charmante femme. Voici des plumes et du papier : remerciez madame la duchesse Louis de Wurtemberg, qui vous place auprès des princesses, ses filles. — Moi! mais vous n'y pensez pas; moi! gouvernante de princesses! je n'ai rien de ce qu'il faut pour l'être; jamais je n'aurais osé porter mes vues si haut, je n'ai aucun talent. — Vous n'en avez pas besoin; les princesses ont des maîtres. — Je ne suis pas assez instruite. — Vous étudierez; les princesses sont jeunes, vous avez du temps devant vous. — Mais, je vous assure, je ne me crois pas capable... — Mais moi, je vous connais, reprit cette indulgente amie, pleine de zèle pour mon bien. Du reste, madame la duchesse vous connaît aussi. — Comment cela se fait-il donc? demandai-je. — Le plus simplement du monde ; j'ai envoyé vos lettres à ma sœur, qui est sa dame d'honneur, elle les lui a fait lire. Cette princesse habitait alors Pétersbourg. Elle est maintenant en Wurtemberg ; c'est plus commode pour vous. Lisez sa lettre, asseyez-vous, écrivez, vous dis-je, et remerciez. » Madame de Malet combattit résolûment mes craintes et mes scrupules ; elle avait des réponses victorieuses à toutes mes observations, et ne me laissant pas un instant pour réfléchir, elle emporta mon consentement. La peinture charmante qu'elle me fit du caractère, des vertus et des grandes qualités de madame la duchesse Louis de Wurtemberg, acheva de m'entraîner, et je me trouvai engagée avant d'avoir mûrement pensé à ce que je faisais. Mon amie, certaine d'avoir contribué à mon bonheur, éprouvait une joie si pure et si grande, que je n'osai l'attrister par une longue résistance.

Je ne sais ce que j'écrivis, ni comment je me retrouvai dans ma chambre. Je ne dormis pas. Une foule de réflexions vinrent m'assaillir, un changement si prompt causait un ébranlement dans mes idées. « La Providence, me disais-je, semble favoriser mes premiers projets, puisque je me trouve choisie et préférée sans doute à beaucoup d'autres plus dignes que moi de remplir une place qui m'est donnée sans avoir fait ni vœux ni démarches pour l'obtenir. C'est, il est vrai, pour atteindre ce but que j'ai fait de grands sacrifices ; enfin, je quitte la société d'une folle pour vivre avec l'esprit et la raison. Cependant, ma position s'est changée : j'ai acquis une existence à moi. J'ai des amis, on m'estime, je suis bien logée, bien servie, à peu près maîtresse d'une jolie maison, où désormais la vie sera plus douce ; que puis-je désirer de mieux ? Lorsque je pris la résolution de m'expatrier, rien de tout cela n'existait pour moi, et maintenant j'abandonne la solide réalité pour aller au loin tenter la fortune dans une carrière nouvelle et dans un pays où tout m'est étranger ; que me donnera-t-elle de plus ? »

Je fis part à M. Royer de la résolution que j'avais prise ; il ne l'approuva pas. « Nous vous connaissons, nous vous aimons ; pourquoi voulez-vous nous quitter ? Êtes-vous sûre de plaire à ces étrangers ? Vous plairont-ils ? Savez-vous que ce n'est pas un petit sacrifice que celui qui renferme l'abandon de son pays, de sa langue et de ses habitudes ? Lorsque vous n'aviez aucune ressource, toutes ces considérations devaient rester muettes ; maintenant votre situation est différente. Si vous ne convenez pas, que deviendrez-vous ? Croyez-moi, ne quittez pas le certain pour l'incertain, et remarquez qu'on vous offre moins que vous n'avez ici, où vos devoirs sont bien plus faciles à remplir. » Tout cela était vrai, mais j'avais accepté.

M. F... me dit la même chose, en me témoignant les regrets qu'il éprouvait de mon départ. « Si vous n'êtes pas contente de vos appointements, ajouta-t-il, on peut les augmenter. » Il me fit même entendre que pour me conserver auprès de sa cousine, sa famille ferait des sacrifices et m'assurerait une somme convenable à la mort de mademoiselle d'A... Je fus touchée, plus que je ne puis l'exprimer, de tant de témoignages d'estime, mais j'avais accepté.

N'y avait-il pas une apparente folie à partir? Mon existence était assurée dans ma patrie, sans qu'il m'en coûtât de nouveaux sacrifices; j'avais atteint mon but. En le dépassant de beaucoup, j'en poursuivais un autre, peut-être imaginaire; car j'avais soigneusement caché à M. Royer que madame la duchesse de Wurtemberg me prenait à l'essai, et qu'au bout de six mois j'étais, comme on le dit dans la classe des serviteurs, sur le pavé, si je n'avais pas le bonheur de lui plaire. « Enfin, ajouta M. F..., la plus grande partie des désagréments que vous avez éprouvés est passée sans retour; sauf l'ennui d'avoir parfois la société d'une folle, vous pourriez désormais vivre suivant votre goût. Du reste, il serait contre vos principes de partir avant d'être remplacée, et je vous préviens que je serai difficile. — J'ai prévu cette objection, lui répondis-je, et j'y ai pourvu : c'est encore une amie de madame Royer que je vous propose; si vous refusez la seconde, je croirai que la première vous a mécontenté. » Il était trop poli pour ne pas répondre suivant mes désirs.

Aussitôt que j'eus pris la résolution de partir, j'avais formé un projet qui m'ôtait la possibilité de revenir sur cette volonté, et qui m'interdisait même jusqu'aux regrets dans le cas où, ne convenant pas à madame la duchesse Louis de Wurtemberg, je me fusse trouvée sans place au bout de six mois d'essai. En annonçant à M. Royer que cette auguste princesse avait daigné me choisir pour être gouvernante de ses deux filles aînées, je lui demandai s'il me permettait de présenter, pour me remplacer, mademoiselle Élisabeth de la R..., aussi ancienne amie de sa femme. « Je vous fais cette question, ajoutai-je, parce qu'il m'a paru étonnant que vous ne l'ayez pas préférée lorsque vous m'avez choisie. Élisabeth est mieux que moi sous tous les rapports, et bien plus à plaindre. Elle est fort intéressante par elle-même et plus encore par son triste sort; enfin, je me suis souvent demandé pourquoi vous m'aviez désignée plutôt qu'elle. — Ce choix, me dit-il, m'a occupé pendant trois jours et trois nuits; vous étiez toutes deux malheureuses, il était pénible de choisir; cependant j'ai craint que l'infortune même d'Élisabeth ne fût une raison pour l'exclure de cette place, et je vous ai nommée. — Si ce n'est que cela, repris-je, j'en fais mon affaire. »

J'avais souvent rencontré Élisabeth chez madame Royer; elles avaient été élevées dans le même couvent, et la même amitié les avait réunies après les grandes épreuves que l'une et l'autre avaient eu à supporter. Quant à Victorine, elle oubliait les siennes près d'un mari tout occupé de la rendre heureuse, entourée d'enfants charmants qui complétaient son bonheur. Élisabeth, au contraire, subissait la plus dure de toutes ses infortunes; son respectable père gémissait en prison.

M. de la R..., compromis dans une conspiration contre Napoléon, fut arrêté et renfermé au Temple. De fortes accusations pesaient sur lui, et sa vie fut en péril. L'intérêt que son département lui témoigna vint accroître le danger où il se trouvait, en le rendant trop important aux yeux de l'empereur. Cet homme puissant reçut très-mal les députés qui osèrent lui demander la grâce de M. de la R... « Il a voulu attenter à ma vie, leur dit-il, la justice réclame son droit : il mourra. » Un de ces députés, s'apercevant que leur intervention nuisait au malheureux qu'ils désiraient sauver, se hâta d'ajouter d'une voix suppliante : « Dès que Votre Majesté le sait coupable, il ne nous reste plus qu'à recourir à sa clémence, plus grande encore que sa justice, pour en obtenir la vie d'un père de famille, dont la mort fera onze orphelins. — Si cela est, reprit aussitôt Napoléon, je vous accorde la vie de M. de la R..., mais non sa liberté; ma sûreté s'y oppose. » Il resta au Temple, Élisabeth fut la seule de cette nombreuse famille qui obtint la permission d'être à Paris, et de voir son père. Elle allait tous les jours au Temple partager le modeste dîner de son cher prisonnier, et revenait chaque soir dans sa demeure solitaire, où les plus rudes privations l'attendaient, où très-souvent n'ayant pas de feu en hiver, faute d'argent pour se procurer du bois, elle restait au lit jusqu'au moment où elle retournait chez son père.

Elle fit de généreux efforts pour toucher le cœur de Napoléon. Tout Paris entendit qu'un soir, après un grand feu d'artifice tiré sur la Seine, au moment où l'empereur quittait les Tuileries pour retourner à Saint-Germain, une jeune personne charmante, trompant la vigilance des gardes, s'était jetée à ses pieds pour lui demander une grâce importante. On parla de son dévouement, de ses pleurs et de sa beauté, mais on n'entendit pas le dur refus qu'elle éprouva, et Paris, qui vantait ce courage, ne vit pas la malheureuse Élisabeth, restée seule après que la foule attendrie, mais distraite, se fût écoulée; seule, loin de sa demeure écartée, seule, au milieu de la nuit, sans appui et sans protecteur; quand la fièvre de l'enthousiasme l'eut quittée, quand un froid découragement vint remplacer son espérance, et que se trainant à peine elle regagna lentement son humble asile. Elle y arriva avec le frisson, se mit au lit et tomba malade.

Tu vois bien, toi, pour qui ces lignes sont écrites, qu'Élisabeth devint ma pensée dominante; que je ne pouvais plus regarder en arrière, que son nom répondait aux regrets qui naissaient dans mon cœur à la vue de tout ce que j'allais quitter; qu'enfin Élisabeth m'était montrée par la Providence comme un exemple et une source où je pourrais puiser du courage, et que je me trouvais heureuse de contribuer à rendre sa position moins amère.

Je me rendis chez elle en quittant M. Royer, pour lui faire part de mon plan; elle ne demanda que le temps d'en parler à son père. Sa réponse me parvint très-vite. Elle acceptait (1).

Dès ce moment, je pressai les préparatifs de mon départ; et en cela je satisfaisais au désir de madame de Malet, qui tenait beaucoup à ce que je me rendisse

---

(1) J'appris alors qu'elle était sur le point de quitter Paris, n'ayant plus les moyens de s'y soutenir, et que son absence allait priver son père de la seule et douce consolation qu'il lui fût permis de goûter.

très-promptement à mon nouveau poste. Lorsque mes arrangements furent à peu près terminés, j'allai chez M. F..., pour lui annoncer le jour de mon départ. Il en fut surpris. « Je n'ai trouvé personne pour vous remplacer, me dit-il; j'avoue même que j'espérais vous faire revenir sur votre décision; ne pouvez-vous différer encore ce départ? — Très-difficilement, parce que je trouve pour compagnon de voyage un brave Allemand qui parlera pour moi; je ne voudrais pas m'exposer à perdre une occasion qui peut-être ne se retrouvera plus. Mais prenez à ma place mademoiselle Élisabeth de la R...; vous en serez certainement très-satisfait. — Mais c'est un nom fameusement suspect. Le début de la folie de ma cousine avait déjà fixé sur elle les regards de la police. Elle aussi était suspecte; je suis bien embarrassé, vous me laissez si peu de temps! — C'est bien ce que je voulais, pensais-je. — Tout cela peut s'arranger, monsieur, ne prenez mademoiselle de la R... que jusqu'à ce que vous ayez trouvé une personne qui vous convienne davantage. Permettez-moi de vous l'amener, vous serez sûr d'avoir près de votre cousine une noble fille, dont le cœur droit et reconnaissant lui vouera les plus doux soins. Élisabeth, par ses vertus, ne mérite-t-elle pas l'admiration générale? » Il nous invita toutes deux à dîner chez sa mère. Ma protégée leur parut fort bien, elle fut agréée; heureuse d'avoir réussi, j'en remerciai Dieu du fond de mon âme.

J'étais certaine qu'elle conviendrait dès qu'on l'aurait vue; l'important était de ne pas laisser le temps d'en choisir une autre, et j'avoue sans remords que j'avais tout fait pour cela. J'ajouterai ici, pour répondre à la curiosité bien naturelle qui attend la fin de son histoire, qu'au bout de peu d'années, Napoléon, touché de ses vertus filiales, lui accorda la liberté de son père, c'est-à-dire qu'il commua sa peine en un exil à Provins, où il vécut tranquillement. Elle resta environ vingt ans près de mademoiselle d'A..., qu'elle vit mourir, et la famille reconnut généreusement ses soins.

Avant de quitter Paris, je crus devoir aller remercier madame la baronne de Choiseul de la protection qu'elle m'avait accordée, en repoussant les accusations dont on m'avait chargée. Elle me reçut très-bien; mais lorsque je lui annonçai mon départ, et pourquoi je partais, elle me regarda avec étonnement et me dit d'une voix haute qui me sembla fort dure : « Comment, ma cousine, vous voulez élever des princesses? mais vous-même vous n'avez pas été élevée! » Cette réflexion me traversa le cœur; je la trouvai rude, indélicate, offensante; elle n'était que juste. Lorsque tous les devoirs de cet état se déroulèrent à mes yeux, que chaque jour m'en révéla l'étendue et l'importance, que chaque heure vint réclamer des lumières nouvelles, et chaque minute sa part de prudence et d'abnégation, étonnée de l'immensité de ces devoirs, surprise de la légèreté avec laquelle j'avais osé me charger d'un emploi aussi difficile, la réflexion de madame de Choiseul me parut bien justifiée, et souvent, bien souvent, dans les moments d'épreuves et de découragement inévitables dans cette carrière, je croyais entendre encore, mais trop tard, ce terrible et vrai... Comment, ma cousine...

Mademoiselle d'A... me vit partir avec plaisir, supposant que mon éloignement lui rendrait plus de liberté. Elle se montra fort aimable au milieu du petit cercle d'amis qui vinrent prendre congé de moi. Ses adieux furent même obligeants, puis elle ajouta aux vœux qu'elle fit pour mon bien-être : « Je n'avais pas besoin d'une dame d'honneur ; lorsque je remonterai sur mon trône, je choisirai moi-même les dames de ma cour. »

Madame de Malet, en m'obligeant à partir aussi vite, me priva du bonheur de revoir madame de Bèze, cette amie si tendre, qui était sur le point d'arriver à Paris. Ce fut encore un sacrifice bien pénible à joindre à tous ceux que je faisais. L'inaction de la route m'en fit découvrir un grand nombre ensevelis au fond de mon cœur ; l'espèce d'enthousiasme qui inspire ou suit un parti décisif les y avait tenus assoupis ; ils se réveillèrent tous à la vue du Rhin, de cette majestueuse barrière qui allait me séparer pour toujours peut-être de mon père, de mes amis, de ma patrie. Une vague incertitude dominant mon avenir, je me trouvai bien à plaindre. J'aurais voulu m'agenouiller pour baiser cette terre chérie, et du moins de la voix et du cœur je répétai : « Adieu, mon père ; adieu, mon pays ; adieu à tout ce que je connais et que j'aime. »

Mon compagnon de voyage m'ayant quittée à une demi-journée de Louisbourg (1), j'y fis mon entrée

---

(1) Le 10 mai 1807. La cour de Wurtemberg passait une partie du printemps et de l'été à Louisbourg, et l'hiver à Stuttgard.

toute seule. On me demanda vainement à la porte ce que j'y venais faire ; la phrase allemande que j'avais étudiée toute la matinée s'était perdue, je ne la retrouvai point. Je ne pus dire que mon nom, le militaire qui m'interrogeait ne le comprit pas ; il me donna son livret pour l'y inscrire, mais il ne put le lire. Là-dessus, nous nous mîmes à rire de concert, et mon cocher s'en étant mêlé, on me laissa passer. J'arrivai riant encore à l'auberge. « Comprenez-vous le français, monsieur? demandai-je aussitôt à la première personne qui vint à ma voiture. — Oui, madame. » Dieu soit loué! c'est bien plus commode. J'ordonnai à dîner, et je me retirai dans une chambre pour y passer seule le peu d'heures qui me restaient, et jouir en liberté de ce reste de temps où j'étais encore à moi ; je n'en aurais pas cédé une minute.

Vers cinq heures, j'écrivis un billet à mademoiselle de Belonde, sœur de madame de Malet, et à laquelle je devais la place que je venais occuper. Sur elle reposait l'espoir de ma réussite dans un pays dont je ne connaissais ni la langue ni les usages. « Venez, lui disais-je, j'ai besoin de vous voir ; venez me donner du courage et m'instruire de mes nouveaux devoirs ; vous êtes ma consolation, et près de vous je me croirai moins éloignée de tout ce que je viens de quitter. » Ce billet parti, je ne m'appartenais plus. J'en attendis la réponse avec un grand battement de cœur; elle ne tarda pas. Peu après, je vis entrer dans ma chambre un homme en veste jaune serin, galonnée en argent, portant sur la tête une espèce de bonnet surmonté de grandes plumes rouges, noires et jaunes, et, le prenant pour un danseur de cordes qui se trompait d'appartement, j'allais le congédier, lorsqu'il me tendit un billet ; c'était la réponse que j'attendais.

« Mademoiselle de Belonde, m'écrivait-on, a été enterrée il y a trois jours ; suivez le coureur (1). » C'est à peu près tout ce que j'en compris. Au bas de quelques lignes assez confusément écrites, je lus le nom de Chaillot. Cette nouvelle inattendue me jeta dans un état de stupeur, pour lequel je ne trouve pas de termes. Cette mort cruelle me privait à la fois de l'appui et des conseils que j'espérais trouver en mademoiselle de Belonde ; il me sembla quitter de nouveau ma patrie. Je suivis machinalement ce coureur presque sans me reconnaître, et accablée d'une douleur qui m'ôtait tout sentiment de moi-même. Je traversai des rues, puis des appartements sans rien voir, sans idées distinctes, allant toujours ; enfin je me sentis arrêtée par ma robe, et l'on me dit : « Où allez-vous donc, mademoiselle ? c'est ici que vous devez rester. » Je me réveillai de mon étourdissement ; c'était mademoiselle de Chaillot, gouvernante des deux princesses cadettes. Elle me fit des excuses sur le désordre qui régnait dans son billet : « L'adresse du vôtre, me dit-elle, en a été la cause ; j'en ai été toute bouleversée. » Je l'étais prodigieusement moi-même, et je m'assis. Elle me donna quelques

---

(1) Je n'en avais jamais vu. Ce genre de serviteurs avait cessé d'exister en France depuis fort longtemps.

détails sur mademoiselle de Belonde, et me parla de sa maladie ainsi que de l'affection que lui portait madame la duchesse, qui lui avait prodigué les plus doux soins jusqu'à sa mort. « Puis-je voir madame la duchesse? lui demandai-je. — Non, elle est à la comédie à Stuttgard; vous ne la verrez que demain. » Cette réponse me troubla; mais j'ignorais alors que les princesses sont moins libres de pleurer que nous, j'ignorais que, bien souvent obligées de paraître en public, elles doivent lui cacher les profondes blessures de leur cœur, pour ne lui laisser voir que le sourire et l'amabilité qu'il exige d'elles.

Nous fûmes interrompues par l'arrivée des quatre princesses, qui venaient de faire leur toilette pour aller chez la reine (1), où mademoiselle de Chaillot devait les conduire. Si j'étais pour elles un objet de curiosité, elles étaient pour moi celui d'un haut intérêt. Je fus tout à fait ravie de l'air doux et plein d'innocence de ces quatre petites filles dont la mise, d'une extrême simplicité, me semblait un charme de plus chez des princesses.

Je restai seule au milieu de gens que je ne comprenais pas, et ne sachant comment supporter mes propres réflexions, j'écrivis à madame de Malet, pour unir ma douleur à la sienne, unique moyen d'alléger le poids qui m'étouffait. Je fus interrompue par le comte de

---

(1) Charlotte-Auguste-Mathilde, née princesse royale d'Angleterre.

Chaillot (1), qui, ayant appris mon arrivée par sa fille, avait quitté la cour pour venir voir une compatriote. Sa conversation me fut agréable. Peu après, les princesses revinrent ; je leur distribuai les joujoux que j'avais apportés pour elles, et le plaisir qu'elles en éprouvèrent répandit quelques douceurs sur une soirée bien sombre et restée ineffaçable dans mon souvenir.

Lorsque tout ce qui m'entourait se fut livré au repos, je ne pus en goûter moi-même. Je devais voir madame la duchesse le lendemain matin, et l'importance de cette entrevue éloignant mon sommeil, je me promenais à grands pas dans ma chambre pour essayer de fatiguer l'agitation intérieure qui me dominait, lorsque j'entendis une rumeur lointaine ; le bruit et le mouvement se rapprochant, ma porte s'ouvrit. Madame de Chaillot entra bientôt avec une dame dont le grand air et les manières nobles me disaient : C'est elle. Je fus frappée de sa beauté, mais plus encore de la bienveillance répandue sur ses traits. « Mademoiselle, me dit madame la duchesse, d'une voix venant du cœur, je n'ai pas voulu remettre à demain une entrevue aussi importante pour toutes deux ; nous en reposerons mieux l'une et l'autre. » Et continuant avec le ton de bonté qui la distingue, elle daigna me parler de la peine que j'avais dû ressentir en m'éloignant de ma famille et de mon pays ; et passant à madame de Malet, qu'elle croyait instruite de leur perte commune, elle me

---

(1) Il était gouverneur du prince Adam, fils aîné du duc Louis de Wurtemberg.

demanda comment je l'avais laissée. « Elle l'ignorait encore, lui répondis-je, et se réjouissant pour moi de l'amie que je trouverais dans sa sœur, elle m'enviait le bonheur de la voir. »

Il y avait tant d'âme et de cœur dans tout ce que madame la duchesse me dit, son regard spirituel était si doux, qu'elle me laissa déjà satisfaite de lui appartenir, et uniquement occupée du désir de mériter son estime, en répondant à sa confiance, sinon par mes talents, du moins par mon exactitude à remplir ses ordres.

Le sentiment que m'inspira cette première entrevue ne me trompa point, et je n'eus qu'à bénir Dieu qui m'avait réservé le bonheur de connaître et d'admirer chaque jour un mérite si rare.

Il m'en coûte d'obéir au respect qui m'interdit de tracer ici le portrait des grandes qualités qui la distinguent, dans la crainte de blesser la modestie qui les couronne toutes.

Attentive au bien de ses enfants, madame la duchesse, de ce regard dont la mère est douée, pénétrait dans leurs cœurs pour y chercher et y développer les précieux germes que Dieu y avait déposés. Elle en cultivait avec amour les vertus naissantes. Sous ce regard, à la fois protecteur, juge et récompense, je les ai vus grandir, se former d'après leur modèle, et devenir dignes de lui. Que pouvais-je désirer de plus?

Je m'étais attachée promptement aux jeunes princesses confiées à ma surveillance, et dès lors mon sort fut heureux.

J'ai vieilli dans cette auguste maison, comblée de bienfaits qui ont rejailli sur les miens!... Et toi, l'objet de leur bienveillance particulière; toi, pour qui ces lignes furent écrites, alors enfant, maintenant épouse et mère, dévouée aux devoirs que ces titres sacrés t'imposent; toi, dont ma plume a tracé la fortune, reçois mes vœux pour ton bonheur; il en est toujours pour un cœur pur, et le tien le renferme.

FIN.

TABLE DES MATIÈRES

CHAPITRE PREMIER

Détails de famille. — Enfance de mon père. — Son mariage. — Ma tante, sœur de mon père, vient demeurer avec nous. 1

CHAPITRE DEUXIÈME

Journée des brigands. — Mon père nommé commandant de la garde nationale de Moulins. — Émigration de mes frères. — Arrestation de Noailly. — Mon père le sauve. — Haine du peuple. — Les troubles publics vont en croissant. — Mon père donne sa démission. 9

CHAPITRE TROISIÈME

Mon père en prison. — Il y est mis au secret. — Son interrogatoire. — Sa vie menacée. — Persécution. — Paysan arrêté. — L'innocence d'un condamné reconnue. — Belle conduite de M. Conny de la Faie, président du tribunal. — Mon père lui doit la liberté et la vie. 19

CHAPITRE QUATRIÈME

Mon père va à Lyon; nous l'y accompagnons. — Arrestation des officiers de Royal-Pologne. — Nous nous établissons dans le faubourg de Vaise. — Mon père obligé de fuir. — Massacres du 9 septembre 1792 pour le passage des Marseillais. — Madame Seriziot nous met à la porte. 35

CHAPITRE CINQUIÈME

Nous retrouvons mon père et les jeunes de Piolenc. — Nous nous fixons dans la ville. — Mon frère cadet rentre en France et vient nous trouver à Lyon. — 29 mai 1793. 57

CHAPITRE SIXIEME

Siége de Lyon. — Mon père refuse le commandement de la ville, qui fut donné à M. de Précy. — Bombardement. — Courage de mademoiselle de Bellecise. — Mon père est chargé de la défense de la porte Saint-Irénée. — Quêtes. — Famine. — Journée du 29 septembre. — Le neveu de M. de Précy. — Le comte de Clermont-Tonnerre. — Prise de la ville. 73

CHAPITRE SEPTIÈME

Mon père se cache dans la ville. — Générosité de M. de Gueriot. — Le jeune de Précy pris et fusillé ainsi que le comte de Clermont-Tonnerre. — Visites domiciliaires. — Mon père s'enfuit à Vaise. 101

CHAPITRE HUITIÈME

Apposition des scellés et arrestation de ma tante : détails sur sa prison. — On me permet d'aller la voir. — Le citoyen Forêt, gardien des scellés, et son épouse. — Mademoiselle de Bellecise. — Visites et journées passées à la prison. 119

CHAPITRE NEUVIÈME

Fatigues et afflictions de ma vie. — Mon père retiré chez madame de la Coste. — Il se sauve par miracle. — Il se déguise en garçon meunier. — Je vais le rejoindre à Fontaine, chez la mère Chozières. — Histoire de mademoiselle de Sauriac. 151

CHAPITRE DIXIÈME

La prière dans l'étable. — Caractère du père Chozières. — Vertus de sa femme et de Madeleine sa fille. — Séjour de mon père et de quelques émigrés à Fontaine. — Leur départ. — Je reviens à Lyon près de ma tante. — Suite de mes visites à la prison et scènes qui s'y passent. 177

CHAPITRE ONZIÈME

Une audience de Marino, membre de la commission temporaire. — Ma tante passe de la prison des Recluses à celle de Saint-Joseph. — Exécution de trente-deux citoyens de Moulins. — La vie à la prison de Saint-Joseph. — Terreurs continuelles. — Caractère ferme et résigné de ma tante. — Les prisonniers sont transférés à l'hôtel de ville. . . . 207

CHAPITRE DOUZIÈME

Salle de l'interrogatoire. — J'y vois ma tante. — Liste des délivrés. — Ma tante n'en est pas. — Elle est conduite dans la mauvaise cave. — Je parle à Parcin, à Corchant. — Tout est vain. — Ma tante est exécutée. — Son dernier billet. — Mesdames de Bellecise et Milanès. 231

CHAPITRE TREIZIÈME

Je reste toute la journée dans la solitude. — M. Alexandre vient le soir et veut m'emmener. — Douleur de Cantat. — Ma répugnance à partir. — Il me conduit à Fontaine, d'où il repart dans la nuit. — Bonté de la famille Chozières. — On vient pour m'arrêter. — Réponse du vieux Forêt. — Attachement que Madeleine me témoigne. — Je passe trois semaines chez ses parents. — Madame Milanès. — Sa bonté pour moi. — Mes adieux à mes amis. — Je pars pour retourner aux Écherolles. 249

CHAPITRE QUATORZIÈME

Mon retour aux Écherolles. — J'y retrouve ma sœur et ma bonne. — Mon interrogatoire. — Le comité révolutionnaire de Moulins veut me mettre au Dépôt. — Le médecin Simard s'y oppose. — Je reste provisoirement en arrestation aux Écherolles. — Madame de Grimauld. — Ma vie aux Écherolles. — Arbre de la liberté. — Je coupe mes cheveux. — Mademoiselle Melon, ma tante. — Elle obtient la permission de m'avoir auprès d'elle. 269

TABLE DES MATIÈRES.

CHAPITRE QUINZIÈME

Je pars avec M. Bonvent. — Je me représente l'avenir superbe. — Première entrevue avec mademoiselle Melon. — Sa bonté. — Vie de l'Ombre. — Grande uniformité des journées. — J'y reçois une petite somme d'argent. — De qui venait ce bienfait. 291

CHAPITRE SEIZIÈME

Un ami de mon frère décide ma tante à me laisser aller à Moulins pour affaires de famille. — Je revois madame Grimauld. — On me nomme un curateur. — Nouvelles de mon père. — Dépôt confié par ma tante pour m'être remis. — Je reviens à l'Ombre. — Ma cousine mademoiselle de Lespinasse. — Nous souhaitons ensemble la fête de notre tante. — Ma cousine retourne chez elle. — Arrivée de mon père. — Notre départ pour Moulins. 311

CHAPITRE DIX-SEPTIÈME

Mon père recouvre provisoirement ses biens. — Je retrouve l'argenterie cachée par l'ordre de ma tante. — Nous partageons notre temps entre la ville et la campagne. — Nouvelles persécutions et nouvelle fuite. — Nous repartons pour Lyon. — Mon père y est poursuivi avec acharnement. — Il échappe à ses ennemis. — Je retourne aux Écherolles. . . 327

CHAPITRE DIX-HUITIÈME

Mort de ma sœur. — Madame Grimauld. — Réaction en faveur puis contre les émigrés. — Mon père et mes frères reviennent à Lyon. — Je les y rejoins. — 18 fructidor. — Mon père proscrit de nouveau. — Mon retour aux Écherolles. — Ma présence ne peut s'y prolonger. — Je repars pour Lurcy et l'Ombre. — Je vais au Battouée. — Mon cousin donne asile aux prêtres et aux autres proscrits. — Scènes de notre vie de chaque jour. 341

CHAPITRE DIX-NEUVIÈME

Amitié de madame de Bèze qui me rend heureuse. — Mort de madame Grimauld. — Genre de vie d'alors. — Affection de mademoiselle Melon pour moi. — Intrigues des gens que cette affection inquiète. — Mélancolie qui en résulte. — Je suis forcée de la quitter. — Je vais chez Joséphine Grimauld, à Nevers. — Je la trouve souffrante. — Elle meurt peu de temps après. — Je gagne le Battouée. — Loi des otages. — La situation devient meilleure. — Je vois mon frère cadet. — Ma demande de rentrer à Moulins est accueillie. 367

CHAPITRE VINGTIÈME

Accueil flatteur que je reçus à Moulins. — Louise et ma légèreté. — Grands reproches que je me fais. — Mon père revient à Lyon. — M. Lemaire. — Voyage à Genève pour une consultation. — Le docteur me déclare poitrinaire. — Retour à Lyon. — Mon père me renvoie au Battouée pour y suivre le traitement. — M. Untel. — Je suis mon père à Paris. — Élimination de la liste des émigrés. — Mon frère cadet veut partir pour l'Amérique. — Il reste. — Je vais à Auxonne. — Nous nous fixons à Moulins. — Je me décide à chercher une place. — Tristesse de mon père. — J'en refuse une. 385

CHAPITRE VINGT ET UNIÈME

Mon père placé à Lyon dans l'Entreprise des vélocifères. — Singulier roman. — Il se remarie. — Je fais connaissance avec ma belle-mère. — Je vais chercher à Moulins madame Devernai. — Mon père consent à ce que je cherche une place. — Madame de Malet. — M. de Lancry. — Je pars pour Moulins, sans oser parler de mes projets à ma bonne. — Je me décide à partir pour la Russie 407

CHAPITRE VINGT-DEUXIÈME

Je pars pour Paris. — Madame de Bèze m'y accompagne. — La guerre se déclare avec la Russie. — Je ne puis partir. — Madame de Bèze veut que je retourne avec elle en Nivernais. — Je refuse. — Triste séparation. — M. Royer-Collard. — Mademoiselle d'A... — Me voilà chez une folle. — Procès désagréable. — Caractère, esprit, folie de mademoiselle d'A... — Le procès est jugé. — La famille F... remplie d'égards pour moi. — Victorine. — La baronne de Choiseul. 421

CHAPITRE VINGT-TROISIÈME

M. Untel. — Madame de Malet. — Son billet. — Je reviens de chez elle. — Placée chez madame la duchesse Louis de Wurtemberg. — M. Royer ne m'approuve pas. — Élisabeth de la R... — Son histoire. — Je la propose à ma place. — M. de F... résiste. — Il l'accepte. — Mes adieux à madame de Choiseul. — Elle me blesse par ses paroles. — Elle avait raison. — Mon départ. — Mon arrivée à Louisbourg. — Mort de mademoiselle de Belonde. — Ma tristesse et mon découragement. — Je trouve les jeunes princesses intéressantes. — Madame la duchesse. — Sa vue consolante relève mon esprit. — Sa beauté, sa bonté. — Je m'attache à mes élèves. 441

PARIS. TYPOGRAPHIE DE E. PLON ET Cie, 8, RUE GARANCIÈRE.

www.ingramcontent.com/pod-product-compliance
Lightning Source LLC
Chambersburg PA
CBHW050253230426
43664CB00012B/1941